Rudi Schweikert

»*Durch eegenes Ingenium zusammengesetzt*«

Studien zur Arbeitsweise Karl Mays aus fünfundzwanzig Jahren

HANSA VERLAG

Materialien zum Werk Karl Mays
Band 8

Bibliografische Information der Deutschen Nationalbibliothek

Die Deutsche Nationalbibliothek verzeichnet diese Publikation
in der Deutschen Nationalbibliografie; detaillierte bibliografische Daten sind
im Internet über http://dnb.dnb.de abrufbar.

Hansa Verlag Ingwert Paulsen jr., Postfach 1480, D-25804 Husum

© 2017 by Karl-May-Gesellschaft e.V., Radebeul
Satz und Layout: Florian Schleburg
Druck und Verarbeitung: Husum Druck- und Verlagsgesellschaft
Postfach 1480, D-25804 Husum, www.verlagsgruppe.de
ISBN 978-3-941629-20-2

»*Nachloofen thue ich keenem Geschichtsschreiber, der doch ooch weiter nichts als nur das schreibt, was er in Büchern und Urkunden gefunden hat. Das kann jeder! Ich aber setze mir die rhetorisch lexikale Weltgeschichte durch eegenes Ingenium zusammen ...*«

(Hobble-Frank in *Der Geist der Llano estakata*)

Vorwort

Die in diesem Band versammelten Arbeiten stammen aus den vergangenen fünfundzwanzig Jahren. Aus unterschiedlichen Gründen blieben sie unveröffentlicht, teils weil sie nicht abgeschlossen waren, teils weil ich sie zurückgestellt hatte für andere geplante, aber dann doch nicht realisierte Projekte.

Ein erster geplanter Sammelband war aus Anlass meines fünfzigsten Geburtstages für 2002/2003 vorgesehen. Der damalige Vorsitzende der Karl-May-Gesellschaft, Reinhold Wolff (1941–2006), steuerte dazu einen einleitenden Text bei, der hier erstveröffentlicht wird, da ich jenen Band zu meinem großen Bedauern, das besonders gegenüber der Karl-May-Gesellschaft gilt, deren Großzügigkeit ich auch diesen jetzigen Materialien-Band verdanke, nicht fertigstellen konnte (was an meiner im Voraus schwer einzuschätzenden Arbeitsbelastung als Freier Lektor und anderen unvorhergesehenen Inanspruchnahmen während jener Jahre lag, die kleinere Untersuchungen oder auch Vorträge zu veröffentlichen erlaubte, nicht aber komplexere Unternehmungen; die hier als Abschluss des Bandes mitgegebene Bibliographie meiner Beiträge zu Karl May spricht wohl die entsprechenden Bände ...).

Einige Untersuchungen von damals sind nun in diesem Band enthalten (weitere habe ich, auf Nachfrage, im Lauf der Zeit aus dem bereits komponierten Konvolut gelöst; sie erschienen peu à peu in Jahrbüchern der Karl-May-Gesellschaft oder in anderen Publikationen, etwa der Festschrift für Helmut Schmiedt, den langjährigen Stellvertretenden Vorsitzenden der Karl-May-Gesellschaft).

Zum Kompositionsprinzip des vorliegenden Bandes ist zu sagen, dass die von Reinhold Wolff in seinem Geleitwort zum ursprünglichen Band avisierte Mischung aus Unveröffentlichtem und Publiziertem sich zugunsten des Unveröffentlichten verändert hat. Nur ausnahmsweise wurden bereits bekannte Arbeiten aus thematischen Gründen in Auszügen oder Varianten aufgenommen.

Ohne die große selbstlose Hilfe meines Freundes Florian Schleburg, des jetzigen Stellvertretenden Vorsitzenden der Karl-May-Gesellschaft, hätte ich auch diesen ›zweiten Anlauf‹ zur Veröffentlichung meines Liegengebliebenen zu Karl May nicht geschafft, da meine freiberuflichen ›Klimmzüge zum

Überleben‹ mit den Jahren nicht leichter, sondern (soll ich mit Thomas Bernhard sagen: naturgemäß?) immer anstrengender geworden sind. Ich bin ihm für seine minutiöse Mitarbeit und seinen so wohltuenden Zuspruch unendlich dankbar.

Ulrike Müller-Haarmann, mit der ich seit vielen Jahren freundschaftlich verbunden bin, verdanke ich die genaue Durchsicht des vor fünfzehn Jahren vorliegenden Textkonvoluts, dessen Reste hier mitenthalten sind.

Der prekäre und vielfach wendbare Satz aus Luc Bessons ›Fünftem Element‹: »Zeit spielt keine Rolle«, hat mich – wie man unschwer sieht – über weite Strecken meines Lebens begleitet.

Mannheim, im Sommer 2017   Rudi Schweikert

Inhalt

Zum Geleit

Vor nicht allzu langer Zeit hätte man einen wie ihn einen »Polyhistor« genannt; heutzutage, da nur noch wenige Germanistik-Studenten überhaupt wissen, wie man dies Wort buchstabiert, und noch viel weniger, was es bedeutet, wirkt Rudi Schweikert als Person gelegentlich ein wenig irritierend.

Erklären wir also: Der erste mit dem Beinamen »Polyhistor« war – im ersten vorchristlichen Jahrhundert – jener Lucius Cornelius Alexander, Kriegsgefangener und Sklave der Römer aus dem Krieg des Sulla mit Mithridates, der nach seiner Freilassung in Rom blieb und eine ganz erstaunliche Gelehrsamkeit entwickelte. Er hinterließ ein ungeheures Werk (42 Bücher über die Geschichte und Geographie fast aller in der Antike bekannter Länder; Geschichten über Philosophen, das Wissen des hellenistischen Judentums, usw. ...). Wenig davon ist erhalten, aber den gleichen Beinamen erhielten in der Folge noch manch andere – eben lauter Leute, denen anscheinend zu allem etwas einfiel: Universalgelehrte, oder auch Enzyklopädisten, wie man dann übersetzte; ihre große Zeit wurde das 18. Jahrhundert. Aber schon hundert Jahre vorher hatte die Zunft ihren bedeutendsten Repräsentanten in jenem deutschen Jesuiten Athanasius Kircher aus Geisa in Thüringen (1602–1680), den sein Weg 1633 bis ins Collegium Romanum führte; der ein akademischer Lehrer, Philosoph, Forscher, Sammler, Experimentator, Erfinder, kurz: ein Wissenschaftler, Techniker und Schriftsteller von hohen Graden war ... Sein persönlicher Wahlspruch war: »omnia in omnibus«, und hinfort galt als Polyhistor nicht mehr einer, der alles wusste, sondern einer, der auch wusste, wie alles zusammenhängt ...

»Omnia in omnibus« könnte auch der Wahlspruch von Rudi Schweikert sein. Er würde es freilich »Beziehungszauber« nennen (wie ein altes Buch-Projekt von ihm heißt), um auszudrücken, welche Faszination vom geheimen Zusammenhang der Dinge, Menschen, Bilder und Wörter für ihn ausgeht. Da steckt viel Unersättlichkeit darin; gelegentlich grüßt er »aus seiner Bücherbiberburg«, und man stellt ihn sich dann vor, vergraben in immer neuen Ringgräben und Wällen aus Büchern, genüsslich seine Entdeckungen knuspernd. Aber auch viel Askese steckt darin, denn richtige Biber sind enorm fleißig; die reine (Lese- und Wissens-)Lust macht noch keinen Bau, der auf Dauer angelegt ist. Zu seinem 50. Geburtstag (2002) hat man, auf den Vorschlag eines

Verlegers hin, seine Bibliographie herausgebracht, als eigene Publikation, mit eigenem Titel, eigener ISBN-Nummer und allem ›comme-il-faut‹: Ich kenne in der Karl-May-Gesellschaft nur noch Claus Roxins Schriftenverzeichnis, das umfangreicher wäre. Aber Roxins Veröffentlichungen bewegen sich stabil in zwei Domänen: Strafrecht und Karl May. Bei Schweikert hingegen ist alles in Bewegung, und in vielen Richtungen; und hängt dann doch immer wieder überraschend zusammen. Natürlich gibt es Schwerpunkte: Arno Schmidt, Kurd Laßwitz, Hans Wollschläger, James Fenimore Cooper, Franz Freiherr Gaudy, Sir Galahad, die eigentlich Bertha Helene Eckstein-Diener hieß, und natürlich immer wieder Karl May, wenn man es schon an Namen aufhängen und Fan-Gemeinden zuordnen will.

Das Wichtige freilich sind, so scheint mir, nicht die Namen, sondern ist die Methode: Denn zwischen allen diesen Themen und Themenfeldern gibt es Interdependenzen, geheime Beziehungen, Kreuz- und Querverbindungen; bei Texten sind wir inzwischen gewohnt, dies Intertextualität zu nennen. Schweikerts Spezialität sind, darin der literarischen Welt des 18. Jahrhunderts sehr nahe, die ›Kleinen Beiträge‹, die Petitessen, die Divertimenti, die Blasons, die Miszellen und literarischen ›amuse-gueules‹; aber da er sich diesen k l e i n e n Dingen mit kindlicher Liebe und Versonnenheit widmet, wird nie etwas Kleinliches daraus und enthüllt sich zu stets neuer Überraschung in jedem dieser funkelnden Wassertropfen eine ganze Welt. Wer sich etwa einführen lassen will in die grenzenlosen, unendlich variantenreichen Phantasiespiele von Karl Mays Kolportageromanen, dem rate ich, zu der phantasievollsten (und liebevollsten) Einführung zu greifen, die es dazu gibt: zu Rudi Schweikerts ›Reisen in Lothringen und im Rheinisch-Pfälzischen. Drei Hörspiel-Divertimenti um Karl May‹, erschienen 1994 als 100. ›Sonderheft der Karl-May-Gesellschaft‹. Er wird dem ganzen Rudi Schweikert begegnen – : wird sich schon formaliter erinnern an Arno Schmidts Idee, literarische Essays (und Essays über Autoren) als Hörbilder zu verfassen; wird verzückt in einem ›Kursbuch der Deutschen Reichs-Postverwaltung. Enthaltend die Eisenbahn-, Post- und Dampfschiff-Verbindungen in Deutschland und Österreich-Ungarn‹ vom 1. Juli 1880 (Inkubationszeit der *Liebe des Ulanen*) blättern und darin den Fahrplan des Mosel-Dampfschiffs »von Coblenz über Trarbach nach Trier« finden (und im Kommentar dazu mehr lernen über die Beziehungen zwischen den Traumwelten des 19. Jahrhunderts und den literarischen Realismus-Bezügen zur Wirklichkeit als aus manchem gelehrten Buch); wird sehen, wie die Traumwelt des *Ulanen* auch in dem wurzelt, was die Komparatistik »populäre Mythen« nennt (in diesem Fall dem Mythos vom Schinderhannes), und wird viel lernen über den Zusammenhang von realer Topographie und Phantasie-Namen, bzw. phantastischer Geographie bei Karl May. Der Leser wird sich weitertreiben lassen, von Einfall zu Einfall, von Überraschung zu Überraschung, und ganz am Schluss noch die Phantasie-Reisen und wirklichen Reisen von Karl May in und um Dürkheim verglichen und verknüpft finden mit einer realen Reise des James Fenimore Cooper in der gleichen Gegend – : und wird dann, beschwingt und mit neuem Appetit, sich in den vertrauten, unendlichen Text von Karl May vertiefen …

Natürlich bilden sich auch hier einige der Erzähl-Wirbel um die Person Arno Schmidts, und Schweikert hat aus seiner Verehrung für diesen nie ein Hehl gemacht. Aber er legt Wert auf die Feststellung, dass er zu Arno Schmidt über Karl May gekommen ist (und über Wollschläger). Geboren 1952 und »primärsozialisiert in Karl May«, war er, wie er gelegentlich erzählt, zu jung, um das Erscheinen von Wollschlägers ›Karl May Biographie‹ (1965) in den Buchhandlungen wahrzunehmen. Und als er sich einige Jahre später dafür interessierte, war das Buch vergriffen und wurde auch (Wollschläger hatte sich wohl damals mit einem Lektor zerstritten …) zunächst nicht mehr aufgelegt. Aber da gab es (1969) Schmidts ›Sitara‹ als Taschenbuch auf dem Markt, und das fand in Schweikert einen begeisterten und amüsierten Leser – wie es damals ja manchem von uns erging. Hansotto Hatzig, der (andere) Mannheimer, der viele zur Karl-May-Gesellschaft gebracht hat, hat ihn dann 1980 für die KMG geworben, und seit 1982 war Schweikert regelmäßig als Redakteur der ›Mitteilungen‹ und gelegentlich der ›Sonderhefte‹ tätig, wobei er seine Aufgabe als Redakteur immer im umfassenden Sinn der Betreuung und (auch sprachlichen) Gestaltung von Texten verstand: Unvergesslich etwa sein Geleitwort zum ›Sonderheft‹ 121, Brauneders ›Die »Leben-Werk-Assoziationen«‹, das ihm zum eindrucksvollen Plädoyer für den »organisierten Skeptizismus« in der Wissenschaft geriet (und mich damals veranlasste, ihm, dem mir noch Unbekannten, spontan einen Brief zu schreiben).

Zahllos, und immer anregend, immer in die Tiefe gehend, oft auch bedeutend, sind seine Beiträge zur Karl-May-Forschung. Der vorliegende Band legt eine Auswahl aus diesen Beiträgen vor: Altes und Neues in sorgfältiger Mischung – manches inzwischen schwer Zugängliche, aber auch noch nicht Publiziertes, das hier zum ersten Mal erscheint; immer aber Gedanken, die Schweikert wichtig sind und von denen er nicht möchte, dass sie im täglichen Anschwellen der Druck-Fluten einfach untergehen. Denn er weiß um die nur relative Freiheit des ›freien Schriftstellers‹, dessen prekäre Existenzform er mit Tapferkeit und Heiterkeit verwirklicht. »Omnia in omnibus«, so sagten wir, könnte auch der Wahlspruch von Rudi Schweikert sein, aber er hat einen anderen gewählt. Denn Rudi Schweikert ist ein Skeptiker, voller Einsicht in die

Vorläufigkeit der Erkenntnis und des Wissens. Und so ist sein wirklicher Wahlspruch, der auch den Titel seiner Bibliographie geliefert hat, aus den ›Episteln‹ (epist. 4, 4) des Ausonius (Polyhistor, Prinzenerzieher in Trier und Rhetoriklehrer in Bordeaux) genommen und lautet: »litus arare«, also ›Watt pflügen‹ (und mit viel Anstrengung eine Furche ziehen, die in der nächsten Flut wieder verschwindet). Wo gäbe es ein trefflicheres Bild für die mühselige Arbeit des Intellektuellen und die endliche Ewigkeit seines Erkenntnisgewinns?

Was den Skeptiker vor dem Trübsinn rettet, ist, im glücklichsten Fall, tief in der Seele der Humor, mit dem auch Rudi Schweikert seine Texte würzt. Und so erwartet auch hier den Leser Vielfältiges, Anregendes und Unterhaltsames, immer aber Ernsthaftes. Unmöglich, zu kommentieren oder auch nur zu beschreiben, was sich da in viele Richtungen bewegt, ohne doch je im Grenzenlosen sich zu verlieren. Schon ein Titel wie »Der Panther in der Höhle / Ein Motiv bei Balzac und May unter Berücksichtigung von Goethes ›Novelle‹ und Kellers ›Pankraz, der Schmoller‹«[1] lässt die multiplen Dimensionen ahnen, in denen sich der Beitrag bewegt: Er kommt aus dem innersten Kern von Mays Phantasiewelt (den A. Schmidt mit »Reiter & Höhle« markierte), aber er entwickelt auch exemplarisch das »literarhistorische Beziehungsgeflecht« des Erzählmotivs und macht gerade darin nicht nur die Einordnung in Erzähltraditionen, sondern auch die Eigenart und Grenzen der May'schen ›Schreibe‹ sichtbar. Oder greifen wir einen andern Beitrag, wiederum eher zufällig, heraus: ›Der Freischütz, aufgeklärt / Aspekte des Aberglaubens in Karl Mays Heldenfiguren‹, wo nun das »mythische Muster« herausgearbeitet wird, dem »Mays Superhelden folgen« … Jeff Sammons, Germanist in Yale, sagte einst, um seine Schwierigkeiten bei der Lektüre von Karl May zu erklären, diese Helden Karl Mays seien so etwas wie die Superhelden von Comics, und deshalb komme er nicht so richtig mit ihnen zurecht. Rudi Schweikert bestätigt die Ausgangs-Feststellung, aber zeigt auch, dass sich darüber doch erheblich mehr sagen lässt (und gesagt werden muss). Denn die Augen der Liebe sehen mehr als die Augen der Routine …

Gleichwohl ist alles, was Rudi Schweikert in diesem Band vorlegt, hoch professionell und spiegelt der Fußnotenapparat in jedem Fall auf glückliche und unmittelbar evidente Art Schweikerts ›Bücherbiberburg‹ (und illustriert dadurch, nebenher gesagt, ganz plastisch, wie schrullig und vorurteilsbehaftet die merkwürdige Tradition der Karl-May-Gesellschaft ist, Fußnoten ans ungelesene Ende der Texte zu verbannen). Was Rudi Schweikert von den

---

1   [Diese Studie wurde inzwischen an anderer Stelle publiziert: Der Panther in der Höhle. Ein Motiv bei Balzac und May unter Berücksichtigung von Goethes ›Novelle‹ und Kellers ›Pankraz, der Schmoller‹. In: Jb-KMG 2007, 21–33.]

akademischen Kollegen grundlegend unterscheidet, ist meist einfach dies: er ist nie langweilig ...

Ich wünsche diesem Buch deshalb viele neugierige und vergnügte Leser!

Prof. Dr. Reinhold Wolff†
(Vorsitzender der Karl-May-Gesellschaft 1999–2006)

Die Wissensprobe als Auftakttopos bei Karl May

Ein Überblick

» Besser wie ich könnt Ihr es nicht wissen, Sir!«[1]

Auf das Erzählelement der Wissensprobe griff Karl May immer wieder zurück. Es gehört auch als artistisches Prinzip zum ›eisernen Grundbestand‹ seiner narrativen Prosa.[2] Einsatz fand es in zahlreichen Abwandlungen an den verschiedensten Stellen von Mays Œuvre. Eine besonders exponierte Verwendung dieses Erzählelements möchte ich im Folgenden näher betrachten. Die nämlich als Auftakttopos.[3]

Auch hierbei lässt sich eine Reihe von Varianten unterscheiden.

I

Ein von May bevorzugter Erzähl-Beginn ist die unvermittelte sofortige Wendung an den Leser in Form einer Frage.

Sie kann sich auf einen Begriff, eine Sache respektive einen Sachverhalt beziehen oder auf eine Person, die für das Folgende von Wichtigkeit ist. Bezieht sich die Frage auf eine Person, das heißt eine Figur des kommenden Geschehens, dann steckt in der Frage reichlich metafiktionale Ironie (denn niemand vermag die Frage außerhalb der Fiktion wirklich zu beantworten). Die Wissensprobe

---

1   GR XV, 5.
2   Vgl. vom Verfasser: Von Befour nach Sitara – in Begleitung der Wilden Jagd. Über ein mythisches Muster, die Wissensprobe als artistisches Prinzip bei Karl May sowie etwas über sein Lesen, Denken und Schreiben. Ein Fantasiestück in philologischer Manier. In: Jb-KMG 1994, 104–142, auszugsweise abgedruckt auch in diesem Band (159–164).
3   Der Beginn May'scher Erzählungen hat unter anderen Vorzeichen bereits etliche Male nähere Untersuchungen provoziert. Vgl. bes. Harald Eggebrecht: Abenteuer-Konzeptionen. In: Karl May – der sächsische Phantast. Studien zu Leben und Werk. Hrsg. von Harald Eggebrecht. Frankfurt am Main 1987 (= Fischer-Taschenbuch 6873), 223–234; Günter Scholdt: *» Und ist es wirklich wahr, Sihdi, daß du ein Giaur bleiben willst?«* Vorläufiges über Erzählanfänge bei Karl May. In: Karl May. Hrsg. von Heinz Ludwig Arnold. München 1987 (= Text + Kritik Sonderband), 101–126; Gerhard Neumann: *» Ich spreche überhaupt alle Sprachen, wie Ihr von früherher wißt«*. Die Kunst des Anfangs in Karl Mays Romanen. In: Jb-KMG 1993, 135–170; Helmut Schmiedt: *Ardistan und Dschinnistan*, Seite 1–3. In: Karl Mays Ardistan und Dschinnistan. Hrsg. von Dieter Sudhoff und Hartmut Vollmer. Oldenburg 1997 (= Karl-May-Studien 4 / Literatur- und Medienwissenschaft 58), 96–108.

ist fiktiv. Sie bleibt ein leeres Spiel. Dass sie sinnvoll sei, wird nur vorgegaukelt, und doch ist es ein Spiel, das sich die Leser gern gefallen lassen – gefallen lassen müssen.

So etwa im Schwank *Husarenstreiche*. Die rhetorische Wissensfrage lautet hier: *Wer hat den hochwohlehrbaren Herrn Stadtkassirer Pappermann in Stolp gekannt?*[4] Antwort: *Wohl Niemand.* Und der der außertextlichen Wirklichkeit noch etwas verhaftete Leser nickt zustimmend. Doch der Satz geht weiter, und zwar mit der Begründung *denn der ist nun schon seit langer Zeit zum großen, ewigen Ap[p]ell gegangen.* Aber auch damit ist der Satz noch nicht zu Ende, vielmehr nimmt er jetzt eine neue Wendung, die der Legitimation genau der Fiktion dient, die gleich erzählt werden wird:

> *aber wer ihn kannte, damals, als er noch lebte, der konnte gewiß nicht ohne Respect an ihn denken, und wer nun gar mit ihm persönlich zu thun hatte, oder sonst irgend wie in seine Nähe kam, der empfand ganz sicher jenes Gefühl, welches, wenn es seinen stärksten Grad erreicht, die Eigenthümlichkeit besitzt, eiskalt den Rücken hinab zu laufen.*[5]

Eine ›Umkehrvariation‹ dazu stellt der Anfang von 口卄 oder *Kong-Kheou, das Ehrenwort* dar: *Mein lieber, guter Kamerad, hast du vielleicht den »blauroten Methusalem« gekannt?*[6] Antwort diesmal im Gegensatz zum Beginn der *Husarenstreiche*: *Ganz gewiß.* Aber auch jetzt gehen der Satz und das Spiel weiter. Es folgt die Einschränkung, die den Satz im Spiel zwischen inner- und außerfiktionalem Raum zum gleichen Ergebnis bei umgekehrter Argumentation kommen lässt: *Ganz gewiß, nämlich wenn du in der betreffenden Universitätsstadt geboren bist oder, wenn auch nur für einige Tage, als Gast dort geweilt hast.*

Dreht sich die Frage an den Leser nicht um eine Figur, sondern um einen Begriff – wie beim Beginn von *Winnetou I*: *Lieber Leser, weißt du, was das Wort Greenhorn bedeutet?*[7] –, dann erfolgt die Antwort gleich anschließend im Text, und wenn es aus Ausfabulierungsgründen sein muss, zwei Druckseiten lang.[8]

4   Karl May: *Husarenstreiche. Ein Schwank aus dem Jugendleben des alten »Feldmarschall Vorwärts«.* In: Frohe Stunden. Unterhaltungsblätter für Jedermann. Sammlung der neuesten und besten Romane und Novellen unserer beliebtesten Schriftsteller der Gegenwart. 2. Jg. (1878), 503a; Reprint der Karl-May-Gesellschaft. Hamburg 2000, 180.

5   Vgl. auch die Frage an die Hörerrunde (und das heißt auch an die Leser) zu Beginn von *Die falschen Excellenzen*: *Wer von Euch hat die ambulante Schauspielertruppe Uhlewald gekannt? Keiner? Das ist schade! Denn da könnt Ihr auch nicht wissen, was für einen Knall es in Limberg gab, als es auf einmal hieß: »Uhlewald kommt!«* (In: HKA I.3, 335.)

6   HKA III.2, 9. – Ausführlich hierzu Werner Kittstein: Ein Buch ist so gut wie sein Anfang. *Kong-Kheou, das Ehrenwort* alias *Der blau-rote Methusalem.* In: Jb-KMG 1994, 212–346.

7   GR VII, 7.

8   GR VII, 7f. – Kürzer macht May es in der Erzählung *Tui Fanua*, wo zu Beginn die Frage rhetorisch gestellt wird und die Form der Wissensprobe auf einer ihrer Schwundstufen angelangt ist: *Gibt es*

Danach setzt die Handlung ›richtig‹ ein, und zwar, wie so häufig bei May, mit einer Frage, und zwar als Auftakt eines Figurendialogs.[9]

Eine weitere Variation des Wissensprobe-Spiels mit dem Leser als Erzählungsbeginn ist die Umkehr des Spiels: Der Erzähler imaginiert eine Frage, die der Leser an ihn stellt. Diesem Schema folgt der Anfang von *Satan und Ischariot*:

> *Sollte jemand mich fragen, welches wohl der traurigste, der langweiligste Ort der Erde sei, so würde ich, ohne mich lange zu besinnen, antworten: Guaymas in Sonora, dem nordwestlichsten Staate der Republik von Mexiko.*[10]

II

Entschied May sich für die Auftakt-Variante des unmittelbaren Einstiegs in die Handlung, so kommen dabei weder Frage-Antwort-Spiele noch die Wissensprobe zu kurz. Ein schönes Beispiel liefert der Beginn des *Oelprinzen* von 1878:

> »Zounds, *merkt Ihr nicht auch das Parfüm, Sir, welches meine Nase inficirt, als hätte mich ein dreieiliger ›Stunk‹ angespritzt? Das ist nicht Truthahn-, Bussard-, auch nicht Boudinsgeruch, Kammas-O'deur noch weniger; ich weiß wahrhaftig nicht, was ich aus diesem Veilchenduft machen soll. Ist er vielleicht Euch bekannt?«*
>
> *Der, welcher diese Worte sprach, war Sam Hawkens, mein Begleiter, einer der verwettertsten Trapper zwischen dem Missisippi und dem stillen Oceane. Ich wußte, daß er den Geruch, welcher seit einiger Zeit die Luft durchschwängerte, recht gut kannte und mit seiner Frage mich nur einer kleinen Prüfung unterwerfen wollte.*[11]

Stellt sich hier einer dümmer, als er ist, kann man dies beim nächsten Beispiel nicht behaupten. In der Geschichte *Aqua benedetta* variiert May den Erzähl-Einstieg durch Wissensprobe dahingehend, dass er in einem relativ kurzen ersten Abschnitt Ort und Zeit der Handlung angibt, um danach seinen Auftakttopos zu installieren:[12] Ludwig XV. fragt Madame de Pompadour nach der

---

  in irgend einer Sprache der Welt ein abscheulicheres Wort als das Wort Menschenfresser? Ich glaube es nicht. (In: HKA I.8, 413.)

9 GR VII, 10: »*Wo habt Ihr denn gestern gesteckt, Sir?*« (fragt Mr. Henry den Erzähler.) – Mays zahlenmäßig dominierender Einstieg in die Handlung einer Erzählung dürfte (vielfach nach einer dialoglosen Einleitung) der der Frage sein.

10 GR XX, 1.

11 Karl May: *Der Oelprinz. Ein Abenteuer aus den Vereinigten Staaten von Nordamerika.* In: HKA I.8, 239.

12 Emma Pollmer [d. i. Karl May]: *Aqua benedetta. Ein geschichtliches Räthsel.* In: Frohe Stunden, wie Anm. 4, 319a; Reprint, 95.

Herkunft des sogenannten Grafen von Saint-Germain. In dieser Wissensprobe liegt ebenfalls die Pointe, dass niemand sie bestehen kann, da die Herkunft des Grafen sowohl innerhalb wie außerhalb der Fiktion im Dunkeln liegt.[13]

Der ersten Wissensprobe folgt unmittelbar eine zweite, als Frau von Gergy den König nach ihrem Alter fragt (319b). Kaum hat sie die Geschichte um ihr Alter beendet, stehen sie wie zufällig vor Saint-Germain, mit dem der König ein weiteres Frage-und-Antwort-Spiel um Kenntnis und Können beginnt: Wissensprobe zum dritten (334–335a).

Die Staffelung von Wissensproben ist nur eine Möglichkeit von mehreren. Soll der unmittelbare Einstieg in die Handlung durch eine Rede, doch ohne Hinweis auf Ort und Zeit sowie ohne innerfiktionale Wissensprobe erfolgen, löst May dies wie am Anfang von *Am Jenseits*:

Eine nicht unbedingt kurz zu nennende Rede wird geschwungen, und jeder auch nur halbwegs erfahrene May-Leser weiß, dass der Sprecher Halef ist. Der Erzähler spielt mit diesem außerfiktionalen Wissen, indem er eine lustvoll die offensichtliche Antwort hinauszögernde Wissensprobe des Lesers innerhalb seiner Fiktion inszeniert:

> *Er machte eine Pause, um nach diesem langen Satze einmal ausgiebig Atem zu holen.*
> *Wer dieser »Er« war? Wer ihn noch nicht an seiner eigenartigen Ausdrucksweise erkannt hat, der mag weiter hören.*[14]

Auch diese Auftaktvariante vermag May noch zu variieren, indem er die ausufernde Rede – wiederum nach dem Prinzip der Umkehrung – auf die allerkürzeste Subjekt-Prädikat-Konstruktion reduziert (»*Ich bin Sejjid Omar!*«), diesen Satz ausführlich kommentierend auslegt und die Wissensprobe anschließt: *Was aber war dieser Sejjid Omar?* Da es sich um eine Sachfrage handelt, ist klar, dass sie, wie gehabt, sofort im Text beantwortet wird: *Ein Eselsjunge!*[15]

III

Der Auftakttopos der Wissensprobe muss, wie wir bereits gesehen haben, nicht unbedingt unmittelbar am Textanfang stehen. Es kann auch eine mehr oder minder lange und mehr oder minder allgemeine Einleitung ohne Dialog davorgeschaltet sein.

---

13 Vgl. die historischen Angaben zu Saint-Germain, die besagen, dass seine Herkunft im Dunkeln liegt.
14 GR xxv, 2.
15 GR xxx, 1.

Wie etwa im Falle von *Old Surehand 1*. Der Erzähler ventiliert die Frage des *Stelldichein[s]* mit Winnetou. Wo und wie sich nach längerer Trennung mit ihm treffen? Der Erzähler gibt ein Beispiel, und das bedeutet zugleich den Einstieg in die Handlung:

> *Wir [...] wollten uns vier Monate später unten in der Sierra Madre treffen.*
> *Da fragte er mich:*
> *»Mein Bruder kennt das Wasser, welches Clear-brook genannt wird?«*
> *»Ja.«*
> *[...]*
> *»So können wir uns nicht verfehlen.«*[16]

Der Clou diesmal: Es scheint, als ob trotz bestandener Wissensprobe das Zusammentreffen scheitern soll, denn Winnetou ist zum verabredeten Zeitpunkt im Gegensatz zum Erzähler nicht am vereinbarten Ort. Die Wissensprobe setzt sich indes auf andere Weise fort: Winnetou war bereits hier und hat ein Rätsel hinterlassen, das der Erzähler erst lösen muss. Letzterer entdeckt am Treffpunkt, einer *Lebenseiche*, im Stamm derselben einen Fichtenzweig, um den ein Papier gewickelt ist, auf das Winnetou eine weiterführende Nachricht geschrieben hat.[17]

Nicht so umständlich ist die auf den Ort, an dem man sich befindet, bezogene Auftakt-Wissensprobe im Fall von *Der Ehri*. Die Antwort lautet nach einer längeren dialoglosen Einleitung so exakt wie nur möglich: *»Wir sitzen anderthalb Grad nördlich vom Steinbock auf dem zweihundertneunundvierzigsten Grad östlich von Ferro.«*[18] Die Genauigkeit ist allerdings nur eine scheinbare. Sie gilt lediglich innerfiktional. Das Eiland, auf dem die Handelnden sich befinden, gibt es allein dank der Einbildungskraft des Dichters.[19]

IV

Differenzieren wir weiter. Der exotische Ort, an dem man sich befindet und den die jeweilige Exposition vorstellt, muss wiederum nicht unbedingt selbst Gegenstand der Auftakt-Wissensprobe sein. Es kann auch um zeit- wie kultur-

---

16 GR XIV, 2.
17 GR XIV, 3. – Zeichen in der Landschaft finden, die als Mitteilung für den Erzähler gedacht sind und die er entschlüsseln muss, als Wissensprobe-Auftakttopos auch in Karl May: *Unter der Windhose. Ein Erlebnis aus dem fernen Westen*. In: HKA IV.27, 172.
18 Karl May: *Der Ehri*. In: GR XI, 3–66 (5).
19 Vgl. dazu Helmut Lieblang: »... so zwischen Holt und Miloradowitsch ...« Zur Lage der »Maatepockeninsel«. Geographische Angaben bei K.M. In: M-KMG 101 (1994), 23–26, und mittlerweile auch Helmut Lieblang und Bernhard Kosciuszko: Geografisches Lexikon zu Karl May. Bd. 2.2: Asien – Ozeanien. Husum 2016, 1–3.

geschichtliche Sachverhalte jener Weltgegend gehen, durch die man sich gerade bewegt.

Und zwar mit einem eingeborenen Begleiter. Traulich reiten der Erzähler und sein Getreuer nebeneinander her, und der Eingeborene stellt den fremden Herrn auf die Wissensprobe: » *Weißt du, Sihdi, wie es den Giaurs nach ihrem Tode ergehen wird?* «[20] Und es entspinnt sich ein Gespräch über Jenseitsvorstellungen des Islam, während die beiden weiter in Richtung Schott el Dscherid reiten und auf das Mord-Rätsel zu, das sich vor ihren Augen auftun wird und welches das ganze abertausendseitige Abenteuer im Schatten des Großherrn zusammenhalten soll.[21]

Der Gefragte weiß, dank Lexikonwissens des Autors,[22] genauso gut und sogar noch besser Bescheid als der Fragende. Auch dies gehört als öfter wiederkehrende Variante zum Ritual des Wissensproben-Spiels. Diesmal mit dem vielleicht ungewollt kolonialimperialistischen Touch, dass der weiße Reisende trotz seines Fremdseins überlegenes Herrschaftswissen besitzt.

Eine Mischung aus handlungsinitialisierendem Frage-Antwort-Spiel und Wissensprobe stellt der Auftakt-Dialog (nach längerer allgemeiner Einleitung) in *Der Boer van het Roer* dar. Wie Kara Ben Nemsi und Halef reiten nun der Erzähler und sein treu ergebener Kaffer Quimbo nebeneinander, und wie Halef in *Durch die Wüste* die erste Frage stellt (dort als › Erste Worte ‹ des Romanganzen, als unmittelbarer Beginn), leistet hier Quimbo, wie sich gleich herausstellen wird, überflüssige Aufklärungsarbeit, indem er fragt, ob sein Mynheer Sikukuni, den Kaffernkönig, schon gesehen habe.[23] Nach einigen Radebrechereien Quimbos nimmt der Erzähler das Heft in die Hand und zeigt sein › Herrschaftswissen ‹ nicht offen im Wissensproben-Dialog, sondern in Form einer längeren Reflexion, die mit den Worten beginnt:

20 GR I, 3.
21 Es ist ein gigantisches › Hufeisen-Abenteuer ‹ schlechthin, bei dem sich selbst die Reiseroute auf der Landkarte in grober Linie hufeisenförmig abbildet: Von Tunesien aus geht es nach Osten bis nach Arabien, dann wendet sich der Weg nach Norden, nach Kurdistan. Der Landweg durch Kleinasien nach Istanbul hätte dem › Hufeisen-Ideal ‹ entsprochen, doch es wird der Seeweg gewählt, was eine Richtungsänderung nach Süden bedingt, um nach der Station Damaskus übers Mittelmeer nach Stambul zu gelangen. Von dort aus zieht sich der Weg nach Westen durch den Balkan, wo am Adriatischen Meer die Handlung endet.
22 Siehe vom Verfasser: Karl Mays Islamkenntnisse – auch aus dem › Pierer ‹. Am Beispiel des Beginns von *Durch die Wüste*. (Und etwas über lexikographiehistorischen Informationstransfer.) In: ders.: Das gewandelte Lexikon. Zu Karl Mays und Arno Schmidts produktivem Umgang mit Nachschlagewerken. Wiesenbach 2002 (= Aus dem poetischen Mischkrug 2), 153–162.
23 *Jetzt ritt er* [Quimbo] *zu meiner Linken und machte in seinem Kauderwelsch die größten Anstrengungen, mich über die politischen Verhältnisse des Landes aufzuklären.* Und es folgt die Frage nach Sikukuni. (Karl May: *Der Boer van het Roer.* In: GR XXIII, 51–196 (58).)

Der Kaffer hatte recht. Ich mußte an die fürchterliche Metzelei am Bles-
boks-Fluß denken, wo Sikukuni über sechshundert Holländer und Hotten-
totten treulos hingeschlachtet hatte … [24]

V

Die Antwort auf die Wissensfrage zu Beginn einer Geschichte kann auch in
allem, was folgt, bestehen. Wie bei *Im Mistake-Cannon*:

> [»]*So, jetzt befinden wir uns an der richtigen Stelle. Setzt euch nieder; hier*
> *will ich euch erzählen, wie die Schlucht zu ihrem jetzigen Namen gekom-*
> *men ist.«*
> *»Weißt Du's denn?« fragte einer der Goldsucher den alten Westmann,*
> *welcher obige Worte gesprochen hatte.*
> *»Ob ich es weiß! Hier von dem Stein aus, auf welchem ich sitze, habe*
> *ich damals den verhängnisvollen Schuß abgefeuert.«* [25]

Und das Bestehen der Wissensprobe ist die kurze Erzählung selbst. Die ersten
Zeilen von *Der erste Elk* sagen es fast noch deutlicher, einer kurzen Geschichte,
bei der der Beginn des Auf-die-Probe-Stellens, auch eine hübsche Variante, v o r
dem Erzählbeginn liegt:

> *Ob ich ihn gekannt habe? Welch eine Frage! Unter seiner Leitung habe ich*
> *mein erstes Abenteuer im fernen Westen erlebt, ein Abenteuer, welches – –*
> *na, ich will es euch erzählen, obgleich ihr mich dann tüchtig auslachen*
> *werdet.* [26]

Für *Am Rio de la Plata* und *In den Cordilleren* gilt ebenfalls, dass alles Erzählte eigentlich die Antwort auf eine zu Anfang gestellte Wissensprobe ist, wenn
auch abgewandelt und deutlich abgeschwächt.

Der Erzähler liest zu Beginn der Handlung in einem Buch, *dessen Inhalt sich*
auf das Land bezog, welches ich kennen lernen wollte. [27] Es folgen lange Zitate
daraus, denen der Erzähler entgegenhält: *Dennoch wagte ich, einigen Zweifel*
gegen die Wahrheit des Gelesenen zu hegen. [28] Und er untermauert dies mit kor-
rigierenden Aussagen.

Das fremde Buch steht also auf der Probe. Das Resümee des Erzählers lautet: *Ich mußte mich begnügen, abzuwarten, ob ich seine Ansichten bestätigt finden*
werde, was aber glücklicherweise nicht der Fall war. [29] Die Vorwegnahme des

24 GR XXIII, 59f.
25 In: HKA IV.27, 523.
26 In: HKA IV.27, 557.
27 GR XII, 1.
28 GR XII, 4.
29 GR XII, 4f.

Ergebnisses weist den Erzähler als das aus, als was er sich in solchen Wissens-proben-Situationen stets schildert: als denjenigen, der es besser weiß. Womit das Thema des Romans als großer Wissensprobe zwar kurz angedeutet ist. Aber die Ergebnis-Vorwegnahme garantiert, dass der Leser dieses Wissenspro-ben-Spiel in der Flut der kommenden Geschehnisse vergessen wird.

Dafür bekommt er im Lauf der Reiseerlebnisse geläufigere Wissensproben serviert.[30] Darunter eine am Anfang des dritten Kapitels in der Buchmitte von *Am Rio de la Plata*. Womit wir bei einem Kategorienwechsel angekommen wären: Die Wissensprobe als Auftakttopos nicht zu Beginn eines Buchs, son-dern eines Kapitels. Doch laufen diese in den bekannten Bahnen ab, so dass ich mich auf dieses eine Beispiel beschränken kann:

3. Bruder Jaguar.

Was ich gehört hatte, erfüllte mich mit Erstaunen. Woher hatte der seltsame Mann, in dem ich wohl das Mitglied einer Missionsgesellschaft zu verehren hatte, diesen Namen? Womit hatte er ihn verdient[?] […] Ich ahnte, daß ich da vor einem hochinteressanten Geheimnisse stand.[31]

Und wir sehen eine der Verwandlungen, der das Erzähl-Element der Wis-sensprobe unterliegen kann: die zum genretypischen Motiv des Rätsels, des Geheimnisses, aus dem sich auch bei May so eminent viel speist.

Der Vielfalt der Verwendungsweisen des Wissensprobe-Elements durch May wird weiter nachzugehen sein.

---

30 Eine Serie von Wissensproben quasi als Motor der zu erzählenden Geschichte gehört bei May zum Standard. Paradigmatisch kompakt präsentiert sich dieses Muster etwa in *Die Gum* (in: GR x, 3–154).

31 GR xii, 252.

Aus dem fernen Westen

Pocahontas wird Tim Summerland

J. Retcliffes historischer Roman ›Abraham Lincoln‹ als Quelle für *Ein Self-man*
Mit einem Hinweis auf Allan Pinkertons ›Canada Bill‹-Schilderung

Karl May veröffentlichte seine Erzählung *Ein Self-man* unter dem Pseudonym »Emma Pollmer« und mit dem Untertitel *Authentischen Schilderungen nacherzählt* im zweiten Jahrgang der Zeitschrift ›Frohe Stunden‹ in den Nummern 25 bis 28, die im Juni / Juli 1878 erschienen.[1]

Der Untertitel sagt es überdeutlich: May hat eine oder mehrere Vorlagen zur Gestaltung seiner Erzählung benutzt. Welche genau und auf welche Weise er sie verwendet hat, wurde bisher nicht herausgefunden.[2]

Zu Mays Quellen

Im ersten Teil der zweigeteilten Erzählung schildert Tim Summerland, ein Westmann, wie er Abraham Lincoln (1809–1865), den späteren Präsidenten der Vereinigten Staaten, kennengelernt, mit ihm eine Floßfahrt auf dem Arkansas unternommen und ein Abenteuer (im Zusammenhang mit einem Indianerüberfall auf Fort Gibson) bestanden hat. Zu Beginn seiner Geschichte geht Summerland ausführlich auf den bekannten Falschspieler William Jones

---

1   Erscheinungszeitangaben nach Hainer Plaul: Illustrierte Karl-May-Bibliographie. Unter Mitwirkung von Gerhard Klußmeier. [Leipzig] 1988, 41. – Mays Text wird im Folgenden mit Seitenangaben im Text zitiert nach: Frohe Stunden. Unterhaltungsblätter für Jedermann. Sammlung der neuesten und besten Romane und Novellen unserer beliebtesten Schriftsteller der Gegenwart. 2. Jg. (1878); Reprint der Karl-May-Gesellschaft. Hamburg 2000.

2   Auf die Erzählung, ihre Umarbeitungen und die eingearbeiteten geschichtlichen Hintergründe sind eingegangen Ekkehard Koch: Der ›Kanada-Bill‹. Variationen eines Motivs bei Karl May. In: Jb-KMG 1976, 29–46, sowie Herbert Meier: Einleitung. 1. *Three carde monte*. In: Karl May: Kleinere Hausschatz-Erzählungen von 1878–1897. Hamburg / Regensburg 1982 (Reprint der Karl-May-Gesellschaft und der Buchhandlung Pustet), 6–11. Speziell zu den Umarbeitungen siehe Christoph F. Lorenz: Vom *Self-man* zum *Helden des Westens*. Zur Abenteuerkonzeption und Integration früher Erzähltexte in Karl Mays *Old Surehand II*. In: Karl Mays *Old Surehand*. Hrsg. von Dieter Sudhoff und Hartmut Vollmer. Paderborn 1995 (= Karl-May-Studien 3), 186–209.

(1820–1877)[3] alias »*Canada Bill*« als Prototyp des *weiße[n] Gesindel[s]* ein, *so was man hier im Osten Runners oder Loafers nennt,*[4] *und diese Kerls waren bösartig und durchtrieben genug, um Einem mehr zu schaffen zu machen, als alle Indianer zwischen dem Missisippi und dem großen Meere zusammen genommen.* (398a) Summerlands Bericht gipfelt dann auch in einer Begegnung zwischen Lincoln, ihm und dem ›Kanada Bill‹, die für letzteren tödlich auszugehen scheint.

Der zweite Teil, Jahre später spielend, ist analog aufgebaut: Summerland trifft den zum Anwalt avancierten Lincoln erneut zufällig. Wieder spielt die Handlung am Wasser. Diesmal fahren sie auf einem Steamer Mississippi-aufwärts, einen Menschenhändler verfolgend, der farbige Kinder entführt und verschleppt, darunter die Kinder einer Kreolin, die Summerland in jungen Jahren unglücklich liebte. Auf einer Pflanzung in Flussnähe können sie sowohl den Menschenhändler mitsamt seinem Komplizen, dem Farmer, stellen als auch den Käufer der Menschenware – den tot gewähnten Kanada Bill. Die Kinder kommen frei, Lincoln nimmt den Kinderräuber in Gewahrsam und Summerland fährt mit seiner Jugendliebe in den Hafen der Ehe. Was aus dem Kanada Bill wird, bleibt offen.

✦

Orientiert hat sich Karl May bei dieser Geschichte sehr stark an einem (auch in Lieferungen herausgekommenen) dreibändigen, knapp über eintausend Seiten umfassenden historischen Roman mit dem Titel ›Abraham Lincoln‹, der 1865 bis 1866 in Dresden im Verlag von Bruno Wienecke als eine der damals, unmittelbar nach Lincolns Ermordung, rasch und weit verbreiteten

---

3   Angaben zu William Jones' Geburtsjahr schwanken zwischen 1820 und um 1840; 1820 ist mittlerweile die verbreitetste Nennung. Vgl. z. B. William N. Thompson: Gambling in America. An Encyclopedia of History, Issues, and Society. Santa Barbara (CA) 2001, 205. Siehe auch die Erinnerungen Allan Pinkertons, auf die ich weiter unten eingehe.

4   Runner: ›einer, der Botengänge macht, Makler‹, im Amerikanischen: ›einer, der Einwanderer betrügt‹; Loafer: ›Müßiggänger, Vagabund‹. – Über das Loafer-, Runner- und Rowdy-Unwesen wurde insbesondere während der 50er und 60er Jahre des 19. Jahrhunderts in Zeitungen und Zeitschriften vielfach berichtet, auch in Büchern, vgl. vor allem Moritz Busch: Wanderungen zwischen Hudson und Mississippi. 1851 und 1852. 1. Bd. Stuttgart/Tübingen 1854, 195ff., oder Franz Löher: Land und Leute in der alten und neuen Welt. Reiseskizzen aus Europa und Amerika. 3 Bde. Göttingen 1855–1858 (Bd. 1, 219ff.). Außerdem beispielsweise: Die Rowdies und Loafers in den nordamerikanischen Freistaaten. In: Neue Münchener Zeitung. Beilage zur Nr. 51 vom 1. 3. 1855; [Carl] Büchele: Land und Volk der Vereinigten Staaten von Nord-Amerika. Zur Belehrung für Jedermann, vorzüglich für Auswanderer. Nach eigenen Beobachtungen und den neuesten Quellen geschildert. Stuttgart 1855, bes. 352 und 354; Friedrich Kapp: Aus und über Amerika. Thatsachen und Erlebnisse. 2 Bde. Berlin 1876 (Bd. 1, 212f.); Alexander Schöppner: Hausschatz der Länder- und Völkerkunde. Geographische Bilder aus der gesammten neueren Reiseliteratur. Leipzig 1858, 666a–668b.

romanhaften Darstellungen von Lincolns Leben erschien. Verfasst wurde das Werk von einem gewissen Wilhelm Schröter, der das erfolgreiche Pseudonym ›Retcliffe‹ angenommen hatte.[5]

Was Schröter-Retcliffe in seinem historischen Roman erzählt, enthält nur Kerndaten aus der Vita Lincolns und der gegen ihn Verschworenen als Verbindung zur geschichtlichen Wirklichkeit. Der Rest ist Erfindung, beziehungsweise aus Quellen genommen, die mit Lincoln direkt nichts zu tun haben.

Die *authentischen Schilderungen*, denen May *nacherzählt*, machen lediglich einen kleineren Teil von *Ein Self-man* aus und sind keineswegs historisch, sondern allenfalls als teils freie, ja sehr freie Nacherzählung, teils als Kopie weniger Ausschnitte einer überaus umfangreichen Erzählung authentisch.

✦

May baut in das, was er dem ›Abraham Lincoln‹-Roman Schröter-Retcliffes entnommen hat, ohne Rücksicht auf faktische Stimmigkeit die Gestalt des Gamblers William Jones ein, den er zum Gewaltverbrecher ummodelt, und verwandelt auch den Flößer Lincoln in einen Westmann.

Die biographischen Informationen, die er zum Kanada Bill mitteilt, stehen nach meinen Recherchen den Ausführungen des bekannten Detektivs Allan Pinkerton (1819–1884) am nächsten, der dem Spieler ein Kapitel in seinen ›Criminal Reminiscences and Detective Sketches‹ von 1878 widmet.[6]

Bereits Mays oben zitierte einleitende Bemerkung über *weißes Gesindel*, das *Einem mehr zu schaffen* [mache] *als alle Indianer zwischen dem Missisippi und dem großen Meere zusammen genommen* (398a), ähnelt Pinkertons ebenfalls

5   Vgl. dazu Volker Neuhaus: Der zeitgenössische Sensationsroman in Deutschland 1855–1878. ›Sir John Retcliffe‹ und seine Schule. Berlin 1980.

6   Vgl. Allan Pinkerton: Criminal Reminiscences and Detective Sketches. New York [1879], 177–206. Die Copyright-Angabe lautet auf 1878; die Textsammlung ist wohl erst 1879 herausgekommen, doch einzelne Stücke sind möglicherweise bereits früher erschienen, eventuell auch in deutscher Übersetzung in Zeitungen oder Zeitschriften, woraus May seine Informationen gezogen haben kann. Vgl. dazu die Eingangsbemerkung des Erzählers Tim Summerland: *daß sein* [= des Kanada Bill] *Ruf sogar hinüber in die alten Länder des europäischen Continentes gedrungen ist. Ich habe sogar gehört, daß man dort in allen Zeitungen von ihm schreibt.* (398a)

auf William Jones hinführendem, jedoch im Gegensatz zu May ohne Superlativ auskommendem Indianer-Vergleich: »whose associates were always of the same or worse class than himself, who had no more regard for law than a wild Indian«.[7] Allerdings äußert Pinkerton zu Beginn seiner Erinnerungen an den Canada Bill, dass dieser zu den Menschen gehöre, für welche gelte, »that they become rather subjects for admiration than condemnation when we review their life and career«,[8] wohingegen May seinen Kanada Bill zu einem Bösewicht stilisiert, der für jede Schlechtigkeit gut ist.

Pinkerton ist derjenige, der Jones nicht aus Kanada stammen lässt, sondern ihn – wie May – als englischen ›Zigeuner‹ (»Gypsy«) bezeichnet. Selbst das von May in einen etwas anderen biographischen Zusammenhang gebrachte Stichwort des Pferdehandels findet sich bei Pinkerton,[9] und auch William Jones' Lebensdauer von 1820 bis 1877 erschließt sich aus Pinkertons Angaben:

Er ist ein englischer Zigeuner und heißt eigentlich William Jones. Er kam nach Kanada und trieb einen ganz leidlichen Pferdehandel, bis er bemerkte, daß mit der Karte noch ein Weniges mehr zu verdienen sei. Er hatte ein Spiel gelernt, welches man drüben in Germany »Kümmelblättchen« nennt – bei uns heißt es »three carde monte« – und trieb mit demselben zunächst da droben in den Britischen Kolonien sein Wesen, bis er es zu einer solchen Meisterschaft gebracht hatte, daß er sich über die Grenze herüber zu den Yankee's wagen konnte. Nun machte er den ganzen Norden unsicher, beutelte die pfiffigsten Gentlemen's bis auf den letzten Penny aus und suchte dann den Westen auf [...]. (398a)	Such was »Canada Bill,« whose real name was William Jones. He was born in a little tent under the trees of Yorkshire, in old England. His people were genuine Gypsies, who lived, as all other Gypsies do, by tinkering, dickering, or fortune-telling, and horse-trading. [...] Tiring of successes in that field, he eventually came to America, and wandered about Canada for some time in the genuine Gypsy fashion. This was about twenty-five years ago, when Bill was twenty-two or twenty-three years of age [...]. Bill soon developed a great reputation for playing shortcard games, but finally devoted his talents entirely to three-card monte under the guise of a countryman [...].[10]

Nach einem Vergleich des Canada Bill mit anderen Trickbetrügern schildert Pinkerton breit, wie Jones, der den Tumben spielt, während einer Bahnfahrt von Chicago nach dem Osten mit seinen Komplizen Mitfahrende durchs

---

7   Ebd., 177f.
8   Ebd., 177. Vgl. beispielsweise auch 179f.: »As a rule, three-card monte men are among the most godless, worthless, unprincipled villains that infest society anywhere; but this strange character, from his simplicity, which was genuine, his cunning, which was most brilliant, his acting, which was inimitable, because it was nature itself, created a lofty niche for himself in all the honor there may be attached to a brilliant and wholly original career as a sharper of this kind; and however many imitators he may have – and he has hundreds – none can ever approach his perfection in the slightest possible degree.«
9   Laut Koch, wie Anm. 2, 29, sei der Pferdehandel »in der Literatur nicht erwähnt«.
10 Pinkerton, wie Anm. 6, 178f.

ab 1836. Auch dieser Zeitraum harmoniert nicht mit der zweifelhaften Karriere des Canada Bill ab Mitte des 19. Jahrhunderts.

Karl Mays Übernahme- und Verwandlungskombinatorik

Für den Einstieg in den Lincoln-Teil der *Self-man*-Erzählung wählte May etwas Textmaterial aus dem 12. Kapitel des zweiten Bandes von Retcliffes ›Abraham Lincoln‹,[13] einer Rückblende, in der die verschollen geglaubte Mary,[14] Tochter des Pflanzers Leroux und einer Farbigen, nach dreißig Jahren der Trennung dem Vater ihre Erleb- und Erleidnisse berichtet. May konzentriert sich auf das, was sie aus ihrer Kindheit nach der Trennung vom Vater erzählt. Der kleine Mischling soll als Sklavin verkauft werden; sie wird aber davor bewahrt und schließt sich ihren Rettern an, deutschstämmigen Schiffern, die am Oberlauf des Arkansas beheimatet sind. Aus diesem Kapitel wird May später noch weitere Bruchstücke entnehmen.

Die Reiseroute, die Mary schildert, verläuft umgekehrt zu der bei May: von Vicksburg Mississippi-aufwärts bis zur Einmündung des Arkansas, wohingegen sich Mays Erzähler Tim Summerland aus der westlichen Arkansas-Region nach Osten Richtung Mississippi bewegt, der noch weit, weit entfernt ist. Zu Beginn des zweiten Teils von *Ein Self-man* ist der Schauplatz dann in der Tat Vicksburg.

Ich war am obern Arkansas auf Biber gewesen, hatte einen hübschen Fang gemacht, die Felle an einige Companiemänner, die mir begegneten, verkauft, und suchte mir nun eine passende Gelegenheit nach dem alten Missisipi, um wieder einmal unter Menschen zu kommen und Dieses und Jenes einzukaufen, da meine Ausstattung mit der Zeit so ziemlich fadenscheinig geworden war.	[Marys Erzählung:] Manche Nacht lagen wir an den düsteren Ufergebüschen des Mississippi vor Anker, überspannt von der blinkenden Himmelsdecke. Wie gefährlich solche nächtliche Stationen werden konnten, bewiesen mir die beiden Wachen, die mit den Rifles im Arme die äußerste Aufmerksamkeit zeigen mußten.
Mein Vorhaben hatte seine Schwierigkeiten, denn die Gegend, durch welche ich den Pfad schlagen mußte, war ganz verteufelt unsicher. Die Komanchen, Choctaws, Seminolen und Creeks lagen einander in den Haaren, bekämpften sich bis auf die Messerspitzen und behandelten jeden Weißen als	Gerade damals waren wieder mehrere Indianerstämme unruhig geworden. Die Chomanches, Choctaws[,] Seminolen und Creeks bekämpften sich, behandelten aber zugleich alle Weißen als Feinde. So war doppelte Vorsicht nothwendig und jede kleine

---

13   J. Retcliffe [= Wilhelm Schröter]: Abraham Lincoln. Historischer Roman. Dresden 1865f. Zitatnachweise künftig im Text mit dem Kürzel »AL«.

14   In Schröter-Retcliffes Fiktion die Witwe von Junius Brutus Booth und Mutter des Lincoln-Mörders John Wilkes Booth.

»Der berühmte
Canada Bill
bei der Arbeit.«

Kartenspiel ausnimmt. Später habe sich der Canada Bill im Süden, in New Orleans mit einem anderen bekannten Spieler, dem Riverboat Gambler George H. Devol (1829–1903) zusammengetan.[11] Auch hier gibt er sich beim Spiel als Naivling aus. Seine nächsten Stationen sind Kansas City und Omaha; dann betreibt er sein Handwerk wieder in der Chicagoer Gegend. Pinkerton schließt mit den Worten: »Canada Bill, after an unprecedently successful career of over twenty years in America, died a pauper – as nearly every one of all the criminal classes do – at the Charity Hospital, in Reading, Pennsylvania, in the summer of 1877.«[12]

✦

Der erste Teil von Mays Erzählung muss – hält man sich an historische Tatsachen als Parameter – ausgangs der 20er oder anfangs der 30er Jahre des 19. Jahrhunderts spielen, als Lincoln auf dem Ohio und Mississippi als Flößer tätig war. Zu diesem Zeitpunkt war William Jones, der erst mit zwanzig Jahren von England nach Kanada kam, noch ein Kind, wenn man seine Geburt um 1820 ansetzt.

Als Handlungszeitpunkt des zweiten Teils kann man ungefähr 1840 oder etwas später ansetzen, da Lincoln mittlerweile *Kapitän und gar Lawyer geworden* sei (430b). Zum Captain wurde er 1832 gewählt, und Rechtsanwalt war er

11 Auch Devol berichtet in seinen Memoiren über den Canada Bill (George H. Devol: Forty Years a Gambler on the Mississippi. New York 1894, 190–216). Beide sind auch in Vicksburg (215), einem der Handlungsorte, die May aufgrund seiner Quelle, des ›Abraham Lincoln‹-Romans von Schröter-Retcliffe wählte – eine zufällige Koinzidenz von Literatur und Wirklichkeit.

12 Pinkerton, wie Anm. 6, 206.

gemeinschaftlichen Feind. Es galt also, aufzu-
passen.

Mein Weg führte mich mitten durch das
Kampfgebiet, und ich war ganz allein und
nur auf meine eigne Vorsicht und Ausdauer
angewiesen. Sogar ein Pferd mangelte mir; die
Compagniemänner hatten es mir abgescha-
chert und ich mußte darum auf den zwei Bei-
nen reiten. (398b)

verdächtige Erscheinung, welche vielleicht
der Zufall fügte, wurde streng untersucht.

So gelangten wir langsam an die Arkan-
sasmündung, vor der das kleine Städtchen
Napoleon liegt. – (AL II, 199f.)

Bei der Übernahme veränderte Karl May Schröter-Retcliffes Formulierungen ganz offensichtlich zum Besseren, Anschaulicheren, Zupackenderen.

Tim Summerland befindet sich tief im Westen von Kansas, wie man der folgenden Bemerkung entnehmen kann, in der von Smoky Hill die Rede ist. Smoky Hill wird von Schröter-Retcliffe im bereits zitierten 12. Kapitel des zweiten Bandes erwähnt, wo Mary erzählt, wie sie mit ihren Rettern, Vater und Sohn Wolf, die ein Anwesen westlich von Fort Gibson besitzen, den Arkansas aufwärts fährt:

Ich hielt so ungefähr auf Smoky Hill zu und
konnte nach meiner Berechnung nicht mehr
weit vom Arkansas sein. Ich traf immer zahl-
reiche Wasserläufe, die sich nach ihm hin-
zogen und stieß auf allerlei Gethier, welches
nur an den Ufern großer Flüsse zu finden
ist. (398b)

[Marys Erzählung:]
Die Reise nahm einen mühseligeren Charakter an. Es vergingen drei Wochen, ehe wir
von der Mündung bis zu Fort Smith gelangten, wo wir wieder einige Tage verblieben.
Hier erhielt Wolf von dem Sergeant des Forts
das erste Mal Nachricht von seiner Frau, die
der Soldat bei einer Expedition, die vor vier
Wochen nach Smoky Hill beordert gewesen,
wohl und munter gesehen hatte. (AL II, 205)

✦

Für die nun folgende Begegnung zwischen Tim Summerland und Abraham Lincoln holte sich May die Idee und etliche Formulierungen aus dem ersten Band von Schröter-Retcliffes Roman, und zwar aus dem 2., 4. und 8. Kapitel. Schauplatz der Handlung ist eine Uferregion am Red River, die Pflanzung eines gewissen Macoc, eines ausgesprochen bösartigen und sadistischen Patrons, der seine Negersklaven liebend gern mit der Peitsche in der Hand zu Tode quält; Lincoln ist, wie in der historischen Wirklichkeit, Bootsmann und nicht Westmann wie bei May.

Dessen Mixtur aus verschiedenem Fremdem sowie aus Fremdem und Eigenem ist insofern besonders pikant, als die Szene, die er jetzt schildert, bei Schröter-Retcliffe zwischen Lincoln und einer halbblütigen

»Auf dem Baumstumpf.«

›Indianerprinzessin‹[15] namens – Pocahontas spielt und sich beide sofort ineinander verlieben.

Schröter-Retcliffes Lincoln, der sich Macoc auf kurze Zeit verdungen hat, um Zimmererarbeiten auf der Pflanzung durchzuführen, ist dabei, Bäume zu schlagen. Während der Arbeit formt er in Gedanken eine Rede, die er nach dem Tagwerk bei beginnender Dämmerung noch rasch niederschreibt und nun, auf einem Baumstumpf stehend, vor einem imaginären Publikum hält.

May verlegt die Szene vom Red River an den Arkansas, behält aber die Tageszeit bei. Statt der Rede, die Schröter-Retcliffe wiedergibt, legt er Lincoln zuvor gesprochene Worte des Sklavenhalters Macoc in den Mund, die als abzulehnende Auffassung apostrophiert werden.

Tim Summerland fährt in seiner Erzählung fort:

So drang ich durch den Urwald und sah mich schon nach einer passenden Lagerstelle um, denn es war schon ziemlich düster geworden, als ich plötzlich eine laute, tiefe Männerstimme vernahm, die mit mächtigem Schalle in das Dickicht hinein raisonnirte. Der Sprache nach war es ein Weißer, der sich so unvorsichtig vernehmen ließ; ich hatte also Nichts zu befürchten und drängte mich durch die Büsche hindurch der Stelle näher, an der er sich befand. Was glaubt Ihr nun wohl, was ich erblickte?

Auf einem alten Baumstumpf, den ich in der Mitte einer kleinen Lichtung erblickte,

Als er [= Lincoln] sie [= die Niederschrift der Rede] beendigt hatte, stellte er sich auf den

---

15   Vgl. AL I, 221: »›Meine Väter,‹ setzte Pocahontas erklärend hinzu, ›waren aus dem Geschlechte des Kaisers Pohatán […].‹«

stand ein Mann, fuhr mit den Händen in der Luft herum und hielt den Hikory- und Sykamorenstämmen eine Rede, die er nicht besser und schöner bei einem Meeting hätte anbringen können. Ich bin ein ziemlich eigener Kopf und gebe nicht viel auf das, was mir vorgesprochen wird, aber der Mann hatte eine Stimme und eine Art des Ausdrucks, die mir das Lachen benahm in das ich erst ausbrechen wollte, weil es mir verteufelt possierlich vorkam, daß Einer mitten im Urwalde den Käfern und Mosquito's eine Predigt hielt.

Es war, wie gesagt, schon ziemlich düster, aber ich konnte ihn und sein Gesicht noch deutlich erkennen. Er war lang und stark, war frisch, derb und zähe wie ein echter Yankee, hatte eine scharf hervorspringende Nase, spiegelblanke Augen ohne Lug und Trug, einen breiten, scharfen Mund, ein eckiges Kinn und konnte trotz der Gutmüthigkeit, die ihm anzusehen war, doch vielleicht ein Weniges verschmitzt und listig sein, wenn er es für gut hielt.

[Vgl. weiter unten: *Tim Summerland ist auch nicht aus schlechtem Holz gehackt.*]

Vor dem Stumpfe, auf welchem er stand, lag eine gewaltige Axt, eine gute Büchse und noch einiges Andere, was man in jenen Gegenden von Nöthen hat. Es war augenscheinlich, daß sich der Mann im Reden übte, und er schien mir ganz zu einem Self-man gemacht zu sein, der sich durch Kampf, Arbeit und Noth emporringt zu einer besseren Stelle als sie der Westen bietet.

»Ihr sprecht: Wir müssen darauf hin arbeiten, unsre Neger so in die Gewalt zu bekommen, daß sie, selbst wenn ihnen die Freiheit verkündet würde, aus reiner Furcht bei uns bleiben würden,« declamirte er.

Baumstumpf, und die Rede theilweise ablesend, theilweise frei sprechend, sprach er sie in den dämmernden Wald hinein, der manches accentuirte Wort im Echo zurückgab. (AL 1, 212)

[Erwähnung von Fichte (AL 1, 210) und Kiefer (AL 1, 211); »Sycomoren« auf Macocs Gelände (AL 1, 2).]

[Zum Stichwort ›Predigt‹ siehe unten.]

Der Bootsmann Lincoln bot in seinem Aeußern weiter nichts Auffälliges, als eine gewisse derbe Frische, verbunden mit der Zähigkeit der Yankees. Eine scharf hervorspringende, römische Nase, mittelgroße, spiegelblanke Augen ohne Lug und Trug, ein etwas breiter, scharfgeschnittener Mund, gebildet zur zweischneidigen Tribünensprache, ein wenig verschmitzte Züge, welche trockenen Humor verriethen und ein eckiges Kinn, – das Alles bildete das frohe, freie Antlitz des Bootsmannes, das, was ich als Hauptsache fast vergessen hätte, eine herrliche Gutmüthigkeit aussprach. –

Es war ein derbes Stück Holz, nicht zu hart, nicht zu weich – kurz und gut, so geschaffen und gewachsen, wie man es braucht, um große Männer zu schnitzen. – (AL 1, 95f.)

Lincoln marschirte mit seinem wie immer fröhlichen, sich selbst genügendem Gemüthe, mit allen zu einem Waldleben nöthigen Gegenständen bepackt und behangen, der bezeichneten Richtung zu, um das erwähnte Nadelholz aufzufinden. (AL 1, 207)

»Sehen Sie, Bellmaré,« – hob Macoc nach einer Pause an – »wir müssen darauf hinarbeiten, unsre Neger so in die Gewalt zu bekommen, daß sie, selbst wenn heute ihnen die Freiheit verkündigt würde, aus Furcht bei uns bleiben würden. Sie starren mich

»Was diese europäische Rasse, diese deutschen Yankee's von Humanität und christlicher Liebe schwatzen, ist der reine Unsinn. Die Liebe soll regieren! Die Liebe –? pah – Die Peitsche muß regieren! So sagt Ihr, weil der Eigennutz Euer Herz verhärtet und zu Stein verwandelt hat. Ich aber sage Euch, es wird die Zeit kommen, in welcher – – –« (398b–399a)

an, weil es paradox klingt, aber es ist so. Ich kenne dieses schwarze Fleisch, ich habe Erfahrungen gemacht und Sie können meinen Worten Glauben schenken. Was diese Deutsch-Yankees, diese verdammte europäische Race, von Humanität und christlicher Liebe schwatzen, ist Unsinn. Die Liebe soll regieren! Die Liebe – pah – die Peitsche muß regieren!« – (AL 1, 38)

Nun bemerkt Lincoln, dass er nicht alleine ist. (Ich gebe zum Vergleich Schröter-Retcliffes Schilderung des Aufeinandertreffens ungekürzt wieder.)

Er hielt mitten in seiner Rede inne. Ich war Etwas zu weit durch das Gebüsch getreten und er hatte mich bemerkt. Im nächsten Augenblicke war er vom Baumstumpfe herunter, hatte die Büchse zum Schuß erhoben und rief:
»Halt, Mann, keinen Schritt weiter! Wer seid Ihr?« (398b–399a)

Mit klopfendem Herzen hatte er seine Rede vor den vermeintlichen stummen Zuhörern beendigt, als plötzlich eine glockenreine, weibliche Stimme hinter ihm zu sprechen begann. Mit einem Satz war er von dem Stumpf herab, drehte sich herum und blickte einer mittelgroßen, weiblichen Gestalt in's Antlitz, aus dem ihm zwei große, dunkle Augen entgegenleuchteten, die er mit nichts Anderem, als Hirschaugen vergleichen konnte.

Ein Hinterwäldler ist an Überraschungen gewohnt, aber trotzdem ereignet es sich sehr selten, daß man aus ein weibliches Wesen trifft, das so viel Liebreiz in sich vereinigte, als dieses, das Lincoln gegenüberstand, der erröthend seine Hände windend und reibend, als wollte er die Finger zu unauslöslichen Knoten verschlingen, sie ansah, – immer ansah – und kein Wort sprechen konnte. –

Es lag auch etwas ganz Wunderbares in dem Mädchen, deren große halbschlaue Rehaugen mit einem Ausdruck von Ueberraschung und Bewunderung an der Figur des jungen Holzhauers hingen.

Das Mädchen war eine schlanke, zierliche Gestalt, deren Bewegungen ungemein graziös waren, sowie man es bei den Töchtern der Natur findet. Schwarzes gewelltes Haar legte sich von der Stirn in zwei Scheitel nach den Wangen hinab, welche in einem zarten Roth erglühten. Die Nase war fein, die Lippen etwas stark, wie sie zum Küssen sein müssen, und zwischen diesen reizenden Lippen lagen zwei Reihen glänzender, kleiner Perlenzähne.

Es wäre eine vollkommene Schönheit zu nennen gewesen, wenn ihr Teint, gelblich spielend, nicht angezeigt hätte, daß sie indianischem Blute entstammte, welches noch nicht so viele Mischungen erlitten hatte, um europäisch genannt zu werden. Die Kleidung war durchaus die einer Farmerstochter. Ein großer Strohhut, wie er damals Mode war, hing an ihrem Arme und nur die kleinen Füße entbehrten jeder Vorsicht der Cultur. Sie waren nackt, rund, schön, Meisterstücke der Natur und wie sie manchmal die Kunst zu schaffen versteht.

Es war sehr natürlich, daß Lincoln erstaunt und bewundernd nicht zu reden wußte. Gerade das etwas Wilde, Natürliche dieses Weibes hatte für ihn etwas Ergreifendes, und er hätte auch nicht gesprochen, weil er fürchtete, sie zu verscheuchen.

»Was seht Ihr mich denn so an?« sagte sie endlich und lächelte halb, so daß man die blendenden Zähne sehen konnte.

»Warum?« frug Lincoln, als müßte er sich besinnen, »weil ich überrascht bin, denn Ihr seid mir wie eingeschneit vorgekommen. Dann kenne ich Euch auch nicht, was vielleicht darin beruht, daß ich erst zwei Tage hier bin. Aber wo kommt Ihr denn her und habt Ihr mir schon lange zugehört gehabt?«

»Ich habe Viel von Eurer Rede gehört,« entgegnete sie, die Augen mit wahrhaftigem Ausdruck auf ihn richtend, »und Eure Worte haben mir sehr gefallen, eben so viel wie die der Missionäre. Seid Ihr vielleicht ein Missionär?« (AL 1, 212–214)

Diese Frage von Pocahontas spiegelt sich bei May wider in der Assoziation *Predigt* (siehe oben) sowie der Erkundigung Tims: » *Was habt Ihr denn zu predigen, Sir?* « Diese äußert er, nachdem Lincoln Zweck und Ziel seiner Reise genannt hat, was May einem Dialog zwischen Lincoln und Macoc entnimmt, der zuvor stattgefunden hat. Da der Schauplatz bei Schröter-Retcliffe eine Gegend am Red River ist, erklärt sich die Bemerkung von Mays Lincoln leicht, er wolle

»Lincoln's Wohnung in Illinois. Hier spaltete er Holz für dreitausend ›Fenzriegel‹.«

seine Ladung *im Süden* verkaufen. Und warum Mays Lincoln auf einem Floß fährt, ist ebenfalls klar: weil er es in der Vorlage auch tut.

»*Ich habe Fenzstangen gehauen, die im Süden gut bezahlt werden, und bin mit meiner Arbeit fertig. Der Beiman, welcher mit sollte, ist mir davon gelaufen, und Ihr seid mir also gern willkommen, wenn Ihr bei der Fahrt zuweilen eine Hand mit anlegen wollt.*«

»*Das versteht sich ja ganz von selber, Master Lincoln. Wie weit geht's denn hinab?*«

»*Bis so weit, als ich die Stangen verkauft habe. Aber sagt, ist Euch die Büchse geläufig, die Ihr auf der Achsel habt? Es ist nicht recht geheuer hier, und zwei Männer sind wenig gegen einige Dutzend rother Burschen, wie sie jetzt am Wasser hin- und herschwärmen.*«

»*Sorgt Euch nur darum nicht, Sir! Ihr scheint ein verwegener Bursch zu sein, sonst würdet Ihr nicht so sorglos in den Wald hineinschreien, aber der Tim Summerland ist auch nicht aus schlechtem Holz gehackt, darauf könnt Ihr Euch verlassen! Was habt Ihr denn zu predigen, Sir?*«

»*Nichts von Bedeutung! Es kommen Einem in der Einsamkeit so allerlei Gedanken, die Andern Nutzen bringen könnten. Da stelle ich mir denn vor, ich hätte diese Andern hier, und sage ihnen, was ich denke. Vielleicht kommt es noch einmal so weit, daß ich eine wirkliche Rede halte, die ich nicht in den Wind*

[Lincoln zu Macoc:]

»Ich habe dort auf meinem Flosse« – und er wies mit dem Daumen über seine Schulter – eine Partie Fenzriegel und ich muthmaßte, daß es vielleicht nicht ganz unnütz sei, wenn Ihr mir diese nach Billigkeit und Recht abkauftet. Gutes Holz, Sir, und gemacht wie mit dem Hobel!« (AL 1, 96)

hineinstoße. Jetzt aber kommt mit zum Was-
ser. Da ist's sicherer und bequemer. Es ist Alles
zur Fahrt bereit, und bei guter Frühe schwim-
men wir fort!« (399a–b)

Schröter-Retcliffes Lincoln begibt sich mit Pocahontas zum Haus Macocs, der ein Verwandter von ihr ist und den sie besuchen kommt. Dabei unterhalten sich die beiden jungen Leute und sind bereits sehr vertraut im Umgang miteinander. Lincoln »mußte erzählen, wo seine Heimath war, von seinen Eltern und Geschwistern, seine und deren Erlebnisse – kurzum, sie machte ihn zum gesprächigsten Hinterwäldler und Bootsführer, der je die Wälder und Ströme der Südstaaten bereist hatte« (AL 1, 223 f.).

May greift das gegenseitige Sich-Erzählen auf, und da es zwischen Männern abläuft, darf ein ausgesprochen männliches Attribut beim trauten Beisammensein nicht unerwähnt bleiben: *Wir aßen also tüchtig Abendbrod und lagen dann mit unsern Pfeifen am Wasser und erzählten uns Allerlei Gutes und Schlimmes, wie man es so hier und da zu erleben bekommt.* (399 b)

◆

Auf dem Arkansas geht es nun flussabwärts, und das erste gemeinsame Abenteuer beginnt, angelehnt an eine Episode aus dem zweiten Band von Schröter-Retcliffes Roman, die an der gleichen Stelle spielt. Allerdings fährt man mit einem Segelboot (und zwar flussaufwärts) und nicht auf einem Floß:

So gelangten wir in die Nähe von Fort Gibson. Wir wollten da an das Land gehen, um unser Schießzeug gehörig in Ordnung zu bringen. Es war am hellen Mittag, als wir den Ort vor uns liegen sahen und wir wunderten uns nicht wenig, keine Schildwache oder ein sonstiges menschliches Wesen zu erblicken. Selbst den Schornsteinen entströmte kein Rauch; es lag daher die Vermuthung nahe, daß hier etwas Außergewöhnliches vorgefallen sei.

Aus Vorsicht legten wir das Floß nicht an die gewöhnliche Landestelle, sondern verfolgten unsern Weg noch ein Stück stromabwärts, als ob wir vorübergehen wollten, und hielten erst hinter einer Krümmung des Flusses auf das Ufer zu. Hier nahm Lincoln Büchse und Messer zur Hand und stieg an das Land.

»Ich werde recognosciren, Tim Summerland. Du lässest das Ankerseil lang aus und

[Marys Erzählung:]
Natürlich wurde die größte Vorsicht entfaltet, und wir gelangten unbelästigt nach Kidron. Von hier aus verlangte es noch eine Wochenreise, um an Wolf's Farm zu gelangen. – –

An einem Tage, an dem es sehr geregnet hatte und die entleerten Wolken tief über der Erde schwebten, segelten wir am Fort Gibson vorüber, ohne daß wir eine Schildwache oder sonstige Person erblickten. Selbst den Schornsteinen entströmte kein Rauch, und es mochten vielleicht noch viele andere Spuren vorhanden sein, die vermuthen ließen, daß das Fort überfallen worden sei. –

Da Wolf den Vorsatz äußerte, sich zu überzeugen, so bewaffneten sich sämmtliche Männer bis an die Zähne.

hältst Dich bereit, es sofort zu durchschneiden,
wenn Du etwas Verdächtiges bemerkst!«

Ich that, wie er befohlen hatte. Glücklicher
Weise aber gab es keine Veranlassung, mit dem
Flosse in die Mitte des Stromes zurückzugehen.
Es dauerte eine geraume Zeit, ehe er wieder
erschien. Sein Gesicht hatte einen halb zorni-
gen, halb pfiffigen Ausdruck.

»Tim, es giebt für uns zu thun. Jetzt kannst
Du beweisen, daß Du kein schlechter West-
mann bist!«

»Bin bereit dazu! Was hast Du gefunden?«

»Die Komanchen haben das Fort überfal-
len und Alles niedergemetzelt. Sie sind jetzt
auf einem Zuge abwesend und haben nur
eine Wache von zwölf Mann zurückgelassen.
Die sind über den Brandy gerathen und lie-
gen besinnungslos auf der Erde. Ich bin mit-
ten unter ihnen gestanden, ohne daß sie sich
gerührt haben. Komm, es giebt eine gute
Ladung für uns!«

Es war ein kühner Gedanke, den er aus-
sprach, und ich hatte nicht Lust, ihm abzu-
rathen. In wenig Augenblicken hatten wir das
Fort erreicht. Die überraschten Vertheidiger
lagen zerstreut auf dem Boden, waren ausge-
plündert worden und hatten ihre Kopfhäute
lassen müssen. Es gab nicht viel darüber zu
sagen. Wir traten in den Versammlungsraum,
wo die Indianer ihren »Drink« gehalten hat-
ten. Sie hatten gezecht, bis sie nicht mehr
konnten, und lagen nun in einem todesähn-
lichen Zustande um das Faß herum, welches
umgestürzt war und seinen Inhalt über die
Erde ergossen hatte.

»Binden!« meinte Abraham Lincoln kurz.

Im Nu waren aus den Mantelhäuten der
Rothen so viele Riemen geschnitten, als wir
bedurften, und in weniger als einer halben
Stunde befanden sich die Zwölf auf unserm
Flosse, wo wir sie so fest an die Stämme schnür-
ten, daß es für sie keine Möglichkeit zum Ent-
rinnen gab. Für jetzt aber waren sie so betrun-
ken, daß Keiner von ihnen die Veränderung
bemerkt hatte, die mit ihnen vorgenommen
worden war. (414a–b)

Edward [= der Sohn Wolfs] blieb am
Bord zurück mit dem Auftrage, das Tau, welches das Schiff am Ufer festhielt, sogleich zu
durchhauen, wenn sich irgend etwas Gefähr-
liches zeigen sollte, und dann das Boot in der
Strommitte zu halten. Außerdem hatte man
ihm Waffen zurückgelassen … (AL II, 205 f.)

[Marys Erzählung:]

»Aber was ist denn geschehen?« wiederholte
der junge Mensch [= Edward].

»Was soll's sein?« erzählte Wolf, indem
das Boot abgestoßen wurde – »die Cherokesen haben das Fort überfallen, die zwanzig
Soldaten niedergemacht und schließlich sich
dem Genusse von Branntwein hingegeben,
in einem Maße, das sie alle Vorsicht vergessen ließ.

Alle Indianer lagen betrunken umher.
Es mochten an die dreißig Mann sein, von
denen wir uns hier den wahrscheinlichen
Häuptling aussuchten.« –

In diesem Moment geschah ein furchtbarer Krach, als eröffne sich ein Vulkan; wir
blickten zurück nach dem Fort, und in einer
emporschießenden Rauchwolke flogen Balken und dunkle Gegenstände empor.

Ich war zum Tode erschrocken.

»Beruhige Dich!« sagte Wolf. »Wir
haben das Fort in die Luft gesprengt, um uns
nicht mit dem Blute Wehrloser zu beflecken.
Wir mußten es thun, weil sich die Indianer
sonst vielleicht in dem Blockhause festge-
setzt hätten.« (AL II, 207 f.)

»Die Floßfahrt.«

Die Cherokesen haben sich bei May in Komanchen verwandelt, und die Zahl derer, die betrunken vorgefunden werden, hat sich gegenüber seiner Quelle mehr als halbiert.

Die von den Indianern Getöteten werden ebenfalls auf das Floß gebracht, um später beerdigt oder nach dem von Schröter-Retcliffe (siehe oben) genannten *Kidron* gebracht zu werden (vgl. 414b). Im zweiten Teil der Erzählung wird dann nachgetragen, dass die zwölf Rothäute in Kidron erschossen worden seien (vgl. 446a).

✦

An dieser Stelle des ersten Teils tritt bei May der Kanada Bill zum ersten Mal auf. Er hatte bei dem Überfall auf das Fort die Hände mit im Spiel, will sich mit Diebesgut aus dem Staub machen, möchte dazu gern Lincolns Floß benutzen und versucht daher, aus dem Hinterhalt ihn und Tim zu erschießen. Das schlägt fehl: stattdessen wird er getötet. So scheint es jedenfalls. Lincoln identifiziert den Mann als Kanada Bill, und Summerland meint: »*Der Kanada Bill? Ist's möglich! Was hat er hier zu schaffen gehabt? Ich denke, er ist jetzt so da unten am Red River, wie die Leute sagten!*« (415a) Warum ausgerechnet am Red River? Mays Quelle hat es uns verraten. Es könnte aber auch eine Bemerkung Pinkertons gewesen sein, sofern sie in einem deutschen Artikel über den Canada Bill wiedergegeben wurde: »the South, where he [= Canada Bill] at one time owned nearly half of a town at the mouth of the Red River«.[16]

16 Pinkerton, wie Anm. 6, 199f.

Unsere beiden Helden besteigen wieder das Floß, und Karl May pickt einen Atmosphäre liefernden Halbsatz aus seiner Vorlage und nutzt das Stichwort ›Floß‹ zu einem eleganten Kapitelschluss-Schlenker:

Wir stießen vom Lande und befanden uns bald wieder in Mitten der uns schnell vorwärtstragenden Strömung. Abraham Lincoln stand vorn am Flosse, um nach Snaks, Alligatoren und Indianern auszuschauen, in jenen Gegenden die drei größten Feinde des Schiffers. Ich ahnte damals nicht, daß er bald die erste Stelle auf dem Flosse der »Vereinigten Staaten« einnehmen werde, um dasselbe sicher durch die ärgste der Stromschnellen zu führen, durch welche es jemals geschwommen ist. — — (415a–b)

[Marys Erzählung; sie schildert die Bootsbesatzung der Wolfs]:

»Die Ströme hatten ihre Gefahren wie das Meer, und sie mußten Tag und Nacht bereit sein, dem Tode in's Antlitz zu schauen.

Snaks, Alligators und Indianer waren die Hauptfeinde für die Bootführer, und deshalb mußten sie nicht allein gute Fischer, sondern auch Jäger sein, die mit der starken Hand ein sicheres Auge verbanden. Wie oft geschah es, daß Boote von den indianischen wie von weißen Raubgesellen Nachts an den Ankerplätzen überfallen wurden. Wenn sie bei solchen Gelegenheiten nicht Muth und Geistesgegenwart bewiesen, so waren sie verloren.« (AL II, 198)

✦

Der zweite Teil von *Ein Self-man* beginnt mit einem Zeitsprung, der geringer ausfällt als zwischen erstem und zweitem Band des ›Abraham Lincoln‹-Romans (1831 / 1861; Zwischentitel des zweiten Bandes: »Das böse Princip. Dreißig Jahre später«): *Wenn zwischen zwei Geschichten so einige Jahre in das Land gehen, so kann man auch beim Erzählen eine Pause machen.* (415b)

Tim Summerland befindet sich in Vicksburg am Unterlauf des Mississippi und trifft dort zufällig Betty Kroner, seine Jugendliebe, die er zwanzig Jahre lang nicht gesehen hat.

Was May jetzt erzählt, ist angeregt und übernommen aus der von ihm im ersten Teil der Erzählung bereits benutzten Lebensgeschichte der fiktiven Mary Booth im zweiten Band von Schröter-Retcliffes Roman.

Zum Verständnis: Leroux, Marys Vater, hatte Marys Mutter Eva, eine Kreolin, verstoßen und wollte sie aus Rache, weil er sich von ihr betrogen fühlte, einem Indianer namens »Feuerfliege«[17] vermählen, der sich in Eva verliebte. Feuerfliege stahl die kleine Mary, die Leroux bei sich behalten hatte, und war nun mit den beiden auf der Flucht.

17 Vom Namen her wohl angeregt durch Henry Wadsworth Longfellows (1807–1882) ›The Song of Hiawatha‹, 1855), worin bei der Schilderung von Hiawathas Kindheit der Begriff »Wahwah-tayssee« fällt (Ojibwa: wawatessi, ›firefly, d. h. ›Glühwürmchen‹ oder ›Leuchtkäfer‹). Ferdinand Freiligrath übersetzt mit »Feuerfliege«, »Weißlichtfliege« (Der Sang von Hiawatha. Stuttgart / Augsburg 1857, 41).

So stehe ich denn am Quai oder wie sie das Ding dort nennen, und habe meine helle Freude an dem Menschengewühl, welches die ankommenden Steamer bringen und die abgehenden wieder mitnehmen, da sehe ich plötzlich ein Gesicht, sage ich Euch ein Gesicht, welches ich nicht vergessen konnte, obgleich schon fast zwanzig Jahre vergangen waren, seit ich es zum letzten Male vor mir gehabt hatte. (415b)

[Marys Erzählung]:
»Wir waren in Vicksburg angekommen. Es war ein sonniger heller Tag, und der Strom war außergewöhnlich belebt. An beiden Ufern waren dichte Haufen von Leuten versammelt, welche auf die Dampfboote warteten, die sich hier kreuzten. Feuerfliege wurde durch die Nachricht, daß in wenig Stunden der Steamer landen würde, ungewöhnlich heiter gestimmt [...].« (AL II, 185)

✦

Das, was in der folgenden Wiedererkennungsszene Tim Summerland zu Betty Kroner sagt, lässt sich auf eine Textpassage aus Mary Booths Erzählung zurückführen, die auf derselben Seite beginnt, auf der die Stelle »Die Chomanches, Choctaws[,] Seminolen und Creeks bekämpften sich« steht, mit der im ersten Teil die Bezugnahmen auf Schröter-Retcliffes Roman einsetzten. May schreibt:

> »Betty, Betty Kroner!« *rufe ich und dränge mich durch das Volk bis hin zu ihr.* »Gott segne meine Augen; bist Du es, oder bist Du es nicht?«
>   »Tim,« *ruft sie, die Hände vor Freude und Verwunderung zusammenschlagend;* »Tim Summerland, welch ein Glück, daß ich Dich finde!«
>   »Ja, ein Glück ists, Betty, ein verteufelt großes Glück! Weißt Du noch, damals, als ich Dich zur Frau haben wollte und Du mochtest nicht, sondern hattest den Fink Panschlaw lieber als mich? Es war doch eine verdamm – – eine schöne Zeit, wollte ich sagen, Betty! Du bist mit dem Panschlaw gelaufen, ich aber hab' Dich nicht vergessen bis auf den heutigen Tag. Domm [recte: Damn], es ist doch mit dem Dinge, was sie Liebe nennen, eine eigenthümliche Sache! Wie ist Dir's gegangen, und wie kommst Du nach Vicksburg?«* (415b)

Mary ist auf dem großen Boot der Wolfs den Mississippi aufwärts bis zur Mündung des Arkansas gelangt. Dort liegt das Städtchen Napoleon, ein Sammelplatz der Bootsführer, wo sie Rast machen. Am Ufer spielt sich eine Szene ab, aus der sowohl der Vorname Betty (aus »Bethsy«) als auch »Fink« sowie die Liebeskonstellation bei May hervorgeht.

> In großen Kesseln wurde Grog gebraut; das Gelage begann, Lieder wurden gesungen, und Wolf versicherte mir, daß [...] dies oft wochenlang dauere.
>   Er trat mit mir in einen Kreis, der aus den lustigsten Burschen zusammengesetzt schien.

Plötzlich sagte Wolf, indem er auf zwei Männer wies, die sich umschlungen hielten und den Mittelpunkt der Gesellschaft bildeten:

»Betrachte Dir einmal die beiden Männer genau. Der kleine mit dem struppigen schwarzen Haar ist der berühmte Mike Fink, der sogenannte ›Allestreffer,‹ weil er nie sein Ziel verfehlt. Der Andere ist sein Freund Carlyle, ein tapferer gutmüthiger Bursche.«

»Was?« rief Leroux seiner Tochter zu, »Du hast Mike Fink gesehen?«

»Ja, sehr genau, und was noch mehr, ich habe sogar seinem Tode beigewohnt. Gedulde Dich, ich werde Dir Alles erzählen.

Wir mochten einige Minuten bei den Männern gestanden haben, als Mike Fink sich mit seinem Freund Carlyle plötzlich stritt.

»Ich sage Dir das« – rief der Allestreffer – »denjenigen mache ich zum Eiszapfen, der glücklicher sein sollte bei Bethsy wie ich!«

»Das hättest Du früher sagen sollen!« entgegnete Carlyle lächelnd – »denn seit einigen Wochen bin ich der Glückliche. Bethsy wird meine Frau –«

Mike Fink sprang wie ein Wahnsinniger auf und warf seinen Grogbecher auf die Erde. Er erfaßte das Gewehr, und ich glaubte, er würde seinen Freund niederschießen, der ihn ruhig anblickte. –

Mochte es dieser Blick Carlyle's sein, der ihn beruhigte, oder die übrigen Männer, die ihn trotz seiner Stärke übermannt hätten, kurzum, er wurde wieder freundlich und setzte sich neben seinen Freund nieder.

Es wurde weiter getrunken.

»Wer giebt noch Rum?« rief Mike Fink in den leeren Kessel blikkend, – »Du Carlyle oder ich! Laß es uns auswetten!«

»Wie wollen wir wetten?« frug der Andere.

»Wir schießen uns wieder die Blechbecher vom Kopfe!« schlug der Allestreffer vor und Carlyle nickte Beifall.

Nur die Uebrigen waren nicht damit zufrieden. Besonders Wolf, der irgend etwas zu befürchten schien, machte den Einwand, daß Beide zu viel getrunken hätten, um sicher schießen zu können. –

»Wir sind keine Memmen!« schrie Mike Fink, indem er schon die Büchse lud – »Und es kümmert auch Niemand, wenn wir uns einander das Gehirn sprengen!«

Carlyle stritt selbst dafür und somit half weiter kein Einwurf. –

Diese Leute, welche in Gefahren aufgewachsen waren, liebten natürlich auch Unterhaltungen, die nicht zarter Natur waren. Die beiden Männer schossen sich sehr oft die Becher vom Haupte. Sie waren Freunde, und um so weniger konnte man wegen eines schlimmen Ausganges Besorgniß hegen. Wolf war der Einzige, der es mit dem ganzen Aufwand seiner Beredsamkeit verhindern wollte.

Mike Fink hatte den ersten Schuß.

Carlyle füllte einen Becher bis zum Rande mit Wasser, entfernte sich einige zwanzig Schritte und stellte mit großer Vorsicht das Gefäß auf's Haupt, weil er keinen Tropfen vergießen durfte.

Der Allestreffer zog die bereits an den Backen gehobene Büchse noch einmal herab. Ein hämisches Lächeln spielte um seine Lippen und er sagte zu seinem Freunde:

»Höre, wackle nicht mit dem Kopfe, dann mag der Teufel für meine Kugel stehen!«

»Ich zittere nicht!« antwortete Carlyle, der wirklich ruhig stand.

»Du wankst!« rief Mike Fink, hob das Gewehr empor, zielte, der Schuß krachte, und Carlyle sprang einen Schritt vor, auf's Gesicht niederfallend. Die Kugel war mitten durch die Stirn gedrungen.

»Was ich sagte!« schrie der Allestreffer sehr gefaßt – »Er hat nicht ruhig gestanden!«

Niemand sprach mit ihm. Sie hatten über ihn geurtheilt, obgleich Keiner offen zu sagen wagte, er sei ein vorsätzlicher Mörder. Jeder fürchtete den Allestreffer, und selbst Wolf wagte nur, ihm einen zornigen Blick zuzuwerfen.

»Nun gehört Bethsy sein!« murmelten Einige, während der unglückliche Carlyle bei Seite getragen wurde, um in dem Gebüsch begraben zu werden. –

Mike Fink schritt der Bude zu, wo Branntwein verkauft wurde. Vielleicht wollte er sein Gewissen betäuben.

Die ganze Scene hatte so erschreckend auf mich gewirkt, daß ich mich stets an Wolf krampfhaft festhielt, der gedankenvoll am Ufer auf und ab wanderte, als überlege er sich irgend eine Sache von Wichtigkeit. –

Wir mochten uns eine Stunde lang im Freien aufgehalten haben, als Mike Fink aus der Branntweinboutique herauswankte, auf uns zukam, dabei die Büchse über dem Haupte schwingend, mit den ausgeprägtesten Zeichen der Trunkenheit.

Wolf blieb stehen, bis der Allestreffer ihn eingeholt hatte.

»Nun ist er todt!« lallte der Letztere – »er könnte mich dauern, aber ich mußte es thun!« –

»Was?« frug Wolf.

»Nun, ich meine Carlyle! Warum wettet er mit mir, wenn es sich um Bethsy handelt. Sie ist nun mein!«

»Wenn sie einverstanden ist« – entgegnete mein Pseudovater und winkte einige Männer herzu, die nun ebenfalls zuhörten. –

»Sie muß, sonst schieße ich ihr auch eine Kugel in die weiße Stirn. Erst wollte ich ihm den Becher herunterwerfen, aber ich dachte an

Bethsy und hielt einen Zoll tiefer. Es war auch ein Kernschuß – aber ich
habe keinen Freund mehr!«

»Du hast recht!« sagte Wolf rauh – »Wir Alle, die wir hier stehen
und gehört haben, daß Du Deinen Freund gemeuchelt, sind Deine
Feinde. Auge um Auge – Du mußt sterben!«

Diese Anrede machte den Allestreffer etwas nüchtern. Da Wolf ihn
bei den Schultern packte, so riß er das Bowiemesser aus dem Gürtel, um
es dem Angreifer in die Brust zu stoßen.

Wolf schleuderte ihn jedoch zurück – plötzlich krachte ein Schuß,
und Mike Fink, der Allestreffer, gehörte nicht mehr zu den Lebenden.
Ein Ohiomann hatte das Rächeramt übernommen. (AL II, 200–204)

Mike Fink (um 1770/80–1823) ist ein fester Bestandteil mündlicher und schrift-
licher US-amerikanischer Folklore, um den sich viele Legenden und Anekdoten ranken.[18] Er trug eine Reihe von Spitznamen, »King of the Keelboat-
ers«, »King of the River«, »Der Letzte der Bootsleute« oder eben »Bang-all«,
Allestreffer. Die von Schröter-Retcliffe wiedergegebene Geschichte, für die er
»Bethsy« erfindet (es ging, so eine verbreitete Überlieferung, um eine namenlos bleibende Indianerin) und den Namen von Mikes Freund ändert, war auch
im deutschen Sprachraum bekannt.[19]

May nimmt also den Familiennamen als Vornamen und erfindet seinerseits den merkwürdigen Zunamen Panschlaw / Panshlaw. Über das Stichwort ›Trunkenheit‹ könnte zur Erklärung von Panschlaw / Panshlaw Folgen-
des herangezogen werden: Ende der 70er Jahre des 19. Jahrhunderts wurde in
Texas eine Steuer auf in Saloons ausgeschenkten Alkohol diskutiert und 1879
beschlossen. Der Name des entsprechenden Gesetzes: »Bell Punch Law«,[20]
verderbt wiedergegeben als »Panschlaw«. Da aber Mays Erzählung bereits 1878
gedruckt wurde, bleibt diese Erklärung sehr fraglich.

✦

18 Vgl. beispielsweise den Artikel zu ihm in der ›Encyclopædia Britannica‹, www.britannica.
    com / EBchecked / topic / 207415 / Mike-Fink. Oder: en.wikipedia.org / wiki / Mike_Fink.
19 Vgl. u. a. Busch, wie Anm. 4, 372–377 (»›Bang all‹, der Allestreffer«, 372; Duell mit seinem Freund
    Carpenter 376f.). Oder: Karl Andree: Geographische Wanderungen. 1. Bd. Dresden 1859, 284–287
    (Duell mit Carpenter 287).
20 Vgl. z. B. Records of liquor tax (Bell Punch Law), Texas Comptroller's Office tax volumes (other
    than ad valorem). Archives and Information Services Division, Texas State Library and Archives
    Commission: »On April 3, 1879 the 16th Texas Legislature (Regular Session) passed an Act to
    provide for the levy and collection of an occupation tax on the sale of spirituous, vinous and malt
    liquors in quantities less than a quart, commonly called the ›Bell Punch Law.‹« (www.lib.utexas.
    edu / taro / tslac / 30098 / tsl-30098.html)

Tim hört nun von Betty, dass ihre vier Kinder hier in Vicksburg verschwunden seien. Da er seine Geschichte im Zuhörerkreis erzählt, wendet er sich an diesen, um einen entscheidenden Sachverhalt mitzuteilen:

> *Die Sache war um ein Weniges schlimmer, als Ihr denken werdet. Die Betty war nämlich eine Freigegebene und hatte ein ziemlich Maaß von dunklem Blute in den Adern, das war nicht nur an Haar und Hautfarbe, sondern auch an den Nägeln deutlich zu sehen. Ihre Kinder hatten also dieselben Kennzeichen an sich, und wenn irgend ein Schelm sie vom Schiffe geholt und für seine Sclaven ausgegeben hatte, so war es nicht leicht, sie wieder zu bekommen, selbst wenn man wußte, wer's gewesen war.* (430b)

Damit überträgt May auf Betty die Eigenschaften Evas, der Frau von Leroux, und deren Kind Mary bekommt gewissermaßen noch drei Geschwister. Die Sache mit den Fingernägeln hat er der folgenden Stelle in Schröter-Retcliffes Roman entnommen: Feuerfliege, Eva und Mary gehen in Vicksburg in den Gastraum eines Hotels, dessen Name bei May gleich fallen wird …

> »Wir waren in Vicksburg angekommen. Es war ein sonniger heller Tag, und der Strom war außergewöhnlich belebt. An beiden Ufern waren dichte Haufen von Leuten versammelt, welche auf die Dampfboote warteten, die sich hier kreuzten. Feuerfliege wurde durch die Nachricht, daß in wenig Stunden der Steamer landen würde, ungewöhnlich heiter gestimmt und führte uns nach einer Art kleinen Hôtels am Ufer, das über seiner Thür das Schild des großen und freisinnigen Washington trug.
>   Wie sehr log dieses Schild!« (AL 11, 185)

Dort werden die drei zunächst nur verbal attackiert.

> »Auch die Weiber sind unreines Blut. Ich will verdammt sein, wenn der gelbe, abscheuliche Kerl [= Feuerfliege] sie nicht zum Entlaufen verführt hat. Sklaven sind's!«
>   »Jawohl Sklaven!« brüllten Alle, als hätten sie auf dieses Stichwort gewartet.
>   Eine allgemeine Bewegung entstand, die Männer rotteten sich zu einer Gruppe zusammen, die sich uns entgegenschob, während Feuerfliege langsam in seinen Gürtel griff, in dem zwei Pistolen neben einander steckten. Die Büchse lehnte an seinem Stuhle.
>   Er that immer noch, als hörte er die dröhnenden Stimmen nicht. Kaltblütig bat er meine Mutter, sitzen zu bleiben, und nur seine funkelnden, hin und her fackelnden Augen verriethen seine steigende Aufregung.

»Sie sollen uns die Nägel zeigen!« sagte ein Anderer, und bei jedem Worte kamen sie Schritt für Schritt näher.

Ein lauter Beifallssturm belohnte diesen Einfall.

»Jawohl, die Nägel, die Nägel!« tobten Alle und ich begann zu weinen, da ich einige Thränen in den Augen meiner Mutter bemerkte.

Die Flucht war uns abgeschnitten, denn Mehrere standen zwischen uns und dem Ausgange. –

Der Alte trat vor und sagte zu Feuerfliege:

»Wir verfahren immer nach Rechtens und ich will Dir gelben Halunken daher erklären, warum Du unsere Aufmerksamkeit erforderst. Seit einem halben Jahre besteht eine verfluchte Gesellschaft, welche sich das Vergnügen und uns den Aerger bereitet, Sklaven zu stehlen. Verstehst Du, Rothhaut! Wir haben die Notion, zu denken, daß Du einer dieser Bande bist. Du bist der Dieb, und jene Frau und das Kind sind die Entflohenen, zugleich Gestohlenen. – Es steckt schwarzes Blut in ihnen, darum die Nägel und den Freibrief gezeigt!«

»Verschont uns, Sir!« antwortete der Indianer ruhig. (AL ii, 186f.)

Dem wird nicht stattgegeben. Feuerfliege und Eva müssen fliehen, doch Mary können sie nicht mitnehmen. Sie wird in einer Auktion im Hotel Washington an einen Iren verkauft, von dessen Flachboot die Wolfs sie retten.

✦

In *Ein Self-man* macht sich Tim in Vicksburg auf die Suche nach den verschollenen Kindern, findet jedoch keine Anhaltspunkte.

Mein Suchen war tagelang vergebens, bis ich zufälliger Weise in den Boar[d]-room des Washington-Hotels gerieth.

[…]

Da auf einmal kommt Einer herein, der besser und gentlemanliker als sie Alle sieht, wirft einen Blick herum, als wolle er die Köpfe von den Rümpfen spießen und dreht sich schon wieder zum Gehen um, als er mich gewahrt. Da blitzt es in dem treuen Auge auf; er tritt zu mir heran und streckt mir die Hand entgegen.

»Tim Summerland, alter Rifler, welcher Sturm hat denn gar Dich in dieses Haus gejagt?«

»Linkoln, Abraham Linkoln, wahrhaftig, Ihr seid es mit Haut und Haar!«

»Du, Du, heißt es, Tim, grad so wie damals, als wir die zwölf Indsmen von Fort Gibson auf die Floßhölzer schnallten. Komm mit herauf in meinen Room, Du mußt erzählen!« (430b)

Summerland tut das, und Lincoln, mittlerweile Rechtsanwalt und Kapitän (430b), scheint helfen zu können. Kapitän?

> »Wer seid Ihr?« war meine [= Marys] Frage.
>   »Lincoln, nennt man mich!« war die Antwort. – »Augenblicklich bin ich der Capitän einer Freiwilligencompagnie gegen die Indianer.« –
> (AL II, 227)

Lincoln hat den Verdacht, dass die Mischlingskinder von einem Räuber, den er selbst verfolgt, entführt worden seien, um sie zu verkaufen: »*Er scheint zwischen hier und dem Missouri ein artiges Pecaninygeschäft zu treiben, nimmt braven Leuten die Kinder weg und verkauft sie in die untern Staaten, wo diese Waare gut bezahlt wird.*« (431a) Die Pidgin-Bezeichnung *Pecaniny* (Piccaninny, Pickaninny, Picinniny) für farbige (Klein-)Kinder hat May, trotz abweichender Schreibung, wohl auch Schröter-Retcliffe entnommen: »die Piccaninis, die kleinen Schwarzen« (AL I, 171; Singular »Piccanini«, 190).

In Begleitung von Summerland macht sich Lincoln auf, den schändlichen Burschen dingfest zu machen. Der Kanada Bill lebe übrigens doch noch, teilt er Tim nebenbei mit. »*Was den Kanada Bill betrifft, Tim, so muß ich Dir sagen, daß er grad in dieser Gegend hier nicht selten zu finden ist. Er soll am Red River ein großes Sumpfland besitzen und dort viel Ebenholz zu seinem Vergnügen zu Tode peitschen.*« (431a) Das dürfte auch die Red-River-Szenerie des zweiten Kapitels von Schröter-Retcliffes Roman zum Hintergrund haben, wo detailliert die Grausamkeiten Macocs gegenüber seinen Negersklaven beschrieben werden und die Bezeichnung ›Ebenholz‹ fällt (vgl. AL I, 30). »Gepeitscht bis zum Tode« fürchtet die kleine Mary zu werden, nachdem sie an den Iren verkauft worden ist (AL II, 191).

✦

»Versteigerung
unfreier Arbeitskräfte.«

Nur noch solche uneindeutigen ›Echos‹ auf ›Abraham Lincoln‹ lassen sich ab jetzt in *Ein Self-man* vernehmen. Doch angesichts der vielen evidenten Nutzungen des Romans und angesichts des Umstands, dass das Thema des zweiten Teils der Erzählung (›Befreiung von versklavten Mischlingskindern‹) mit jenem Abschnitt in Marys Lebensbericht übereinstimmt, den May am häufigsten herangezogen hat, sollten sie nicht gänzlich unberücksichtigt bleiben.

Summerland überlässt sich der Führung Lincolns, ohne zu fragen, wohin es geht. Sie fahren vier Tage auf einem Steamer, und tatsächlich kommt der von Lincoln Gesuchte mit zwei Mulattenkindern an Bord, um das Schiff am Abend wieder zu verlassen. Ein Kahn hat in der Mitte des Stroms augenscheinlich auf ihn und die Kinder gewartet. Lincoln kann veranlassen, dass ihm und Tim ein Boot zur Verfügung gestellt wird, dessen Ruderer sich kräftig ins Zeug legen. Gleichzeitig mit dem Kahn erreichen sie das Ufer. Es herrscht dichter Nebel, sodass die Verfolger nicht bemerkt werden. Auch hier ist ein leiser Nachhall einer bestimmten Situation in ›Abraham Lincoln‹ spürbar: Marys Befreiung durch Edward Wolf und seinen Vater, bei der dichter Nebel über dem Fluss sie unentdeckt entkommen lässt:

> Retten! der Gedanke schnellte mich empor, denn diese Worte riefen mein Vertrauen wach. Meine Hand in die seinige [= Edwards] legend, folgte ich an die Bootswand [des Flachboots des Iren], über welche er mich hinabhob. Unten umfaßten mich zwei andere kräftige Hände, die mich auf die Bank eines kleinen Bootes niedersetzten, dann folgte mein Retter und in der nächsten Minute schoß das kleine Fahrzeug pfeilschnell in die Strommitte hinein unter die wogenden Nebeldecken, die ihre schützenden Schleier um uns zogen. – (AL ii, 192f.)

Lincoln und Summerland folgen an Land der Fährte des Kinderräubers:

> *Der Weg führte nach einer Pflanzung, welche in der Nähe des Stromes lag. Als der Mann das Camp, in welchem die Neger wohnten, erreicht hatte, stieß er einen Pfiff aus. Eine Gestalt erschien, die Peitsche in der Hand. Es war einer der Aufseher.*
>
> *»Hier bringe ich zwei Neue. Gieb ihnen zu essen und laß sie mit den Andern spielen, damit sie nicht heulen. Sind sie aber nicht zu trösten, so zieh' ihnen den Riemen über den Rücken!«* (431b)

Dem letzten Satz korrespondiert Marys Aussage: »Mein irländischer Herr band mir, damit mich Niemand sehen sollte, ein Tuch um das Gesicht, und gebot mir bei Androhung von Peitschenstrafe, wenn ich schreien sollte, Schweigen.« (AL ii, 191)

Unsere beiden Verfolger dringen bis zum Haus des Pflanzers vor und erblicken darin den Besitzer, den Kinderräuber und den Kanada Bill. Letzterer will Kinder kaufen. Lincoln und Summerland gelingt es, die Drei in Schach zu halten, ohne dass der Pflanzer seine Leute ruft. Lincoln bringt es dahin, dass sie mit dem von ihm verhafteten Kinderräuber und allen befreiten Kindern die Pflanzung unbeschadet verlassen können. Den Kanada Bill lässt er laufen.

Tim heiratet Betty, Lincoln wird Präsident (und von Booth erschossen). Ende der Geschichte.

◆

Betrachten wir zum Abschluss noch die erweiterte Fassung der Erzählung (*Three carde monte*),[21] fällt die veränderte Personenkonstellation auf: Tim heißt nun Kroner – wie in *Ein Self-man* Betty –, und er liebt eine von zwei aus Deutschland stammenden Schwestern, die auf die Vornamen Mary und Betty hören. Wir dürfen nach dem dargestellten Quellenzusammenhang davon ausgehen, dass Karl May den Vornamen Mary, obschon er natürlich sehr geläufig und verbreitet ist, aufgrund seiner Quelle Schröter-Retcliffe gewählt hat.

Mary wird bereits früh im Verlauf der Geschichte erschossen,[22] und am Ende der ersten Episode der Erzählung steht die Heirat Bettys mit einem Mulatten. Was bedeutet, dass der durch Schröter-Retcliffes Roman ins Werk Mays gekommene ›Mischlings-Aspekt‹ zwar auf eine andere Person verschoben wird, aber, weniger tragend als in *Ein Self-man*, erhalten bleibt.

Neu ist, dass Mary – wie die Mary im ›Abraham Lincoln‹-Roman durch Feuerfliege – entführt wird, hier durch eine Räuberbande, so viel Mann umfassend wie die Indianer im Fort-Gibson-Abenteuer. Im letzten Augenblick misslingt Marys Befreiung durch Tims voreiliges Verhalten und geht für sie und Tims Vater mit dem Tod aus. Während der Verfolgungsjagd war Tim auf Lincoln getroffen; es folgt die Szene auf der Lichtung, und Lincoln schließt sich Kroner an. Zwar werden elf der zwölf ›bushwhackers‹ (Buschklepper, Banditen), die bei May hier *bushheaders* heißen (anderswo nennt er sie auch *Bushhawkers*),[23] unschädlich gemacht, doch der zwölfte, der Kanada Bill, der entkommen kann, trifft anders als in *Ein Self-man* zweimal tödlich.

21 Karl May: *Three carde monte. Ein Bild aus den Vereinigten Staaten Nordamerika's.* In: Deutscher Hausschatz in Wort und Bild. 5. Jg. (1878/79), 405–408, 423–430 und 435–443; Reprint: Kleinere Hausschatz-Erzählungen, wie Anm. 2. Zitate sind mit dem Kürzel *Tcm* und Seitenangabe im Text nachgewiesen.

22 Mary stirbt in den Armen Tims, den sie mit ihrem Körper schützen wollte. Eine Parallele dazu gibt es in einer Nebenhandlung von ›Abraham Lincoln‹; vgl. AL II, 59f.

23 Z. B. GR XV, 198.

Im Kontext der Schilderung des Kampfes kann man erneut Spuren bemerken, die dafür sprechen, dass May auch für diese Fassung in Schröter-Retcliffes
Roman geschaut hat, und zwar weiterhin in Marys Erzählung. Sie lebt nun auf
der Farm der Wolfs. Nach wenigen Jahre der Ruhe kommt es zu einem Überfall durch Indianer, bei dem die Wolfs sterben, Mary aber überlebt.

Edward und Mary waren einander zugetan. Mary resümiert unmittelbar
vor der Beschreibung des Kampfes der Wolfs gegen die Indianer:

> Es war eine schöne, schöne Zeit, von der ich wohl sagen kann, daß sie
> ein Lichtpunkt meines Daseins ist.
> Ich habe später Liebe gefühlt, eine glühende Leidenschaft, aber sie
> verkohlte mein Herz. (AL II, 225)

In *Three carde monte* kommentiert Tim Kroner den tödlichen Ausgang des
Kampfes mit den Worten: *Ich konnte kein Wort hervorbringen, auch Fred Hammer* [= der Nachbar der Kroners und Vater von Mary und Betty] *nicht; es giebt
eine Qual, die das Herz verkohlt, ohne daß nach außen ein einziger Laut zu hören
ist.* (*Tcm* 408b) Es ist das einzige Mal in Mays Werk, dass ›verkohlen‹ meta-
phorisch gebraucht wird, und dies in einem schief wirkenden Bild. Bei der glü-
henden, brennenden Leidenschaft macht ›verkohlen‹ Sinn, aber bei Qual? Der
Schluss auf eine gewollte Umkehrung der von Schröter-Retcliffe gebrauchten
Metapher liegt nah.

Mary berichtet weiter: »Wie mechanisch sprang ich die Bodenleiter hinauf
und unter mir begann ein rasender Kampf, der sich kaum beschreiben läßt.
Wolf erfaßte eine Axt und hieb auf die Angreifer los. Die Knochen knirschten
[…].« (AL II, 225f.) Ähnlich bei May: *Gerade vor mir schlug Lincoln Einem die
Axt über den Kopf, daß der Mann lautlos zusammenbrach.* (*Tcm* 408b)

Nach einer zweiten Umkehrung innerhalb dieser Kampfszene sieht folgende Stelle aus:

> *Als ich zum Kampfplatze zurückkehrte, hatte man die beiden Leichen* [von
> Tims Vater und Mary] *nebeneinander gelegt, und Lincoln war beschäftigt,
> sie zu untersuchen.*
> *»Kein Leben mehr, Mesch'schurs, keine Spur von Leben!«* sagte er.
> (*Tcm* 408b)

Im ›Abraham Lincoln‹-Roman kommt ein Reitertrupp unter Lincolns Führung den Wolfs zu Hilfe, allerdings zu spät. Sie finden nur die ohnmächtige
Mary.

> Wie ich aus meiner Ohnmacht erwachte, lag ich inmitten des Block-
> hauses, dessen Wände und Boden mit Blut bedeckt waren. Meine Sinne

waren wie verwirrt, und momentan erblickte ich nur einen Kreis blasser
Gesichter. In einer Ecke jammerte Jemand und fragte dann:

»Lebt sie?«

»Sie lebt!« entgegnete eine wohltönende tiefe Stimme, und ich richtete unwillkürlich meine Blicke auf den Sprecher. Es war ein eckiges
Antlitz mit vorspringender Nase.

»Wer seid Ihr?« war meine Frage.

»Lincoln, nennt man mich!« war die Antwort. – »Augenblicklich
bin ich der Capitän einer Freiwilligencompagnie gegen die Indianer.« –
(AL 11, 226f.)

Die Doppelung »Lebt sie?« – »Sie lebt!« verkehrt sich bei May in die zweima-
lige Verneinung *Kein Leben – keine Spur von Leben*. Mit diesem Ausgang endet
der erste Teil in dieser Form der Erzählung.

Die Erweiterung *Three carde monte* ist im Vergleich zu *Ein Self-man* nicht
zwei-, sondern dreigeteilt. Der zweite Teil setzt ein mit einer weiteren Variation
der ursprünglichen Begegnung zwischen Lincoln und Pocahontas. Diesmal
baut Lincoln gerade ein Floß, auf dem er steht und deklamiert, als Kroner auf
ihn trifft. Das von May hier zum Fort gemachte Smoky-Hill spielt jetzt eine
größere Rolle als zuvor. An welchem Fluss es liegen soll, geht aus Mays Text
nicht klar hervor, da einmal vom Arkansas die Rede ist und kurz danach vom
Kansas (vgl. *Tcm* 424a und 424b). Tatsächlich gab es am Oberlauf des Smoky
Hill Fork, der nördlich des Arkansas fließt und in den Kansas mündet, einen
Ort dieses Namens,[24] doch ist dies mit Mays Erzählung nicht in Einklang zu
bringen.

Damit können wir die Durchsicht beenden, denn der dritte Teil stellt eine
Variante der von May vielfach umgearbeiteten und in veränderte Kontexte
gestellten Ölbrand-Erzählung dar.[25]

---

24 Vgl. Hand-Atlas über alle Theile der Erde und über das Weltgebäude. Hrsg. von Adolf Stieler.
Sechste Auflage. Gotha 1875, Karte 85 (Vereinigte Staaten von Nord-Amerika, Blatt 5). Richtiger ist
hingegen die Bemerkung in *Auf der See gefangen*: So gelangte man in jene Gegend, wo der Arkansas-
River einen weiten Bogen nach den Smoky Hills beschreibt, und zahlreiche Bäche ihm von den Bergen
herab entgegenströmen. (Karl May: *Auf der See gefangen*. In: Frohe Stunden, wie Anm. 1, 594a.) Auf
der angeführten Karte ist eine Erhebung mit dem Namen »Smoky Hill« südlich von Salina am
Smoky Hill River eingezeichnet, wo der Arkansas einen Bogen nach Norden, dem Smoky Hill
River zu, macht.

25 Ein konziser Überblick zu den Ölbrand-Variationen bei Meier, wie Anm. 2, 7f.

Deadly dust – drittes und viertes Kapitel von Karl May und W. F. A. Zimmermann

Der Roman ›Californien und das Goldfieber‹ im Vergleich mit Mays Erzählung

Karl Mays Erzählung *Deadly dust. Ein Abenteuer aus dem nordamerikanischen Westen*,[1] die später für die ersten vier Kapitel von *Winnetou III* verwendet wurde, setzt sich zusammen aus einem Hauptmotiv, nämlich dem der Verfolgung der Bösen durch die Guten, und mehreren ›Kapitelmotiven‹. Im ersten Kapitel geht es um ›Bahnüberfall‹ und ›Präriebrand‹, im zweiten um ›Durst‹, verbunden mit ›Durchquerung der Wüste‹ (in diesem Fall des als solche begriffenen Llano Estacado) sowie im dritten und vierten Kapitel um das ›Kalifornische Goldfieber‹.

Im Folgenden stelle ich die verschiedenen Formen der Bezugnahme von Mays Erzählung auf den »Naturwissenschaftlichen Roman« ›Californien und das Goldfieber‹ (1863) vor.[2]

Dieser Roman wurde von einem der im 19. Jahrhundert meistgelesenen Verfasser populärer Darstellungen verschiedenster, hauptsächlich naturkundlicher Wissensgebiete geschrieben, über den aber erstaunlich wenig, nämlich so gut wie nichts, bekannt ist. »Dr. W. F. A. Zimmermann« lautet der Name des Autors auf der Titelseite, und der wurde als Pseudonym eines gewissen von 1797 bis 1864 lebenden Carl Gottfried Wilhelm Vollmer identifiziert.[3] Auffallend ist, dass der überwiegende Teil der mit dem Autornamen »W. F. A. Zimmermann« versehenen Buchveröffentlichungen ausgangs der 50er und anfangs der 60er Jahre des 19. Jahrhunderts bei Hempel in Berlin herausgekommen ist. Zu

---

1 Karl May: *Deadly dust. Ein Abenteuer aus dem nordamerikanischen Westen.* In: Deutscher Hausschatz in Wort und Bild. 6. Jg. (1879/80), Nr. 28–42, 433–667; Reprint der Karl-May-Gesellschaft in: Karl May: *Der Scout. Deadly Dust. Ave Maria.* Hamburg 1997, 141–229. Verweise mit Seiten- und ggf. Spaltenangaben im Text.

2 W. F. A. Zimmermann: Californien und das Goldfieber. Reisen in dem wilden Westen Nord-Amerika's, Leben und Sitten der Goldgräber, Mormonen und Indianer. Berlin 1863. Verweise im Text mit dem Kürzel »Cal«.

3 Vgl. z. B. Deutsches Pseudonymen-Lexikon. Aus den Quellen bearbeitet von Michael Holzmann und Hanns Bohatta. Wien / Leipzig 1906, 320a.

»Dr. Vollmer.«

Gliederung des Romans
›Californien und das Goldfieber‹:

Erster Theil	Kapitel I–LXII	1–200
Zweiter Theil	Kapitel I–XLIX	201–352
Dritter Theil	Kapitel I–LX	353–562
Vierter Theil	Kapitel I–XXXVI	563–744

W. F. A. Zimmermanns Schriften, die in der Regel Kompilationen aus einer Vielzahl von Quellenwerken darstellen, zählen Titel wie ›Das Humboldt-Buch‹ (1859),[4] vor allem aber mehrbändige Überblicksdarstellungen, beispielsweise eine ›Chemie für Laien‹, die in neun Bänden erschien (1857 ff.), die dreibändige, mehrfach aufgelegte Zusammenstellung ›Der Mensch, die Räthsel und Wunder seiner Natur, Ursprung und Urgeschichte seines Geschlechts sowie dessen Entwickelung vom Naturzustande zur Civilisation; nach den neuesten Forschungen der Naturwissenschaft und Geschichte populär dargestellt‹ (1864 f.) oder – am erfolgreichsten – ›Der Erdball und seine Naturwunder‹ (1854 ff.), ein »populaires Handbuch der physischen Geographie«, von dem insbesondere der dritte von vier Bänden, ›Die Wunder der Urwelt‹, gefragt war, der bis 1899 über dreißig Auflagen erreichte. Etliche von W. F. A. Zimmermanns Büchern wurden in mehrere Sprachen übersetzt, so auch ›Californien und das Goldfieber‹.[5] Dieser Roman war der dritte und letzte einer Folge dickleibiger Bände mit einem interessant-ambitionierten Programm W. F. A. Zimmermanns, welches bereits der Reihentitel unmissverständlich verkündete: ›Naturwissenschaftliche Romane. Ein Versuch die Lehren der Naturkunde im Gewande der Unterhaltungslectüre zu verbreiten.‹ Im Fall von ›Californien und das Goldfieber‹ ist es die Metallurgie, die behandelt und mit ihren neuesten Entwicklungen (Schwerpunkt: Erzgewinnung und Verhüttung) in Text und Bild vorgestellt wird. Verflochten werden die ›trockenen‹ Themen mit dem, was der Untertitel des Werkes verheißt: ›Reisen in dem wilden Westen Nord-Amerika's, Leben und Sitten der Goldgräber, Mormonen und Indianer‹. Von seinen Vorlagen

---

4   »Eine Darstellung seines [= Alexander von Humboldts] Lebens und wissenschaftlichen Wirkens sowie seiner persönlichen Beziehungen zu drei Menschenaltern« (Untertitel).
5   Werke W. F. A. Zimmermanns wurden unter anderem ins Englische, Französische, Niederländische, Schwedische, Spanische, Portugiesische und Tschechische übertragen.

So wie es philosophische Romane giebt, so wie es Kunst-
romane giebt, wie die unübertroffenen Schöpfungen Heinses, Hildegard
von Hohenthal für die Musik, Ardinghello für Malerei und Sculp-
tur, so will der Verfasser Romane liefern, in deren einem der **Bulcanismus**,
in einem anderen der mineralische und thierische Magnetismus, noch in
einem anderen die Gewalt der Elektricität 2c. 2c. dargestellt wird. Das
Gewand soll das der romantischen Unterhaltungslectüre sein: die
Leser werden glauben, eine Novelle vor sich zu haben und werden doch auf
jeder Seite etwas lernen und so denkt der Verfasser zu **jener Gaia sciencia
zu gelangen, von der wir oben gesprochen und dieselbe zu verbreiten,
soweit seine Kräfte dazu reichen.**

Das Popularisierungsprogramm der ›Naturwissenschaftlichen Romane‹.

für diese Erzählpartien nennt W. F. A. Zimmermann (Cal 15 bzw. 262) ledig-
lich zwei ausdrücklich: Balduin Möllhausens ›Tagebuch einer Reise vom Mis-
sissippi nach den Küsten der Südsee‹ / ›Wanderungen durch die Prairien und
Wüsten des westlichen Nordamerika vom Mississippi nach den Küsten der
Südsee‹ (Leipzig 1858, zweite Auflage 1860) und George Catlins ›Die Indianer
Nord-Amerikas‹ (Brüssel / Leipzig 1848). Die Beiläufigkeit dieser einmaligen
Erwähnungen spiegelt jedoch in keiner Weise wider, wie umfassend er sich bei
diesen wie auch bei anderen, nicht genannten Autoren bedient hat.

Wenn sich Zimmermann kompilatorisch etlicher Prätexte bedient, so ist
sein Verfahren dabei doch etwas anders als dasjenige Karl Mays, denn er formuliert stärker als May die Vorlagen um. Diese größere Umarbeitungsleistung
bringt May generell nicht auf. Sein Talent liegt ersichtlich in der virtuosen,
gelegentlich ziemlich kleinteiligen Kombinatorik beim ›copy and paste‹.

◆

Auf W. F. A. Zimmermann als Bezugsautor Karl Mays ist bereits sehr früh
hingewiesen worden. Ansgar Pöllmann führte Zimmermanns ›Malerische
Länder- und Völkerkunde‹ (Berlin 1861), den vierten Band von ›Der Erdball
und seine Naturwunder‹, mit Seitenangabe als eine Quelle für Mays Erzählung Der Ehri an,[6] und Gerhard Klußmeier stellte Parallelen zwischen diesem Werk Zimmermanns und Winnetou I fest.[7] Außerdem verwies Klußmeier
auf eine Stelle in Winnetou III beziehungsweise Deadly dust, wo die Chinesen

6   Ansgar Pöllmann: Ein Abenteurer und sein Werk. III. Ein literarischer Dieb. In: Über den Was-
    sern. Halbmonatschrift für schöne Literatur. 3. Jg. (1910), 125–132 (131).
7   Vgl. Gerhard Klußmeier: Karl May; Schriftsteller – kein Psychopath. In: Vom Old Shatterhand
    zum Sherlock Holmes. Ein Abenteuer-Almanach. Hrsg. von Siegfried Augustin und Walter Henle.
    München 1986, 71–112 (78–112).

in San Francisco geschildert werden. »Aus dieser Beschreibung der Chinesen übernahm May ganze Passagen nahezu wörtlich«.[8] Die Pointe dabei ist, dass May sich nicht nur nahezu, sondern ganz wörtlich bei Zimmermann bedient hat – allerdings aus einem anderen Buch, nämlich dem hier behandelten ›Californien und das Goldfieber‹, worin Zimmermann sich an dieser Stelle selbst paraphrasierte (die Vergleichszitate aus der ›Malerischen Länder- und Völkerkunde‹ stehen im Folgenden ganz rechts):

Diese »Söhne aus dem Reiche der Mitte« bilden den hervorragendsten fremdländischen Typus der hiesigen Bevölkerung. Sie scheinen alle samt und sonders über einen Kamm geschoren und über einen Leisten geschlagen zu sein. Bei allen ist die Nase kurz und gestülpt; bei allen ragt der Unterkiefer über den Oberkiefer hervor; alle haben die häßlich aufgeworfenen Lippen, die eckig hervorstehenden Backenknochen, die schief geschlitzten Augen, die nämliche Gesichtsfarbe, bräunlich grün ohne alle Schattirung, ohne eine Spur von dunklerer Färbung der Wangen, hellerer Farbe der Stirne; überall sieht man in den häßlichen, nichtssagenden Zügen den Ausdruck, den man mit dem Worte leer bezeichnen möchte und der in Folge dessen nicht einmal ein Ausdruck wäre, wenn nicht aus den zugeblinzten Augen ein Etwas blickte, welches sie Alle kennzeichnet: die List.

[...] Diese kleinen, runden, wohlgenährten und dabei doch außerordentlich

[...] hier sieht man endlich die Chinesen, welche vielleicht die auffallendste Race des menschlichen Geschlechts genannt werden dürfen, indem dieselben sammt und sonders über einen Kamm geschoren, über einen Leisten geschlagen zu sein scheinen. Bei Allen ist die Nase kurz und gestülpt, bei Allen ragt der Unterkiefer über den Oberkiefer hervor, Alle haben die häßlich aufgeworfenen Lippen, die eckig vorstehenden Backenknochen, die schräge geschlitzten Augen, die nämliche Gesichtsfarbe, ohne alle Schattirung bräunlich grün, ohne eine Spur von dunklerer Färbung der Wangen, hellerer Färbung der Stirn; überall sieht man in den häßlichen, nichtssagenden Zügen den Ausdruck, den man mit leer bezeichnen möchte, wenn nicht aus den zugeblinzten Augen List hervorschiene, welche sie reichlich charakterisirt.

[...] Diese kleinen, runden, wohlgenährten, trotz dessen äußerst beweglichen

Einen auffallenden Eindruck machen die Chinesen, welche alle einen und denselben Gesichtsschnitt und gleiche Größe und Farbe zu haben scheinen. Freilich nur scheinen, denn so gut wie die Europäer haben auch sie ihren ganz eigenthümlichen physiognomischen Ausdruck, der ja selbst bei den Negern nicht zu verkennen ist, aber auf den Fremden, der ihrer nicht gewohnt, machen sie alle einen ganz gleichen Eindruck. Die Nase ist kurz, der Unterkiefer steht vor, die Lippen sind durchaus unschön aufgeworfen, die Augen sind schräg gestellt und der entsetzliche Zopf hängt an einem Jeden so lang, wie er ihn irgend wachsen lassen kann.

Diesen kurzen, dicken, ungeschickten Gestalten sieht man durchaus nicht an,

---

8   Ebd., 87. – Man sieht auch hieran wieder einmal, wieviel Glück May hatte, dass man zu seinen Lebzeiten nicht auf das wahre Ausmaß seiner Textübernahmen gestoßen war.

beweglichen Gestalten besitzen eine seltene Anlage für alle nur erdenkliche Art von Verrichtung und besonders eine ebenso große Fertigkeit in allen erdenklichen Arbeiten, bei denen es auf Geschicklichkeit der Hände und auf Geduld ankommt. Sie schnitzen in Elfenbein oder Holz, drechseln in Metall, sticken auf Tuch, Leder, Baumwolle, Leinen und Seide; sie stricken und weben, zeichnen und malen, klöppeln und posamentiren; sie flechten die scheinbar unschmiegsamsten Dinge zusammen und bringen seltsame, bewundernswerte Arbeiten hervor, die ihnen die Kundschaft aller Kuriositätensammler sichern.

Dazu kommt, daß sie bescheiden sind und mit dem kleinsten Profit fürlieb nehmen. Sie fordern zwar unverschämt, aber man weiß, daß sie mit sich handeln lassen und zuschlagen werden, wenn man ihnen ein Drittel oder gar ein Viertel ihrer Forderung bietet. (628a–b)

Gestalten haben eine seltene Fertigkeit in allen erdenklichen Arbeiten, bei denen Geduld und Geschicklichkeit der Hände gefordert wird. Sie schnitzen in Elfenbein oder Holz, sie drechseln in Metall, sie sticken auf Tuch, Leder, Seiden- oder Leinenzeug, sie stricken und weben, sie tragen prächtige Farben auf (was man gewöhnlich malen nennt), sie klöppeln und flechten die scheinbar unschmiegsamsten Dinge zusammen, bringen wahrhaft bewundernswürdige Arbeiten hervor und sind deshalb von allen Curiositätenkrämern sehr gesucht. Dazu kommt, daß sie bescheiden und mit dem kleinsten Profit zufrieden sind. Sie fordern zwar unverschämt, aber man weiß, daß sie sich handeln lassen. Man bietet ihnen ein Drittel oder ein Viertel des geforderten Preises, ohne daß sie sich dadurch beleidigt zeigen, sie lassen ab von ihrer Forderung, während der Bietende zulegt zu seinem Gebot, bis ein Preis herauskommt, welcher mitunter dem Verkäufer nur einen sehr mäßigen Profit abwirft, mitunter auch ihn genügend für seine Mühe entschädigt, immer aber den Käufer zufriedenstellt. (Cal 317–319)

welche Kunstfertigkeit in ihnen steckt. Schnitzeln in Holz und Elfenbein, drechseln, sticken in den mannigfaltigsten Mustern, malen in den prächtigsten Farben, lackiren, dies Alles verstehen sie ganz vorzugsweise, nächstdem sind sie, obschon die größten Spitzbuben und Betrüger, doch mäßig in ihren Forderungen, denn sie sind mit dem allergeringsten Gewinn zufrieden, was man von den übrigen, dort anwesenden Kaufleuten, und ein Jeder ist Kaufmann, nicht sagen kann.[9]

✦

9   W. F. A. Zimmermann: Malerische Länder- und Völkerkunde. Eine Naturbeschreibung aller Länder der Erde und Schilderung ihrer Bewohner unter besonderer Berücksichtigung der neuesten Entdeckungsreisen […]. Zweite Auflage. Berlin 1862, 532f.

Die ersten kleinen, aber signifikanten Spuren, die Mays Hauptquelle für die beiden letzten Kapitel hinterließ, sind bereits im zweiten Kapitel (*Die Stakemen*) zu finden. Es handelt sich um Eigennamen und ihre spezifischen Schreibweisen. Auch die Wahl des Handlungsraumes Llano Estacado hängt mit dieser Quelle zusammen, da May in *Deadly dust* durchgängig die für ihn seltene Form *estaccado / Estaccado* gebraucht,[10] so wie sie bei Zimmermann vorgegeben ist (Cal 56, 58, 63), ohne dass der diese Gegend, im Gegensatz zu May, zu einem besonderen Schauplatz macht (»Auch die berüchtigte Llano Estaccado setzte ihnen [= der Expedition] kein Hinderniß in den Weg, da sie nicht quer durchschnitten, sondern nur längs der Grenze gestreift wurde, man mithin des Wassers nicht entbehrte, woraus allein die Noth der Reisenden entspringt«; Cal 63). Selbst der Einsatz des Präriebrand-Motivs im ersten Kapitel (*An der großen Westbahn*) lässt sich aufgrund des speziellen Zuges, dass der Brand von den positiv Agierenden selbst entfacht worden ist, mit der Präriebrand-Schilderung in ›Californien und das Goldfieber‹ in einen, wenn auch vage bleibenden, Bezug setzen, denn dort wird die Prärie ebenfalls zur Abwehr einer Gefahr angezündet (Cal 696–698).

Eigennamen, und was sie alles erhellen

Der Einfluss von ›Californien und das Goldfieber‹ wird deutlicher spürbar (auch aufgrund der Kenntnis der späteren überaus massiven Übernahmen aus diesem Buch), als Old Shatterhand im Llano Estacado, mit seinem Begleiter Sans-ear alias Sam Hawerfield selbst am Verdursten, auf einen gleich ihnen Verschmachtenden trifft, einen …

> *Neger, den ich sehr gut kannte. Ich hatte in dem Hause seines Herrn, des Juweliers Marshall in Louisville, eine mehrtägige Gastfreundschaft genossen und damals den treuen, stets lustigen Schwarzen liebgewonnen. Die zwei Söhne des Juweliers hatten mit mir einen Jagdausflug in die Cumberlandsberge gemacht und mich dann an den Mississippi begleitet. Beide waren prächtige Jungens gewesen, deren Gesellschaft mir behagte. Wie nun kam Bob, der alte, weißhaarige Schwarze, hierher in den Llano estaccado?* (483b)

Hier fällt zum ersten Mal der Name *Marshall* (ausnahmsweise mit Doppel-l, sonst *Marshal* in *Deadly dust*). Die beiden erwähnten Brüder, A und B gewissermaßen, Allan und Bernard, sind diejenigen, die die Handlung vorwärtstreiben.

---

10   Sonst nur noch zweimal in *Old Surehand II*. Zum Llano-Estacado-Thema vgl. zuletzt vom Verfasser: Die Sahara der Vereinigten Staaten. Karl Mays Schilderungen des Llano Estacado im Vergleich mit zeitgenössischen Berichten. In: M-KMG 182 (2014), 8–16.

Der erste, Allan, durch seine Abwesenheit, der zweite durch seine Gegenwart, deren Movens das Auffinden seines verschwundenen Bruders ist. Allan ist zu Goldaufkäufen in Kalifornien, Bernard will ihn dort finden. Ihr Vater wurde von einem der beiden zentralen Bösewichter der Erzählung, Fred und Patrik Morgan, Vater und Sohn, ermordet, und zwar von Fred, dem Vater. Die Morgans sind zugleich Hauptfeinde Sam Hawerfields, dessen Frau und Kind ebenfalls Fred Morgan zum Opfer fielen und durch ihn zu Tode kamen.

Bob und Bernard kamen über Memphis und Fort Smith in den Llano Estacado, und dies war auch der Weg derjenigen Expedition, die unter Führung von Leutnant Whipple 1853/54 nach möglichen Eisenbahnrouten zur nordamerikanischen Südwestküste, Zielpunkt San Francisco, suchen sollte und in deren Tross sich Balduin Möllhausen befand, der darüber berichtete. Dies griff Zimmermann in ›Californien und das Goldfieber‹ auf: Er ließ seine Karawane nach Kalifornien – Start in Fort Smith, Arkansas, um Eisenbahnlinienführungen zur Pazifikküste zu erkunden – von zwei Führern anstatt einem leiten, Lieutenant Willis, im Namen ersichtlich Lieutenant Whipple nachgebildet, sowie einem Mann namens – Marshal. Das Merkwürdige dabei: Als in ›Californien und das Goldfieber‹ über die Goldfelder am Sacramento berichtet wird und über deren Entdeckung durch den auf Sägemühlen spezialisierten Zimmermann James Wilson Marshall (1810–1885), der am 24. Januar 1848 die ersten Goldflocken gefunden hatte, und Johann August Sutter (1803–1880), auf dessen Ländereien (»Neu-Helvetien«) dies stattfand, heißt es: »Der Zimmermann, welcher die Mühle gebaut, hieß gleichfalls M a r s h a l, wie einer der Führer unserer Expedition« (Cal 333). Also kann man auf zwei Personen mit gleichem Namen schließen. Später stellt sich jedoch heraus, dass beide ein und dieselbe Person sind.[11] Dieser Umstand könnte Karl May auf die Idee von den zwei Brüdern Marshal gebracht haben.

Auf jeden Fall sehen wir, dass May, vermittelt durch Zimmermann, mit den Marshal-Figuren vor und mit einem genau bestimmbaren, aber verdeckten historischen Hintergrund spielt, nämlich dem kalifornischen Goldrausch, und durch diese Zusammenhänge verstehen wir besser und genauer, wieso sich bei May die Vorstellung einer im Juwelen- und Goldgeschäft tätigen Familie (ohne weibliche Beteiligung) mit Orientierungspunkt Kalifornien gebildet hat.[12]

---

11 Vgl. Cal 566: »Beide [Croix rouge, ein indianisches Halbblut, und Marshal] waren auch darum besonders geeignet, eine Gesellschaft von Goldsuchern zu leiten, weil Beide bereits einmal in den Golddistricten am Sacramento gewesen waren und zwar M a r s h a l zu der Zeit als der Schweizer-Capitain S u t t e r seine Niederlassung durch eine Sägemühle begründete, in deren Wassergerinne M a r s h a l selbst das erste Gold entdeckt hatte.«

12 Der geographische Ausgangspunkt Louisville, in dem die Marshals ihr Geschäft betreiben, kommt bei May noch einmal in der Erzählung *Der Scout* (1888) vor, und der assoziative Konnex dürfte der

James Wilson Marshall (1810–1885).

Ist bei Zimmermann Marshal der Führer, wird Bernard Marshal bei May vom Superhelden geführt, und Allan, der Bruder, der Bruder Leichtfuß, ist, Verstärkung der Umkehrung ins Schwache, der Verlorene schlechthin.

Als Old Shatterhand am Rande des Llano Mitglieder einer Räuberbande, sogenannte *Stakemen*, belauscht, hört er von deren Anführer, dass dieser ein Jahr lang mit einem berühmten Westläufer zusammen umhergezogen sei und alle Tricks von ihm gelernt habe. Bei den Indianern sei er *As-ko-lah* genannt worden, zu deutsch *Bärenherz* (516b). Der Name und seine Bedeutung stammen aus ›Californien und das Goldfieber‹, aus einer Episode, in der ein Mitglied der Willis-Marshal-Expedition, ein Deutscher namens Feuerstein, der sich jetzt Flint nennt, von drei badenden Indianerinnen bezaubert wird, sofort eine der drei heiraten will, aber die eine mit der anderen und der dritten verwechselt. Sie heißen Lah-hah-mih (die weiße Blume), Pschan-schah (das wohlriechende Gras) und Hih-lah-dih (die reine Quelle). Letzterer werden wir in der Schreibweise »Hi-lah-dih« als Häuptlingstochter der Racurroh-Comanchen im dritten Kapitel von *Deadly dust* begegnen. Zimmermann, der die indianischen Namen, teilweise unter willkürlicher Veränderung ohne Rücksicht auf sprachliche Richtigkeit, überwiegend dem Buch von Catlin entnommen hat, gibt keinen Stammesnamen an. Catlin tradiert, dass Pschan-schah, das wohlriechende Gras, »ein hübsches kleines Mädchen« vom Stamm der Rikkarier (Riccarees) war.[13] Hih-lah-dih hingegen, die reine Quelle, ist die Frau des Puncah-Häuptlings Schu-de-ga-tscha (Rauch),[14] der von Zimmermann zu »Tschu-ga-chat (der dunkele Rauch)« (Cal 289) korrumpiert und zum Vater der Weißen Blume gemacht wird, die keine Entsprechung bei Catlin hat. Karl May übernimmt diese korrumpierte Namensform und befördert

Umstand sein, dass Louisville ein Zentrum des nordamerikanischen Tabaksmarkts war (vgl. May als Zigarrendreher im Zuchthaus Waldheim, als Raucher zudem) – gerade in *Deadly dust* wird die Lust auf Nikotin thematisiert, bereits einleitend (vgl. 451bf.), aber auch später (vgl. z. B. 583a: *Sikarr*, Zigarre). Zu Louisville als Zentrum des Tabaksmarkts im nordamerikanischen Westen vgl. Karl Andree: Geographie des Welthandels. Mit geschichtlichen Erläuterungen. Zweiter Band: Die außereuropäischen Erdtheile. Stuttgart 1872, 894f.

13 George Catlin: Die Indianer Nord-Amerikas und die während eines achtjährigen Aufenthalts unter den wildesten ihrer Stämme erlebten Abenteuer und Schicksale. Nach der fünften englischen Ausgabe deutsch hrsg. von Heinrich Berghaus. Brüssel / Leipzig 1848, 145.

14 Ebd., 149.

Tschu-ga-chat (»*Der dunkle Rauch.*«) seinerseits zu einem von Winnetou getöteten Häuptling der Racurroh-Comanchen (vgl. 555b). Als Vater des Wohlriechenden Grases fungiert bei Zimmermann der bei Catlin nicht vorkommende – As-ko-lah, Bärenherz (Cal 297f., 303 und 308). Der Vater von Hih-lah-dih hört auf den Namen »To-kei-ih (der gehörnte Stein)« (Cal 297; vgl. auch 304 und 308f.), eine verkürzte Übernahme von »Toh-kei-ih-to (der Stein mit Hörnern)«, Häuptling einer »Jancton-Horde« und bester Redner seines Stammes laut Catlin.[15] May behält die von Zimmermann ersonnene Vater-Tochter-Konstellation bei, macht aber aus To-kei-ih *To-kei-chun* mit der Bedeutung *Der gehörnte Stier* (vgl. 583a) und transformiert ihn zum gegenwärtigen Häuptling der Racurroh-Comanchen und Gegenspieler des Duos Winnetou – Old Shatterhand.[16]

Auf die Idee der konfusen ›Beziehungskiste‹ um Flint und die Indianermädchen dürfte Zimmermann durch folgende Mitteilung Catlins gekommen sein. Bei dem vier- bis fünfhundert Menschen umfassenden Stamm der Puncahs herrsche Frauenüberschuss. Zwei Drittel des Stammes bestehe aus Frauen. Der achtzehnjährige Sohn von Häuptling Schu-de-ga-tscha und seiner Frau Hih-lah-dih »hatte am Tage vor unserer Ankunft vier Frauen auf einmal genommen und dieser beispiellose Einfall machte ihn in den Augen des Volkes zu einem der größten Medizin-Männer, so dass er sein künftiges Glück wahrscheinlich diesem Umstande zu danken hat, der ihn plötzlich zu einem bedeütenden Manne machte«.[17] Auch Flint nimmt seine drei Frauen und beschließt, Indianer zu werden – wohingegen Old Shatterhand, dem die Hi-lah-dih in *Deadly dust* wegen seines Verhaltens gegenüber ihrem Bruder Sympathien entgegenbringt (vgl. 607b), handlungszielbedingt Fersengeld gibt, nachdem er sich zuvor mehr mit ihrem von May erfundenen achtzehnjährigen Bruder Ma-ram beschäftigt hat, dessen Name nicht erklärt wird.

Man sieht unschwer, wie Karl May gegenüber seiner Vorlage konsequent den Textbaustein ›Liebesgeschichte‹ eliminiert – im vorliegenden Fall bis auf ein kaum wahrnehmbares Spurenelement. Dieses Verfahren ist nicht einmalig. May scheint es, sobald er sich bei der Ausarbeitung eines Sujets außerhalb der

---

15 Ebd., 155.
16 Mit dieser Namensabhängigkeitsanalyse sind frühere Untersuchungen präzisiert beziehungsweise korrigiert. So ging Werner Poppe aufgrund von Anstreichungen Karl Mays in seinem Exemplar der 1848er Ausgabe von Catlins Buch bei den Namen Hih-la-dih, To-kei-ih-to und Schu-de-ga-tscha davon aus, dass May »ohne Zweifel« diese Namen direkt aus Catlins Werk genommen beziehungsweise verändert habe (Werner Poppe: Karl May und George Catlin. In: M-KMG 12 (1972), 22–25 (24)). – Man sieht hieran, dass selbst May'sche Anstreichungen keine Gewähr für eine tatsächliche Benutzung bieten. – Vgl. außerdem Jürgen Pinnow: Neues zu Inn-nu-woh, Winnetou und anderen indianischen Eigennamen. S-KMG 95 (1993), passim, und Nachlese dazu (Beilage zu S-KMG 95).
17 Catlin, wie Anm. 13, 150.

Kolportageromane für einen literarischen Text als Vorlage entschieden hatte, konsequent angewandt zu haben.[18]

Spanische Ausdrücke

Außer der (vom Italienischen beeinflussten) Schreibweise *estaccado / Estaccado* gibt es im Vergleich von *Deadly dust* mit ›Californien und das Goldfieber‹ noch weitere Auffälligkeiten bei spanischen Sprachproben.

Im zweiten Kapitel, als Old Shatterhand die *Stakemen* belauscht, hört er, wie der Anführer den Bericht eines Untergebenen mit den Worten kommentiert: »*Carajo, Schurke, ich schieße dich nieder wie einen Hund.*« (516a) Im dritten Kapitel wird ›carajo‹ noch zweimal verwendet, und zwar als Fluch ohne deutsche Übersetzung (555a, 573a). Nur in *Deadly dust* erscheint der Ausruf (etwa: ›Scheiße!‹; eigentlich: ›Schwanz‹ im Sinn von ›Penis‹; verbreitetes Kraftwort) in dieser (korrekten) Schreibweise, sonst bei May in der Form *caracho*.

Interessant ist die Stelle aus dem zweiten Kapitel, weil hier das nachfolgende ›Schurke‹ auch als Bedeutungserklärung für *carajo* gelesen werden kann. Und das hätte eine Entsprechung in ›Californien und das Goldfieber‹. Zimmermann gibt in Kapitel XXVIII des ersten von vier Teilen des Buchs ein Ereignis aus dem Jahr 1839 wieder, in dem es um den Verrat von Mexikanern an Apachen geht, die arglos in eine Falle gelockt und getötet werden, doch auch der mexikanische Befehlshaber kommt ums Leben:

> Wie er [= der Apachenhäuptling] mit seinen Anhängern eingetreten, rief der Gouverneur [= der Befehlshaber]: »*Maten à los Carajos!*« (Macht die Schurken nieder!).
>
> Kaum waren die Worte gesprochen, als der Häuptling sein Messer zog und es dem Gouverneur in das Herz stieß, indem er ausrief: »*Entonces morirás tu primero! Carajo!*« (Du wirst zuerst sterben, Schurke!) (Cal 96)[19]

---

18 So auch im Fall der Abraham-Lincoln-Geschichte *Ein Self-man* (1878), bei der er die Liebesgeschichte zwischen Lincoln und einer Indianerprinzessin namens Pocahontas zur Beziehung zwischen Lincoln und dem Erzähler Tim Summerland ummodelt. Siehe dazu ›Pocahontas wird Tim Summerland‹ in diesem Band (29–55). Ausführlicher zum Thema wechselnder Geschlechtsidentitäten vgl. vom Verfasser: Karl Mays Figuren des ›Dritten Geschlechts‹ – Überblick und Analyse. Eine Einführung in die Welt des Transgender bei Karl May. In: Jb-KMG 2016, 329–372, sowie: ders.: *Er genoß es mit der Eleganz einer Dame.* Erzähleremotionen – Autoremotionen? Überlegungen zur psychosexuellen Konstitution Karl Mays (Vortrag auf dem Karl-May-Symposium Freiburg 2017).

19 Wörtliche Übernahme aus einer weiteren von Zimmermann stark benutzten Quelle: Josias Gregg: Wanderungen durch die Prairien und das nördliche Mexiko. Aus dem Englischen übertragen von Gottlob Finck. Stuttgart 1847, 1. bis 3. Bändchen, 239; Karawanenzüge durch die westlichen Prairieen und Wanderungen in Nord-Mejico. Nach dem Tagebuche des Amerikaners Josias Gregg bearbeitet von M. P. Lindau. Dresden / Leipzig ²1848, 1. Theil, 193. – Im englischen Original ist

Ansonsten wird ›carajo‹ auch in ›Californien und das Goldfieber‹ als »allgemein verbreitete[r] Fluch« (Cal 440) gebraucht.

Als in einer Episode »das berüchtigte Carajo hundert Mal in einem Athem« vom großen Bösewicht des Buchs, dem Mexikaner Don Giovani Mastai e Girofflo,²⁰ ausgestoßen wird (Cal 405), hat er unmittelbar zuvor »*per todos los santos*« geschworen (ebd.). Und genau dieser (wiederum durch das italienische ›per‹ für spanisch ›por‹ gekennzeichnete) Ausdruck fällt auch in *Deadly dust* (und sonst nur noch einmal in der zeitlich sehr nah entstandenen Erzählung *Der Kiang-lu*, 1880), und zwar genau in jenem Dialog, den Old Shatterhand belauscht und in dem wenige Zeilen zuvor das »*Carajo, Schurke*« gefallen war und noch weniger Zeilen danach As-ko-lah erwähnt wird (516a–b).

Dieses kleine Nest von Korrespondenzen auf engstem Raum deutet auf eine Verarbeitung notierter Stichwörter bei der Lektüre von Zimmermanns Buch durch May hin.

›Californien und das Goldfieber‹ als Ideenlieferant für Details

Die Tatsache der weiter unten aufgelisteten langen wörtlichen oder fast wörtlichen Übernahmen aus ›Californien und das Goldfieber‹ schärft die Wahrnehmung für unscheinbare Parallelen, die auch die May-typischen Umkehrformen aufweisen können.

So beginnt das Kapitel xiv im Ersten Theil von Zimmermanns ›Reisebericht‹ mit folgender Szene um die Willis-Marshal-Expedition:

> Immer weiter ziehend, gewahrte die Gesellschaft eines schönen Morgens auf einem Hügel etwas Kugelrundes, das anfänglich für einen runden Stein gehalten wurde, das sich jedoch bei der Betrachtung durch das Fernrohr als der Kopf eines Indianers auswies. Derselbe lag auf der den Reisenden abgekehrten Hügelseite und sah nur mit dem Kopfe vorsichtig über den Rand, unzweifelhaft in der Absicht, die Reisenden zu beobachten. Schwerlich hatte derselbe eine Ahnung von der Hilfe, welche ein Fernrohr gewährt, und er glaubte sich durch die große Strecke, welche ihn von diesen trennte, gegen Entdeckung gesichert. [...] der Halbindianer, dessen scharfes Auge den fernen Punkt entdeckt und die Betrachtung durch das Rohr veranlaßt hatte, erklärte, als er dasselbe

---

»*¡Maten á los carajos!*« durch »kill the scoundrels!« (›bringt die Schurken um!‹) übersetzt (Josiah Gregg: Commerce of the Prairies or the Journal of a Santa Fé Trader During Eight Expeditions Across the Great Western Prairies, and a Residence of Nearly Nine Years in Northern Mexico. New York 1844, 1. Bd., 298).

20 Der für einen Spanier oder Mexikaner seltsam klingende Name spielt an auf Giovanni Maria Mastai (1792–1878), den späteren Papst Pius ix., der als Erzbischof in Südamerika war und auch erwähnt ist bei Zimmermann: Malerische Länder- und Völkerkunde, wie Anm. 9, 543.

eine kurze Zeit gebraucht, den Kopf für den eines Comanchen, was ein Kundiger sehr wohl vermag, da diese Wilden ihre eigenthümliche Haartracht haben, und sich dadurch deutlich kennbar von einander unterscheiden. (Cal 45)

Daraus scheint May mehrerlei gemacht zu haben. Zum einen entdecken auch Old Shatterhand und seine Gefährten zu Beginn des dritten Kapitels (*Unter den Comanchen*) nach einer Auffälligkeit (blitzende Lanzenspitze – aus Catlin übernommen)[21] mit Hilfe des Fernrohrs nicht einen, sondern wenigstens hundertfünfzig Indianer. Sodann werden diese ebenfalls per Fernrohr anhand ihrer Haartracht als Comanchen identifiziert: »*Es sind also Comanchen?*«, fragt Bernard Marshal. Und Sans-ear antwortet: »*Ja. Der Gegend nach könnten es wohl auch Apachen sein; aber diese tragen den Schopf anders als die Kerls, die dort herabkommen.*« (535a) Im Gegensatz dazu hatte Old Shatterhand im ersten Kapitel feindliche Ogellallahs durchs Fernrohr an ihrer Bewaffnung und Tätowierung erkannt (434a). Wie anders, beziehungsweise wie genau, die Frisur aussieht, bleibt ungesagt – ebenso wie bei Zimmermann.

Zum anderen läuft auch die Hinführung zur Erstbegegnung der Gefährten mit Winnetou kurz danach analog ab: erstens zufälliges Gewahren eines Reiters, zweitens Feststellung mittels Fernrohr, dass es sich diesmal nicht um mehrere, sondern nur um eine Person handelt, und drittens, dass es aufgrund des langen Haars ein Apachenhäuptling sein muss (535b).

Der Halbsatz bei Zimmermann über den Comanchen (»Schwerlich hatte derselbe eine Ahnung von der Hilfe, welche ein Fernrohr gewährt«) könnte May zu jenem Einfall Old Shatterhands angeregt haben, als dieser bei den Racurroh zeitweise eher Gefangener als Gast ist und das ihm zugewiesene Zelt verlässt und auf Widerstand stößt:

> *Mich mit den Waffen zur Wehr setzen, das ging nicht, denn ich wäre verloren gewesen, und die Gefährten mit mir; ich riß also mein Fernrohr aus der Tasche, zog es in zwei Teilen auseinander und hielt ihnen dieselben mit drohender Miene entgegen.*
>
> »*Halt, sonst sind alle Söhne der Comanchen verloren!*«

---

21 Vgl. Catlin, wie Anm. 13, 207: »Am vierten Tage unseres Marsches entdeckten wir frische Büffel-Spuren und bald darauf eine ungeheure Heerde, welche auf den entfernten Hügeln graste. Auch den Rauch von den Feüern der Indianer sahen wir in verschiedenen Richtungen vor uns aufsteigen und an demselben Tage Nachmittags erblickten wir eine große Anzahl Indianer zu Pferde in der Entfernung von mehreren Englischen Meilen, die uns zu beobachten schienen. Das Blitzen der Lanzenspitzen im Sonnenschein ließ uns anfangs glauben, daß es mejikanische Reiterei sei, die sich unserem weiteren Vordringen widersetzen wolle; als wir jedoch etwas näher gekommen waren, erkannten wir durch unsere Ferngläser, daß es eine Streifpartei der Camantschen war.«

Sie prallten wirklich zurück. Sie kannten wohl diese Art von Instrument noch gar nicht; hatten sie aber wirklich schon eines gesehen, so konnten sie ja gar nicht wissen, was für unheilvolle Wirkungen außerdem mit seinem Gebrauche verbunden waren. (588b)

Eine andere Form der Umkehrung kann man im Ablauf zweier Etappen des *Deadly dust*-Abenteuers ausmachen. Nach dem Abenteuer mit den feindlich eingestellten Comanchen treffen Old Shatterhand und die Seinen auf einen Ranchero (»*man nennt mich Don Fernando de Venango e Colonna de Molynares de Gajalpa y Rostredo*«; 615b) mit seinen Vaqueros, wobei es anfänglich zu Auseinandersetzungen kommt. In ›Californien und das Goldfieber‹ gibt es eine Episode, aus der May lange Sequenzen übernommen hat und die in einer bestimmten Phase umgekehrt verläuft. Die Reisegesellschaft um Willis und Marshal wird von einem Ranchero (»Man nennt mich D o n D i e g o d e M o l i n a r e s e B r a n c a s d e C a l o c o d e P a s c o«; Cal 121) mit seinem Trupp in die Enge getrieben. Der schurkische Ranchero kann durch Lügen einen Stamm Utah-Indianer zur Vernichtung der Reisegesellschaft gewinnen, doch nachdem die ehrenhaften Indianer ihn durchschaut haben, stellen sie sich gegen ihn (Cal 129–143).

Da bei Zimmermann sich öfters Handlungselemente mit Variationen wiederholen, kommt noch eine zweite Episode in Betracht. Eine kleine Gruppe unter der Leitung eines Deutschen wird von räuberischen Mexikanern unter Führung des zweiten Hauptbösewichts von ›Californien und das Goldfieber‹ verfolgt und rettet sich zu gastfreundlichen Indianern, die sie schützen (vgl. Cal 471–480).

Auf zahlreiche weitere und in aller Regel klare bis eindeutige Detail- bzw. Ideenübernahmen gehe ich im Laufe der folgenden Darstellung ein. Und die eine oder andere Parallele weist über *Deadly dust* hinaus auf andere Texte von Mays Œuvre. Das skizziere ich kurz zum Schluss.

Nun aber zu der umfangreichen Text-Beute Karl Mays für das dritte und vierte Kapitel von *Deadly dust* aus ›Californien und das Goldfieber‹:

Indianische Fertigkeiten

Old Shatterhand und seine Gefährten, nun auf dem Gebiet der Apachen und Comanchen, beobachten ein *Kampfspiel* der Letzteren (554a–b), dessen Beschreibung bisher in der Karl-May-Forschung mit einer Schilderung George Catlins in Verbindung gebracht wurde, die ich weiter unten nach der Gegenüberstellung *Deadly dust* – ›Californien und das Goldfieber‹ wiedergebe. Die Formulierungsabweichungen zwischen Catlin und May wurden als

Eigenleistung Mays hervorgehoben, [22] was hiermit berichtigt wird: Die ›Eigenleistung‹ Mays besteht lediglich darin, im von Zimmermann übernommenen Text statt »Thieres« *Pferdes*, statt »indessen« *während*, statt »Leute« *Krieger* zu setzen und wenige kurze Wendungen in durch den Kontext sehr naheliegende andere zu ändern.

Genommen hat May Text aus dem Kapitel XL des Dritten Theils von ›Californien und das Goldfieber‹, in dem ein Kampf zwischen Indianern und Mexikanern geschildert wird (Stichwort »Art der Eingeborenen zu reiten«, Cal 477).

Die Comanchen hatten sich in zwei Parteien getheilt, welche sich gegenseitig zu bekämpfen schienen, bald in geschlossener Truppe, bald aufgelöst im Einzelkampfe, und zeigten dabei eine Ausdauer und Behendigkeit, welche einen europäischen Zuschauer in das höchste Erstaunen versetzen mußten. Bei ihnen gab es keinen Sattel und auch nicht das gewöhnliche Zaumzeug. Sie binden eine Decke, ein Fell oder eine Matte auf den Rücken ihres Thieres. An jeder Seite dieses Felles ist ein breiter und sehr starker Riemen befestigt, welcher über den Nakken des Pferdes gelegt ist und dazu dient, den Arm hindurchzustecken, wenn der Reiter sich auf die eine oder andere Seite des Pferdes legen will, während er mit einem Fuße an dem Rükken desselben hängen bleibt. Diese eigenthümliche Sattelung und die große Uebung macht es diesen wilden Reitern möglich, das Thier als Schild zu gebrauchen, es zwischen sich und den Feind zu bringen und doch Freiheit und Bewegung genug zu haben, um über den Rücken des Pferdes hinweg oder unter dem Halse desselben hindurch den Pfeil auf den Gegner zu schnellen oder ihm, falls sie mit einem Feuergewehre bewaffnet sind, eine Kugel zuzuschicken. Diese Krieger sind dabei so außerordentlich gewandt, daß sie sich, je nach dem es erforderlich ist, bald auf die rechte und bald auf die linke Seite des Thieres werfen und zugleich eine Leichtigkeit und Schnelligkeit entwickeln, die einem Kunstreiter Ehre machen würden.) (554b–555a)*

Die Eingeborenen binden eine Decke, ein Fell oder eine Matte auf den Rücken des Thieres. An jeder Seite dieses Felles ist ein breiter und sehr starker Riemen befestigt, welcher über den Nacken des Thieres gelegt ist und dazu dient, um den Arm hindurchzustecken, wenn der Reiter sich auf die eine Seite des Pferdes legen will, indessen er mit dem einen Fuße auf dem Rücken des Thieres bleibt. Diese eigenthümliche Art zu fechten, macht es ihnen möglich, das Pferd selbst als Schild zu gebrauchen, es zwischen sich und den Feind zu bringen und doch Bewegung genug, Freiheit genug zu haben, um über den Rücken des Pferdes hinweg, oder unter dem Halse desselben hindurch, den Pfeil auf den Gegner zu schnellen.

Die Leute sind dabei so außerordentlich gewandt, daß sie sich ganz nach Belieben bald auf die eine, bald auf die andere Seite des Pferdes werfen, mit einer Leichtigkeit und Schnelligkeit, welche dem größten Kunstreiter Ehre machen würde. (Cal 478f.)

22 Vgl. Poppe, wie Anm. 16, bes. 22f.

Bevor ich auf die bei May nun folgende Fußnote eingehe, hier zum Vergleich Catlins Text, den Zimmermann, nicht aber Karl May umformulierte:

Die Camantschen haben, gleich den nördlichen Stämmen, zahlreiche Spiele, mit denen sie sich bei schönem Wetter auf den Prairieen bei ihrem Dorfe unterhalten.

Im Ball-Spiel, so wie in einigen andern Belustigungen, stehen sie weit hinter den Sioux und einigen anderen nördlichen Stämmen zurück; aber im Pferderennen und Reiten werden sie von keinem anderen Indianer-Stamme auf dem Kontinent übertroffen. Das Wettrennen ist ihre Haupt-Unterhaltung und es gibt wol nirgends vollendetere Jockeys als hier; auch ist dies wol ganz natürlich in einem an Pferden so reichen Lande, das so vorzüglich zum Reiten geeignet ist und wo diese Übung von Kindheit an getrieben wird. Unter ihren Reiterkünsten setzte mich besonders eine Kriegslist in Erstaunen, die von jedem jungen Manne des Stammes erlernt wird; sie besteht darin, daß der Indianer plötzlich seinen Körper auf die Seite des Pferdes herabfallen läßt und sich dadurch vor den Waffen seines Feindes schützt, indem er horizontal hinter dem Körper seines Pferdes hängt und mit der Ferse sich auf dem Rücken desselben festhält, wodurch er in den Stand gesetzt wird, sich schnell wieder hinauf zu schwingen, um sich nötigenfalls auf die andere Seite hinabfallen zu lassen. Dies Hinabwerfen geschieht in vollem Jagen und der Reiter hält dabei Bogen, Schild und die vierzehn Fuß lange Lanze und bedient sich dieser Waffen, während er bei seinem Feinde vorübersprengt, indem er den Pfeil über den Rücken des Pferdes oder unter den Hals desselben hindurch schießt.*) Wenn die jungen Leüte dies Manöver zu unserer Unterhaltung ausführten, indem sie um unsere Zelte herum gallopirten, hatte ich mehrmals vergeblich versucht, mich ihnen zu nähern, um herauszubringen, auf welche Weise sie es möglich machten, so neben dem Pferde zu hangen, während ihr Körper anscheinend nur durch den Hacken auf dem Rücken des Pferdes festgehalten wurde. Endlich löste mir ein junger Indianer, dem ich etwas Tabak schenkte, das Räthsel, und das Manöver war mir nun allerdings erklärlicher, obwol es noch immer gleich bewundernswürdig bleibt. Jedes Pferd hat nämlich um den Hals einen kurzen Strick von Haaren, dessen beide Enden in der Mähne am Widerrist befestigt sind, wodurch eine Schlinge entsteht, durch welche der Arm so gesteckt wird, daß das Gewicht des Körpers auf der Mitte des Oberarms ruht, während der Reiter sich mit dem Hacken auf dem Rücken des Pferdes festhält, um sich jeden Augenblick wieder in die aufrechte Stellung versetzen zu können.

Außerdem sind diese Indianer noch Meister in mehreren andern Reiterkünsten, die sie uns ebenfalls zum Besten gaben und auf die sie nicht wenig stolz sind. Ein Volk, welches buchstäblich einen großen

Theil seines Lebens auf dem Pferde zubringt, muß natürlich ungemein gewandt im Reiten sein, sowol auf der Jagd, als im Kriege, und ich bekenne ohne Zögern, daß von allen Völkern, die ich auf meinen Reisen gesehen habe, die Camantschen die ausgezeichnetsten Reiter sind und ich zweifle, ob sie von irgend einem Volke auf der Erde hierin übertroffen worden.

*) Einige junge Pahnis, welche sich derselben Kriegslist bedienen, erzählten mir, daß sie den Pfeil unter dem Bauche des Pferdes hindurch abschießen und ihren Feind auf diese Weise tödlich verwunden könnten. Ich habe dies Kunststück zwar nicht selbst gesehen, aber nach Dem, was ich gesehen, bin ich geneigt zu glauben, daß jene jungen Männer auch im Stande waren auszuführen, wessen sie sich rühmten. [23]

Den Text seiner Fußnote zur Reitkunst (554b), der weitestgehend auf › Californien und das Goldfieber‹ beruht, übernahm May später nicht in den dritten Band des *Winnetou*. Über die Gründe kann man nur spekulieren. Für den Satzspiegel der Fehsenfeld-Bände war diese Fußnote entschieden zu lang, und als Einschub in die Erzählhandlung hätte sie vielleicht hinderlich gewirkt – die einfachste, auch ein paar klare › Benutzerspuren‹ tilgende Lösung: Streichung.

May schreibt nun das, was bei Zimmermann, den Schilderungen Josiah Greggs folgend, [24] als Comanchen-Fertigkeit vorgestellt wird, den Apachen Winnetous zu. Gezogen hat er die übereinstimmenden Textpartien aus Kapitel XXVI des Vierten Theils (Stichwort »Jagd auf einzelne Büffel und auf andere Thiere der Prairie«; Cal 691) sowie aus Kapitel XIV des Ersten Theils (»Kühnheit bei der Büffeljagd«; Cal 45).

*) Ich habe während einer Büffeljagd einen Verwandten des Häuptlings Winnetou, nämlich einen jungen Apachen, beobachtet, welcher sich einen riesigen Bullen ausgesucht hatte, den er mit großem Geschick von der Herde trennte. Er war nicht mit einer Büchse, sondern mit Köcher und Bogen bewaffnet, was Manche für einen Nachtheil halten, ich aber vorziehen würde, da die Kugel oft nicht das dicke Fell des Büffels in der Weise durchdringt, daß sie bis zum Herzen gelangt, sondern platt sitzen bleibt; der elastische Pfeil dagegen dringt auf der einzigen Stelle, wo eine Verwundung tödlich wirkt, nämlich dicht hinter den Schultern, grad da, wo die Mähne aufhört, sicher bis zum Herzen ein. Wird der Büffel hier nicht gut getroffen, so gibt es nur noch einen

Das Thier hat nur einen kleinen Fleck, auf dem es sofort der tödlichen Gewalt der Kugel unterliegt, dieser Fleck befindet sich dicht hinter den Schultern, gerade da, wo die Mähne des gewaltigen Thieres aufhört und eine hierher gesendete Kugel durchdringt die Lunge und das Herz [...]. (Cal 692)

Steht man unglücklicherweise vor dem Büffel, so ist es sehr gefährlich auf ihn zu schießen, denn es gehört zu den größten Kunststücken, ihn alsdann tödlich zu treffen und ist dieses nicht geschehen, so ist der Jäger jedesmal verloren, wenn sein Pferd nicht schnellfüßiger ist als der in der furchtbarsten Wuth daher galopirende Büffel. Dieser einzige verwundbare Fleck ist das Auge

23 Catlin, wie Anm. 13, 214f.
24 Vgl. Gregg: Wanderungen, wie Anm. 19, 4. bis 6. Bändchen, 276.

»Kühnheit und
Geistesgegenwart
der Indianer bei der
Büffeljagd.«

*Büchsenschuß ins Auge, wenn nicht Roß oder
Reiter, vielleicht auch Beide verloren sein sollen.*

*Der Pfeil des jungen Apachen traf falsch, und
der Bulle wandte sich wüthend gegen ihn; das
Pferd suchte zu entkommen, doch der Büffel
erreichte es.*

*Im Nu stand der Reiter auf dem Rücken sei-
nes Thieres; der Bulle senkte sein Horn und riß
dem Pferde den Leib auf. In diesem Augenblick
sprang der Apache von dem Rücken desselben
hinüber auf den des Büffels, warf sich im Stehen den Bogen über und zog das Messer; dann
ließ er sich in die reitende Stellung niederfallen
und stieß dem Büffel das Messer zwischen den
letzten Halswirbel und den Kopf.*

des Thieres. Auf der Stirn schlägt die Kugel
sich platt, ohne dem Thiere irgend etwas zu
schaden, aber der Schmerz bringt dasselbe in
Wuth und führt es dem Jäger als einen ganz
unbarmherzigen und unermüdlichen Verfolger nach. (Cal 693)

Nicht selten kommt es vor, daß bei der Jagd
auf Büffel das gereizte, verwundete Thier
sich plötzlich wendet und auf den Jäger los-
stürzt, der natürlich verloren wäre, wenn er
sich dadurch zu retten suchen wollte, daß er
sich an die Seite seines Pferdes hinge; denn
dieses, von dem Horn des grimmigen Thieres gefaßt, würde auf seinen Reiter geworfen
und mit ihm unter den gespaltenen Klauen
des mächtigen Stieres zu Brei getreten werden. In solchem Falle läßt er den Zügel auf
den Hals des Pferdes sinken, stellt sich senkrecht auf dessen Rücken, und in dem Augenblicke, wo der Stier ihm nahe genug ist und
den Kopf senkt, um dem Pferde den Leib
aufzuschlitzen, verläßt der Comanche mit
einem kühnen Sprunge sein schönes Thier,
das nun einer großen Last erleichtert, flüchtig dahinsaust, während er selbst auf dem
Rücken des wüthenden Stieres steht und sich
in der dicken Mähne seines Halses festklam-
mert, indessen das ungeberdige Thier vergeblich den Kopf in die Höhe wirft, um seinen
Reiter hinter sich zu tödten. Das Messer des

Während dem hatte sich der Bulle der Herde wieder angeschlossen; ehe er stürzte, sprang der Apache auf eine Büffelkuh und dann auf einen Stier, beide in derselben Weise tödtend, wie seine erste Beute. Und dieser muthige und gewandte Jäger war erst siebzehn Jahre alt. Ich habe es versucht, während des Reitens mich längs der Seite des Pferdes zu legen, und es nur mittels der Steigbügel fertig gebracht, was allerdings auch schon ein Vortheil ist; ich habe mich in dieser Lage auch im Schießen geübt und zwar sowohl mit der Büchse als auch mit Pfeil und Bogen, aber – reinweg wie ein Knabe geschossen. Was Hänschen nicht lernt, lernt Hans nimmermehr, und zu solchen Stücken gehört ein Pferd von ächter, ausgezeichneter indianischer Dressur, wie es nur in der Savanne zu finden ist. (554b)

Comanchen wird dabei dem Stiere zwischen den obersten Halswirbel und den Schädel geschoben, das Rückmark wird vom Gehirn getrennt, und der mächtige Feind stürzt wie vom Blitz getroffen zusammen. Hat der Jäger kein Messer, oder hatte er es bei dem gefährlichen Sprunge verloren, so kann er natürlich den Stier nicht tödten, und dieser wird sich dann nach einigen vergeblichen Versuchen, sich der ungewohnten Last zu entledigen, zu Boden werfen. Dies allerdings ist das Gefährlichste, was dem Jäger geschehen kann; er wird dann immer versuchen, auf einen andern Stier zu springen und auf einen dritten, und so fort, bis er sich gerettet glaubt, oder bis ein wildes Pferd, durch Zufall unter die Rinderheerde gerathen, ihm zum wirklichen Retter wird. (Cal 47f.)

Nun weiter mit dem Kampfspiel der Comanchen, das Old Shatterhand, Winnetou und ihre Gefährten beobachten, und das heißt: weiter mit der Eins-zu-eins-Übernahme aus › Californien und das Goldfieber‹:

Die Pferde gehen dabei so sicher, daß selten eine Kugel oder ein Pfeil das Ziel verfehlt. Der Riemen, in welchem der Arm ganz nahe an der Schulter hängt, ist an die Mähne des Thieres auf dem Widerrist befestigt, so daß selbst dann, wenn die Satteldecke losginge, dieser Stützpunkt nicht verloren gehen kann. Hat der gewandte Reiter diese Schlinge gut befestigt, so bedarf er zur Ausführung seiner Kunststücke überhaupt keiner Decke und keines Sattels, denn seine mit Mokassins bekleideten Füße haften mittels der Ferse mit gleicher Sicherheit auf dem nackten Pferdsrücken wie auf der Büffelhaut, welche denselben bedecken könnte. Wenn diese außerordentlichen Reiter über den Rücken des Pferdes wegschießen, zielen sie natürlich von oben; schießen sie aber unter dem Halse desselben hindurch, so legen sie den Pfeil unten an, was ihnen bei ihrer außerordentlichen Uebung eben so leicht wird, als wenn sie in der gewöhnlichen Weise zielen. (554b–555a)

Der Riemen, in welchem der Arm ganz nahe an der Schulter hängt, ist in der Mähne des Pferdes auf dem Widerriß befestigt, so daß selbst für den Fall, daß die Satteldecke losginge, dieser Stützpunkt nicht verloren geht. Hat der gewandte Reiter diese Schlinge gut befestigt, so bedarf er, um das Kunststück zu machen, überhaupt keiner Decke und keines Sattels, denn seine mittelst des Mokassin bekleidete Ferse haftet mit gleicher Sicherheit auf dem nackten Rücken des Pferdes wie auf der Büffelhaut, welche denselben bedecken könnte. (Cal 479, Fortsetzung von oben)

Vom Versetzen einer Landschaft – und ein Bären-Abenteuer

Durch Handlungen Winnetous, deren Konsequenzen er nicht bedacht hatte, müssen die Gefährten fliehen, können aber die Verfolgung der Bösewichter fortsetzen. Dabei kommen sie in eine Gegend, deren Beschaffenheit Old Shatterhand an eine früher gesehene am Colorado erinnert, und May versetzt kühn Berg und Tal, indem er wörtlich (mit gelegentlichen minimalen Varianten) aus Kapitel XXXVIII des Ersten Theils von ›Californien und das Goldfieber‹ eine längere Textsequenz abschreibt, bis die nächsten Dialoge folgen:

Jetzt ging es weiter, und zwar auf einer Bodengestaltung, wie ich sie früher am Colorado getroffen hatte.	Die Gesellschaft befand sich in dem Flußgebiete des Colorado, [...]. (Cal 126)

XXXVIII.

Wassermangel. Eigenthümliche Beschaffenheit des Landes. Tiefes Einschneiden der netzförmig gezogenen trockenen Flußthäler. Gefahr, sich in diesem Netz zu verirren und darin umzukommen. [...]

Der Wald hörte nach und nach auf, da es an Wasser zu mangeln begann.

Sonderbar schienen die trockenen Flußufer, welche alle gewaltig tief eingeschnitten, von der Kraft des Wassers redendes Zeugniß ablegen. Sobald man sich einem Flußbette nähert, gewahrt man das gegenüberliegende Ufer als eine schwache Abschattung des Bodens, auf dem man wandelt. Je weiter man kommt, d.h. je mehr man sich dem Flußbette nähert, desto deutlicher tritt dieser Strich hervor, bis man beinahe urplötzlich an einem tiefen Abgrunde steht, dessen Furchtbarkeit zwar dadurch vermindert wird, daß es an seinem Grunde sowie ganz oben tageshell ist, der aber dennoch bei dem tiefen Einschnitt, den er bildet, dem Unvorsichtigen gewissen Tod bringt; daher darf man in diesen Gegenden kaum während der Nacht zu reisen wagen und wenn man, wie im gegenwärtigen Falle, dazu beinahe genöthigt ist, so geschieht es nicht, ohne daß zwei erprobte Leute, mit langen Stangen bewaffnet, vor dem Zuge hergehen und den Boden, welchen sie nicht sehen, betasten.

Es gab eine Menge trockener Flußbetten. Alle waren gewaltig tief eingeschnitten und gaben von der Gewalt der Wasser, die früher hier geflossen waren, ein redendes Zeugniß. Sobald man sich einem dieser netzförmig unter sich verbundenen Flußbetten näherte, gewahrte man das gegenüberliegende Ufer als eine Abschattung desjenigen Bodens, auf welchem man sich befand. Je weiter man kam, desto deutlicher trat der vorher bemerkte Strich hervor, bis man beinahe urplötzlich vor einem tiefen Abgrunde stand, dessen Furchtbarkeit zwar dadurch gemildert wurde, daß es auf seiner Sohle ebenso wie oben tageshell war, der aber vermöge der Steilheit seiner Wände den Reisenden ein sehr schwer zu überwindendes Hinderniß bot.

Betrachtet man diese Thäler genauer, so findet man, daß während der Regenzeit ihre ganze Breite mit Wasser angefüllt sein muß; denn zu beiden Seiten ist der Wasserstand

Findet man sich in einem solchen Thale, so sieht man, daß zur Regenzeit die ganze Breite desselben ausgefüllt werden müsse; denn an beiden Seiten ist unverkennbar der

unverkennbar in verschiedenen Höhen markiert. Hier sieht man prachtvoll übereinander
gelagerte Felsen mit so malerischen oder grotesken Umrissen, daß man den Bleistift gar
nicht aus der Hand legen möchte. Es thürmen
sich Pyramiden und kubische Massen, es bau-
en sich gewaltige Säulen und Bogen auf und
über einander, und das Wasser hat stellenweise so eigenthümliche Rundungen ausgehöhlt, so
wunderbare Contouren, man möchte sagen,
Verzierungen ausgewaschen, daß man sich
kaum des Gedankens erwehren kann, dieselben
seien von Menschenhänden gemacht.

Der Boden dieser Flußbetten muldet sich
nach der Mitte zu nur sehr wenig aus, und nur
selten ist es möglich, von dem hohen Ufer hinabzugelangen, man müßte denn ein sehr guter
Kletterer sein. Aber das Hochland ist nach
allen Richtungen hin so durchfurcht, daß man,
an dem Ufer eines solchen trockenen Flußbet-
tes fortgehend, sehr bald zu einem Seitenthale
gelangt, durch welches man in das Hauptbett
zu kommen vermag. Da sich nun dasselbe gewöhnlich in einer bestimmten Richtung
fortzieht, so kann es recht gut als Straße dienen und bietet vermöge seiner tiefen Lage dem
Reisenden den Vortheil, daß er von keinem
anderen Punkte als nur vom Ufer aus bemerkt
werden kann. Natürlich ist damit zugleich der
Nachtheil verbunden, daß auch er einen Feind
nicht eher bemerkt, als bis er ihn unmittelbar
vor sich hat. (571a–b)

Wasserstand in sehr verschiedenen Höhen
markirt. Hier sieht man prachtvoll über
einander gelagerte Felsen mit so schönen
grotesken und malerischen Umrissen, daß
man immerdar geneigt ist zum Bleistift zu
greifen und die wunderschöne Zeichnung
aufzunehmen. Es thürmen sich Pyramiden
und kubische Massen, es thürmen sich Säulen und Bogen auf- und übereinander und
das Wasser hat stellenweise so eigenthümliche Rundungen, man könnte sagen Verzierungen, ausgehöhlt, daß man sich kaum des
Gedankens erwehren kann, dieselben seien
von Menschenhand gemacht. Der Boden
dieser trockenen Flußbetten ist nur wenig
nach der Mitte zu geneigt, er hat eine nicht
unbeträchtliche Breite, aber nur eine schwache Höhlung. Nur selten ist es möglich von
den hohen Ufern hinabzugelangen, außer
für einen einzelnen guten Kletterer, aber
das Hochland ist nach allen Richtungen so
durchfurcht, daher kann man, an den Ufern
eines solchen trockenen Flusses fortziehend,
sehr bald zu einem Seitenthale gelangen,
welches in einen solchen Strom mündet,
und in dieses Seitenthal hinabsteigend, kann
man trockenen Fußes und vollkommen eben
fortgehend, in das Hauptthal gelangen und
so demselben folgend, schließlich wohl noch
zu einem Flusse kommen, der nicht blos
Sand, sondern auch Wasser führt. (Cal 123f.)

Danach erscheint die Landschaft bei May wieder einfacher gefügt: *Wir folg-
ten einem solchen Thale in stets westlicher Richtung. Je weiter wir darin vorwärts
kamen, desto mehr verlor es seine ursprüngliche Tiefe, desto weniger mündeten
Seitenthäler ein, und endlich sahen wir vor uns die bewaldeten Höhen der Sierra Rianca* [sic] *aufsteigen.* (571b) Zimmermann dagegen betont anschließend
zunächst noch einmal das gefährlich Labyrinthische dieser Formationen:

> Allein, da es nicht gerade kurze Strecken sind, welche man so zurückzu-
> legen hat, da man ferner die trockenen und die mit Wasser versehenen
> Flußbetten sich in jeder möglichen Richtung kreuzen sieht, so ist nichts
> leichter, als sich in diesen labyrinthischen Verschlingungen zu verirren;
> es ist gar kein Mittel vorhanden die rechte Richtung zu halten, als das
> Befolgen der Weisungen eines guten Kompaß, wobei man sich jedoch

wohl hüten muß, denselben in Unordnung kommen zu lassen, weil er
sonst eine falsche Weisung giebt und den Reisenden leicht von dem
rechten Wege abbringt und nach dem Stande der Sonne zu gehen ist
eine der gefährlichsten Unternehmungen; es geschieht gar nicht selten,
daß man nach der Wanderung eines Tages, während dessen man glaubt
stets in einer Richtung fortgegangen zu sein und also eine gerade Linie
beschrieben zu haben, sich am Abende schließlich an dem Punkte befindet welchen man am Morgen verlassen hat, so daß man also statt einer
geraden Linie einen großen Kreis beschrieben. Besonders trifft dieses
Uebel vereinzelte Wanderer, welche wie durch ein Gespenst neckend
in der Wüste herumgeführt werden und so dem Hungertode verfallen.

Unsere Reisegesellschaft hatte zu gute Führer und zu gute Instru-
mente, als daß ihr dieses hätte begegnen können, sie setzte mithin ihren
Weg in der geeigneten Richtung fort und gelangte am Abend in eines
jener schönen Thäler, welches durch die Regenwässer gebildet, die eben
beschriebene Gestaltung erlangt hatte. (Cal 124 f.)

In ein solches Tal, ein Paralleltal zu jenem, in dem der Anführer der *Stakemen*
erbeutetes Geld in Scheinen mitsamt wertvollen Papieren versteckt hat, bie-
gen auch Old Shatterhand und seine Gefährten ein. Sie erkunden die Umgebung, Old Shatterhand zusammen mit dem Neger Bob. Und wieder hat May
bei Zimmermann etwas Passendes zur Gestaltung des Folgenden gefunden.
Plötzlich schreit Bob um Hilfe, dass man ihn vor einem Ungetüm retten solle
(vgl. 572a).

Ich brauchte nicht zu fragen, welches Unge-thüm er meinte, denn ich sah es eben jetzt durch das Unterholz brechen. Es war ein grau-er Bär, einer von der liebenswürdigen Sorte, welche der Jäger Grizzly nennt.	XXIII. **Der schwarze Bär. Der große graue Bär. Körperliche Verhältnisse und ungeheu-re Kraft dieses Thieres. Gefahr, diesem grimmigen Thiere zu begegnen. Wie die Fallensteller zu zweien den grauen Bären jederzeit besiegen. Aufsuchen des Bären zur Zeit seines Winterschlafes. Kampf mit dem Bären in seiner Höhle.**
[Für *Winnetou III* getilgt:] *Der schwarze Bär Amerika's ist wenig gefähr-lich; er lebt meist von Früchten, namentlich von Pflaumen, welche oft ganze Wälder bil-den, und nimmt, wenn er nicht gereizt wird, vor einem Menschen lieber Reißaus, als daß er ihn angreift. Ich selbst habe in den Ber-gen eine schwarze Bärenfamilie, ohne von ihr angegriffen zu werden, länger als eine Stunde beim Brombeerschmaus beobachtet und mein*	In diesen Bergen ist auch der schwar-ze und der graue Bär heimisch. Der erste-re scheint wenig gefährlich, er lebt von den Früchten mancher hier wild wachsen-der Sträucher und Bäume, namentlich von Pflaumen, welche ganze Wäldchen bilden, in denen die Bäumchen aber solchergestalt zerrissen sind, daß man es eine schreckliche Verwüstung nennen müßte, wenn es von Menschenhand geschehen wäre.

*helles Vergnügen an den possierlichen Mienen
und Bewegungen gehabt, unter denen sie mit
ihren Tatzen die einzelnen Beeren vom Strau-
che nahmen und in das »Mündschi« führten.*
    *Anders verhält es sich mit dem grauen
Bären. Er ist der größte unter unter allen seinen Verwandten und überragt selbst den läng-
sten Menschen um die Höhe eines Kopfes. Man
hat sogar Exemplare gefunden, welche von der
Spitze der Schnauze bis zur Schwanzwurzel
neun volle Fuß maßen und – auf die Hinterfüße gestellt – noch einen Fuß mehr. Dieses Thier entwickelt eine furchtbare Kraft; es
greift den schwarzen Büffel ohne Zaudern an
und meistert ihn immer; unter Umständen
schleppt es eine getödtete Büffelkuh eine ganz
bedeutende Strecke mit sich fort. Seine Vordertatze hat die Breite von neun Zoll; die hintere
Tatze ist nur sieben Zoll breit, mißt aber eine
halbe Elle in der Länge, und ein Schlag mit
dieser Vorderpranke zerbricht dem stärksten
Stier das Kreuz. Der Grizzly ist von fürchter-
licher Wildheit; er greift, ohne sich zu besinnen,
den Jäger an, und am gewöhnlichsten geschieht
dies, wenn man ahnungslos an seinem Verstek-
ke vorübergeht. Er verbirgt sich nämlich nur
zur Winterszeit in Höhlen; während des Sommers zieht er ein luftiges Lager inmitten eines
Gebüsches vor, und wehe dem Unvorsichtigen,
der es wagt, ihn aus seinem stets sehr leisen
Schlummer aufzuwecken!* (572a)

Der graue Bär dagegen ist ein schreck-
liches Thier, er ist der größeste unter seinen
Verwandten, mißt aufgerichtet mehr als sieben Fuß, überragt also den größten Menschen, wenn derselbe neben ihm steht, um
eine ganze Kopflänge. Man hat sogar welche gefunden, die neun Fuß lang waren von
der Spitze der Schnauze bis zur Schwanzwurzel; auf die Hinterfüße gestellt, wenigstens noch einen Fuß mehr. Das Thier entwickelt eine furchtbare Kraft, es greift den
schwarzen Büffel ganz allein an und besiegt
ihn jederzeit; es soll dieses Ungeheuer sogar
Stärke genug haben, um den getödteten Stier
fortzuschleppen. Seine Vordertatze hat eine
Breite von neun Zoll, die hintere Tatze ist
nur sieben Zoll breit, mißt aber einen ganzen
Fuß in die Länge und ein Schlag von seiner
Vorderhand zerbricht einem Stier das Kreuz.
Er ist von furchtbarer Wildheit, greift die
Jäger, ohne sich zu besinnen, an, und am
gewöhnlichsten geschieht dieses, wenn man
ohne an seine Nähe zu denken bei seinem
Versteck vorbeigeht. Er liegt nämlich während des Tages im dichtesten Gesträuch verborgen und geht nur Nachts auf Raub aus;
er schläft jedoch nicht fest wie alle Raub-
thiere, das Geräusch, welches der nahende
Jäger macht, weckt ihn sofort auf und mit
großem Grimm springt er auf denselben zu,
man kann daher nicht genug auf seiner Hut
sein. (Cal 268)

Zimmermann fährt fort mit der Beschreibung, wie Trapper zu zweien den
Grizzly zu erlegen suchen (Cal 269), was an jenen Kampf Old Shatterhands
und Winnetous mit einem *Vater Ephraim*, wie nach May der Westmann den
Grizzly nennt (eine Variante der Catlin'schen Mitteilung, dass die Trapper den
grauen Bären als ›alten Kaleb‹ bezeichnen),[25] in *Old Surehand III* erinnert[26] –
allerdings mit Abweichungen im Ablauf.

25   Catlin, wie Anm. 13, 52 u. ö.
26   GR XIX, 377ff.

In *Deadly dust* macht Old Shatterhand mit zwei Gewehrkugeln dem Leben des Grizzlys ein Ende.

Das Zeltdorf der Comanchen

Hauptsächlich durch Dialoge wird die Handlung anschließend weitergetrieben. Die Guten fangen die Bösen, über die ein Savannengericht abgehalten wird, doch das Urteil kann nicht vollzogen werden, da ein Überfall der Comanchen erfolgt, dem Old Shatterhand und Bob entgehen und dabei den Sohn des Comanchenhäuptlings To-kei-chun gefangennehmen können. Um die Gefährten zu befreien, folgen sie den Spuren der Indianer. Da kommen ihnen die beiden Morgans entgegen mit der gestohlenen Gold- und Wertsachen-Beute. Erstere entkommen, Letztere versinkt im Wasserwirbel eines Flusses. Dann treffen sie auf das große Lager der Racurroh. Und Karl May gibt Einblick in das Leben und Treiben eines solchen Zeltdorfs, indem er entsprechende Textpartien aus › Californien und das Goldfieber‹ weitestgehend wörtlich übernimmt, hie und da ihm für seine Zwecke unpassend, weil zu sehr ins Detail führend Erscheinendes auslässt und die üblichen gelegentlichen leichten Umformulierungen einstreut. Diesmal wurde er im Zweiten Theil von Zimmermanns Buch fündig, hauptsächlich in Kapitel xxxiv, das von vorbereitenden Aktivitäten im Zusammenhang mit Flints Dreifach-Hochzeit erzählt.

Diese Zelte oder Hütten waren ganz in der Weise aufgeführt, wie ich sie bereits auch bei den nördlichen Indianern gefunden hatte. Die Arbeit ihrer Errichtung wird nur von den Frauen besorgt, wie denn der Indianer keine Beschäftigung als Krieg, Jagd und Fischfang kennt und alles Uebrige den Schultern des Geschlechtes aufbürdet, welches bei uns gewöhnlich das schwächere genannt wird.

Die Frauen holen die Häute, welche die Zelt- oder Hüttenwände bilden sollen, herbei, breiten sie in der Sonne aus und zeichnen mit einem Stücke Kohle die Form darauf, welche nöthig ist; dann schneiden sie diese Formen zu und nähen mit feinen Riemen die Felle zusammen.

Nun werden auch die Stangen herbeigeholt, und man schafft alles an den Platz, welcher für die Wohnung ausgewählt wurde.

[…] die Töchter des würdigen Mannes [= As-ko-lah] holten die Häute hervor, breiteten sie in der Sonne aus, zeichneten mit einem Stück Kohle die Form auf, welche nöthig war zur Bekleidung einer Hütte, schnitten diese Form aus und nähten darauf die Felle zusammen mit vielen feinen Riemen, die man kreuzweis durch die aneinander liegenden Stücke zog. Dann wurden auch die Stangen herbeigeholt und nun der Platz ausgewählt für die neue Hütte.

XXXIV.

Eilige Arbeit an dem neuen Wigwam, dessen ungewöhnlich große Verhältnisse. Die Art der Erbauung sowie die Einrichtung der Abtheilungen. Versuch, Bill Spaniard zur Fortsetzung der Reise zu bewegen. Er nimmt Abschied von den Reisenden. Man sondert das Privateigenthum und überliefert es den Zurückbleibenden. Feuerstein trennt sich von der Gesellschaft. Die Zwecke der verschiedenen Abtheilungen, welche man der neuen Hütte gegeben.

Mit wunderbarer Schnelligkeit gingen die Mädchen an's Werk; es war aber kaum in den nächsten Hütten bekannt geworden, was bei dem Vater von Pschan-schah vorgehe, als auch schon To-kei-ih, der gehörnte Stein, der Vater der reinen Quelle, diese mit ihren Schwestern abschickte, um an dem Bau zu helfen, und wenige Minuten darauf kam auch aus Tschu-ga-chat's Hütte Lah-hah-mih, die weiße Blume, mit ihrer Mutter und ihren erwachsenen Schwestern in derselben Absicht.

Flint wollte die zarten Hände seiner künftigen Frauen geschont wissen und selbst Hand anlegen, die verwunderten Blicke des anwesenden Vaters verriethen ihm indessen, daß er hiermit einen Mißgriff begehen würde und Bill rief ihm eilends zu, um's Himmels Willen dergleichen nicht zu thun, wenn er nicht der Achtung der neuen Genossen für immer verlustig sein wolle.

Es wurde indessen ein großer Kreis ausgeworfen, zwei Fuß tief, innerhalb welchem ungefähr dreißig Pfähle, Zeltstangen, aufgestellt wurden, welche zum Mindesten eine Länge hatten wie der Durchmesser der ausgehöhlten Grube, nämlich auch dreißig Fuß. Die Hütte wurde deshalb so groß angelegt, weil sie von Hause aus drei Familien beherbergen sollte. Die Stangen wurden oben zusammengeneigt und mit jungen Weiden und Haseln verbunden, eine Arbeit, welche durchaus nicht leicht war, da die Entfernung von dem Boden funfzehn bis sechszehn Fuß

Hier wird mit Hülfe der primitivsten Werkzeuge ein Kreis etwa zwei Fuß tief ausgeworfen, innerhalb dessen man mehr oder weniger Pfähle, je nach der beabsichtigten Größe der Wohnung, aufstellt. Die Pfähle oder Stangen müssen zum Mindesten so lang sein, wie der Durchmesser der ausgeworfenen Grube.

Sie werden oben zusammengeneigt und mit jungen Weiden oder Haseln verbunden. Diese Arbeit ist aber nicht leicht, da die Frauen und Mädchen an den Stangen emporklettern müssen und sich während des Bindens nur mit den

Füßen festhalten können.

Ist das Gerüst auf diese Weise festgestellt, so beginnt der schwierigste Theil des Baues, nämlich die Bekleidung des Zeltgerippes mit den schweren Häuten. Die Stangen dieses Gerippes sind in der Mitte ihrer Länge durch andere Stangen geschützt, welche oben eine Gabel haben und durch Riemen mit ihnen verbunden sind; es entsteht demnach innerhalb des ersten Kreises ein zweiter, durch welchen der ganze Raum in zwei Abtheilungen geschieden wird.

Beide Stangenkreise werden nun dachziegelähnlich mit Häuten belegt, und zwar so, daß oben ein Loch übrig bleibt, um dem Rauche des in der Mitte des Zeltes brennenden Feuers einen Ausweg zu lassen. Die zwei kreisrunden Abtheilungen können nun vermittelst Häuten oder durch Flechtwerk in beliebige Unterabtheilungen zerlegt werden, je nach dem der Besitzer es für nöthig hält. (587b–588a)

betrug; die Mädchen hatten aber eine solche Geschicklichkeit im Emporklettern auf Stangen, ähnlich wie die zu den Zelten bestimmten, sie waren so sehr geübt sich mit den Füßen festzuhalten, während sie beide Hände frei brauchten, daß in bewundernswürdig kurzer Zeit das Gerüst für die sehr große Hütte fertig war. Nun galt es noch eine schwere Arbeit, es mußten die Stierhäute auf den Stangen kunstgerecht befestigt werden, dazu waren die vereinigten Kräfte aller Mädchen unerläßlich. Die Zeltstangen waren in der Mitte ihrer Ausdehnung alle durch gerade Stangen, welche oben eine Gabel hatten, gestützt, sie waren durch Riemen fest mit den schräge liegenden Stangen verbunden, es entstand auf diese Weise ein zweiter Kreis innerhalb des ersten, welcher den ganzen großen Raum in zwei Abtheilungen trennte. Die innere war ein Kreis von achtzehn Fuß Durchmesser, die äußere war ein Ring von dreißig Fuß Durchmesser, aber nur von sechs Fuß Breite. Die innere Abtheilung hatte rundum gerade Wände, die äußere einerseits gerade, andererseits an der äußersten Umgrenzung schräge Wände, nämlich die Zeltwände.

An den aufrecht stehenden Pfählen kletterten die armen Kinder empor, zwei und zwei halfen einander die schweren Büffelhäute hinaufziehen und befestigen, dann wurden sie von Stange zu Stange gebreitet und auch an den neuen Stützen durch Riemen befestigt, so ging es rund um das Zelt fort, bis die erste neun Fuß hinauf reichende Umhüllung vollendet war, dann begann eine zweite Bedeckung durch ähnliche Häute, welche wieder beinahe um die Länge einer Stierhaut an den Zeltstangen aufwärts reichten. Diese zweite Reihe von Häuten griff über die erste und deckte sie ungefähr um eine Elle weit abwärts. Eine dritte noch weiter aufwärts angebrachte und eine vierte Reihe vollendeten das Zelt, so daß ganz oben etwa nur ein Raum von einer Elle Durchmesser übrig blieb, bestimmt, um den Rauch des in der Mitte brennenden Feuers zu entlassen. (Cal 303–305)

Mays Erzähler fährt fort:

> *Das Zelt, nach welchem ich geführt wurde, war nur klein und augenblick-*
> *lich unbewohnt. Ich band mein Pferd außen an, öffnete die Thürvorhänge,*
> *welche aus zwei halben Fellen bestanden, und trat ein, ohne mich weiter um*
> *den Häuptling zu bekümmern, welcher mir auch gar nicht folgte.* (588a).

Auch die Kleinigkeit der Türvorhänge weist auf › Californien und das Goldfieber‹, und zwar auf Kapitel ɪv des Dritten Theils, in dem von Weißen benutzte
Lederzelte mit rundem Dach beschrieben werden. Um sich gegen Kälte zu
schützen, »deckt man die obere Oeffnung durch eine leicht hinübergeworfene
Haut zu, und das Zelt hat nun keine weitere Oeffnung als die Thüre, welche
durch zwei zurückgeschlagene halbe Häute gebildet wird« (Cal 366). Karl May
wird für sein viertes Kapitel (*In Californien*) ausführlich auf Textteile aus dem
direkten Umkreis dieser Passage zugreifen, so dass die Übereinstimmung kein
Zufall sein dürfte. Zumal Old Shatterhand von einer alten Indianerin direkt
im Zelt bekocht wird (obwohl es nicht Winter ist), und dies korrespondiert mit
dem Beginn jenes Satzes, in dem die Türvorhänge erwähnt werden: »Während
der Winterzeit, wo das Kochen außerhalb der Hütte nicht ganz bequem ist,
weil Wind und Regen auch ihr Wort dreinreden, pflegt man die Hütte oder
das Lederzelt oben offen zu lassen. Das Feuer brennt in der Mitte des Zeltes
und der Rauch zieht durch diese Oeffnung ab« (Cal 366).

 Old Shatterhand bekommt Büffellende serviert, und es schmeckt ihm,
obgleich die Reinlichkeit des Gefäßes alles zu wünschen übrig ließ und das Mahl
ganz ohne Salz zubereitet war, von dem der Indianer überhaupt nichts wissen

mag (588a). Die ›Salz-Verweigerung‹ der Indianer wird von Zimmermann erwähnt, geht aber wohl auf Catlin zurück. Die Indianer ...

> bereiten Pemikan in großer Menge, d. h. zerriebenes Rindfleisch und Fett, welches in die Blasen und Blinddärme der Thiere gefüllt und dann geräuchert wird, kurz, sie machen Gothaer oder Braunschweiger Wurst, welche sich von der besten der Art nur durch den Mangel an Salz unterscheidet, denn der noch nicht civilisirte Indianer verschmäht dieses Gewürz als widerlich und er bedient sich dessen nicht, selbst da wo es krystallisirt, den Boden der Steppen bedeckt als ob es frisch gefallener Schnee wäre. (Cal 273f.)

Catlin:

> So überraschend es den meisten Menschen sein mag, daß man Fleisch ohne Rauch und Salz in der Sonne trocknen kann, ebenso auffallend dürfte wol die Thatsache sein, daß diese Indianer-Stämme sich niemals des Salzes bedienen, obgleich ihr Land reich an Salzquellen ist und in manchen Gegenden, die häufig von den Indianern besucht werden, die Prairie mehrere englische Meilen weit so mit einem Salz-Anfluge bedeckt ist, daß sie wie beschneit erscheint.[27]

Danach verschafft sich Old Shatterhand Freiraum, indem er die ›Fernrohr-Waffe‹ zur einschüchternden Übertölpelung der Indianer benutzt. Außerdem macht er mit der treffsicheren Vielschüssigkeit des Henrystutzens bei den tumben Abergläubischen tiefen Eindruck. Die überhebliche Fopperei setzt er fort, unter anderem als er sich wie ein Catlin mit umgekehrtem Vorzeichen geriert und das Blatt mit den porträtierten Comanchenhäuptlingen, ergo ihren Seelen, zusammengeknüllt im Gewehrlauf gen Himmel senden will (590a–b). Denn Catlin zeichnete und malte, eigenem Bekunden nach, die Indianer ohne Hintergedanken und wurde von ihnen aufgrund seiner Fähigkeit als großer Medizinmann (Geheimnis-Mann) angesehen.[28] Nebenbei: Old Shatterhand zückt allein hier sein Skizzenbuch, von dem sonst nie in den Far-West-Erzählungen die Rede ist.

Er überrumpelt die Racurroh weiter und setzt die Freiheit seiner Gefährten in Gang. Man gewährt ihnen einen Vorsprung, und sie sprengen davon. *Hundert Herzen klopften in der Erwartung, uns einzuholen; hier aber gab es sicherlich*

---

27 Catlin, wie Anm. 13, 92.
28 Vgl. ebd., 25: »So erschien ich diesem abergläubigen Volke als ein Medizin-Mann ersten Ranges, weil die Malerei ihnen etwas Unbekanntes und Unerklärliches war und daher von ihnen die ›größte Medizin‹ genannt wurde. Meine mit Percussionsschlössern versehenen Flinte und Pistolen waren große Medizin und kein Indianer konnte dazu bewogen werden, sie abzufeuern, denn, sagten sie, sie wollten nichts mit des weißen Mannes Medizin zu thun haben.«

zwei, welche wünschten, daß wir entkommen möchten. – – – (607b) Nämlich
die – zartes Zuneigungs-Echo – von Ma-ram und seiner Schwester Hi-lah-dih.

Jagd nach Fleisch

Schnitt und neues Kapitel (*In Californien*) mit einer Reminiszenz an die
Geschehnisse bei den Comanchen zu Anfang. Die kleine Gruppe um Winnetou und Old Shatterhand befindet sich am Fuß der Cordilleren von Sonora.
Da begegnen sie den fünf Comanchen, die die Morgans verfolgt haben. Entdeckt hat sie Winnetou:

»*Uff!« rief er da plötzlich in jenem Gutturaltone, der den Indianern eigen ist*
(612a). Auch hier hört man ein Echo auf ›Californien oder das Goldfieber‹, wo
in Kapitel XVI des Ersten Theils ein Comanchenhäuptling, der »Große Gei-
er«, »ein Paar in den markigen Gutturaltönen der Indianersprache ausgesto-
ßene Worte« fallen lässt (Cal 53), obwohl diese linguistische Charakterisierung
natürlich gängig ist.

Nach einem längeren Redeaustausch mit dem Anführer der fünf Racurroh
reiten diese weiter zurück zu ihrem Stamm und die Gefährten Richtung Sierra Nevada. Da sie einige Zeit lang nur Dörrfleisch genossen haben, wollen
Old Shatterhand und Bernard Marshal zur Erlangung von Frischfleisch auf
Büffeljagd gehen. Auch die Anregung zu dieser Idee kam aus Zimmermanns
Buch, wie der Verlauf des Jagdabenteuers zeigen wird. Selbst die Dörrfleisch-
Erwähnung geht auf jenen Textbereich zurück, aus dem das Jagdabenteuer
entnommen ist: Am Ende des Kapitels XXXIV des Ersten Theils erfährt man,
dass die Willis-Marshal-Expedition nur auf Dörrfleisch (halb italienisch, halb
falsch »Carne secco«; Cal 115) zurückgreifen kann und darum einige Teilneh-
mer der Expedition auf die Jagd nach Frischfleisch gehen, was im anschließenden Kapitel geschildert wird. Wie nah dies Mays Schilderung ist, zeige ich
gleich. Erste, jetzt folgende Details sind aus anderen Kapiteln Zimmermanns
entnommen.

Um seinen von Ma-ram geschenkten Rapphengst auf seine Fähigkeiten hin
zu prüfen, beschließt Old Shatterhand, bei der Jagd nicht das Gewehr, sondern
das Lasso zu gebrauchen. Eine weitere Gelegenheit, eine Information aus ›Californien und das Goldfieber‹ zu übernehmen, aus einem Kapitel, das bereits
für die Schilderung des Comanchen-Kampfspiels benutzt wurde, Nr. XL des
Dritten Theils:

> Das Riemenzeug, die Schnallen, die Rin-
> ge wurden [von den Eingeborenen, den
> Indianern] als sehr werthvolle Gegenstände

Ich beschloß nämlich, nicht die Büchse, sondern den Lasso zu gebrauchen. Der meinige hatte kein Oehr, sondern einen Ring, durch welchen die Schlinge viel sicherer und besser läuft, als durch die bei den Indianern gebräuchliche Lederöse. (614b)

erkannt, nur nicht die Sattel und das Zaumzeug; auch die Lasso's waren ihnen keineswegs werthlos, sie verstehen dieselben sämmtlich zu gebrauchen und verstehen auch, dergleichen zu machen, nur mussen sie denen der Spanier den Vorzug einräumen, weil diese letzteren immer eiserne Ringe an Stelle des laufenden Knotens haben. Ein solcher thut zwar auch seine Dienste, indessen läuft der Riemen durch den eisernen Ring viel leichter als durch eine zusammengezogene Lederschleife. (Cal 479)

Die Jagd beginnt:

> *Unweit eines Weidengestrüppes erreichte ich die Thiere. Es war ein sehr starker Bulle mit drei Kühen, von denen ich mir diejenige auswählte, deren glattes Aussehen auf ein zarteres Fleisch schließen ließ. Ich schnitt sie von den anderen Thieren ab, hielt mich ihr nahe zur Seite und warf die Schlinge.* (614b)

Dies zieht folgende Absätze aus ›Californien und das Goldfieber‹ zusammen (mit dem Unterschied, dass eben keine Büchse zur Anwendung kommt), die im von May bereits benutzten Kapitel XXVI des Vierten Theils stehen, Stichwort »Jagd auf einzelne Büffel und auf andere Thiere der Prärien«:

> [...] umgekehrt ist das Fleisch der Kühe immer zart, das der jungen aber von unvergleichlichem Wohlgeschmack.
>
> [...]
>
> Wie viel oder wie wenig Mitglieder die Heerde enthalte, der Jäger eilt ihr nach und sucht sich unter den ihm nächsten eine Kuh aus, deren Größe und deren glattes Fell ihn muthmaßen läßt, daß er eine noch junge Kuh vor sich habe.
>
> Nun drängt er sich zwischen sie und die Heerde, lenkt sie von derselben ab und sobald er sie schußgerecht hat, muß er sein Pferd pariren, sofort seine Büchse anlegen und ihr einen tödtlichen Schuß beibringen. (Cal 691f.)

Aber auch in ›Californien und das Goldfieber‹ wirft man das Lasso, um eine Büffelkuh zu fangen – und damit sind wir in jenem Kapitel angelangt, aus dem sich May umfangreicher bedient hat:

> Nachdem die drei Schützen eine Stunde weit voran getrabt waren, bemerkten sie einige einzelne Thiere und es wurde Jagd auf dieselben gemacht. Bill Spaniard, das Halbblut, war am Weitesten voran und

schwang seinen Lasso mit wunderbarer Gewandheit; das Thier war alsbald gefangen und einen Augenblick darauf war es auch durch einen
Genickfang getödtet. (Cal 116)

Das steht in Kapitel XXXV des Ersten Theils, Stichwort »Versuch, sich frisches
Fleisch zu verschaffen« (Cal 115). Old Shatterhand macht es genau so wie der
von Zimmermann aus Balduin Möllhausens Reisebericht exprospriierte und
zu einer eigenen Figur gestaltete historische Bill Spaniard:[29] *Die Kuh war nie-
dergerissen worden; ich sprang vom Pferde, zog das Messer und fing sie mit einem
kräftigen Stoße in das Genick ab.* (614b)

Bei dieser Aktion verhält sich Old Shatterhands Pferd vorzüglich:

> *Mein Pferd bewährte sich glänzend. Sobald der Lasso durch die Luft sauste,
> warf der Hengst sich ganz von selbst herum und stemmte die Beine mit weit
> nach vorn gebeugtem Körper auf die Erde. Die Schlinge zog sich um den
> Hals der Kuh zusammen – ein gewaltiger Ruck riß mein Pferd beinahe auf
> die Hinterschenkel nieder, aber es hielt sich fest und strengte den am Sattel-
> knopfe befestigten Riemen so straff wie möglich an.* (Ebd.)

Dieser Vorgang ist bei Möllhausen genau so beschrieben, und Karl May könnte hier auch einen Blick in seinen Reisebericht geworfen haben:

> Die Leinen sind am Sattelknopf befestigt und da die Sättel so construirt
> sind, daß sie nicht auf die Seite gerissen werden können, die wohl dres-
> sirten Pferde [der californischen Reiter] aber mauerfest stehen und sich
> mit ihrer ganzen Schwere auf die Seite lehnen, so daß die Leine immer
> straff gespannt bleibt, so können die Reiter ruhig absteigen, zu dem
> gefesselten Thiere hingehen und mit ihm beginnen, was ihnen beliebt.[30]

Bernard kommt erst jetzt hinzu.

> *Er stieg ab, und ich warf das Rind auf die andere Seite. Dabei bemerkte ich,
> daß demselben ein Zeichen eingebrannt war.*
> *»Ah, es gehört zur Herde einer Estancia, einer Hacienda oder eines
> Rancho.«*
> *»Durften wir die Kuh denn tödten?«*

---

29 Vgl. Balduin Möllhausen: Tagebuch einer Reise vom Mississippi nach der Küste der Südsee. Einge-
    führt von Alexander von Humboldt. Leipzig 1858, 12: »»Mein Name ist Bill, doch nennt man mich
    auch Bill Spaniard, weil mein Vater über das grosse Wasser von Spanien her gekommen war. Meine
    Mutter war eine Cherokesen-Frau und ich bin, soviel ich weiss, der einzige Sohn.« Er geht mit der
    Whipple-Expedition nach Kalifornien, um Gold zu suchen (wie auch bei Zimmermann).
30 Ebd., 443f. – Siehe auch die folgende Anmerkung mit Verweis auf Zimmermanns Paraphrase der-
    selben Seite bei Möllhausen.

> *»Ja. Die Rinder haben in diesen Gegenden nur den Wert, den ihre Haut besitzt. Jeder Reisende – so ist es gebräuchlich – darf eines derselben zu seinem Bedarfe tödten, muß aber die Haut an den Besitzer abliefern.«*
> *»Dann müssen wir diesen aufsuchen?«*
> *»Wieder nein. Sollte ja ein Meierhof hier in der Nähe liegen, so brauchen wir nur zu melden, wo das Fell zu finden ist. Bei dem großen alljährlichen Schlachten kann es garnicht umgangen werden, daß der eine Herdenbesitzer eines oder auch mehrere Thiere eines Andern mit tödtet; diesem Andern geht es ebenso, und man wechselt dann die Felle gegenseitig aus.«* (614b–615a)

Dies gibt, aufgelöst in einen Dialog, wieder, was Zimmermann im gleichen Kapitel vor dem Fang der Büffelkuh mitteilt:

In jenen Gegenden, welche nicht mehr zu den Territorien der Eingeborenen gehören, giebt es auch nicht eigentliche wilde Büffelheerden. Ungeheure Landstriche von 200 bis 300 Quadratmeilen Flächeninhalt gehören einem Besitzer und derselbe sagt: Alles, was auf diesem Flächenraum lebt – ist mein Eigenthum. Der riesige Umfang solcher Hacienda, verbunden mit der gänzlichen Unmöglichkeit, sich Arbeiter zu verschaffen, läßt selbstverständlich den Ackerbau nicht zu, schließt ihn vollständig aus, der Ertrag einer solchen ungeheuren Fläche ist mithin kein anderer, als derjenige, den die Thiere durch Hergabe ihrer Felle liefern. Die großen Heerden laufen völlig wild umher, trennen sich, vereinigen sich nach Belieben, die ganze Aussicht, welche man denselben angedeihen läßt, besteht darin, daß einige sogenannte Vaqueros, sehr gewandte Reiter, mit langen Lassos versehen, die Heerden umkreisen, um dieselben einigermaßen zu hüten, so daß sie nicht auf das Territorium der unabhängigen Indianer übertreten. Sollten einzelne Thiere sich verlaufen, so wird dieses für zu unbedeutend gehalten, um darüber ein Wort zu verlieren, betrifft es aber eine ganze Heerde, so gehen die Hirten zu dem Besitzer der benachbarten Hacienda und zeigen den Fall an. Mit der Rückgabe wird nun so verfahren, daß bei dem allgemeinen Schlachten, welches zur heißesten Jahreszeit vorgenommen wird, die mit dem Zeichen des Nachbarn versehenen Thiere an denselben ausgeliefert werden, der seinerseits mit den auf sein Grundstück übergetretenen ebenso verfährt. Man sieht hieraus, welch' ein geringer Werth in solch' einem Thiere liegt, und es erscheint daher durchaus nicht räuberisch, im Falle der Noth ein solches Thier zu schlachten, vorausgesetzt, daß man dem Besitzer der Hacienda das Fell zurückgebe oder den Werth desselben ersetzen wolle, und diese Absicht hatten auch die Reisenden. So wie vor ihnen Hunderte es in ähnlichem Falle gemacht hatten, so machten sie es jetzt und die Sache war nicht schwierig. (Cal 115f.)

Diese Informationen hat Zimmermann Möllhausens Reisebericht entnommen, dem die Sachverhalte von einem Mr. Leroux erzählt worden sind,[31] und umformuliert. Nachdem er ausführlich beschrieben hat, wie das Ausweiden des getöteten Tiers vor sich geht, knüpft er ein Geschehnis an, das vom Ende des Kapitels xxxv bis in xxxvi reicht und das May mit eigener Ausgestaltung übernimmt:

Die Kuh lag höchstens fünf Schritte von dem erwähnten Gebüsch. Ich hatte meine Auseinandersetzung kaum beendet, so hörte ich ein scharf sausendes Geräusch, und Bernard stieß einen Schrei aus. Von meiner Arbeit aufblickend, gewahrte ich noch, daß er mit einem Lasso quer durch den schmalen Gebüschstreifen geschleift wurde. Ich raffte die neben mir liegende Büchse auf, sprang durch die Sträucher vor und gewahrte einen Reiter in mexikanischer Tracht, welcher mit Marshal am Riemen davon galoppirte.

Während dieser Arbeit wurden die drei Jäger unangenehm genug überrascht; es kamen über dem Hügel, unterhalb dessen sie sich gelagert hatten, einige Vaqueros mit geschwungenem Lasso herbei und bevor sie sich zu ihren Pferden begeben konnten, waren zwei derselben [= Bill Spaniard und Steffens, ein Expeditionsmitglied] von der unzerreißbaren Schlinge umfaßt.

Eine solche Umschlingung ist kein Spaß. Der 40 Fuß lange Lasso ist an drei starken eisernen Ringen an dem Sattel befestigt. Mit einer wunderbaren Geschicklichkeit wird die Schlinge so geworfen, daß sie über die Arme des Betroffenen fällt, und in dem Augenblick, wo der Riemen diese Lage hat, wirft der Reiter sein Pferd herum und jagt im Galopp davon, so daß der Geschlingte zur Erde gerissen und über Stock und Stein geschleift wird. (Cal 117)

[Beginn des Kapitels xxxxvi; Bill Spaniard hat die Schlinge mit einem Messer durchtrennen können und will nun Steffens retten:]
»Gut,« sagte Bill, »ich wäre frei, ich könnte dem Schurken nun eine Kugel durch den Kopf jagen, aber dann wäre mein Kamerad Steffens ja nicht gerettet.« Während dieser Worte hatte er seine Arme von der Schlinge befreit, dieselben einmal gehörig gestreckt, um die Schmerzen der Schnürung

Hier gab es kein Zaudern, sonst wurde Bernard zu Tode geschleift. Ich erhob die Büchse, zielte nach dem Pferde des Reiters und drückte ab. Es that noch einige Schritte und

---

31   Vgl. ebd., 443. – Diese, wie auch die in *Deadly dust* später verwendeten San-Francisco-Schilderungen, wurden bisher in der Karl-May-Forschung als direkte Quelle Mays angesehen. Dass seine Vorlage eine Kompilation war, die unter anderem Möllhausen adaptierte, revidiert bzw. differenziert und präzisiert diese Auffassung. Vgl. Volker Griese: Karl Mays ›Wanderungen‹ durch Möllhausens Prärien und Wüsten. In: M-KMG 79 (1989), 26–30, und 80 (1989), 31–37 (33–36), sowie Andreas Graf: »*Habe gedacht, Alles Schwindel*«. Balduin Möllhausen und Karl May – Beispiele literarischer Adaption und Variation. In: Jb-KMG 1991, 324–363, bes. 339f.

brach dann zusammen. Ich eilte hinzu. Der Reiter war abgeworfen worden; er erhob sich, und als er mich erblickte, ließ er Alles im Stiche und ergriff die Flucht.

Ich durfte ihm nicht folgen, sondern mußte zunächst nach Bernard sehen. Die Schlinge hatte ihm die Arme so fest an den Leib gezogen, daß er sich nicht zu rühren vermochte; ich löste sie, und er zeigte sich glücklicher Weise so wenig beschädigt, daß er sich sofort mit heiler Haut zu erheben vermochte. (615a)

zu überwinden, dann holte er seine Büchse ruhig von der Schulter und im Augenblick darauf war auch der Mustang des zweiten Vaquero durch das Ohr in den Hirnschädel geschossen, so daß er vorn überschlug und den Reiter in seinen Fall zog.

»Nun, Du wirst wohl Niemanden mehr mit einer Schlinge werfen,« sagte Bill nach Hinterwäldler Art, vor allen Dingen seine Büchse wieder ladend – »Du hast, wenn mir recht ist, das Genick gebrochen.« (Cal 118)

Die Überlegung Bill Spaniards, zur Befreiung von Steffens nicht auf den Reiter, sondern das Pferd zu schießen, wandelt May in einen Dialog zwischen dem geretteten Bernard und Old Shatterhand um:

> »*Alle Wetter, war das eine Rutschpartie, Charley! Was wollte dieser Kerl?*«
>
> »*Weiß es nicht!*«
>
> »*Warum habt Ihr die Kugel nicht ihm statt dem Pferde gegeben?*«
>
> »*Erstens ist er ein Mensch und das Pferd ein Thier, und zweitens hätte Euch sein Tod gar nicht viel genützt, denn der Lasso ist, wie Ihr seht, an den Sattel befestigt, und das Pferd hätte Euch also auch ohne Reiter weiter geschleift.*«
>
> »*Konnte diesen Gedanken auch haben!*« *meinte er, seine Glieder untersuchend, ob sie noch in gutem Zustande seien.* (615a)

Old Shatterhand hat es nun eilig, und die Begründung dafür lautet: »*Wir befinden uns bereits auf jenem gefährlichen Terrain, wo statt der Indianos bravos, wie der Spanier die Wilden nennt, die mexikanischen Straßenräuber und Yankeegauner ihr Unwesen treiben. Ihr werdet bald von ihnen zu sehen und zu hören bekommen!*« (Ebd.) Die Reihung derer, die ihr Unwesen in jener Gegend treiben, stimmt in der für May alles andere als ungewöhnlichen Umkehrung überein mit derjenigen in Kapitel XIX des Dritten Theils von ›Californien und das Goldfieber‹, wo von der Entdeckung des Goldes im Sacramento-Tal und dem Beginn der Lagerstättenausbeutung erzählt wird: »Aber wo die Deutschen auftraten, wurde doch mehr gewonnen durch eine vernunftgemäße Arbeit, als bei den Mexicanern oder den Yankees oder den *Indios bravos* durch das bloße Suchen.« (Cal 414)

Ein Indiz dafür, dass dies keine zufällige Übereinstimmung ist, belegt etwas später der Scherz, den sich Sans-ear mit herannahenden Mexikanern erlaubt, als er sich, Bernard und Old Shatterhand als drei Mormonen vorstellt (615b).

Denn nach der eben zitierten Aufzählung ist im darauf folgenden Satz bei Zimmermann die Rede von » drei Mormonen « (Cal 415).

Doch zuvor bringen Bernard und Old Shatterhand ausgesuchtes Fleisch der Büffelkuh zu den Kameraden:

> *Wir nahmen nur die besten Stücke von dem Rinde, packten sie hinter uns auf den Sattel und suchten den Unsern nachzukommen. Dieses wurde uns nicht schwer, da sie inzwischen Halt gemacht hatten. Als Bob unsern Fleischvorrath bemerkte, rief er schon von weitem:*
>
> » *Oh, ah, da kommen Massa mit Beefsteak! Nigger Bob gleich holen Holz, daß machen Feuer und braten Schinken von Büffel!* « (615a)

Nur einmal kommt Beefsteak bei Zimmermann vor – just unmittelbar vor jener Szene in Kapitel xxxv des Ersten Theils, in der Spaniard und Steffens von den Vaqueros mit dem Lasso weggeschleift werden, also auch just vor dem, was Bernard Marshal und Old Shatterhand gerade passiert ist:

> Nunmehr lös't man das Fleisch los, welches von beiden Seiten des hoch emporragenden Rückgrades in gewaltigen Muskeln liegt, darauf haut man die Rippen durch, um zu den inwendig liegenden Muskelsträn-gen zu gelangen, welche das Beefsteakfleisch liefern, den sogenannten Lendenbraten, so g e n a n n t, obschon er viel besser Rippenbraten hieße, denn mit den Lenden hat er nichts zu thun. (Cal 117)

Kein Sennor, sondern ein Don, ein Grande – doppelt

Man ist beim Essen, als plötzlich eine Schar berittener Mexikaner auftaucht. Ununterbrochen bedient sich May bei Zimmermann, der sich bei seinen Schil-derungen an einem Abenteuer Greggs orientiert hat:[32]

Die Truppe kam immer näher, bis sie in eini-ger Entfernung von uns halten blieb. Es waren lauter Mexikaner, ein Herr und sieben Knech-te, wie es schien, und ich erkannte in einem der Knechte den Mann, dessen Pferd ich erschossen hatte. [...]	Mit verhängtem Zügel kam ein Spanier, gefolgt von einem nicht unbedeutenden Trupp wohl berittener Leute auf das Lager zu. Bei Erblickung desselben erhoben sie schon von Weitem ein wüthendes Triumph-geschrei. Sie warfen drohend ihre Lasso's empor, sie schwangen ihre Lanzen und in wenig Minuten war das Lager umringt. XXXVII. **Der höfliche Spanier. Gegenseitige Schmeicheleien, welche die Reisenden mit dem Spanier wechseln. Der Spanier wird**

32 Vgl. Gregg: Wanderungen, wie Anm. 19, 4. bis 6. Bändchen, 100–102.

Der gute Mexikaner [...] antwortete:
»Saubere Gesellschaft! Drei mormonische
Missionare und ein fremder Advocat stehlen
mir eine Kuh und machen einen Mordversuch
auf meinen Vaquero! [* Rinderhirt.] Ich werde
euch lehren, was das zu bedeuten hat. Ihr seid
meine Gefangenen und begleitet mich nach
meinem Rancho!«
Sam drehte sich mit pfiffigem Gesichtsaus-
druck zu mir herum.
»Wollen wir, Charley? Vielleicht gibt es
in dem Rancho ein wenig mehr zu essen, als
hier!«
»Können es probieren! Wenn der Mann
kein Haciendero mit mehreren hundert Unter-
gebenen, sondern ein kleiner Ranchero ist,
kann er uns nichts anhaben.«
»Well, werden uns also den Spaß machen!«

Er wandte sich wieder zu dem Mexikaner:
»Wollt Ihr Euch wirklich wegen solcher
Kleinigkeiten mit uns belästigen, Sennor?«
»Ich bin kein Sennor; ich bin ein Don; ich
bin ein Grande, und man nennt mich Don
Fernando de Venango e Colonna de Molyna-
res de Gajalpa y Rostredo; merkt Euch das!«
(615b)

**rectificirt. Ein gut gemeinter Vorschlag
des Spaniers. Schlechte Aufnahme, welche derselbe findet. Erfolglose Drohun-
gen. Ein Heer, durch wenige Büchsen-
schützen im Schach gehalten.**

Der Anführer dieser Leute sprengte voran und rief mit wüthenden Geberden: »Wo
ist der Anführer dieser Räuberbande?«

Willis trat vor und sagte: er habe bisher geglaubt, Spanier seien höfliche Leute, er
sehe aber aus dem unsinnigen Geschrei dieser Schurken, daß er sich geirrt habe.

Der Spanier rief schäumend vor Wuth:
»Der Schurke wird Euch für die Beleidigung
bezahlen!« und damit riß er ein Pistol aus
seinem Gürtel, doch bevor er es gespannt
hatte, sah er fünf oder sechs Büchsen sich
auf ihn richten und der Halbblutindianer
sagte: »Rührt Euren schlechten Knüppel
nicht an, sonst könntet Ihr erfahren, daß wir
gute Schützen sind.«

Der Spanier war zwar sichtlich verblüfft,
er war jedoch zu sehr in Wuth, um sich
sogleich fassen zu können, er schimpfte darum wacker darauf los, indem er sagte: »Räuber und Diebe sind immer gute Schützen;
daß Ihr mich so gut erschießen werdet wie
meinen Rinderhirt, glaube ich wohl, aber
hier sind außer meinen Leuten zwanzig tapfere Soldaten der Republik, und sollte ich
auch fallen, so werdet Ihr doch Alle zusammen vernichtet werden, wie es solchem räuberischen Gesindel gebührt.«

Willis sagte zu dem Spanier: »Beruhigt
Euch, Sennor –«

»Man nennt mich Don Diego de
Molinares e Brancas de Caloco de
Pasco, ich bin kein Sennor, ich bin ein
Don, ein Grande –« rief der Spanier voll
Zorn, aber während Bill Spaniard laut
loslachte über die vielen Namen, sagte Willis ganz ernsthaft: »Sennor Don so und so,
ich kann Eure vielen Namen weder behalten, noch liegt mir etwas daran sie zum
zweiten Male zu hören, aber ich muß Euch
bemerken, daß wir weder Räuber sind, noch
Euren Hirten erschossen haben, sehet zu

und Ihr werdet finden, daß er keine Wunde
hat, wenn er freilich mit seinem Pferde stürzte und sich das Genick brach, so können wir
nicht dafür.« (Cal 120f.)

Der Don Diego aus ›Californien und das Goldfieber‹ muss sich mit seinen
Leuten zurückziehen, während Don Fernando in *Deadly dust* seine sich ihm
freiwillig ergebenden Gefangenen mit sich führt.

Bekleidung und Bewaffnung der Mexikaner

Es schließt sich bei May eine lange Betrachtung über die Kleider und Waffen
der Mexikaner an, die komplett aus ›Californien und das Goldfieber‹ gezogen ist.[33] Er fügt dabei aus drei Kapiteln seiner Vorlage Textstücke zusammen.
Schwerpunkt ist dabei Kapitel VII des Dritten Theils (Stichwort: des Mexikaners »Kleidung und vortreffliche Bewaffnung«, Cal 374), aus dem May später
noch weitere Einzelheiten verwerten wird. Hinzu kommen Textsequenzen aus
Kapitel XXV des Ersten Theils (»ungeheure Sporen der Reiter«, Cal 83) sowie:

Wir wurden in die Mitte genommen, und
fort ging es im sausenden Galopp, wie es diese
Mexikaner nicht anders gewohnt sind. Dabei
hatte ich reichlich Gelegenheit, die Kleidung
dieser Leute in Augenschein zu nehmen.

Dieselbe ist so romantisch schön, wie man
sie wohl kaum in einem anderen Lande findet.
Das Haupt ist beschattet von einem niedrigen
Hut mit sehr breiter Krempe, dem sogenannten
Sombrero, welcher entweder aus schwarzem
oder braunem Filz oder aus jenem weichen,
feinen Grasgeflechte gefertigt ist, das wir auch
in Europa kennen, da Kopfbedeckungen dieser
Art unter dem Namen Panamahüte auch zu
uns herüberkommen. Der Hut eines Sennors,
also eines Herrn, mag dieser nun Haciendero,
Ranchero oder Räuber sein, ist immer an der
einen Seite aufgeschlagen, und eine Agraffe
von Gold oder Messing, mit Edelsteinen oder
buntem Glas besetzt, hält die Krempe in die
Höhe und befestigt zugleich die Schmuckfeder,
welche je nach dem Reichthume des Besitzers

Zu der hier geschilderten Bevölkerung muß
man jedenfalls noch als wesentliches und
sehr bezeichnendes Element den Mexicaner rechnen, der, gleichviel ob Ranchero
oder Räuber, sich durch seine romantisch-
schöne Kleidung auszeichnet. Das Haupt ist
beschattet von einem niedern Hut mit sehr
breiter Krempe, dem sogenannten Sombrero
(Schattenmacher) der entweder aus schwarzem oder braunem Filz, oder jenem weichen,
feinen Grasgeflecht gemacht ist, das wir
auch in Europa kennen, da Hüte der Art aus
Mexico zu uns kommen, welche den Namen
Panama führen. Für jene Gegenden gewiß
die zweckmäßigste und keineswegs unkleid-
same Tracht. Der Hut des Herrn ist immer
an einer Seite aufgeschlagen, eine Agraffe
von Gold oder Messing mit Edelsteinen oder
mit buntem Glas besetzt, hält die Krempe in
die Höhe und hält zugleich die Feder fest,
welche in sehr verschiedenem Preise mit dem

---

33 Zimmermann seinerseits paraphrasiert aus dem 11. Kapitel von Greggs ›Wanderungen‹ (wie
Anm. 19, 1. bis 3. Bändchen, 166–176).

in der Höhe des Preises wechselt, aber niemals fehlen darf.

Der Mexikaner trägt eine kurze, offene Jakke mit weit aufgeschlitzten Aermeln. An diesen Aermeln sowohl als auch auf den Nähten des Rückens und auf den beiden Bruststücken ist sie mit möglichst reichen Stickereien versehen, welche von feinen Schnüren aus Wolle, Baumwolle oder Seide, aus unedlen Metallen oder aus Gold und Silber bestehen.

Um den Hals wird ein schwarzes Tuch geschlungen und vorn in einem kleinen Knoten vereinigt. Die Zipfel dieses Tuches würden lang genug sein, um bis über den Gürtel herabzureichen; doch ist es nicht Mode, dieselben in dieser Weise zu tragen, sondern sie werden über die Schultern geschlagen, was dem Träger ein höchst malerisches Aussehen gibt.

Das Beinkleid ist von ganz besonderem Stile; es schließt um den Gürtel fest an, liegt stramm und glatt auf den Hüften und dem übrigen Theil des Oberkörpers, den es bedeckt. Die Hose aber wird von ihrer Beintheilung an nach unten immer weiter; sie ist unten doppelt so weit als an dem dicksten Theile der Lenden. Ueberdies ist das Beinkleid an den äußeren Seiten aufgeschlitzt, mit breiten Tressen und Stickereien geschmückt und der Schlitz mit Seidenzeug gefüllt, dessen Farbe so gewählt wird, daß sie sehr lebhaft gegen diejenige der eigentlichen Hose absticht.

Auch die aus fein lackirtem Leder gefertigten Stiefel sind stets mit Stickereien geziert. Zu ihnen gehören unbedingt zwei Sporen von ungeheuren Dimensionen.

Sie bestehen entweder aus Silber oder aus schönem durchbrochenen Stahl oder aus schlechtem

Reichthum des Besitzers wechselt, im Ganzen aber niemals fehlt.

Der Mexicaner trägt eine kurze, offene Jacke mit weit aufgeschlitzten Aermeln. An diesen letzteren sowohl als auf den Näthen des Rückens und auf den beiden Bruststücken mit der möglichst reichsten Stickerei versehen, welche von feinen Schnüren gebildet wird, die von Wolle, Baumwolle oder Seide, aus unedlem Metall oder edlem Silber und Gold ausgeführt ist, was sich nach dem Vermögen des Besitzers richtet. Um den Hals wird ein schwarzes Tuch geschlungen und vorne in einem kleinen Knoten vereinigt. Die Zipfel des Tuches würden lang genug sein, um bis über den Gürtel hinabzureichen, es ist aber nicht Mode, dieselben so zu tragen, sondern sie werden rückwärts über die Schultern geworfen.

Das Beinkleid ist von ganz besonderm Styl, es schließt um den Gürtel fest an, liegt schlank und glatt auf den Hüften und dem übrigen Theile des Oberkörpers, den es bedeckt. Die eigentliche Beinbekleidung aber wird von da ab, wo dieselbe nothwendig zweitheilig ist, immer weiter und mißt unten mehr als das Doppelte von dem, was sie an dem dicksten Theile der Lenden mißt. Aber dieses selbst scheint für den erforderlichen Staat noch keineswegs genug. Das Beinkleid ist an den äußeren Seiten aufgeschlitzt, mit breiten Tressen oder Stickereien besetzt und der Schlitz ist mit Seidenzeug gefüllt, dessen Farbe sehr lebhaft gegen die des eigentlichen Beinkleides absticht.

Die S[t]iefeln von feinem lackirten Leder sind immer gleichfalls mit Stickereien geziert, demnächst gehört aber zu solchem Anzuge noch unabweislich ein Paar großer Sporen von solchen Dimensionen, wie unsere Schauspieler sie in Rittertragödien – Otto von Wittelsbach, oder Johanna von Montfoucon, oder Clara von Hoheneichen zu tragen pflegen, auch bei diesen ist das Metall sehr verschieden; sie werden von Silber getragen, von schönem durchbrochenem Stahl, von schlechtem

Messing, vielleicht gar aus Horn, mit einer Knochenspitze, die ganz dazu geeignet ist, dem armen Pferde tiefe Wunden in die Seite zu bohren.

Die Größe dieser Sporen übertrifft alles, was jemals die gepanzerten Ritter im Mittelalter trugen. Sie sind mit dem Gabeltheile reichlich zehn Zoll lang, wovon also mindestens sechs auf die Stange kommen, welche das › Rad ‹ trägt. Was wir bei uns › Rädchen ‹ nennen und dann die ungefähre Größe eines Groschens hat, ist bei dem Mexikaner ein zwölfstrahliger Stern von sechs Zoll Durchmesser. Der ganze Sporn wiegt zwei Pfund und oft noch beträchtlich darüber.

Die Mexikaner sind immer beritten – mit wohl dressirten, höchst gelenkigen und jeder Strapaze gewachsenen Pferden. Und dabei besitzen sie eine außerordentliche Geschicklichkeit im Gebrauche aller von ihnen geführten Waffen. Sie legen dieselben kaum des Nachts von sich und sind bei der geringsten Veranlassung bereit, sich ihrer zu bedienen.

Besondere Fertigkeit entwickeln sie in der Führung einer sehr langen Reiterpistole mit gezogenem Rohre, welche stets so eingerichtet ist, daß man mit einem einzigen Drucke einen Gewehrkolben damit verbinden kann, wodurch die Pistole in eine kurzrohrige Büchse umgewandelt wird. Dieses Gewehr trägt in der Hand eines Mexikaners den sichern Tod auf eine Entfernung von hundertfünfzig Schritten hin, denn die Züge sind sehr kurz gewunden, das Geschoß bekommt folglich eine starke Achsendrehung und kann nicht leicht von der vorgeschriebenen Bahn abweichen; das Kammergeschütz aber fordert, der gedachten Einrichtung wegen, nur eine geringe Menge

Messing, am Ende wohl gar von Horn mit einer starken Spitze von Knochen, welche allenfalls genügt, um dem armen Pferde tiefe Wunden in den Seiten beizubringen. (Cal 376f.)

Lächerlich sind ihre Sporen, deren Größe Alles übertrifft, was jemals im Mittelalter die gepanzerten Ritter trugen. Der Sporen ist mit dem Theil, der dient, ihn an den Fuß zu schnallen, reichlich 10 Zoll lang, wovon also mindestens sechs auf die Stange kommen, welche den Stern trägt. Das Ding, welches wir das Rädchen nennen, und welches in der Regel die Größe eines Groschens hat, ist dort ein zwölfstrahliger Stern von 6 Zoll Durchmesser, der ganze Sporen wiegt zwei Pfund und oft beträchtlich darüber. (Cal 83)

[Fortsetzung von oben:] Diese Leute sind immer beritten, auf ihren wohl dressirten, höchst gelenkigen und jeder Strapaze gewachsenen Pferden kommen sie von Mexico herüber, sei es nun aus Wanderlust, Raublust oder Mordlust, sie kommen und sind jederzeit darauf vorbereitet, von ihrer Waffe, welchen Namen sie auch führen möge, Gebrauch zu machen, denn das versteht sich von selbst, daß ohne dergleichen eine Reise überhaupt nicht unternommen wird und daß der geringste Anlaß genügt, um sich ihrer zu bedienen. Die Leute sind höchst geübt in Führung einer langen Reiterpistole mit gezogenem Rohr, welche stets so eingerichtet ist, daß man mit einem einzigen Druck einen Gewehrkolben damit verbinden kann, wodurch die Pistole zur eigentlichen Büchse nur mit sehr kurzem Rohr gemacht wird. Dieses Gewehr in der Hand des Mexicaners trägt den sichern Tod auf die Entfernung von 150 Schritt, denn die Züge sind sehr kurz gewunden, das Geschoß bekommt folglich eine starke Achsendrehung und kann nicht leicht von der vorgeschriebenen Bahn abweichen, das Kammergeschütz aber fordert, der gedachten Einrichtung wegen, nur eine geringe Menge

Pulver und stößt und schlägt nicht. Ein sol-
ches Gewehr ist in der Hand des Geübten ein
wahrer Schatz, und die Pferde sind so gut dres-
sirt, daß man auf ihnen sowohl dem Feinde
zugewendet als auch ihm abgewendet schie-
ßen kann. Während des Reitens wird nämlich
niemals seitwärts, sondern stets entweder vor-
oder rückwärts geschossen. Steht das Pferd aber
ruhig, so kann man das Gewehr nach jeder
beliebigen Richtung hin brauchen; es genügt,
dasselbe dem Pferde zu zeigen, um das kluge
Thier für zehn Sekunden so unbeweglich zu
machen, als ob es aus Stein gemeißelt oder aus
Bronze gegossen sei.

Eine beinahe noch gefährlichere Waffe als
dieses sicher treffende Schießeisen ist der Las-
so, jene furchtbare Lederschlinge, mittels deren
der Geübte den wilden Stier im Laufe, den
schwarzen Tiger im Sprunge und den Men-
schen sowohl bei der Attaque als auch während
der Flucht fängt und tödtet. Der Lasso, ein
wohl dreißig Ellen langer und mit einer Schlin-
ge versehener Riemen, wird auf Mensch oder
Thier meist während des Galoppirens gewor-
fen, und es kommt vielleicht unter zehntau-
send Malen erst einmal vor, daß der zum Tode
bestimmte Feind nicht getroffen wird. Mit dem
Lasso üben sich schon die Kinder, und endlich
scheint es, als ob er mit dem Menschen voll-
kommen verwachsen wäre; er gehorcht nicht
bloß der Hand; man möchte sagen, er gehorcht
dem Gedanken, denn die tödtliche Schlinge
fliegt dahin, wohin der Mensch sie haben will,
gleichviel ob dieses im Spiel und Scherz, auf
der Arena oder im ernsten Vernichtungskampfe
sei. (615b–616b)

Pulver, stößt nicht, schlägt nicht; für denjenigen, der schießen kann, ist daher dies
kleine Gewehr ein wirklicher Schatz und die
Pferde sind so vortrefflich eingeübt, daß von
denselben geschossen werden darf, sowohl
wenn man auf den Feind losreitet, als wenn
man vor ihm flieht. Seitwärts wird nämlich während des Reitens niemals geschossen, sondern immer vorwärts oder rückwärts. Steht das Pferd aber ruhig, so kann
man nach jeder beliebigen Richtung hin das
Gewehr brauchen, es genügt, dasselbe dem
Pferde zu zeigen, um es für 10 Sekunden so
unbeweglich zu machen, daß man glauben
könnte, es wäre aus Stein gemeißelt oder aus
Bronce gegossen. [...]

Eine beinahe noch gefährlichere Waffe
als dieses sichertreffende Schießgewehr ist
der Lasso, jene furchtbare Lederschlinge,
mittelst deren der Spanier sowohl den wilden Stier im Laufe, als den schwarzen Tiger
im Sprunge, oder den ihm entgegeneilenden,
ihm entfliehenden Menschen fängt und tödtet. Der Lasso, ein 30 Ellen langer Riemen
mit einer Schlinge, wird während des Galoppirens auf Mensch oder Thier geworfen, und
es ist wohl kaum ein Fall vorgekommen, daß
der zum Tode bestimmte Feind von dem
Lasso gefehlt worden wäre. Das Instrument
wird schon von den Kindern geübt und
schließlich scheint dasselbe mit dem Menschen zu einem Gegenstande zu verwachsen,
es gehorcht nicht blos der Hand, man möchte sagen, es gehorcht dem Gedanken, denn
die tödtliche Schlinge fliegt dahin, wohin
der Mensch sie haben will, gleichviel ob dieses im Spiel und Scherz auf der Arena oder
ob es im ernstlichen Vernichtungskampfe
sei. (Cal 377)

Weiter geht es bei May mit ausführlichen wörtlichen Übernahmen aus Kapitel XXIV des Ersten Theils von ›Californien und das Goldfieber‹, Stichwort
»Eigenthümliche nationale Trachten der Damen wie der Herren«, Cal 80),
gefolgt von Ausschnitten des anschließenden Kapitels XXV sowie des Kapitels I
des Dritten Theils:

Sitzt der Mexikaner zu Pferde, so hängt über dem Sattelknopf noch der Poncho, eine Decke, welche den ganzen Körper verhüllen kann und in der Mitte einen Schlitz hat, durch den man den Kopf steckt, so daß die eine Hälfte des Poncho über den Rücken und die andere über die Brust herabfällt.

Wenn er zu Pferde ist, hängt er über den Sattelknopf noch den Poncho, eine Decke, welche genügend ist, um den ganzen Körper zu verhüllen und welche in der Mitte der Länge einen Schlitz hat, durch den man den Kopf steckt, so daß die eine Hälfte des Poncho über den Rücken, die andere über die Brust herabfällt. [...]

XXV.

Sattel und Zaumzeug, Schmuck der Pferde; ungeheure Sporen der Reiter. Neigung zu Prunk und Pracht. Bettelei, ein sehr einträgliches Gewerbe. Vorbereitungen dazu durch die Eltern. Rechtspflege. Verschiedene Gesetze für verschiedene Stände. Ausnahmsgesetze. Schuldner. Diebe.

Die Kleidung des Reiters und das Sattelzeug des Pferdes sind gleich kostspielig. An Sattel und Zaum befindet sich überall Silber und mitunter auch Gold. Bei reichen Leuten ist das Gebiß des Pferdes immer von schwerem, gediegenem Silber, und die Ketten, welche das Zaumzeug verzieren, sind nicht etwa hohl gearbeitet, sondern von massivem Golde; mitunter kostet ein so verziertes Gebiß nur fünfzig Escudos [* Ein Escudo ist 7 ½ Mark.], aber sehr häufig ist ein bloßes Gebiß mit dem Zaumzeuge fünfhundert Escudos de oro werth.

So wie der Herr auf geeigneten Putz auf sich sieht, so auch für sein Pferd. Sattel und Zaumzeug sind etwas sehr kostbares, denn überall ist Silber und mitunter auch Gold in großer Menge verschwendet; bei reichen Leuten ist das Gebiß des Pferdes immer von schwerem, gediegenem Silber, und die Ketten, welche das Zaumzeug verzieren, sind ebenso von massivem Golde, dies letztere will sagen, sie sind nicht etwa hohl gearbeitet, sondern wie dick oder wie dünn – sie bestehen aus starkem Golddrath und es kann zwar der Fall eintreten, daß ein so verziertes Gebiß nur 50 Escudos kostet (1 Escudo 2 ½ Thlr.), aber es kann auch – und es wird häufig der Fall eintreten, daß ein bloßes Gebiß mit dem Zaumzeuge 500 *Escudo d'oro* kostet, was denn schon ein kleines Sümmchen über 1250 Thalern beträgt.
[...]
Der Sattel, obschon wahrscheinlich nicht nach dem Geschmack eines europäischen Reiters, hat dennoch große Vorzüge vor dem unsrigen, so z. B. in der außerordentlich hohen Rücklehne, welche den Reiter beinahe sicher vor dem Falle schützt und ihm zugleich bei gewöhnlichem Reiten die Bequemlichkeit einer Lehne giebt. (Cal 82–84)

Die Pferde tragen alle den berühmten, oder auch berüchtigten spanischen Sattel von ganz ungewöhnlicher Höhe, so daß man kaum aus demselben fallen kann, wenn man einmal fest sitzt;

und wenn der Reiter nur einiges Geschick hat, so dürfte es für das Pferd sehr schwer werden, ihn abzuwerfen. Die Lehne schließt sich bis da, wo die kurzen Rippen beginnen, vollständig an den Rücken; der Vordertheil geht ebenso hoch hinauf, und da er in dem messingen Sattelknopfe, welcher gewöhnlich einen Pferdekopf vorstellt, eine sechszöllige Verlängerung hat, so reicht er bis an das Brustbein.

Von dem Sattel geht bis nach dem Schwanzriemen hin ein Panzer von Sohlenleder, welcher die Croupe und die Flanken des Thieres schützt. Die modernen Reiter lassen ihn immer weg; zu einer Reise aber wird er gewöhnlich hervorgeholt, besonders schon deshalb, weil er eine beträchtliche Menge von Taschen und andern sehr angebrachten Behältern birgt. Dieser Panzer führt den drolligen Namen Coda de Pato [* Entenschwanz.].

Die Reitthiere tragen sämmtlich den berühmten oder berüchtigten spanischen Sattel von ganz ungewöhnlicher Höhe, so daß man kaum aus denselben fallen kann, wenn nicht um an dem Sattelknopf das Brustbein einzustoßen oder an der Rücklehne das Kreuz zu brechen. Die abscheulichen Dinger hatten demnächst gewaltige Steigbügel von Holz (nicht von Eisen) und eine gänzlich unnütze Masse von Verzierungen, daß man eigentlich den Zweck derselben nicht herausfinden konnte; denn selbst der einer wirklichen Verzierung mußte so durchaus zweifelhaft gehalten werden, als nur der Geschmack eines an übermäßigen Flitterstaat gewöhnten Auges in dergleichen etwas Schönes sehen konnte. Einen gewissen Vortheil aber hat solcher spanische Sattel doch besonders für denjenigen, der nicht reiten kann, oder wenigstens aus dem Reiten kein Geschäft macht. Ist man nämlich einmal in den Sattel gekommen, so ist man ziemlich sicher, unfreiwillig nicht wieder herauszukommen; es dürfte sehr schwer für das Pferd sein, einen Reiter abzuwerfen, wenn derselbe nur einiges Geschick hat. Der Hinterbaum schließt sich vollkommen an den Rücken und hört erst da auf, wo die kurzen Rippen beginnen, der Vorderbaum geht eben so hoch und da er in dem messingenen Sattelknopf, gewöhnlich einen Pferdekopf vorstellend, noch eine 6 zöllige Verlängerung hat, so reicht er gerade bis an das Brustbein. (Cal 355f.)

[Fortsetzung von oben:] Von dem Sattel geht bis nach dem Schwanzriemen hin ein Panzer von Sohlenleder, welches die Croupe und die Flanken des Thieres schützt. Die modernen Reiter lassen ihn gewöhnlich weg, zu einer Reise aber wird er immer hervorgeholt, schon deshalb, weil er eine beträchtliche Menge von sehr praktisch angebrachten Behältern, Taschen und dergleichen birgt. Dieser Panzer führt den drolligen Namen *Coda de Pato*, d. h. Entenschwanz.

Die Steigbügel, häufig an silbernen Ketten hängend, sind doch gewöhnlich von Holz und waren in alten Zeiten wirkliche, eigentliche Schuhe, welche den Fuß bedeckten und gegen jede Verletzung oder Beschädigung beschützten. Die Holzschuhe hat man abgelegt, dagegen die hölzernen Bügel beibehalten; um aber den Fuß dennoch gegen eine Verletzung zu schützen, trägt der vordere Theil des Bügels lederne Decken (Tapageres), die schön mit Drahtstickereien verziert sind und den Vorderfuß umschließen. Sehr reiche Leute haben oft Steigbügel von durchbrochenem Eisenblech, kostbar gearbeitet, ganz so, wie wir sie in alten Rüstkammern zu sehen bekommen. Da sich der Reiter gegen alles mögliche schützen will, so hat er auch noch die Armas de Pelo an jeder Seite des Sattelknopfes hängen. Das sind derbe Ziegenfelle, mit der Haarseite nach außen, welche bei Regenwetter über die Lenden und die Kniee gedeckt werden. Auch wenn man durch dorniges Gestrüpp reitet, gewähren sie einen sehr guten Schutz für die Beine. – – (616b)

Die Steigbügel, häufig an silbernen Ketten hängend, sind doch gewöhnlich von Holz und waren in alten Zeiten wirkliche, eigentliche Holzschuhe, welche die Zehen bedeckten und gegen Regen oder irgend eine andere Verletzung, Benetzung ꝛc. schützten. Die Holzschuhe hat man abgelegt, die hölzernen Bügel hat man beibehalten, um aber den Fuß doch gegen eine Verletzung zu verwahren, trägt der vordere Theil des Bügels, tapageres, lederne Decken, schön mit Drahtstickereien verziert, welche den vordern Fuß umschließen und sehr reiche Leute haben wohl Steigbügel von durchbrochenem Eisenblech, kostbar gearbeitet, ganz so, wie wir dieselben in alten Rüstkammern finden. Da sich der Reiter gegen alles Mögliche schützen will, so hat er auch noch die *Armas de Pelo* an jeder Seite des Sattelknopfes zu hängen, das sind derbe Ziegenfelle mit der Haarseite nach Außen, welche benutzt werden, um bei Regenwetter über die Lenden und die Knie gedeckt zu werden. Auch wenn man durch Dornengestrüpp reitet, sind dieselben von höchster Wichtigkeit. (Cal 84)

Zu korrigieren ist ›tapageres‹, was bei Zimmermann falsch aus der deutschen Übertragung von Josiah Greggs ›Wanderungen durch die Prairien und das nördliche Mexiko‹ wiedergegeben wurde, aus denen er seine hier ausgebreiteten Kenntnisse, immerhin umformulierend, gezogen hat. Dort heißt es wie im englischen Original richtig ›tapaderas‹ (»lederne Decken, um die Zehen zu schützen«;[34] »coverings of leather to protect the toes«[35]).

Der Rancho des Don und die Damen des Hauses

Die Kavalkade erreicht nach kurzer Zeit den Rancho des Don. Dort werden die ›Gefangenen‹ von den Damen des Hauses empfangen, Mutter und Tochter, welch letztere die Ähnlichkeit zwischen Bernard Marshal und seinem Bruder Allan bemerkt, den die Tochter Alma im Hotel ihrer Tante in San Francisco kennengelernt und dem sie ihre Zuneigung geschenkt hat. Im Dialog zwischen Donna Eulalia und ihrem Gatten, dem *Sennor*, der vielmehr ein Don

---

34 Gregg: Wanderungen, wie Anm. 19, 1. bis 3. Bändchen, 167; ebenso in Gregg: Karawanenzüge, wie Anm. 19, 135.
35 Gregg: Commerce of the Prairies, wie Anm. 19, 1. Bd., 213.

und ein Grande ist und dessen langer Name von seinem trauten Ehegespons ständig durcheinandergeworfen wird, steigert sich die Berichterstattung der Geschehnisse zu einem aberwitzigen Crescendo, das in einer ›Gerichtsverhandlung‹ mündet, in der die Gefährten nun die Angeklagten sind – eine groteske Umkehrung des Savannengerichts aus dem vorigen Kapitel.

Doch die Wogen glätten sich, und statt einer Verurteilung gibt es einen Willkommenstrunk:

> »*Alma, laufe schnell in die Küche und hole die Flasche mit Basilikjulep! Wir müssen den Willkomm trinken.*«
>
> *Bei dem Worte Basilikjulep heiterte sich die Miene des Ranchero augenblicklich auf. Es schien, als ob er nur bei besonders festlichen Angelegenheiten mit dieser Flasche in Berührung käme, und daher war es ihm auch nicht zu verargen, daß er sich freute, unser Erscheinen als eine solche Angelegenheit behandelt zu sehen. Ich erkannte bereits jetzt in dem Julep das beste Mittel zur Versöhnung zwischen ihm und uns.*
>
> *Sennorita Alma sprang fort – fast möchte ich sagen, daß der Schmutz an ihren Füßen platzte – und kehrte in eben diesem Laufe mit einer großbauchigen Flasche und einem Glase von entsprechender Größe zurück. Wer da weiß, welche elenden Fusel die Yankees unter dem Titel Julep in jene Gegenden bringen, der wird sicher der Ueberzeugung sein, daß wir von dem Zeuge höchstens genippt, die Damen von demselben gar nicht getrunken haben.* (619b)

Mittlerweile dürfte es keine Frage mehr sein, woher Karl May die Idee mit den in Basilikjulep Vernarrten hatte. In ›Californien und das Goldfieber‹ heißt es in Kapitel VII des Dritten Theils wenige Zeilen vor der Beschreibung der romantisch-schönen Kleidung der Mexikaner:

> […] die Branntweinfabrikation in den Vereinigten Staaten, woselbst mehr getrunken wird, als sonst irgendwo auf der Erde, da selbst die vornehmen, d. h. natürlich die reichen Damen, denn eine andere Vornehmheit als den Reichthum giebt es nicht, ihren Brandy mit einem Gefühl trinken, welches eine anständige deutsche Frau mit dem Worte Todesverachtung bezeichnen würde, denn eine solche gehört nach unseren Begriffen dazu, um den amerikanischen fuseligen Branntwein zu trinken, selbst wenn dieser durch Zucker und durch einen Beisatz von Pfeffermünz oder Krausemünz, von Majoran oder Basilikum in Julep verwandelt worden wäre. So nämlich heißt der Branntwein, wenn er als Aufguß auf irgend ein Kraut, was ihm Geschmack und Geruch giebt, genossen wird; er wird dann zu Mintjulep (Münze, Krausemünze ⁊c.), Absynthjulep, Basilikjulep (von der Basilikum-Pflanze) und wie sie sonst heißen mögen die Namen der Kräuter, von denen der Branntwein

Einiges entlehnt, ohne dagegen mit seinem lasterhaften Fuselgeschmack eine Abrechnung zu halten. (Cal 375f.)

Nach dem Willkommenstrunk entfernen sich die Damen, um sich ›aufzubrezeln‹. Old Shatterhand sieht, wie sich die Vaqueros an den Satteltaschen seines und der Pferde seiner Gefährten zu schaffen machen und unterbindet dies: *ich kannte die vielbewährte Ansicht, daß der beste Vaquero unbedingt auch der größte Spitzbube ist.* (619 b) Auch dies dürfte auf Zimmermann zurückgehen, der wiederholt auf die Unehrlichkeit der Vaqueros verweist.[36]

Dann erscheinen die Damen des Hauses wieder, und May ergreift die Gelegenheit, ihre Kleidung dank Zimmermann[37] (aus Kapitel XXIV des Ersten Theils) mühelos, da bis auf kleinste Ausnahmen wörtlich übernehmend, mit Einkürzungen zu beschreiben:

Die Kleidung der mexikanischen Damen ist nur hin und wieder die europäisch moderne.

Die Kleidung der Damen auf der Straße ist nur hin und wieder die europäisch moderne, sie finden dieselbe abgeschmackt, wie sie denn auch wohl nicht anders bezeichnet werden kann und sie lieben ihre Landestracht, das leichte Gewand, kurz genug, um weder den Schritt zu hindern, noch den zierlichen Fuß zu verbergen. Hüte und Hauben sind selbst bei den Mode-Närrinnen selbst etwas unbekanntes, eine Allen gemeinsame Tracht aber ist der Rebozo, der vier Ellen lange Shawl, welcher zugleich als Kopfputz dient. Die Damen tragen ihn in Gesellschaft gewöhnlich über die Schulter gehängt, wie man bei uns gewöhnlich denselben zu tragen pflegt, nur mit dem Unterschiede, welchen die natürliche Grazie der Spanierinnen bedingt, indem sie immer sehr gut wissen, was sie damit machen sollen, etwas, was man nicht jeder unsrer Damen nachrühmen kann. Wenn nun die Zeit des Ausgehens kommt, wenn man nach der Siesta seine Freunde besucht, oder Abends auf die Promenade geht, so wird dieser Rebozo über den Kopf genommen, er bedeckt nach hinten zu die Frisur, läßt aber das Gesicht ganz frei. Da er nur in der Regel fein und schleierartig gewebt ist, so kann er auch als Schleier benutzt werden und in diesem Falle bei einer

Hüte und Hauben sind selbst bei den größten Putznärrinnen etwas Unbekanntes; eine allen gemeinsame Tracht dagegen besteht in dem Rebozo, einem vier Ellen langen Shawl, welcher zugleich als Kopfputz dient. Die Damen tragen ihn in Gesellschaft gewöhnlich über die Schulter gehängt, so ungefähr, wie man ihn bei uns zu tragen pflegt.

Wenn man aber ausgehen, nach der Siesta seine Freundinnen besuchen oder abends promenieren will, so wird der Rebozo über den Kopf genommen; er bedeckt nach hinten zu die Frisur, läßt aber das Gesicht frei.

Da er nun in der Regel fein und schleierartig ist, so kann er auch als Schleier benützt werden, und in diesem Falle bedeckt er nicht nur

36 Vgl. Cal 434, 440f. u. ö.
37 Der seine Kenntnisse Gregg: Wanderungen, wie Anm. 19, 1. bis 3. Bändchen, 169–172, verdankt.

den Kopf, das Gesicht und die Schultern, son-
dern er hüllt die ganze Figur ein.

Der Rebozo einer vornehmen Mexikanerin
muß von indianischen Händen gewebt sein –
geflochten könnte man vielmehr sagen, und da
er die Arbeit zweier Jahre verlangt, so ist der
Preis von achtzig Piastern gewiß ein sehr mäßi-
ger. Es gibt übrigens solche, welche das Doppel-
te dieser Summe kosten.

In einem solchen Rebozo präsentirten sich
jetzt unsere zwei Damen. (620a)

Breite von 1½ Ellen sowohl vorn als hinten
niederhängend, bedeckt er den ganzen Kopf,
das Gesicht, die Schultern und hüllt – er ist
ja vier Ellen lang – die ganze Figur so vollständig ein, daß man durchaus nicht erkennen kann, wen man vor sich hat, wenn die
Trägerin des Rebozo nicht gekannt sein will,
es giebt kein herrlicheres Kleidungsstück für
verliebte Abenteuer und da die Creolenda-
men zu solchen eine außerordentliche Neigung haben, so ist zu vermuthen, daß dieses
Kleidungsstück wohl schwerlich jemals aus
der Mode kommen dürfte.

Die Tracht der Männer ist ungemein
schön, malerisch und ritterlich, doch auch
zugleich sehr kostbar. Ein Fehler, den übrigens die Kleidung der Damen gleichfalls hat;
der Rebozo einer vornehmen Spanierin muß
von indianischen Händen gewebt sein –
geflochten könnte man eher sagen, und da er
die Arbeit zweier Jahre umschließt, so wird
man sagen müssen, daß der Preis von 80 Piastern ein sehr mäßiger sei. Es giebt übrigens
welche, die das Doppelte kosten und ihrer
Feinheit wegen doch kaum halb so lange halten, eine Dame aber, welche täglich
den Rebozo trägt, kann damit unmöglich
länger als einen Monat auskommen, woraus man ungefähr auf die Kosten anständi-
ger Damentoilette schließen kann. Es giebt
allerdings auch solche shawlartige Schleier oder schleierartige Shawls, welche von
Baumwolle gearbeitet, nicht geflochten, sondern gewebt sind, nur einen Piaster kosten,
dafür den Nachtheil haben, daß sie ein Jahr
lang halten – und solch' ein abscheuliches
Ding trägt natürlich nur die Bäuerin, denn
ein Dienstmädchen würde sich höchlichst
verletzt fühlen, wenn man ihr zumuthen
wollte, sich eines solchen Rebozo zu bedienen. (Cal 81f.)

Es folgt eine gemeinsame Mahlzeit, und auch deren Beschreibung stibitzt May
aus ›Californien und das Goldfieber‹, wo er doch gerade in so schöner Expro-
priier-Fahrt ist. Quelle ist Kapitel II des Dritten Theils, eine Region in Zimmermanns Buch, aus der er bereits genommen hat und noch weiter nehmen

wird. Wie guter Laune May ist, mag man daran ablesen, dass er hier dem aus Zimmermann kopierten Text noch einen gereimten Vierzeiler hinterherschickt und wie zuvor so auch weiterhin das ganze Ranchero-Abenteuer mit Situationskomik würzt.

Die Gerichte, welche es gab, waren echt mexi-kanisch: Rindfleisch mit Reis, der durch spa-nischen Pfeffer ziegelroth gefärbt war; Mehl-speisen mit Knoblauch, trockene Gemüse mit Zwiebeln, Hammelfleisch, durch gewöhnli-chen Pfeffer schwarz gefärbt, junge Hühner mit Zwiebeln und Knoblauch und zuletzt ein Rippenbraten mit spanischem Pfeffer und Zwiebeln und gewöhnlichem Pfeffer und Knoblauch. Mir war der Mund so gepfeffert, der Schlund so gezwiebelt und der Magen so geknoblaucht, daß ich hätte improvisiren mögen:

> *» Und hab ich das Zeug hinunter gedruckt,*
> *So ist's mir ganz zum Verzweifeln,*
> *Als hätt' ich die Hölle hinuntergeschluckt*
> *Mit Millionen von Teufeln. «* (620a)

ihr [= der Spanier] frisches oder getrockne-tes Rindfleisch mit Reis, der durch spani-schen Pfeffer ziegelroth gefärbt, ihr Ham-melfleisch, das durch gewöhnlichen Pfeffer schwarz gefärbt erscheint, ihre Mehlspei-sen mit Knoblauch, ihre jungen Hühner mit Zwiebeln und Knoblauch, ihre unrei-fen Maiskolben mit Zwiebeln, Knoblauch, schwarzem und rothem Pfeffer – was kann es Köstlicheres geben. O, die glücklichen Menschen! (Cal 360)

Von Donna Eulalia, die Old Shatterhand nun größte Sympathie entgegen-bringt und ihn schier, wie ihr Mann sich selbst, zum Granden erhebt (*Ich avancirte in ihrer Titulatur von Old Firehand* [sic!] *über S e n n o r Carlos zu D o n Carlos, und als Bernard seine Schicksale erzählte, erlitt ich eine schnelle Meta-morphose zum b r a v e n und w a c k e r e n Carlos*; 620a), erfährt der Ich-Erzähler, dass auch die Morgans auf dem Rancho waren und nun von Allan Marshals Aufenthalt in San Francisco wissen.

Man bettet sich zur Nachtruhe, und zur Beschreibung der Räumlichkeiten nutzt May Informationen und Formulierungen aus Kapitel 1 des Dritten Theils von › Californien und das Goldfieber ‹:

Um die Beschaffenheit desselben [= des Lagers zum Schlafen] *beurtheilen zu können, muß man mit dem Innern eines Rancho bekannt sein. Ein solches Gebäude hat meist nur einen einzigen wirklichen Wohnraum, denjenigen, welchen Sennora Eulalia »Zimmer« genannt hatte. Hier wohnt und schläft Alles, was zum Hause gehört, nebst den etwaigen Gästen in patriarchalischer Weise beisammen. Unter – »was zum Hause gehört« – sind oft auch die milchenden Kühe, zugerittenen Pferde,*

Solch' ein viereckiger Raum ist in der Regel Alles, worüber der Landbewohner verfü-gen kann [...]. In diesen einfachen Räu-men befindet sich denn zusammengedrängt Alles, was erforderlich ist, um die ganze Haushaltung zu bilden, also natürlich auch milchgebende Kühe, zugerittene Pferde und was man sonst werth hält, zur Nacht-zeit unter Dach zu bringen, wohin beson-ders die Schweine und das gesammte Feder-vieh gehören. Diese guten Thiere finden ein

Schafe, Schweine, Hühner, Hunde und Kat-
zen gemeint.

herrliches Unterkommen auf den Balken, welche, von Wand zu Wand gestreckt, die Bedachung tragen. Da aber die Menschen nicht in gleicher Höhe mit diesen befieder-ten Bewohnern schlafen, so wird man nicht eben selten in einiger Art belästigt [...].

Damit dieses nun nicht gar zu häufig geschehe, so pflegt man so zu schlafen, daß man die Augen durch irgend eine Decke, gewöhnlich durch eine aus Gras geflochte-ne Matte, beschützt. Natürlich nicht blos die Augen, sondern das ganze Gesicht. Sehr bequem ist ein Nachtlager in solcher Hütte keineswegs. Der Boden ist von Lehm stein-

Der Boden besteht aus steinfest geschlagenem
Lehm, und auf demselben ist etwas Gras oder
Moos ausgebreitet, welches ein permanen-
ter Aufenthaltsort von Skorpionen, Spinnen,
Tausendfüßen und anderem Gewürm ist und
des Nachts als Unterbett gebraucht wird. Der
Poncho dient dabei als Decke. (621b)

fest geschlagen, auf demselben ist gewöhn-lich etwas Gras und Moos ausgebreitet, welches aber wiederum als Sitz von Skorpio-nen, Spinnen, Tausendfüßlern und anderem Gewürm dient; darum pflegen die reichen Leute das Moos in einen Sack zu bringen, der sorgfältig zugenäht wird. Damit jedoch unter demselben das Ungeziefer sich nicht einniste, pflegt man diesen Sack nach dem Aufstehen hinwegzunehmen und an einen der Balken des Hauses aufzuhängen. Für einen reichen, für einen glücklichen Mann unter Seinesgleichen gilt derjenige, der zu dem eben gedachten Luxus noch ein Paar wollene Decken fügen kann. (Cal 357f.)

San Francisco

Am nächsten Morgen brechen Old Shatterhand und die Seinen auf, um schnellstmöglich San Francisco zu erreichen.

Die San-Francisco-Schilderung entnimmt May den Kapiteln XXXVIII und XXXIX des Zweiten Theils von Zimmermanns Buch, der sich hier seinerseits bei Möllhausens ›Tagebuch‹ bedient hat.[38] Bei der Aufzählung der verschie-denen Volksgruppen, die im Getümmel San Franciscos leben (die Zimmer-mann aus Gerstäckers Erzählung ›Das Hospital auf der Mission Dolores‹ ent-nommen und umgearbeitet haben dürfte, wo May seinerseits für die kürzere Geschichte *Vom Tode erstanden* direkt abgeschrieben hat),[39] gibt es bei May

38 Möllhausen, wie Anm. 29, 460–464.
39 Vgl. dazu Josef Höck und Thomas Ostwald: Karl May und Friedrich Gerstäcker. In: Karl-May-Jahrbuch 1979. Hrsg. von Roland Schmid und Thomas Ostwald. Bamberg/Braunschweig 1979, 143–188 (145–165).

ein paar Auffälligkeiten. So stellt er neben den Mexikaner den Schwaben, der in Zimmermanns Aufzählung ebenso fehlt wie bei Möllhausen. Jedoch spielt im Buch des Schwaben Zimmermann auch ein Schwabe namens Hävele eine Rolle. Auffällig ist auch Mays antisemitische Umwandlung polnischer Bauern in den *schmutzigen polnischen Juden* (628a). Harmlos dagegen ist die Verwandlung des Fasttages, das heißt des Freitags, in einen allgemeinen Festtag.

Zu loben ist hier wie auch sonst im dritten und vierten Kapitel von *Deadly dust* Mays Virtuosität im Umstellen und Kombinieren des Quellenmaterials.

Dann ging es in raschen Tagemärschen über die Sierra Nevada, hinab nach Stockton und endlich von da nach San Franzisco, dem Ziele unserer Wanderung.

Die Karawane betrat die Stadt San Francisco von der Südseite her, sie liegt auf der äußersten Spitze einer Landzunge und hat also das große Weltmeer im Westen, die herrliche Bai im Osten und nordwärts den Eingang zu dieser Bai. (Cal 316)

Die Stadt liegt auf der äußersten Spitze einer Landzunge, hat das große Weltmeer im Westen, die herrliche Bai im Osten und den Eingang zu dieser Bai im Norden.

[zuvor:]

Der Hafen von San Franzisco ist vielleicht der schönste und sicherste der Erde und hat zugleich eine Ausdehnung, welche gestatten würde, die Flotten aller Länder darin zu versammeln.

Derselbe [= der Hafen von San Francisco] ist vielleicht der schönste und sicherste der Erde und hat zugleich eine Ausdehnung, welche gestatten würde, alle Flotten der Erde darin zu versammeln. (Cal 316)

[Fortsetzung nach »zu dieser Bai«:]

Allüberall sieht man das geschäftigste Treiben, ein unbeschreiblich wirres Durcheinanderlaufen der buntesten Bevölkerung, die man sich nur vorstellen kann.

Auf allen Seiten sah man das tollste geschäftigste Treiben, ein unbeschreiblich wirres Durcheinanderlaufen der buntesten Bevölkerung, die man sich nur vorstellen kann – doch nein, man kann sich das hauptsächlich darum nicht vorstellen, weil hier Nationalitäten zusammentreffen, die sonst auf keinem Punkte der Erde gleichzeitig gefunden werden. Zu den Europäern aller Nationalitäten gesellen sich die halbcivilisirten Rothhäute, welche ihr Wild zu den Märkten bringen und hier vielleicht zum ersten Male einen Preis dafür erhalten, der nicht geradezu ein betrüglicher genannt zu werden verdient. Hier sieht man die halbwilden Mexicaner in ihrer höchst malerischen, farbenreichen und mit Flitterstaat, mit Tressen und Stickereien überladenen Tracht, das braune Gesicht und die funkelnden schwarzen Augen, von dem großen Sombrero überschattet. Hier sieht man die Kuli's oder indianischen Arbeiter in

Zu den Europäern aller Nationalitäten gesellen sich die wilden oder halbcivilisirten Rothhäute, welche ihr Wild hier zu Markte bringen und dafür vielleicht zum ersten Male einen Preis erhalten, der nicht geradezu ein betrügerischer genannt werden kann. Hier geht der stolze, malerisch gekleidete Mexikaner neben dem schlichten Schwaben, der langweilige Engländer neben dem beweglichen Franzosen; der indische Kuli im weißen Baumwollenkleide

ihren weißen Baumwollenkleidern und großen unkleidsamen Strohhüten, (Cal 316 f.)
[Beginn des 39. Kapitels:]
Unsere Reisenden hatten zum großen Theile
die beiden geräuschvollsten Städte der Union, New-York und New-Orleans besucht,
aber ein solcher Wirbel wie der, dessen sie
hier ansichtig wurden, war ihnen doch noch
nicht vorgekommen und es wurde ihnen
bange vor sich selbst. Neben den Chinesen
mit dem langen Zopf huschten die Goldsucher vorbei mit gebräunter Haut und unge-
kämmtem Haar, unter deren langem Barte
Alles verschwunden war, was man gewöhnlich mit dem Ausdruck Physiognomie zu
bezeichnen pflegt. Die Mexicaner, von oben
bis unten mit blanken Knöpfen und Tressen bedeckt, stolzirten gravitätisch durch die
Straßen und schauten mit tiefer Verachtung
hernieder auf die deutschen Bauern, welche
sich durch ihre Tuchkleider als nordische

*begegnet dem schmutzigen polnischen Juden,
der elegante Dandy dem rauhen Hinterwäldler, der handelnde Tyroler dem Goldsucher,
dessen Haut gebräunt, dessen Haar unge-
kämmt und unter dessen wirrem Barte alles
verschwunden ist, was man gewöhnlich mit
dem Ausdruck »Physiognomie« zu bezeichnen
pflegt.*

und ihre Leinwandkittel als südlich woh-
nende unterschieden. Es fehlt auch der Tyroler nicht, die beiden Daumen unter den Ach-
seln in den Tragebändern haltend, noch der
polnische Bauer in seinem Schafspelz, oder
der ungarische in seiner Kleidung aus in Talg
gesottener und geräucherter Sackleinwand,
neben dem sich ein eleganter, junger Herr,
ein Vagabond, der sich für einen Magnaten
ausgiebt, drollig genug ausnimmt. Nur der
Neger, das verabscheute Thier, ist beinahe
gar nicht zu sehen. Den Mongolen aus der

*Hier ist zu treffen der Mongole aus den Hoch-
ebenen Asiens, der Parsi aus Kleinasien oder
Indien, der Malaie der Sunda-Insel und der
Chinese vom Strande des Yang-tse-kiang.*

Mitte von Rußland, den Perser aus Kleinasien oder Indien, den Malayen von Java
oder einer andern der Sunda-Inseln sieht
man hier so häufig vertreten, wie alle andern
Racen. (Cal 319)
[Fortsetzung von oben:]
hier sieht man endlich die Chinesen, welche
vielleicht die auffallendste Race des menschlichen Geschlechts genannt werden dürfen,
indem dieselben sammt und sonders über
einen Kamm geschoren, über einen Leisten
geschlagen zu sein scheinen. Bei Allen ist die
Nase kurz und gestülpt, bei Allen ragt der

*Diese »Söhne aus dem Reiche der Mitte«
bilden den hervorragendsten fremdländischen
Typus der hiesigen Bevölkerung. Sie scheinen alle samt und sonders über einen Kamm
geschoren und über einen Leisten geschlagen zu sein. Bei allen ist die Nase kurz und
gestülpt; bei allen ragt der Unterkiefer über*

den Oberkiefer hervor; alle haben die häßlich aufgeworfenen Lippen, die eckig hervorstehenden Backenknochen, die schief geschlitzten Augen, die nämliche Gesichtsfarbe, bräunlich grün ohne alle Schattirung, ohne eine Spur von dunkler Färbung der Wangen, hellerer Farbe der Stirne; überall sieht man in den häßlichen, nichtssagenden Zügen den Ausdruck, den man mit dem Worte leer bezeichnen möchte und der in Folge dessen nicht einmal ein Ausdruck wäre, wenn nicht aus den zugeblinzten Augen ein Etwas blickte, welches sie Alle kennzeichnet: die List.

Die Chinesen sind die fleißigsten, man möchte sagen, die einzigen Arbeiter San Franzisco's.

Diese kleinen, runden, wohlgenährten und dabei doch außerordentlich beweglichen Gestalten besitzen eine seltene Anlage für alle nur erdenkliche Art von Verrichtung und besonders eine ebenso große Fertigkeit in allen erdenklichen Arbeiten, bei denen es auf

Unterkiefer über den Oberkiefer hervor, Alle haben die häßlich aufgeworfenen Lippen, die eckig vorstehenden Backenknochen, die schräge geschlitzten Augen, die nämliche Gesichtsfarbe, ohne alle Schattirung bräunlich grün, ohne eine Spur von dunklerer Färbung der Wangen, hellerer Färbung der Stirn; überall sieht man in den häßlichen, nichtssagenden Zügen den Ausdruck, den man mit leer bezeichnen möchte, wenn nicht aus den zugeblinzten Augen List hervorschiene, welche sie reichlich charakterisirt.

Aber allerdings ist auch hier der Unterschied genug zu finden, wenn man erst mit dem großen Ganzen vertraut geworden ist, wie es bei den Negerphysiognomien uns gleichfalls vorkommt, als ob sie sämmtlich dieselben, als ob zwischen ihnen kein Unterschied wäre. Ja, man kann beinahe noch weiter gehen. Kommt zum Beispiel ein Stadtbewohner für kurze Zeit auf ein fern gelegenes Dorf, woselbst die Race sich noch ziemlich unvermischt erhalten hat, so wird er fast immer glauben, die sämmtlichen Bauern hätten dieselbe Physiognomie, eine Annahme, welche hier eben so irrthümlich wäre als die Behauptung, alle Chinesen hätten dasselbe Gesicht, ein Irrthum, wiewohl es doch immer so den Anschein hat.

Fabelhaft ist die Geschäftigkeit, nicht blos dieser Chinesen, sondern aller Bewohner der Stadt überhaupt und ein Beweis, wie ein gleiches Streben Aller, trotz aller Verwirrung, eine gewisse Ordnung hervorbringen könne, liegt darin, daß, trotz des unerhörten wirren Durcheinandersprudelns, doch nirgends eine Stockung entsteht.

[...]

Weil wir einmal bei den Chinesen sind, so wollen wir doch gleich mit ihnen fertig zu werden suchen. Diese kleinen, runden, wohlgenährten, trotz dessen äußerst beweglichen Gestalten haben eine seltene Fertigkeit in allen erdenklichen Arbeiten, bei denen Geduld und Geschicklichkeit der Hände gefordert wird. Sie schnitzen in

Geschicklichkeit der Hände und auf Geduld ankommt. Sie schnitzen in Elfenbein oder Holz, drechseln in Metall, sticken auf Tuch, Leder, Baumwolle, Leinen und Seide; sie strikken und weben, zeichnen und malen, klöppeln und posamentiren; sie flechten die scheinbar unschmiegsamsten Dinge zusammen und bringen seltsame, bewundernswerte Arbeiten hervor, die ihnen die Kundschaft aller Kuriositätensammler sichern.

Dazu kommt, daß sie bescheiden sind und mit dem kleinsten Profit fürlieb nehmen. Sie fordern zwar unverschämt, aber man weiß, daß sie mit sich handeln lassen und zuschlagen werden, wenn man ihnen ein Drittel oder gar ein Viertel ihrer Forderung bietet.

Elfenbein oder Holz, sie drechseln in Metall, sie sticken auf Tuch, Leder, Seiden- oder Leinenzeug, sie stricken und weben, sie tragen prächtige Farben auf (was man gewöhnlich malen nennt), sie klöppeln und flechten die scheinbar unschmiegsamsten Dinge zusammen, bringen wahrhaft bewundernswürdige Arbeiten hervor und sind deshalb von allen Curiositätenkrämern sehr gesucht.

Dazu kommt, daß sie bescheiden und mit dem kleinsten Profit zufrieden sind. Sie fordern zwar unverschämt, aber man weiß, daß sie sich handeln lassen. Man bietet ihnen ein Drittel oder ein Viertel des geforderten Preises, ohne daß sie sich dadurch beleidigt zeigen, sie lassen ab von ihrer Forderung, während der Bietende zulegt zu seinem Gebot, bis ein Preis herauskommt, welcher mitunter dem Verkäufer nur einen sehr mäßigen Profit abwirft, mitunter auch ihn genügend für seine Mühe entschädigt, immer aber den Käufer zufriedenstellt.

Mit den übrigen Bewohnern von Francisco ist ein solches Abkommen niemals zu treffen, denn sie fordern einen bestimmten, gewöhnlich ganz unverschämten Preis. Findet der Fragende denselben seinen Vermögensverhältnissen nicht angemessen, so geht er, ohne zu bieten, seines Weges weiter, denn er weiß, seine Bemühung würde zu Nichts führen; dem Verkäufer ist dies auch gleichgiltig, denn er weiß, daß sich schon ein Narr finden wird, der den geforderten Preis zahlt und insofern sind beide gleich wohl daran, indem sie kein Geld verlieren, d. h. keine Zeit, denn Zeit und Geld sind dort gleichbedeutend.

Die Chinesen sind auch die einzigen Arbeiter, welche man noch haben kann. Alle Bewohner von San Francisco und vorzugsweise die größten Schurken halten sich für etwas unendlich Besseres als die Chinesen, dieselben werden daher mit einer unbeschreiblichen Verachtung behandelt; es sind Farbige, und diese Farbigen – eigentlich gar keine Menschen, gerade so wenig wie die

Auch der Tagelohn, welchen man ihnen zahlt, ist geringer, als derjenige, den man einem Weißen gibt; allein derselbe ist doch noch zehnmal höher, als in ihrem Vaterlande, und da sie wenig ausgeben, weil sie über alle Begriffe genügsam und sparsam leben, so kommen sie sehr gut voran. Die sämtlichen kleinen Handwerke sind in ihren Händen, und sowohl die Wäsche, als auch die Bedienung des Hauses und der Küche wird von ihren Weibern besorgt.

Aber nicht bloß die Chinesen sind thätig, sondern fabelhaft ist überhaupt die Geschäftsthätigkeit aller Bewohner der Stadt. Die Leute haben alle nur einen Zweck: sie wollen Geld verdienen, und zwar möglichst viel und schnell. Alle wissen, daß Zeit Geld ist, und daß, wer den Andern aufhält, sich selbst hinderlich ist. Aufgehalten aber will Niemand sein, und darum geht stets alles ohne Stockung ab. Jeder bemüht sich so viel wie möglich, dem Andern aus dem Wege zu gehen, um für sich selbst freie Bahn zu haben.

Neger es sind, in Folge dieser Ansicht also rechtlose, elende Geschöpfe. Sie sind dorthin gekommen um Gold zu graben, was man jedem mexicanischen Räuber und Raubmörder gestattet, was man aber den Chinesen, den Farbigen nicht gestattet, daher sie nur solche Gruben bearbeiten dürfen, welche von anderen, vor ihnen Dagewesenen, als unbrauchbar aufgegeben worden sind. Ihre Geduld und ihre Genügsamkeit macht auch dieses Geschäft noch einigermaßen einträglich, da jedoch die Arbeit in einem Lande, wo es an Arbeitern fehlt, immer sehr theuer bezahlt werden muß, so ist sie von den Chinesen, als die einträglichere Art Geld zu erlangen, aufgenommen worden und es giebt in San Francisco fast gar keinen Arbeiter, als einen chinesischen. Der Tagelohn, den man ihnen zahlt, ist zwar geringer als derjenige, den man einem Weißen würde zahlen müssen, allein er ist doch wohl immer noch zehnmal so hoch, als er in ihrem Vaterlande sein würde, und da ihre Ausgaben nicht im Verhältniß zu ihrem Lohne stehen, weil sie über alle Begriffe genügsam sind und sparsam leben, so kommen sie sehr gut weg; die sämmtlichen kleinen Handwerke sind in ihren Händen und die Wäsche sowohl, als die Bedienung des Hauses und der Küche in denen ihrer Frauen, welche diese Arbeiten zur größesten Zufriedenheit der Arbeitsgeber besorgen. (Cal 317–319)

Fabelhaft ist die Geschäftigkeit, nicht blos dieser Chinesen, sondern aller Bewohner der Stadt überhaupt und ein Beweis, wie ein gleiches Streben Aller, trotz aller Verwirrung, eine gewisse Ordnung hervorbringen könne, liegt darin, daß, trotz des unerhörten wirren Durcheinandersprudelns, doch nirgends eine Stockung entsteht.

Die Leute haben Alle nur einen Zweck, sie wollen Geld verdienen und zwar möglichst schnell. Sie Alle wissen, Zeit ist Geld, sie Alle wissen, wer den Andern aufhält, der hält sich selbst auf. Aufgehalten aber will Niemand sein, darum geht in der regellosesten

So ist es in den Häusern und Höfen, so ist es auch auf den Straßen und Plätzen der Stadt. Die blasse, schmächtige Amerikanerin, die stolze, schwarzäugige Spanierin, die blonde Deutsche, die elegante Französin, die farbigen »Damen« alle, sie gehen, schweben, eilen, trippeln hin und her; der reiche Bankier mit Frack, Handschuh und Zylinder trägt in der einen Hand einen Schinken und in der andern einen Gemüsekorb; der Ranchero schwingt ein Netz mit Fischen über die Schulter, um damit den Festtag zu feiern; ein Milizoffizier hält einen gemästeten Kapaun gefangen; ein Quäker hat einige mächtige Hummern in die gleich einer Schürze aufgerafften Schöße seines langen Rockes verpackt – und das alles bewegt sich neben, vor, hinter und durch einander, ohne sich zu stören. (621b, 628a–629a)

Verwirrung doch alles ohne Stockung ab. Jeder bemüht sich, dem Andern aus dem Wege zu gehen, um selbst freie Bahn zu haben. (Cal 317; weiter mit »Weil wir einmal bei den Chinesen sind«, siehe oben)

[Ende des 39. Kapitels:]
Auf diesen Märkten nun sieht man die blasse, schmächtige Amerikanerin und die stolze, schwarzäugige Spanierin, man sieht dort die blonde Deutsche und die Französin mit den eleganten Formen, man sieht auch in Frack und Glaceehandschuhen den reichen Banquier einen Schinken und einen Korb mit Gemüse nach Hause tragen, oder den Ranchero sein Netz voll Fische über die Schulter schwingen, um damit den Fasttag zu begehen. (Cal 321)

Zu den durch ›Californien und das Goldfieber‹ nicht abgedeckten und von mir auf keine Quelle rückführbaren Schlussformulierungen (Milizoffizier, Kapaun, Quäker, Hummer) gibt es in Karl Mays *Die Juweleninsel* (1880–1882), im Kapitel *Der Bowie-Pater*, eine Parallelstelle, eine Kurzfassung der San-Francisco-Schilderung, wie überhaupt Teile dieses Kapitels eine Großparallele mit anderen Figuren, aber gleichen Handlungs- und Schauplatzkonstellationen zu *Deadly dust* in verkürzter Form mit Detailvarianten darstellen (etwa Komanchen-Abenteuer, Golddiebstahl, weißer Bösewicht mit Indianernamen Rikarroh, der bei den Komanchen lebt, doch eigentlich Georg Sander heißt, und so weiter):

Die Stadt San Franzisko liegt auf einer Landzunge, hat das große Weltmeer im Westen, die herrliche Bai im Osten und den Eingang zu dieser Bai im Norden. In ihren Straßen erblickt man die blasse schmächtige Amerikanerin, die stolze schwarzäugige Spanierin, die blonde Deutsche, die elegante Amerikanerin, die farbige kraushaarige Dame. Der reiche Kavalier mit Frack, Cylinder und Handschuhen trägt in der einen Hand einen Schinken und in der anderen einen Gemüsekorb, der Ranchero schwingt ein Netz mit Fischen über die Schulter, um damit einen Festtag zu feiern, ein Milizoffizier hält einen gemästeten Kapaun gefangen, ein Quäker hat einige

> *mächtige Hummern in die gleich einer Schürze aufgerafften Schöße seines*
> *langen Rockes verpackt – und das Alles bewegt sich neben, vor, hinter und*
> *durch einander, ohne sich zu stören.*
>   *Durch dieses Gewimmel der Metropole des Goldlandes bewegte sich eine*
> *Kavalkade von Reitern und hielt endlich in der Sutterstreet vor dem Hotel*
> *Valladolid.*[40]

Genau dort kommt auch Old Shatterhand mit seinen Freunden unter, und er
fragt sich bis zur Chefin durch, Donna Elvira, der Schwester Donna Eulalias,
deren Tick es ist, Besucher auf teils simple, teils blödsinnige Wissensproben
zu stellen. So auch unseren Helden, der natürlich, das Nichtwissen der Donna durchschauend, mit brillanten Antworten ihr schmeichelt. Er erfährt von
ihr, dass der letzte bekannte Aufenthaltsort des gesuchten Allan Marshal ein
goldführendes Seitental des Sacramento sei, und auch, dass die Morgans dies
erfahren und ihnen somit wieder einmal voraus sind (vgl. 630).

Bericht aus dem Golddistrikt

Nach einem Einkaufsbummel durch San Francisco, auf dem sie ihre abge-
rissene Kleidung ersetzen, kommen Bernard und Old Shatterhand ins Hotel
zurück, wo Sans-ear im Gastraum sitzt und sie auf Gespräche am Nebentisch
aufmerksam macht. Dort erzählt ein Ohiomann von einem Überfall auf einen
Maultiertross:

> *»Wir waren allerdings fünfzehn Männer, das heißt nämlich sechs Tropeiros*
> *[* Maulthierführer, von* troppa, *die Herde.] und neun Miners. Wenn Ihr*
> *Euch auf diese Tropeiros verlassen wollt, so seid Ihr verloren, und von den*
> *neun Miners hatten drei das Fieber; sie konnten sich kaum auf den Maul-*
> *thieren halten und wurden von der Krankheit bald hin, bald her geworfen,*
> *so daß sie weder einen sichern Schuß, noch einen guten Messerstoß abge-*
> *ben konnten. Nun, waren wir also wirklich fünfzehn volle Männer, he?«*
> (632a)

Eine entsprechende Stelle in ›Californien und das Goldfieber‹, in der es auch
um Tropeiros geht, sechs anstatt fünf bei May, lautet:

> Die Cavalcade, welche Mr. F u l t o n [= eine plötzlich ohne Erläuterung
> auftauchende und rasch wieder aus Zimmermanns Buch verschwinden-
> de Person] führte, war zahlreich genug, um sich selbst gewissermaßen
> Schutz zu gewähren. Es waren sechszehn junge Leute, alle gut bewaff-
> net und gut beritten, sie hatten nur wenig Gepäck, aber dennoch war
> die Zahl der Maulthiere, welche dieses Gepäck trugen, doppelt so groß,

---

40 HKA II.2, 471.

als die Zahl der Reiter; bei den Maulthieren befanden sich fünf Tropeiros, welche man sonderbarer Weise Vacquieros nannte, d. h. Kuhhirt,
indessen der erste, viel allgemeiner bezeichnende Name, Heerdenhüter
(von *Troppa,* die Heerde), für die Begleiter der Pferde und Maulthiere
gebraucht zu werden pflegt, was jedoch eben hier keineswegs der Fall
war.

Auch die Vacquieros waren bewaffnet und man hatte Ursache zu
glauben, daß eine Zahl von einundzwanzig Reitern keinen offenen
Angriff zu besorgen habe. (Cal 363)

Die Bezeichnung ›tropeiro‹ für Maultierhüter, -treiber oder Anführer eines
Transportverbunds mit Maultieren hat May mit großer Sicherheit von Zimmermann übernommen (bei diesem auch in der Schreibweise ›Troppeiro‹),
denn es ist keine spanische, sondern eine portugiesische, eine spezifisch bra-
silianische. Solche Transportform war, wie Reiseberichte oder geographische
Handbücher des 19. Jahrhunderts tradieren, darunter die von Vollmer selbst,[41]
charakteristisch für Brasilien.[42] Daher auch die Bemerkung Zimmermanns,
dass hierzulande in Kalifornien die Bezeichnung ›vaquero‹ gebraucht werde,
was May nicht berücksichtigt hat.

Das Abenteuer, das der Ohiomann erzählt, ist von May nach verstreuten
Ausführungen in ›Californien und das Goldfieber‹ gemodelt, im Verfahren
jedoch anders als bisher. Jetzt sind es keine längeren wörtlichen Übernahmen
mehr, sondern nur noch kurze Textsplitter beziehungsweise Stichwörter, die als
Startbasis für mutmaßlich eigene Ausfabulierungen dienen.

Der Ohiomann hatte seine Geschichte nicht chronologisch erzählt, was er
nun nachholt:

> »*Also wir hatten da droben am Pyramidensee ein Plazer gefunden, wie
> es kein besseres und reichhaltigeres geben kann, und Ihr müßt es eben ein-
> mal glauben, daß nach acht Wochen ein Jeder von uns Vieren seinen Zent-
> ner Staub und Nuggets beisammen hatte. Weiter ging es nicht, denn der
> Platz war ausgewaschen, und zwei von uns hatten die Kälte in die Gelenke
> bekommen. Es ist eben kein Leichtes, von früh bis Abend bis über die Hüf-
> ten im Wasser zu stehen, um die Batea [* Schüsselförmiges Gefäß, in wel-
> chem die goldhaltige Erde gewaschen wird.] zu schütteln.*« (632b)

Die Formulierung *droben am Pyramidensee* deutet darauf hin, dass May
eine Stelle bei Zimmermann missverstanden, das heißt ein »Hier« falsch

41 Vgl. Dr. Vollmer: Natur- und Sittengemälde der Tropen-Länder. Skizze einer Reise durch Süd-
    America und um die Welt in 14 Vorlesungen. München 1828, 71 u. ö.
42 Vgl. etwa Johann Jakob von Tschudi: Reisen durch Südamerika. Leipzig 1866, 1. Bd., 227f., oder
    Handbuch der Geographie und Statistik für die gebildeten Stände. Bearbeitet von J[ohann]
    E[duard] Wappäus. Siebte Auflage. Leipzig 1865, 1465 (Kaiserreich Brasilien).

bezogen und die Verhältnisse nicht auf der Landkarte überprüft hat. Denn der Pyramid-See liegt vom sogenannten Golddistrikt im Sacramento-Tal über 200 km östlich jenseits der Sierra Nevada – und Gold gefunden wurde wo? »[A]ber glücklicherweise entdeckten die herzugeströmten Abenteurer, daß nicht allein der Sacramento, sondern noch viele andere Flüsse, die ihm zuströmten, goldführend seien, daß alle Thäler des westlichen Abhanges der Sierra Newada goldführend seien und daß sich dieses sowohl auf der Nordseite der Bai von Californien, wie auch auf der Südseite am Rio San Joaquin wiederholt.« (Cal 336) Ich gebe die entsprechende Textpassage ausführlich wieder, da sie zusätzlich die Batea-Erläuterung sowie das Stichwort »bis an die Hüften im Wasser« enthält:

> Man hatte auf Anrathen des Don Mauro [= der Besitzer der Pferde und Maultiere] die gewöhnliche Straße verlassen und war in der Nähe der Sierra Newada bis zum Bear-Flusse gezogen, auf welcher Straße die Gesellschaft auch das Gebirge überschritten hatte, als sie vom Pyramid-See aus nach dem Sacramento-Thal zog. Hier, am nördlichsten Theile des sogenannten Golddistrictes, war die Uebervölkerung noch nicht so groß als in den Francisco näher gelegenen Gegenden, und hier war unter gewissen Umständen doch wenigstens einige Aussicht vorhanden, nicht völlig geplündert zu werden von unverschämten Gastwirthen und dem Gelichter, was nur davon lebt, die Reisenden zu schröpfen und über's Ohr zu hauen.
>
> Aber selbst hier in den fernsten Theilen der Goldregion, welch' ein wirres Durcheinanderlaufen und Toben! Eine unzählige Menschenmenge hatte sich eingefunden, um ein noch nicht besetztes Fleckchen des neuen Eldorado für sich zu gewinnen. Das ganze Thal des Bear-Flusses war mit großen und kleinen Hütten bedeckt und bei einer jeden Hütte befand sich eine Grube, aus welcher Erde aufgeworfen war, die man zuerst vorläufig durchsuchte und die man dann zum Bache schleppte oder zum Bear-Flusse, kurz zu dem nächsten fließenden Gewässer, um sie auszuwaschen. Die Meisten arbeiteten, wenn man es so nennen will, aus freier Hand, sie hatten eine Mulde oder eine große thönerne Schüssel und mit dieser wurde die Erde geschöpft und im Flusse gewaschen. Es läßt sich denken, daß damit nicht viel Gutes erreicht wurde und daß jedenfalls von der Erschöpfung der goldführenden Erde keine Rede sein konnte. Etwas besser ist schon das Verfahren, welches die Batea braucht, gleichfalls eine Schüssel, aber doch eine zweckmäßig geformte. Dieses ist eine blecherne Schüssel von der beigegebenen Form, kreisrund, kegelförmig gestaltet, an der Stelle der größten Tiefe aber mit einer Art Sack versehen, mit einem cylindrischen Ansatz, welcher dazu dient, um das aufzufindende Gold zu fangen. Obschon nun in dieser

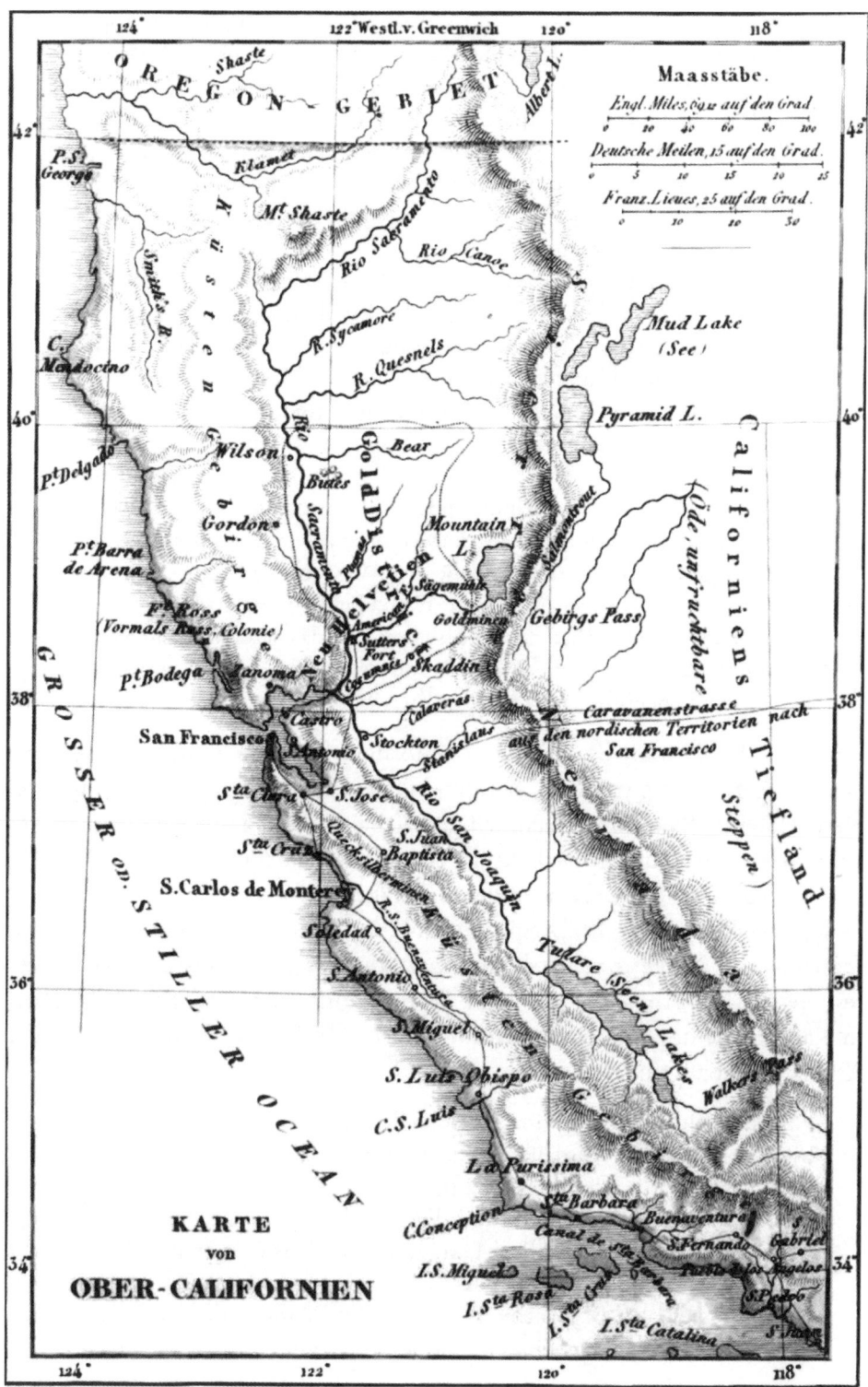

KARTE
von
OBER-CALIFORNIEN

Vertiefung sich des Goldes mehr sammeln kann, als wenn der Apparat nur eine gewöhnliche Mulde wäre, die Arbeit also lohnender ist, so ist sie doch nicht im geringsten weniger beschwerlich. Beinahe ganz entkleidet stellt sich der Arbeiter mit der halb gefüllten Schüssel in das Wasser des Baches. Die Schüssel ist schwer, denn sie faßt wohl einen Viertelcentner Erde und diesen im Wasser umherzuschwenken, ist keine Kleinigkeit, aber es muß geschehen, denn es ist die einzige Art, das Gold von der Erde zu sondern.

Bis an die Hüften im Wasser stehend, die Schüssel gerade vor sich haltend, schöpft man damit, läßt über den Rand hinweg auch wieder das Wasser ablaufen und wiederholt dies immerfort. Das ablaufende Wasser nimmt Erde und kleine Steine mit sich über den Rand und Alles, was schwerer ist als der Sand, was also von dem Wasser nicht bewegt, nicht bewältigt werden kann, zieht sich bei dem fortwährenden Drehen und Schwenken der Schüssel nach der Mitte derselben zurück. Die größeren Geschiebe, Steine wie Haselnüsse oder Wallnüsse zeigen sich bald oben auf dem Sande rein gewaschen. Sie werden mit der Hand herausgerafft und fortgeworfen und es wird dabei das Waschen und Schwenken der großen Schüssel immer fortgesetzt, bis schließlich nur noch die untere Kapsel, der kleinste Theil der Schüssel mit Erz, das heißt mit dem Sande und den kleinen Steinen sowohl als mit dem wirklich noch vorhandenen Metall angefüllt ist. (Cal 367)

Kapitel v des Dritten Theils von ›Californien und das Goldfieber‹ enthält den Hinweis auf die von May erwähnte Gelenkserkrankung: »Die Folge von diesem übermäßigen und nachtheiligen Arbeiten war natürlich ein schweres Erkranken, die Leute litten bald an rheumatischen Lähmungen, an höchst schmerzhaften Aufschwellungen der Gelenke« (Cal 369).

Die von May genannte Zeit-Mengen-Relation, *daß nach acht Wochen ein Jeder von uns Vieren seinen Zentner Staub und Nuggets beisammen hatte,* korrespondiert mit Angaben, wie man sie in ›Californien und das Goldfieber‹ in Kapitel xiii des Vierten Theils (Stichwort »Ein Monat reichlich lohnender Arbeit«; Cal 628) findet:

Beinahe einen ganzen Monat hindurch waren die Freunde mit einer außerordentlichen Ausdauer mit dem Einsammeln des Goldes, mit dem Vermehren ihres Schatzes beschäftigt gewesen und sie hatten ganz schöne Quantitäten beieinander und die fünf Männer würden wohl vergeblich versucht haben, diese Last durch die Wüste zu tragen. Unter dem Gewichte eines Centners bewegt man sich nicht weit und auch nicht schnell, was Beides eine Bedingung bei Wüstenreisen ist. Unsere Freunde hatten ja Pferde und Maulthiere, sie konnten schon noch mehr

sammeln. Croix rouge [= ein Halbindianer] machte sie aufmerksam
auf die Gefahr, lange, in so geringer Anzahl und mit so großen Gold-
summen an einem Orte zu verweilen, er rieth ihnen, zufrieden zu sein,
wie er mit seinem Antheil vollkommen zufrieden sei, allein dies war
nicht nach dem Geschmack der Goldsucher, denn was konnten sie mit
einem Centner Gold anfangen, das waren ja kaum 25,000 Dollars für
Jeden und sie wollten doch nicht gern unter 100,000 Dollars heimkeh-
ren. (Cal 631)

Der Ohiomann berichtet weiter, dass sie ihre Ausbeute einem Yankee verkauft
hätten, der mehr gezahlt habe *als die Schurken von Tauschhändler, bei denen
man für eine Unze reines Gold ein Pfund schlechtes Mehl oder ein halbes Pfund
noch schlechteren Tabak bekommt.* (632b)

Das korrespondiert mit Ausführungen direkt nach den Bemerkungen über
die Gelenksentzündungen der Goldgräber:

> Ganz ehrlich aussehende Räuber, Diebe von derjenigen Klasse, welcher
> man gar nicht einmal sagen darf, daß sie sich fortwährend des abscheu-
> lichsten Diebstahls befleißigt, machten sich ein Geschäft daraus, den
> Goldsuchern ihren auf die mühseligste Weise erarbeiteten Reichthum
> abzunehmen. Diese wackeren Männer sorgten für die Bedürfnisse
> der Arbeitenden, sie handelten mit Tabak, Kaffee, Branntwein, Brod
> und Mehl und gaben diese zu solchen Preisen fort, daß dem Arbeiter
> höchstens so viel übrig blieb, um nicht gänzlich entmuthigt zu werden.
> (Cal 369)

Nun berichtet der Ohiomann vom Überfall auf ihn und seine Gefährten. Er
überlebt als Einziger. Es stellt sich heraus, dass die Tropeiros mit den Gangs-
tern, die schwarze Masken trugen, unter einer Decke stecken. Dann wird er
von einem Zuhörer gefragt, wer der Anführer der Tropeiros gewesen sei. *»Er
nennt sich Sanchez, wird aber wohl früher schon einen oder einige andere Namen
gehabt haben.«* (634a)

Im Dritten Theil von ›Californien und das Goldfieber‹ wird ausführlich
eine übereinstimmende Geschichte erzählt vom Überfall bis hin zum Prozess
gegen die Anführer sowohl der Bande als auch der Tropeiros (vgl. Cal 425–429).
Analog wird der Anführer der Tropeiros von einem, der ihn überführt, mit
den Worten angesprochen: »Sennor Don Vasco und wie heißt Ihr denn sonst
noch« (Cal 446).

Diesem Don Vasco springt der noch unerkannte Bandenanführer bei, der
Oberschurke Don Giovani Mastai e Girofflo, und …

in dem Augenblick ertönte ein lauter Schrei und unter den Zuschauern
drängte sich der schwer verletzte B e r g [= Friedrich Berg, ein Hesse] an
den Spanier und rief: »Das ist der Mörder, der den armen W e s e n b e r g
mit der Schlinge vom Pferde riß; obwohl sein Gesicht geschwärzt war,
erkenne ich ihn doch an der Nase, welche nicht gebogen ist wie die aller
Spanier, sondern gerade, und an der großen, feuerrothen Narbe über der
Stirn, auf der die Schwärze nicht haftete.« (Cal 447)

May machte daraus:

> »*Habt Ihr Keinen von den Bravos erkannt?*«
> »*Sie trugen schwarze Masken. Nur als der Eine, welcher der Anführer
> zu sein schien, den Finger in den Mund steckte, um zu pfeifen, nahm er den
> Lappen herunter, und ich konnte also seine Physiognomie sehen. Ich würde
> den Kerl sicher sofort wieder erkennen, wenn er mir einmal vor die Augen
> käme. Es war ein Mulatte, und er hatte über die rechte Wange eine Wunde,
> die von einem Messerschnitt herrühren mußte.*« (634a)

Don Vasco gesteht anschließend und gibt Aufschluss über die Hergänge und
Hintergründe der Überfälle.

> Sie bildeten eine Verbrüderung unter einander, um sich gegenseitig die
> gehoffte Beute zuzuführen oder zuzujagen. Die größere Anzahl mach-
> te sich freiwillig zu Pferde- oder Maulthiervermiethern, die geringere
> Anzahl wählte das Gewerbe der Rancheros oder der Spieler, welches
> den Gastwirthen jederzeit genehm war, indem dadurch die Goldgräber,
> welche Gold gefunden hatten, veranlaßt wurden, in ihre Schänken zu
> kommen und daselbst die eine Hälfte ihres Verdienstes an der Bank des
> falschen Spielers, die andere Hälfte aber an der Barre für Wisky oder
> Rum sitzen zu lassen.
> Wer sich nun von diesen Verlockungen besiegen ließ, hatte, wenn
> er heimkehrte nach San Francisco, Nichts zu fürchten, er besaß Nichts,
> was man ihm hätte nehmen sollen, auch waren ihm die Spieler jederzeit
> dankbar, er hatte es ja denselben leicht gemacht, sich in den Besitz des
> gefundenen Goldes zu setzen. Wer nun dagegen sich von diesen Lastern
> frei erhalten, wer also in den Verdacht gekommen, er sei geizig, er habe
> viel Geld gespart, er wolle dasselbe nunmehr nach San Francisco schaf-
> fen und daselbst in Sicherheit bringen, der wurde als Feind der Spani-
> er, als ein solcher betrachtet, der ihnen raube, der ihnen vorenthalte,
> was ihnen, den Spaniern, eigentlich gehöre. Ihm wurde auf dem Wege
> nach San Francisco aufgepaßt, er wurde beraubt und damit der Raub
> nicht ruchbar würde, auch sofort ermordet. Sie, die Arieros, seien jeder-
> zeit auf das Genaueste unterrichtet gewesen, wenn die reich Beladenen
> die Minen verließen, denn mit ihnen sei ja immer die Reise verabredet

worden, sie hätten die Pferde dazu hergegeben, die Maulthiere und die Knechte und sie hätten dann natürlich demjenigen, welcher der Anführer der Schaar gewesen, die erforderlichen Nachrichten ertheilt. Auf dieses hin seien dann die Cabaleros einen Tag früher ausgezogen und hätten den Weg besetzt, meistentheils dieselbe Stelle wählend, welche auf der Mitte des Weges gelegen und fern von bewohnten Gegenden, geeignet war, das ganze Thun und Treiben der Bande mit dem Schleier des Geheimnisses zu bedecken. Nie sei Blut vergossen worden, immer habe der Lasso allein das Erforderliche geleistet. Auch sie selbst hätten sich großen Gefahren aussetzen müssen und ihre Arbeit sei keineswegs gefahrlos gewesen, sie hätten bei jedem solchen Ueberfall den Lasso eben so gut empfunden, wie die Reisenden, nur nicht gerade so hart, aber man habe sie ebenfalls geschlingt, damit sie bei der heiligen Jungfrau und bei den Heiligen überhaupt hätten schwören können, selbst überfallen worden zu sein, für den Fall, daß etwa eine Klage erhoben worden wäre, eine immer nicht ganz zu verwerfende Vorsicht, wennschon der Fall bis jetzt noch nicht vorgekommen sei, indem die Cabaleros jederzeit dafür gesorgt hätten, daß die Ueberfallenen Nichts mehr aussagen konnten.

Auf die Frage, was man mit den Reisenden gemacht? erwiederte der Troppeiro, dieselben seien mittelst des Lasso gefangen, vom Pferde gerissen und nach den Gebirgen geschleift worden. Habe der Lasso sie gerade oberhalb der Schulter getroffen, so sei ihnen gewöhnlich gleich beim ersten Ruck, bei dem plötzlichen Umkehren des Lassowerfers das Genick gebrochen und sie seien dann leblos über die Steppe geflogen. (Cal 450f.)

Der Ausdruck »falsche Spieler« (statt ›Falschspieler‹) erscheint bei May wieder, als der Ohiomann berichtet, wie er und seine drei Gefährten – Friedrich Berg hatte zwei Kameraden – beschlossen, nach San Francisco zurückzukehren: »*aber das Leben da oben ist ganz verteufelt theuer, und da man wußte, daß wir keine leeren Taschen hatten, so bestand unser ganzes Vergnügen in einer immerwährenden Retirade vor falschen Spielern und ähnlichem Ungeziefer, welches uns stündlich umschwärmte*« (632b).

Dass die Tropeiros mit denen, die sie überfallen, verbündet sind, beobachtet der Ohiomann: »*Die Tropeiros kehrten zurück. Sie hatten uns an die Hallunken verrathen und sollten nun ihren Theil von der Beute erhalten.*« (634a) Was bei Zimmermann Gewissheit ist, äußert der Ohiomann als Verdacht, nämlich dass es unter den Gaunern eine große Verbrüderung gebe:

»*Ich schätze, daß die meisten dieser Schurken zu den Hounds [* So wurden die Diebe und Mörder genannt, welche zu San Franzisco in den*

berüchtigten Sidney-Coves eine förmliche Gewaltherrschaft errichtet hat-
ten und nur durch das Zusammentreten der Einwohner selbst vertrieben
werden konnten.] gehören, welche Franzisco über die sämmtlichen Minen-
distrikte ausgespieen hat, und die nun als Agenten, Tropeiros, Muleros und
Räuber einander in die Hände arbeiten. Es wäre am besten, die Miners
bildeten, wie damals in San Franzisco, ein Vigilance-Committee, welches
die Verfolgung und Ausrottung dieser Banden übernehmen könnte, bis in
den Plazers bessere Zustände zu herrschen beginnen.« (Ebd.)

Auf die Hounds von San Francisco ging Zimmermann in den Kapiteln XLVI
bis XLIX des Zweiten Theils von ›Californien und das Goldfieber‹ ein, und ich
zitiere einige Abschnitte (statt von *ausgespieen* wird von »sich ergossen« die
Rede sein):

> Aus jenen Mörder- und Räuberhöhlen, in denen alle Laster getrieben
> und alle Verbrechen verabredet und vorbereitet werden, gingen die mei-
> sten der schrecklichen Feuersbrünste hervor, welche die Stadt heimsuch-
> ten in den ersten Jahren ihres Aufschwunges; die Hounds, die Hunde
> von Sydney-Coves, wie man gewöhnlich die schurkische Bevölkerung
> nannte, zündeten die hölzerne Stadt bald da, bald dort an, um mit
> Muße zu plündern, um lachend die alten Frauen in's Feuer zu werfen,
> die Männer niederzustechen und die jungen Mädchen für ihre Verbre-
> cher-Colonie zu retten und mit ihnen so lange zu hausen, bis sie dersel-
> ben überdrüssig oder bis dieselben vernichtet waren.
>
> [...]
> Dieses Viertel, dieses offenkundige Sidney von San Francisco,
> bestand aus nichts weiter als aus liederlichen Häusern, gemeinen Knei-
> pen und Spielhöllen, in denen die gräulichsten Scenen sich ununterbro-
> chen folgten und von wo aus sich immer geschlossene Banden der rück-
> sichtslosesten Verbrecher über die Stadt und die Umgegend ergossen.
> Als nun kein Soldat, kein Constabler, kein Sherif mehr etwas zu thun
> wagte, weil er des eigenen Unterganges gewiß war, da versammelten
> sich die gewichtigsten Bürger zu einer Berathung über die Möglichkeit
> der Abhilfe; denn es war bereits so weit gekommen, daß mitternächtli-
> che Einbrüche, die immer mit Mord und Todtschlag endeten, gar nicht
> mehr auffielen, sondern man nur noch von denjenigen Schandthaten
> sprach, die in den Straßen der Stadt, auf offener Landstraße, in den
> Fremdenhôtels am hellen Tage verübt worden waren.
> Die gedachte Vereinigung bestand aus einigen und vierzig Personen,
> welche sich, ganz ohne Aufsehen zu erregen, in dem Hause eines der
> Mitglieder versammelt hatten, eine Gesellschaft zu bilden beschlossen,
> sich den Namen Vigilanz-Comité beilegten [...]. (Cal 341f.)

Das Vigilanz-Comité erschien jetzt vollkommen autorisirt, keine
Behörde trat ihm mehr in den Weg und es erließ höchst energische Ver-
ordnungen. Zuerst machte es bemerklich, daß die früheren Autoritäten
ihre Unzulänglichkeit erkannt und aufgehört hätten, zu existiren, daß
sie die Rechtspflege in die Hand genommen und in der bisher lediglich des guten Beispiels wegen eingeführten Weise fortwirken würden. Ferner erklärte diese Gesellschaft die sämmtlichen Bewohner von
Sydney-Coves für vogelfrei, wenn sie es nicht vorziehen sollten, binnen
vier Tagen die Stadt San Francisco zu verlassen, und wer nach dieser
Zeit noch in dem verrufenen Stadttheil gefunden würde, sollte ohne
Weiteres der Volksjustiz anheimfallen. (Cal 352)

Bernard Marshal erfährt von dem Ohiomann, dass der Yankee, der das Gold
aufgekauft und nicht schlecht gezahlt hat, sein Bruder Allan gewesen ist. Der
Ohiomann warnt dann noch vor den Hounds – dass er dabei das Monte-Spiel
erwähnt, mag ausgelöst sein durch die breiten Ausführungen dazu von Zimmermann (vgl. Cal 87–89) [43] – und gibt ihm Tipps zur Reiseroute in den Golddistrikt. Hier stellen sich wieder etwas längere wörtliche Übereinstimmungen
zwischen *Deadly dust* und ›Californien und das Goldfieber‹ ein. Sie beginnen
unmittelbar nach dem Ende der Hounds- und Vigilanz-Comité-Kapitel. May
transponiert aus Kapitel I und II des Dritten Theils, aus denen er bereits für die
Ranchero-Episode kräftig entnommen hat:

»Von hier aus [= San Francisco] *füh-lich zwei Wege nach den verschiedenen Minen-distrikten; der eine geht ganz südlich nach einem Bergstriche, den man Neu-Almaden nennt, wo man eine große Masse von Queck-silber und natürlichem Zinnober findet; der andere aber geht fast genau nach Norden und nur mit einer geringen Neigung gegen Ost zu den noch viel berühmteren Goldgegenden von Sacramento. Wißt Ihr, wo in dieser letzteren Gegend der Yellow-water-ground liegt?«*	Von San Francisco führen zwei Wege nach den verschiedenen Minendistricten. Der eine geht ganz südlich nach einem Bergstri-che, den man Neu-Almaden nennt, woselbst eine große Masse natürlichen Zinnobers und Quecksilber in Menge gefunden wird, der andere Weg geht fast genau gen Norden mit einer geringen Neigung nach Osten, zu den noch viel berühmteren Goldgegenden von Sacramento. Man sollte lieber sagen: des Sacramento; denn die Minen liegen längs des Flusses dieses Namens und längs der Bäche, die ihm zuströmen, sonderbarerwei-se aber benennt man die Gegend nach dem Orte Sacramento, welcher mit den Minen selbst in gar keiner Verbindung oder Berüh-rung steht, außer der etwa, daß er an demsel-ben Flusse liegt, von dem die Golddistricte ihren Namen haben. (Cal 355)
»Ich weiß bisher nur, daß er ein Seitenthal des Sacramento bildet; weiter nichts.«	

43 Beruhend auf Gregg: Wanderungen, wie Anm. 19, 1. bis 3. Bändchen, 188–190.

[»]*Der Weg geht drei Viertheile um die*
Bai von Franzisco herum und dann über den
Rio San Joaquin hinüber oder hinauf nach
dem Sacramento-Thale. Hier braucht Ihr nur
immer aufwärts zu gehen und könnt von jedem
Begegnenden oder an jedem Plazer erfahren,
wo Euer Ziel zu finden ist. Wenn Ihr nicht viel
Gepäck bei Euch habt, mögt Ihr in fünf Tagen
hingelangen. Von diesem Wege aber rathe ich
Euch ab.« (634b)

Nachdem die Reisenden um drei Viertheile der Bai von San Francisco gezogen waren
und nun den Rio San Joaquin überschritten,
um nach dem Sacramento-Thale zu gelangen, da änderte sich plötzlich Alles in der
Wüste, welche wir vorhin berührt. (Cal 361)

Die Dauer der Reise stimmt ungefähr mit derjenigen überein, die auch die
Reisenden unter Führung Don Mauros benötigten, um in den nördlichen Teil
des Golddistrikts zu gelangen:

> Endlich nach sechs Tagen, während welcher die Meisten von der unan-
> genehmen Sattelkrankheit[44] heimgesucht worden waren, gelangte man
> zu den Goldminen. Man hatte auf Anrathen des Don Mauro die
> gewöhnliche Straße verlassen und war in der Nähe der Sierra Newada
> bis zum Bear-Flusse gezogen, auf welcher Straße die Gesellschaft auch
> das Gebirge überschritten hatte, als sie vom Pyramid-See aus nach dem
> Sacramento-Thal zog. (Cal 367)

Der Ohiomann begründet, warum er vom zuletzt beschriebenen Weg abrät,
und empfiehlt zum Schluss eine Abkürzung:

[Kurz nach der Beschreibung spanischer Sät-
tel, die May übernommen hat, siehe oben:]
Auf solche Weise beritten gemacht, ging es
nun längs der Bai dahin durch eine Gegend,

»*Erstens ist es zwar der bequemere, aber nicht*   welche von den aus der Stadt vertriebe-
der kürzere. Zweitens wird grad er durch   nen Hunden (Hounds, die Bewohner von
diese Hounds ganz außerordentlich unsicher   Sydney-Coves) auf die schrecklichste Weise
gemacht. Allerdings fallen sie lieber die von den   unsicher gemacht war, dergestalt, daß man
Minen Kommenden als die dorthin Gehenden   bei jedem Schritt eines Anfalles gewärtig
an, aber man weiß doch nicht, ob sie nicht viel-   sein mußte und deshalb auch ein Jeder sei-
leicht einmal das Gegentheil thun.   ne Büchse oder sein Doppelgewehr in bester
                                                      Ordnung zum Anschlage bereit hatte. Der
                                                      Stadt war durch die Vertreibung der Ban-
                                                      den ein großer Vortheil gewährt worden, das

---

44 Das Stichwort »Sattelkrankheit« weist übrigens auf eine weitere Quelle Zimmermanns: J. Tyrwhitt Brooks: Vier Monate unter den Goldfindern in Ober-Kalifornien. Tagebuch einer Reise von
San Francisco nach den Golddistrikten. Aus dem Englischen von Friedrich Gerstäcker. Leipzig
1849 (Sattelkrankheit: 12). Hinter dem Pseudonym verbirgt sich der englische Autor und Verleger
Henry Richard Vizetelly (1820–1894).

Und endlich drittens ist dieser Weg gepflastert, und zwar mit Dollars, welche man den Reisenden förmlich aus der Tasche zieht. In den Gasthäusern ist man bereits in der Kultur so weit vorgeschritten, daß man Rechnungen schreibt. Aber ein solches Ding ist leichter zu lesen, als zu bezahlen. Ihr zahlt da: für das Zimmer einen Dollar – und schlaft im Hofe; für das Bett einen Dollar – und bekommt zwei Hände voll altes Stroh; für Licht einen Dollar – und habt den Mond zur Laterne; für Bedienung einen Dollar – und habt keinen Help zu sehen bekommen; für das Waschbecken einen Dollar – und müßt Euch im Sacramento waschen; für ein Handtuch einen Dollar – und wischt Euch an Euern eigenen Jagdrock. Der einzige Posten, den man bezahlt und wirklich auch bekommt, ist: für die Rechnung einen Dollar. Wie gefällt Euch das, Master Marshal?«

»Nicht übel!«

»Meine es auch. Darum werde ich Euch einen anderen und besseren Weg sagen, auf dem Ihr, wenn Ihr gut beritten seid, den Yellow-water-ground in vier Tagen erreichen könnt: Ihr setzt mit der Fähre über die Bai und haltet von da aus grad nach San John,[45] *wendet Euch dann nach Osten, und wenn Ihr den Sacramento erreicht, seid Ihr auch am Ziele, wenigstens ganz in der Nähe desselben. Wasserläufe, die Euch in dieser Richtung führen, gibt es genug.«*

»Danke, Sir! Ich werde Euern Rath befolgen.« (634b–635a)

Land war nun aber durch dieselben höchlichst beunruhigt. (Cal 356)

Sehr anders war es auf der eigentlichen Straße, welche vom Einfluß des Sacramento in die Bai beginnt. Niemand macht nämlich den vorhin beschriebenen Weg längs der Küste, dieser ist viel zu lang und die Abenteurer sind viel zu begierig auf das Gold, um nicht den kürzesten Weg danach einzuschlagen, sie gehen daher immer zu Schiffe über die Bai und fangen ihre Wanderung erst von der Mündung des Flusses an. Dort aber hat sich schon ganz und gar die nordamerikanische Sitte oder Unsitte eingebürgert, dort sind schon ganz die Preise zu finden, welche man gewöhnlich den Farmern im Osten zahlen muß, nur mit dem kleinen Unterschiede, daß Rechnungen gemacht werden; man sagt nicht für das Nachtlager zwei Dollar, sondern man sagt für die Benutzung des Zimmers einen Dollar, für das Bett einen Dollar (ein solches Bett wird zwar immer bezahlt, jedoch nie gesehen), für ein Wachslicht einen Dollar (im ganzen Hause ist kein solches, aber auf der Rechnung steht es und der Gast muß es bezahlen), für Bedienung einen Dollar, für Waschbecken und Handtuch einen Dollar (das Waschbecken ist allerdings groß, denn es ist während der kalten Jahreszeit der Hausflur, während der warmen Jahreszeit der Raum vor dem Hause; aber das Handtuch ist schwer zu beurtheilen, es ist gewöhnlich so fein, daß man es trotz aller Mühe nicht sehen kann und daß die Luft das Trocknen übernimmt, weil das Handtuch keine Feuchtigkeit aufzunehmen im Stande ist – vermöge seiner Feinheit). (Cal 362)

---

45 Mount Saint John, ein 698 m hoher Berg nördlich von San Francisco; als »S. John B[erg]« z. B. eingezeichnet in: Hand-Atlas über alle Theile der Erde nach dem neusten Zustande und über das Weltgebäude. Hrsg. von Adolf Stieler. Gotha 1859, Blatt 46b.

Wir sehen: May schmückt die Beutelschneidereien ein bisschen aus, pointiert etwas anders und setzt am Ende der ›Rechnungsreihung‹ noch einen drauf. Doch auch Letzteres variiert nur, was bei Zimmermann gleich anschließend am Anfang des Kapitels III des Dritten Theils zu lesen ist:

> Solche Rechnungen bekommt der Gast in jeder einzelnen zu seiner Auf-
> nahme eingerichteten Anstalt, welche Gasthof zu nennen der Besitzer
> kühn genug ist. Bei der ersten Rechnung dieser Art sagte Mr. Fulton,
> er vermisse auf dieser Rechnung etwas Wichtiges, er finde nicht, daß
> der würdige Gasthofbesitzer angerechnet habe, wie viel das Papier zu
> der Rechnung koste, und er frug, ob man dieses gegen die Gewohnheit
> umsonst bekomme.
>
> Der treffliche Gastwirth aber ließ sich nicht im Geringsten irre
> machen, sondern erwiederte: »Die Narren, welche nach den Goldmi-
> nen gehen, müssen jedenfalls viel Geld überflüssig haben und ich kann
> gar nicht einsehen, warum ich von der Narrheit der Menschen nicht
> Vortheil ziehen soll. Ich werde mir das Papier zu der Rechnung nicht
> bezahlen lassen, wohl aber die Zeit, welche ich mit Ihnen verloren habe,
> denn Zeit ist Geld. Diese Unterredung mit mir kostet einen Dollar und
> da ich selbst hier Friedensrichter bin, so werden Sie nicht erst auf Kla-
> ge und Verurtheilung warten, denn möglicherweise könnte Ihnen der
> dadurch verursachte Aufenthalt noch mehr kosten.«
>
> Diese praktische Weise zu belehren, jedenfalls noch viel gründlicher
> und eindringlicher als die Sokratische Lehrmethode, war für die Rei-
> senden von großem Nutzen, sie hüteten sich wohl einen Wirth zu ähn-
> lichen Zeitopfern zu veranlassen und sie lernten auch bald mehr auf
> eigenen Füßen stehen und weniger die Hilfe eines Gastwirths bedürfen,
> als bisher. (Cal 362f.; es folgt die Tropeiro-Erklärung.)

Diese spezielle ›Zeitopfer‹-Idee wird May etwas später aufgreifen und ausbauen.

Zeit-, Geld- und Goldopfer

Nachdem die Gefährten den Yellow-water-ground erreicht haben, kehren sie im dortigen Schank- und Kaufhaus ein und bekommen vom Wirt scheußliche Getränke gegen viel Geld serviert. Sans-ear bezahlt mit einem taubeneigroßen Nugget und bezeichnet sich als einen, der zu den Leuten gehört, » *welche Plazers wissen, in denen das Gold so zu sagen in schweren Stufen zu Tage liegt* « (646a). Von »Gold in großen Massen« und von »Goldstufen«, ja einer »Goldstufe von ungeheurem Werthe« ist auch in ›Californien und das Goldfieber‹ die Rede, als Marshal mit seinem Kameraden Wilkinson in der Sierra Azul Spanier ver-folgt, die ihnen geschürftes Gold gestohlen haben (Cal 649). Tödliches Gold auch hier: Marshal und Wilkinson verhungern, weil sie vom Gold nicht lassen konnten, um sich zu retten (vgl. Kapitel xviif. des Vierten Theils).

Old Shatterhand und seine Gefährten wollten eigentlich in dem Yellow-water-ground-Etablissement etwas über Allan Marshal in Erfahrung bringen. Der Wirt kann Auskunft geben: »*Den Staub und die kleineren Körner hat er in Sacramento zu Banknoten gemacht und die größten Nuggets in seinem Zelte vergraben. Dann war er plötzlich verschwunden, man weiß nicht wie und auch nicht wohin.*« (646b)

Gold im Zelt vergraben und plötzlich verschwinden – auch diese Ideenkombination entstammt ›Californien und das Goldfieber‹. In Kapitel xx des Dritten Theils wird berichtet, wie eine Gruppe Deutscher und Schweden mit Hilfe von Quecksilber viel mehr Gold gewinnen kann als diejenigen am gleichen Platz, die nur so schürfen: »In der Hütte ging die Treibarbeit sehr fleißig fort und es häufte sich das vom Quecksilber befreite Gold zu solchen Mengen, daß man kaum mehr recht wußte, wo man es bergen sollte und deshalb zum Vergraben innerhalb des Zeltes seine Zuflucht nahm […].« (Cal 416f.; Gold im Zelt vergraben erneut auf 643.) Drei Kapitel später beschließt die Gruppe, ohne Vorankündigung den Ort zu verlassen (Cal 425); die Einen wollen nach San Francisco, die anderen, ein Deutscher und drei Schweden, die Mormonen sind (vgl. oben die Scharade Sans-ears gegenüber dem Ranchero), nach Salt Lake City. Diejenigen, die nach San Francisco wollen, reisen zuerst ab, lassen ihr Hab und Gut auf gemieteten Maultieren transportieren und werden trotz ihrer Verschwiegenheit überfallen, wobei zwei der Deutschen sterben und nur Friedrich Berg überlebt, wie wir bereits wissen.

Der Wirt von Yellow-water-ground teilt zudem mit, dass die Morgans auf der Spur Allan Marshals hier gewesen seien und dieser einen Diener namens Fred Buller in Yellow-water-ground zurückgelassen habe, weil er ihn als Dieb entlarven konnte (646b).

Den suchen die Gefährten auf, und May sieht hier die Gelegenheit gekommen, seinen Ideengeber zu übertrumpfen, die Kosten im ›Zeit ist Geld‹-Spiel hochzutreiben und das Ganze etwas auszugestalten. Er tut dies mittels Dialog – eine zeilenschindende Form, die Seiten zu füllen, von der May, dem die Zeilen Geld brachten, gern Gebrauch gemacht hat:

> »*Good day, Mesch'schurs! Ist hier bei euch ein Master Buller zu finden?*« *fragte ich.*
> »*Yes, Sir; der bin ich!*« *antwortete der Eine.*
> »*Habt Ihr Zeit, mir auf einige Fragen zu antworten?*«
> »*Vielleicht, wenn es gut lohnt. Bei dieser Arbeit kostet jede Minute ihr Geld.*«

> *» Wie viel Geld wollt Ihr für zehn Minuten?«*
> *» Drei Dollars.«*
> *» Hier habt Ihr sie!« sagte Marshal, ihm die Summe hinreichend.*
> *[…]*
> *» Was wollten die Männer bei Euch?« fragte ich weiter.*
> *» Sir, es werden die zehn Minuten wohl bereits abgelaufen sein!«*
> *» Noch nicht! Aber ich will Euch sagen, daß sie sich nach Eurem früheren Prinzipal, Master Marshal, erkundigt haben. Uebrigens sollt Ihr bis zu Ende unserer Unterredung noch fünf Dollars haben!«*
> *Bernard griff in die Tasche und gab sie ihm.*
> *» Danke, Sir!«* (646b–647a)

Und so geht es weiter. Mit der ›Zeit-ist-Geld-Tour‹ hat es freilich einen deutlichen moralischen Haken. Am Ende wird der unverschämte Bursche – nebenbei: Zwangsthema bei May aus biographischen Gründen, auch ein Uhrendieb – alles Geld, knapp sechzig Dollar, wieder herausrücken müssen (648a).

Buller zeigt sich dabei aufmüpfig und droht Old Shatterhand und Bernard mit Lynchen durch die Goldgräber. Dass das Thema Lynchjustiz aufkommt, mag mit den Erläuterungen von Zimmermann in Zusammenhang stehen. Sonst ist das Lynchen bei May in der Regel verbunden mit Teeren und Federn oder Aufhängen. Hier wendet sich das Schicksal im Namen der Gerechtigkeit gegen Buller, dem Old Shatterhand das Gelynchtwerden vorausgesagt hat. Sam Hawerfield, der Mann ohne Ohren, vollzieht es. Er tut dies abweichend vom bei May sonst Gewohnten und schneidet Buller die Nasenspitze ab (648). Dies kann man als vergleichsweise sanfte Reminiszenz an das begreifen, was Zimmermann über die Lynchjustiz berichtet (vgl. beispielsweise die lange Fußnote auf Cal 424). Darunter ist die folgende Szene:

> […] und alsbald ging es dem edlen Don G i r o f f l o an die Kehle. Vergebens rief der Richter zur Ruhe und zur Ordnung, das Volk aber kannte das Gesetz sehr wohl und die Leute sagten: »Noch ist kein Verhaftsbefehl gegen ihn erlassen, er steht noch nicht unter dem Schutz des Gesetzes, er ist noch nicht verhaftet, noch ist er unser und wir wollen zeigen, daß wir das Lynchgesetz kennen.«
>
> Hinaus stürmte Alles, aber der Signor Don G i r o f f l o wurde hinausgeschleppt, gerissen. Vergebens rief der Richter: »ich werde einen Verhaftsbefehl erlassen, Schreiber, schreibt ihn nieder!« – Niemand hörte mehr und lange ehe der Verhaftsbefehl geschrieben war, hatte den Räuber sein Schicksal ereilt. Jeder Finger desselben, jedes Ohr, die Haare waren von den eisernen Händen der wüthenden Goldsucher ergriffen und ausgerissen. Wer einen Finger, wer eine Hand voll Bart- oder Kopfhaar aufweisen konnte, hielt sich für einen Helden, Andere

hatten nur Fetzen der Kleidung erwischt, aber in Folge dessen war Sennor Don Giovani im Augenblick nackend und an seinem entblößten Körper wurde die Exekution fortgesetzt, welche man an den Fingern, an Nase und Mund begonnen hatte. Ein Jeder faßte irgend einen Theil des Leibes, das Brodmesser trennte diesen Theil von dem Körper und wer so ein Stück Fleisch in den Händen hielt, schrie jubelnd, ich habe ein Rippenstück, ich habe ein Stück von seiner Lende, ich habe etwas, woraus ich mir einen Beutel zu meinem Kautabak machen werde und in wenigen Minuten lag ein gänzlich entfleischtes Gerippe am Boden. Es war den wüthenden Menschen noch nicht genug, kein mitleidiger Dolchstoß machte seinem Leben ein Ende, denn wer das gethan hätte, wäre ein Mörder gewesen, sie kannten die Gesetze sehr gut diese wackeren Yankees, sie wollten Niemand umbringen, sie wollten ihn nur lynchen, sie wollte[n] ihn ganz sanft behandeln, Jeder hatte sich eine Kleinigkeit von ihm erbeten, zum Andenken und da es nicht mehr Haut und Fleisch und einzelne Gliedmaßen gab, so hackte man Stücke der zerfetzten Arme und Beine ab, um sich aus den Knochen eine Wachtelpfeife, eine Pickoloflöte machen zu lassen! Ja es ist etwas Erhabenes mit der Volksjustiz.

Als der Schreiber des Richters mit dem geschriebenen Verhaftsbefehl aus dem Versammlungshause kam, war nur noch ein Rumpf zu sehen, der glücklicherweise nicht mehr athmete, aber es war kein Stich in's Herz zu finden, kein Schnitt durch die Gurgel, Niemand war an dem Tode des unglücklichen spanischen Don Schuld, er war lediglich nur gestorben, weil er nicht so viele Andenken geben konnte, als er sollte. (Cal 448f.)

Angesichts einer solchen mit Bitterkeit vorgetragenen Beschreibung werden die in Mays Werk vorkommenden Schilderungen von Grausamkeiten, die durchweg von Individuen und nicht wie hier kollektiv verübt werden, besser als zeitgenössisch geläufig kategorisierbar.

Die Suche nach Allan Marshal, der laut einem von Buller zurückgehaltenen Brief *über die Lynn nach dem Humboldthafen* (648b) gehen will,[46] und die Verfolgung der Verbrecher, die Allan verfolgen, gehen weiter – jedoch ohne ›Californien und das Goldfieber‹. Doch dauert es nun nicht mehr lange, und nach einer wilden Verfolgungsjagd und Gefangennahme, nach Ausbruchsversuch und Tötung ist für die Morgans das Spiel endgültig aus. Aber auch Allan Marshal erliegt, schuldlos, der Jagd nach dem Gold, als er von seinen Verfolgern, die ihn berauben wollen, erschossen wird. Zum letzten Mal in Mays Erzählung

46 *Die Lynn* ist irritierend; etwas südlich der Breite von Humboldthafen (nördlich von Cap Mendocino in der Humboldt Bay nahe Eureka) liegt der Mount Linn (Lynn). May scheint aufgrund von Kartenmaterial einen Fluss angenommen zu haben.

heißt das Resümee wie schon mehrfach zuvor: *Das Gold, wegen dessen so viele Menschen hatten sterben müssen, war verloren* – deadly dust! (666a)

Ausblick

Zimmermanns Buch enthält neben dem in *Deadly dust* Eingearbeiteten noch einige Motive, die wir aus anderen Werken Karl Mays kennen. Darunter ist das vom Tod des (oder eines) zentralen Bösewichts einer Geschichte, der meist durch das Gericht Gottes schwerstverletzt ohne Chance auf Rettung sein Leben aushaucht – entweder unter nicht wiederzugebenden Flüchen oder als in letzter Minute doch zum christlichen Glauben Bekehrter.

Wir haben noch den Don mit dem langen Namen aus ›Californien und das Goldfieber‹ in Erinnerung, der sich bei May in eine Figur mit komischen Zügen verwandelt hat. Don Diego wird mit einem Kumpan zu Pferd von Indianern, an denen er schurkisch gehandelt hat, über eine Felsenklippe in den Abgrund gejagt. Ich gebe die Schilderung Zimmermanns ausführlich wieder, damit jedem Leser ein Vergleich etwa mit dem Tod von Dan Etters, dem falschen General aus der *Old Surehand*-Trilogie, möglich ist. Man ersieht daraus, dass auch ein solches Motiv vom Genre, in dem May schrieb, vorgegeben war, wie fast alles, was er erzählend zu Papier brachte. May setzte dieses Motiv effektvoll als Schlusspunkt der jeweiligen Geschichte ein (so auch, ein anderes Beispiel, im *Sendador*-Roman, mit dem übereinstimmenden Merkmal der nicht blutenden Wunden) – im Unterschied zu Zimmermann, in dessen Textmasse es fast unterzugehen droht, obwohl seine Bedeutung durch die Tatsache hervorgehoben wird, dass eine Illustration der Szene als Frontispiz dient.

Interessant dürfte sein, dass May den Aspekt, den Zimmermann reflektierend »grausames Mitleid« nennt, nämlich das Nicht-Verkürzen der Qualen, unberücksichtigt lässt.

> Aber als der Morgen kam, bereitete sich vor den Augen der Reisenden ein wunderbares Schauspiel. Die Karawane war soeben im allgemeinen Aufbruch begriffen, hier wurde gefrühstückt, dort wurden Maulthiere gesattelt, da wurden Wagen bepackt; plötzlich wurde die Aufmerksamkeit Aller auf einen jener mächtigen Felsen gelenkt, welche das Thal von beiden Seiten begrenzen. Dort hatte sich eine große Menge von den Wilden versammelt und sie machten durch ihr lautes, wildes Geschrei sich, wie es schien, absichtlich bemerkbar.
>
> Kein Mensch hatte eine Ahnung von dem, was jetzt geschehen sollte, man sah plötzlich die dichten Reihen der Indianer sich theilen, dann erblickte man zwei Reiter in tollem Galopp heranjagen; es waren die beiden Spanier, welche das Kommando über die am vorigen Tage

»Indianer-Rache.«

Zurückgekehrten geführt hatten. Selbst in der großen Höhe waren sie ganz unzweifelhaft kenntlich an ihren Hüten. Sie jagten auf den Abgrund zu, oder sie wurden vielmehr darauf zugejagt, die Pferde waren geblendet, ihre Augen waren verbunden, und als der Weg plötzlich unter ihren Füßen schwand, stürzten sie in die entsetzliche Tiefe hinunter und rissen die Männer, welche auf ihrem Rücken gebunden waren, mit sich in den Abgrund. So stürzten sie zu den Füßen der Reisenden nieder, beide Pferde gänzlich zerschmettert und auf dem Fleck todt, der eine der beiden Offiziere hatte ein gleiches Schicksal erlitten, der andere und zwar gerade der verrätherische Schurke, der all' das Unheil über die Karawane hatte bringen wollen, das ihn und seine Verbündeten selbst betroffen, lebte noch.

Man ging hinzu, um zu sehen, ob noch Rettung möglich sei, wurde aber von dem schwer verwundeten Don Diego nur mit den gräßlichsten Verwünschungen empfangen. Die um den Leib des Pferdes befestigten Beine waren durch den mächtigen Sturz an vielen Stellen zerbrochen, die Arme, hinter dem Rücken gefesselt, waren nicht beschädigt und wie es schien, auch der Oberkörper nicht; er hatte also noch so viel Leben und Besinnung, um zu wissen, was ihm bevorstand, der gräßlichste Tod mit zerschmetterten Gliedern und dennoch erst durch den Hunger herbeigeführt; denn die Verwundungen waren nicht blutend, konnten also den Körper nicht so erschöpfen, um seinen Leiden früher ein Ende zu machen. Die Reisenden waren zum großen Theile nicht den gebildeten Ständen angehörig, waren also keinesweges an besonders zarte Ausdrücke gewöhnt, aber so Schauder erregende Flüche, wie sie aus dem Munde des Spaniers vernehmen mußten, hatte doch noch Keiner von ihnen gehört.

Bill Spaniard trat zu ihm und sagte: »Wer ist denn an Deinem Unglück schuld, Du Hund von einem Spanier? Wer, als Du selbst? Hättest Du tückische Bestie uns ruhig unseres Weges ziehen lassen, so wären Deine magern Kühe Dir reichlich bezahlt worden und Du lebtest noch herrlich und in Freuden, statt daß Du jetzt eine Beute der Wölfe werden wirst, nachdem sie zu Deinem Ergötzen erst das Pferd unter Dir verzehrt haben, was ihnen jedenfalls besser schmecken wird, als Du.«

Willis sprach: »Nun, Bill Spaniard, Ihr habt auch einen schönen Vorrath von derben Redensarten, und sie geben denen des Spaniers nicht viel nach.« Dieser selbst aber hörte nicht auf das, was Willis sagte, sondern beantwortete nur des Halbindianers Rede, indem er schrie: »Noch bin ich nicht todt, Du giftige Schlange, noch ist so viel Leben in mir, um Dich in den tiefsten Abgrund der Hölle zu verfluchen, wo Dich zehn Millionen Teufel unaufhörlich und von Ewigkeit zu Ewigkeit plagen sollen, Dich und Euch Alle, wie Ihr hier seid, Ihr

Prairiehunde! Seht, ich werde ohne Absolution sterben, das thut jedem
Christen weh, denn er kommt dann in die Hölle, aber mich freut es,
daß ich in die Hölle komme, und wenn ein Priester hier wäre, so würde
ich nicht beichten und nicht die Absolution empfangen, weil ich in die
Hölle kommen will! Ja, ich will dahin, damit ich sehe, wie Ihr von den
Teufeln gemartert, wie Ihr in Oel gekocht, wie Ihr am Spieß gebraten
werdet und wie Ihr stündlich sterbet und doch wieder von Ewigkeit zu
Ewigkeit aufwacht, lebendig werdet und von Neuem zerrissen, von hundert Dolchen zerfleischt, von Geiern angenagt, von giftigen Dornen zer-
stochen werdet, und das immer wieder und immer wieder! Ha, ha! der
Gedanke lindert mein Elend und lachend werde ich den Teufeln in ihrer
Geschäftigkeit zusehen und werde ihnen rathen, wo sie Euch brennen
und zwicken sollen!« und er nannte mit dem unerhörtesten Cynismus
einige Stellen des menschlichen Körpers und beschrieb die Schmerzen,
welche er durch die Teufel ihnen wolle anthun lassen.

Bill Spaniard erhob sein Gewehr, um dem Verruchten eine Kugel
durch den Kopf zu jagen, allein Lieutenant Willis hielt ihn auf und
sprach in grausamem Mitleid: »Greift dem Arm des Herrn nicht vor!«

Es ist schwer zu sagen, ob diese That nicht viel entsetzlicher ist, als
alle Flüche, welche der verruchte Spanier ausstieß, denn sie übergab den
Unglücklichen wirklich allen jenen angedrohten Uebeln ohne Rettung,
während ein Schuß aus Bill Spaniard's Riffle [sic] den Qualen, welche ihm bevorstanden, sofort ein Ende gemacht hätte. (Cal 141–143)

Ein anderes Motiv wäre das des ungewöhnlichen Gegenstandes, der unbe-
dachterweise weggeworfen oder vergessen wird und Gegner auf den Plan ruft.
In *Old Surehand III* unterläuft dies der Heldenschar mit einer von den Feinden
vergessenen Wasserflasche,[47] in ›Californien und das Goldfieber‹ verrät der
Korken einer Flasche Goldsuchern die Gegenwart von Marshal und Wilkinson und damit das sehr reichhaltige Goldvorkommen. Dass der Korken deshalb weggeworfen wurde, weil statt Rum nun nur noch Wasser in die Flasche
gefüllt wird, ist eine kleine intertextuelle Pointe für sich:

Das erste Zeichen, woran die Goldsucher am Strome sehr bald erkannten, daß noch oberhalb ihrer sich Goldsucher, Jäger oder sonst abenteu-
ernde Personen aufhielten, war ein unschuldiger Kork, den Einer von
ihnen, nachdem die Rumflasche leer getrunken, fortgeworfen hatte.

Was hätte er damit machen sollend ihn in der Tasche behalten? ihn
zwanzig Fuß tief vergraben? ihn verbrennen? – Ein solcher Kork ist
ein wirklich unnützes Ding, wenn man nichts hat als Wasser, um die
Flaschen damit zu füllen. So lange Rum darin war, schonte man seiner,

---

47 Vgl. GR XIX, 177f.

dann aber flog er davon und vielleicht ganz zufällig in den Bach und vielleicht 100 englische Meilen abwärts fand ihn ein Goldsucher und derselbe schloß mit großer Sicherheit, da wo der Kork hergekommen sei, müßten Weiße wohnen, denn die Eingeborenen schließen ihre Flaschen auf eine andere Weise. (Cal 638)

Die Tendenz, dass sich besonders zum dritten Band von *Old Surehand* merkwürdige Korrespondenzen ergeben, setzt sich fort. Die kuriose Szene, wie Pit Holbers die durch einen kleinen Bären zerrissene Kleidung seines, man kann schon sagen: Ehepartners Dick Hammerdull[48] unter Hinweisen Old Shatterhands zu flicken versucht, verweist unter dem auf ›Californien und das Goldfieber‹ ausgerichteten Aufmerksamkeitsfokus auf einen ebenso außergewöhnlich anmutenden Passus in Zimmermanns Buch.

Karl May hatte die Idee, im Wilden Westen bestimmte Nähtechniken anwenden zu lassen:

> *Dann konnte man sehen, wie einer einfädeln wollte und doch eine halbe Stunde lang das Oer nicht fand. Hernach machte der liebe Mensch Stiche! Stiche, soweit auseinander wie die Straßenbäume! Nach dem zweiten Einfädeln hatte er keinen Knoten gemacht und nähte und nähte, ohne vorwärts zu kommen, bis ich ihn darauf aufmerksam machte, daß er den Faden immer wieder herauszog. Später belehrte ich ihn noch darüber, daß diese Stelle zu wibbeln, eine andere mit Hinterstichen und eine dritte überwendig zu nähen sei. Da warf er den Zwirnknäuel zornig fort, schob mir das Bein des Dicken hin und rief, mir die Nadel, die er mir nur reichen wollte, in den Finger stechend:*
>
> *»Da habt Ihr Eure ganze Flickerei, Sir! Macht's selber, wenn Ihr's besser könnt! Wibbeln! Hinterstiche! Hat man schon so was gehört! Was giebt es denn wohl noch für Stiche, Mr. Shatterhand?«*
>
> *»Kettenstiche, einfache und doppelte Steppstiche, Messer- und auch Säbelstiche.«*
>
> *»Die Messerstiche lasse ich mir gefallen; mit den andern aber könnt Ihr mir vom Leibe bleiben! Flickt den Kerl zusammen! Ich habe das Nähen satt!«*
>
> *Was war die Folge? Ich saß fast bis zum frühen Morgen da und besserte die Jacke, Hose und Weste des dicken Bärenbabyjägers aus!* [49]

---

48 Vgl. ebd., 534f., wo die beiden, angeregt durch die Enthüllung, dass Kolma Puschi, die Winnetou so ähnlich sieht, kein Mann, sondern eine Frau ist, durchspielen, was wäre, wenn einer von ihnen eine Frau wäre. Der eine würde den anderen heiraten, und sie debattieren darüber, ob es für eine Trennung die richtigen Scheidegründe gäbe …

49 Ebd., 405f.

Einen Bezug zwischen dem Wilden Westen und europäisch tradierten Nähtechniken stellte im Kontext ähnlich ironischen Tons auch Zimmermann her (und das unten erwähnte Filetstricken ist May-Lesern wiederum aus ungewöhnlichen Zusammenhängen nicht unbekannt):[50]

> Die jungen Masters aus dem Stamme der Choctaw's lernen daselbst einen der wichtigsten Zweige der menschlichen Wissenschaften, das Stillsitzen nämlich, und es gehörte allerdings große Umsicht von Seiten des Rectors der Universität und der Professoren dazu, um die jungen Tiger zu bändigen, aber es gelang. Die Schulmeister engländischer Abkunft sollen eine ganz eigenthümliche Befähigung besitzen für den Unterricht in diesem Zweige menschlichen Wissens, und man behauptet, daß, unterstützt durch ein Instrument, welches aus Birkenreisern gemacht, ihnen die Erreichung ihres Zweckes beinahe jederzeit gelingt. Schwerer soll es werden, die jungen Lady's der Choctaw's zum Sticken mit Kreuzstich oder petit point, zur Erlernung der Steppnaht, zur Beschürzung der Knopflöcher, zur Erlernung des Filetstrickens und zur Ausfüllung der Stickereien mit dem Petinetstich anzuleiten. (Cal 25f.)

Die ›Umarmung‹ Dick Hammerdulls durch einen kleinen Bären korrespondiert im Umkehrmodus wiederum mit der Schilderung bei Zimmermann, wie erfahrene Jäger mit riesigen Grizzlys umgehen: Sie packen sich dick in übereinandergezogene Pelze ein und klammern sich so an den Bären, dass dieser nicht zubeißen kann und mit den Krallen nicht durch Pelz und Leder kommt, und ein zweiter, sofort hinzustürzender Jäger tötet das Tier mit dem Messer (Cal 269) – bei May ist es der schöne, gute, tapfere Comanche Apanatschka, der so heißt, wie er ist, und gekonnt zusticht, und Hammerdulls Kleidung ist so dünn, dass die Krallen des Bärenbabys mühelos den kleinen dicken Jäger zerkratzen.[51]

Die Reihe ließe sich fortsetzen, doch müsste man ›differentialdiagnostisch‹ arbeiten – ob May etwa den Schuss mitten durch die Stirn bzw. zwischen beide Augen eines Gegners (»mitten auf die Stirne zwischen beide Augen«; Cal 15), den Zimmermann bei einer Paraphrase Möllhausens[52] erwähnt, bei diesem oder jenem oder einem unbekannten Dritten gelesen und übernommen hat.

Das jedoch wäre Gegenstand einer anderen Untersuchung.

---

50 Vergleich, dass etwas jemandem so schwer beizubringen ist wie einem Tier das Filetstricken, vgl. *Der Kiang-lu* (GR XI, 157), *Durch die Wüste* (GR I, 401), *Kong-Kheou* (HKA III.2, 338), und *Winnetou I* (GR VII, 93f.).

51 GR XIX, 402f.

52 Möllhausen, wie Anm. 29, 13 (ohne die Erwähnung der Stirn): »war ihm die Kugel dieser kleinen Pistole zwischen die Augen gefahren«.

Waldröschen-Miniaturen

Die Miztecas und ihre schönen Frauen

Karl May gewinnt aus einer Lexikon-Halbzeile Aberhunderte Seiten

Am Beginn der mexikanischen Abenteuer des *Waldröschens* steht die Befreiung von Emma Arbellez und deren Freundin Karja, einer Indianerin vom Stamme der Miztecas, aus den Händen der Comanchen durch den Apachenhäuptling Bärenherz und seinen weißen Freund Donnerpfeil, den Deutschen Anton Helmers.

Ein Vaquero informiert die beiden Männer über die näheren Umstände. Die Comanchen, meint er, werden die jungen Frauen »*mitnehmen, um sie zu ihren Weibern zu machen, denn Beide sind sehr schön*«.

Darauf antwortet Helmers: »*Ja, ich habe gehört, daß die Mädchen der Miztecas wegen ihrer Schönheit berühmt sind.*«[1]

Diese Aussage ist verräterisch. Helmers geht nicht auf die Schönheit der Weißen ein, die seine Braut und dann seine Frau werden wird, sondern teilt nur Wissen vom Hörensagen mit, das er habe. Woher, bleibt offen.

Sein Autor jedenfalls hatte sein Wissen wie üblich nicht vom Hörensagen oder aus eigener Erfahrung, sondern aus dem Lexikon. Diesmal aus dem Artikel **Mexico** des ›Pierer‹. Dort heißt es hinsichtlich der Bevölkerung Mexikos:

> Unter die *Indios fideles*, Mischlingen [sic] verschiedener Stämme, gehören bes. die Aztecas, Tarascas, Miztecas (haben bes. schöne Frauen), Otomiten, Huastecas, Mayos, Opatos, Yaqualis ꝛc.[2]

Die kurze Bemerkung »Miztecas (haben bes. schöne Frauen)« ›zündete‹ ganz offensichtlich bei May: ›Sujet!‹

Und da im unmittelbar vorausgehenden Lexikon-Satz von den »nördlichsten Gegenden« Mexikos die Rede ist (wenn auch auf Indios bravos bezogen,

---

1   HKA II.3, 556. – In einem Dialog zwischen Bärenherz und Karja wird diese Aussage noch einmal aufgegriffen:
    »*Zu welchem Volke gehört meine junge Schwester?*«
    »*Zu dem Volke der Miztecas,*« antwortete sie.
    »*Das war einst eine große Nation und ist noch jetzt durch die Schönheit seiner Frauen berühmt.*« (575)
2   Pi₄ XI, 208b. – Hier wie im Folgenden und in den anschließenden Miniaturen käme wegen der Text- bzw. Aussageübereinstimmungen auch die ›Zweite, völlig umgearbeitete Auflage. (Dritte Ausgabe)‹ des ›Pierer‹ als Vorlage in Frage (19. Bd. [Maronneger–Morfling], Altenburg 1843).

die dort leben)[3] und May ersichtlich nicht weiter nach dem Stamm mit den schönen Frauen im Lexikon recherchiert hat, war für ihn klar: Schauplatz nördlichstes Mexiko und als Handlung eine spannungsgeladene Liebes- und Abenteuergeschichte um eine besonders schöne junge Frau vom Stamm der Miztecas, der zur besseren ›zivilisatorischen Legitimation‹ eine mexikanische Freundin zur Seite steht.

Die Schreibweise »Miztecas« taucht nur dieses eine Mal im ›Pierer‹ auf; ansonsten steht »Mixtecas«.

Hätte Karl May den Artikel über die Geschichte Mexikos gelesen, wäre er auf die Mixteken gestoßen, und hätte er suchend geblättert, wäre ihm der Artikel **Mixteca** nicht verborgen geblieben, aus dem er hätte entnehmen können, dass die Mixteken in Oaxaca, also tief im Süden Mexikos an der Pazifikküste leben.

Wilhelm Manig hat bereits auf den Widerspruch zwischen mexikanischer Realität und May'scher Fiktion hingewiesen,[4] jedoch falsche Schlussfolgerungen gezogen. So meint er, das -z- in Miztecas sei »sicher ein Setzfehler«.[5] Wenn dem so wäre, dann würde der Setzfehler sich 340-mal wiederholen, denn so oft kommt der Name laut der CD-ROM der ›Digitalen Bibliothek‹ vor.[6] Ein Blick in zeitgenössische Lexika belegt außerdem, dass ›Miztecas‹ durchaus neben ›Mixtecas‹ steht.[7] Auch das Schlussresümee Manigs, dass »der Nachweis erbracht sein« dürfte, »daß es sich bei den ›Miztecas‹ in Karl Mays ›Waldröschen‹ im Licht der Geschichte des mexikanischen Nordens in Wirklichkeit nur um Tlaxalteken handeln konnte«,[8] geht an der Sache vorbei: Erstens können fiktionale Entitäten, und solche und nur solche sind Mays Mizteken, nichts anderes sein als fiktional; zweitens könnte man nur sagen, dass da, wo May seine Miztecas ansiedelt, in Wirklichkeit Tlaxalteken lebten,

---

3   Der Satz lautet: »Die freien Indianer bewohnen, obschon in schwachen Stämmen, die nördlichsten Gegenden M[exico]s, treiben Jagd, Räuberei, lernen schwer fremde Sprachen, sind bei den Sitten ihrer Väter geblieben u. führen einen fortwährenden grausamen Krieg gegen die Weißen. Unter ihnen zeichnen sich die Apachen, Mekos, Lipanen, Vaicura, Cochima, Matalans 1c. aus.« (Ebd.)

4   Wilhelm Manig: Auf Fährtensuche: Wer waren die Mixtecas in Karl Mays ›Waldröschen‹? In: M-KMG 95 (1993), 35–39 (35), und M-KMG 96 (1993), 22–28.

5   M-KMG 95 (1993), 36.

6   Siehe Karl Mays Werke. Hrsg. von Hermann Wiedenroth. Berlin o. J. (= Digitale Bibliothek 77).

7   Vgl. etwa Meyers Großes Konversations-Lexikon. Ein Nachschlagewerk des allgemeinen Wissens. Sechste Auflage. Leipzig/Wien 1902–1908, 14. Bd. (1906), 3a: »**Mixtēken** (Mizteken), Kulturvolk des alten Mexiko, das die Landschaft Mixtecapan bewohnte und sich noch heute in zahlreichen Stämmen mit fünf verschiedenen Mundarten im Staat Oaxaca und den benachbarten Teilen von Guerrero findet. Ihr Gebiet zerfällt in die Mixteca alta, das Gebirgsland mit fruchtbaren Tälern, und die Mixteca baja, das heiße und ebene Küstenland. Die ehemalige heilige Stadt der M. war Nun-ndecu (mexikanisch Achiutla) mit berühmtem Höhlentempel, jetziger Hauptort ist das hochgelegene Tlaxiaco.«

8   Manig, wie Anm. 4, M-KMG 96 (1993), 27.

und drittens beruht Mays Konzeption, wie wir gesehen haben, auf minimaler flüchtiger Kenntnisnahme einer winzigen Lexikoninformation ohne jedes ethnographisch-historische Wissen.

In der Höhle des Königsschatzes

Kostbarkeiten aus dem Lexikon

Als der Mixtecas-Häuptling Tecalto alias Büffelstirn aus Dankbarkeit für die Befreiung seiner Schwester Karja dem deutschen Westmann Anton Helmers alias Donnerpfeil einen winzigen Bruchteil des von ihm verwahrten (Azteken-) Schatzes schenken will, der in einer Höhle des Berges El Reparo[1] versteckt ist, gehen dem Deutschen beim Anblick der atemberaubenden Kostbarkeiten die Augen über.[2]

Um dies zu illustrieren, spickt Karl May seine Schilderung der Schätze mit mexikanischen Göttinnen- und Götternamen, just in der Reihenfolge, wie er sie im Artikel **Mexicanische Religion** des ›Pierer‹ vorgefunden hat. Als ob ihm die akkurat kopierten Silbenmonster der Namen gleich zu viel würden, lässt er immer mehr aus, um bei den Hausgöttern zu landen, ohne die im Lexikon gegebenen zusätzlichen Informationen zu den Hausgöttern aufzunehmen. Auch bei den erwähnten Göttinnen und Göttern beschränkt er sich auf knappste Erläuterungen.

Das sieht folgendermaßen aus:[3]

Es verging eine geraume Zeit, ehe der Deutsche seine Augen an diese Pracht gewöhnen konnte. Die Höhle bildete ein sehr hohes Viereck von vielleicht sechzig Schritten in der Länge und Breite, durch welches der mit Steinplatten bedeckte Bach floß. Sie war vom Boden an bis hinauf an die gewölbte Decke angefüllt mit Kostbarkeiten, deren Glanz allerdings die Sinne auch des nüchternsten Menschen verwirren konnte.

Da gab es Götterbilder, welche mit den kostbarsten Edelsteinen geschmückt waren, besonders die Bilder des Luftgottes Quetzalcoatl,	Die Zahl der aztekischen Hauptgötter wird auf 13 angegeben. Die hervorragendsten Gestalten der M[exicanischen] R[eligion] sind Quetzalcoatl, der Nationalgott der Tolteken, welcher aber auch von den Azteken

---

1 Karl May gibt keine deutsche Übersetzung von El Reparo (span. ›Ausbesserung, Wiederherstellung, Einwand‹).

2 Eine Variante der vorliegenden Miniatur ist vom Verfasser: Schlag nach im ›Pierer‹ – erneut. Zu einer Stelle in Mays *Waldröschen*. In: M-KMG 98 (1993), 46–47.

3 Die folgenden May-Zitate alle aus HKA II.3, 626f.; rechts zum Vergleich Pi₄ XI, 205a–b.

des Schöpfers Tetzkatlipoka,

des Kriegsgottes Huitzilopochtli
und seiner Gemahlin Teoyaniqui,
nebst seines Bruders Tlakahuepankuexkotzin,

der Wassergöttin Chalchiukueje,

des Feuergottes Ixcozauhqui

namentlich als Gott der Luft hohe Verehrung genoß; Huitzilopochtli u. Tezkatlipoka, Letzter galt für die Seele der Welt, Schöpfer Himmels u. der Erde, Vergelter des Guten u. Bösen, sein Bild von schwarzem Stein (Teotetl), geschmückt mit goldnen Ohr- u. Armringen u. Kopfband, in der Unterlippe eine krystallne Röhre mit grüner Feder, am Nabel einen Smaragd, in der Linken einen Spiegel, um die Weltereignisse zu sehen, in der Rechten vier Pfeile. Der große Kriegs- u. Schutzgott der Mexicaner war Huitzilopochtli (daraus verstümmelt Vitzliputzli) u. seine Gemahlin Teoyaniqui; unter diesem standen sein Bruder Tlakahuepankuexkotzin u. Painalton, ebenfalls Kriegsgötter. Ihm wurden die meisten Feste gefeiert u. die meisten Menschenopfer gebracht, vor jedem Kriege unter Opfern seine Hülfe angerufen. Andere Götter sind: der ebenfalls von den Urbewohnern übernommene Gott des Wassers Tlalok u. dessen Gefährtin Chalchiukueje; Tlalok galt für den Beschützer aller irdischen Götter u. wohnte auf den höchsten Bergen, wo er zahlreiche dienende Berg- u. Wassergötter hatte; dargestellt sitzend auf einem viereckigen Stein, blau u. grün bemalt, in der Hand ein spitziges Scepter; Xiuhteuctli (Ixcozauhqui), Gott des Feuers, bewirkte auch das Reifen der Früchte; ihm opferte man bei Tische den ersten Bissen u. Trunk, indem man Beides ins Feuer warf; an einem seiner Feste wurden die Vasallen belehnt; Centeotl, Göttin der Erde. Außerdem: Miktlanteucli mit seiner Gattin Miktlancihuatl, Götter der Unterwelt; Ometeuktli gewährte den Männern ihre Wünsche, die Göttin Omecihuatl erfüllte die der Weiber; den Tlazolteotl rief an, wer Vergebung seiner Sünden haben wollte; Quilatzli (od. Cihuacohuatl, das Schlangenweib) war die Schutzgöttin der Kinder, abgebildet mit einem Kinde auf dem Rücken, u. Joalticitl, die Wiegengöttin; Joalteuctli der Gott der Nacht, Omakatl Gott der Freuden. Außerdem gab es für fast alle Gewerbe, Künste, Naturproducte ꝛc. Gottheiten, so Jakateuctli

und des Weingottes Cenzontotochtin.

Hunderte von Hausgötterfiguren standen auf Wandbrettern; sie waren entweder aus edlen Metallen getrieben oder in Krystall geschliffen.

Gott des Handels u. der Kaufleute, Opochtli od. Animitli der Fischerei, Ixtilton der Arzneikunst, Texkatzonkatl (Cenzontotochtin) Gott des Weins; Koatlikue Göttin der Blumen; Mixkoalt Göttin der Jagd; Kikequezal Erfinderin der Musik; als die Mutter der Götter u. die Schutzgöttin der Wehmütter verehrte man Teteoinan, auch Tocitzin. Ein den Menschen feindlicher Gott war Tlakatekololotl. Die bösen Geister (Tzitzimimes) wurden in abscheulicher Gestalt abgebildet. Die Hausgötter (Tepitoton) wurden durch kleine Figuren vorgestellt; Könige u. Prinzen u. der hohe Adel hatten deren sechs, der niedere Adel vier, die Andern jeder zwei in seinem Hause; auch auf den Straßen wurden sie aufgestellt.

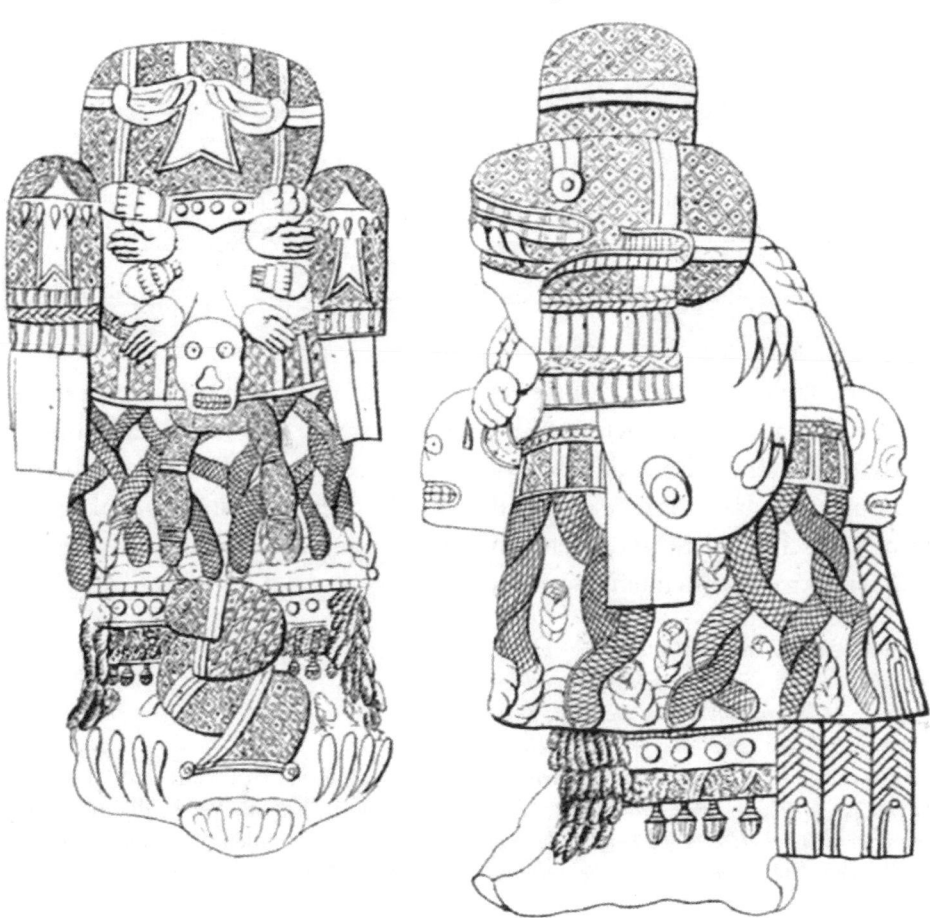

Tlakahuepankuexkotzin.

May fährt mit seiner Ausmalung der Schätze fort, wobei die Rückgriffe auf
eigentümlich Aztekisch-Mexikanisches sich in überschaubaren Grenzen halten
und mehr konventionell-allgemeine Vorstellungen einer überbordend gefüllten Schatzhöhle bedient werden. Unspezifisches wie Schmucksachen oder einfach Haufen von gediegenem Edelmetall wechselt ab mit Unzutreffendem wie
Opfermessern mit edelsteinbesetzten Griffen. (Die Opfermesser der Azteken
waren Steinmesser ohne Griffe.)

Teokalli.

Eingestreut glänzen aus der Masse der Lexikoninformationen gezogene Details
hervor (drei aus dem langen Artikel **Mexico** (Antiq.), eins aus **Mexicanische
Religion**), etwa die Beschaffenheit der Schilde der aztekischen Krieger betreffend, und May lässt die eine oder andere Prächtigkeit noch stärker funkeln, als
dem Nachschlagewerk zu entnehmen war, denn ›natürlich‹ musste eine goldene Königskrone diamantenbesetzt sein …

*Dazwischen standen goldene Kriegspanzer
von ungeheurem Werthe, goldene und silberne Gefäße, Schmucksachen in Demant, Sma-
ragden, Rubinen und anderen Edelsteinen,
Opfermesser, deren Griffe, die funkelnden
Steine gar nicht gerechnet, nur einen Alter-
thumswerth nach Hunderttausenden hatten,
Schilde von starken Thierhäuten, die mit massiven Goldplatten besetzt waren.*

Der Kriegerstand war am höchsten
geachtet. […] Die Vertheidigungswaffen
bestanden in runden u. ovalen Schilden
von Thierhäuten od. von elastischem Rohr
u. starken baumwollenen Fäden geflochten,
mit Federn, u. beim Adel mit Goldplatten

2c. bedeckt; Brustharnische von Baumwolle, bei Prinzen u. Königen auch von Gold- u. Silberplatten [...]. Angriffswaffen waren Bogen, Pfeile, Schleudern, Keulen, Spieße, 3½ Fuß lange, 4 Zoll breite Schwerter (Maquahiutl), Alles von Holz u. mit Spitzen u. Schärfen von hartem Kieselstein od. Obsidian. [...] [4]

d) Der König wurde gewählt u. zwar stets aus dem Hause Acamapitzin (s. Mexico, Gesch.). [...] Die Krone war eine aus Goldblech od. Golddraht verfertigte Mütze [...]. [5]

Von dem Mittelpunkte der Decke hing gleich einem Lüstre eine Königskrone herab; sie hatte die Gestalt eine Mütze, war aus massivem Golddrath gefertigt und ganz ausschließlich nur mit Diamanten besetzt. Ferner sah man da ganze Säcke voll Goldsand und Goldstaub, Kisten, welche mit Nuggets (Goldkörnern) angefüllt waren, welche die Größe einer Erbse bis zu der eines Hühnereies hatten. Man sah ganze Haufen gediegenes Silber, gleich in großen Stücken aus an zu Tage getretenen Adern gebrochen. Auf köstlichen Tischen standen leuchtende Modelle der Tempel von Mexiko, Cholula und Teotihuakan,

Die größten u. berühmtesten [Tempel] waren die des Huitzilopochtli in Mexico, der des Quetzalkoatl in Cholula, der Sonnen- u. Mondtempel in Teotihuakan. [6]

Die Bildhauerkunst war zu wenig größerer Vollkommenheit gebracht, eben so die Bildgießerkunst, mit deren Hülfe sie allerlei Kunstsachen u. Zierrathen verfertigten. Dagegen fertigten die Mexicaner schöne Mosaiken von Vogelfedern u. Muscheln. Sie verstanden auch Edelsteine zu schneiden u. zu fassen. [7]

der prachtvollen Mosaiken von Muscheln, Gold, Silber, Edelsteinen und Perlen gar nicht zu denken, welche am Boden und in den Ecken lagen. Der Anblick dieser Reichthümer brachte auf den Deutschen einen wahrhaft berauschenden Eindruck hervor.

4   Pi₄ XI, 211b.
5   Ebd., 211a.
6   Ebd., 206b (**Mexicanische Religion**).
7   Ebd., 212a.

Die Idee zum Teich der Krokodile

Lexikalische Realien verwandeln sich

Zu den herausragenden Szenen, die den Lesern von Karl Mays *Waldröschen* im Gedächtnis bleiben, gehören diejenigen, die am Teich der Krokodile in der Nähe des Bergs El Reparo mit der Höhle des Königsschatzes im Norden Mexikos spielen, im Staate Coahuila (May und zeitgenössisch: Cohahuila).

Der Teich, eher ein kleiner See,[1] liegt im Vorhof eines überwucherten Aztekentempels. Büffelstirn, der Häuptling der Mixtecas, will dort den falschen Grafen Alfonzo de Rodriganda zur Strafe dafür, dass er den Deutschen Anton Helmers, als furchtloser Jäger Donnerpfeil genannt, hinterrücks überfallen und fast tödlich verletzt hat, gefesselt an einer in den Teich ragenden Zeder so aufhängen, dass die Krokodile des Teichs nach ihm schnappen können und ihn langsam auffressen, sobald er seine Beine nicht mehr hochziehen kann. Später soll Bärenherz, der Apachenhäuptling und Freund Donnerpfeils sowie Büffelstirns, durch Comanchen, Verbündete des falschen Alfonzo, das gleiche Schicksal erleiden. Beide, Alfonzo wie Bärenherz, kommen frei, allerdings erst nach spannungsgeladenen Erzählsequenzen.

Zunächst werden die Bewohner des Teichs, ungefähr zehn riesige Krokodile, kurz geschildert: *Sie blieben am Ufer halten und streckten die häßlichen, nach Moschus stinkenden Köpfe heraus. Es waren theils Brillen-, theils Hecht-Kaimans, und keiner hatte eine Länge unter vierzehn Fuß.*[2]

Diese Informationen entnahm May einem Konversationslexikon, höchstwahrscheinlich dem ›Pierer‹, der unter dem Artikel **Krokodile** mitteilte: »zwei Drüsen am Unterkiefer sondern eine moschusartig riechende Feuchtigkeit ab«.[3] Und weiter:

> c) Alligators (Kaimans, *Alligator Cuv.*, *Champsa Wagl.*), Kopf der Vorigen, aber breiter, vorn spitziger, kein Ausschnitt für den Eckzahn, sondern eine Grube im Oberkiefer, in welche der ebenfalls größere

---

1 Vgl. HKA II.3, 643: *fast zu einem kleinen See geworden.* Später ist vereindeutigt die Rede von einem *kleinen See* (II.4, 670), aber auch wieder von einem *Teich* (II.4, 707).
2 HKA II.3, 645.
3 Pi₄ IX, 833b.

Unterkieferzahn paßt; Vorderfüße ohne Schwimmhaut, die hinteren
mit halber. Nur in Amerika: Kaiman mit der Hechtschnauze
(*A. lucius Cuv.*), im südlichen Theile von Nordamerika; Brillenkaiman (*A. sclerops Schu.*) u. a. m. Von den vorweltlichen krokodilartigen
Thieren gibt es zahlreiche Gattungen: *Poecilopleuron Deslch.*, *Pleurosau-
rus Mey.*, *Teleosaurus Geoffr.*, *Pelagosaurus Bronn.*, *Aelodon Mey.*, *Gna-
thosaurus Mey.* ꝛc.; vgl. Alligator [...].[4]

May wählte also genau die zwei Krokodilarten, die er laut › Pierer‹ als im südlichen Nordamerika lebend, in dessen Grenzbereich die Handlung ja spielt,
verstehen konnte. Dabei unterlief ihm freilich ein entscheidender Fehler: der
Brillenkaiman (Yacaré) lebt in Südamerika und nicht in Mittel- oder im südlichen Nordamerika (was durch rasches weiteres Nachschlagen herauszufinden
gewesen wäre). Selbst der Kaiman mit der Hechtschnauze lebt, präziser loka-
lisiert, im südöstlichen Nordamerika, im Mississippigebiet. (Die Bezeichnung
› Hecht-Kaiman‹ findet man besonders in späteren Auflagen des › Brockhaus‹
[14. Auflage] und des › Meyer‹ [6. Auflage]).

In *Am Rio de la Plata* baute May interessanterweise ausgerechnet um den
Unterschied zwischen Alligator und Krokodil eine Bezeichnungsverwechs-
lungsepisode.[5] Hier nannte er richtig, vermutlich nach einer anderen Quelle,
den südamerikanischen Kaiman *Jacaré*.

Die Größenangabe › nicht unter vierzehn Fuß‹ dürfte ebenfalls auf Lexikon-
Lektüre zurückgehen: der › Pierer‹ gibt im Artikel **Alligator** für den hechtsköp-
figen Alligator 14 bis 23 Fuß Länge und für das Brillenkrokodil »bis 14 F[uß]«
an.[6]

✦

4   Ebd.
5   Siehe GR XII, 373:
      » Hat diese Stelle einen Namen?«
      » Ja. Es liegt eine Halbinsel da, welche man die Peninsula del Jacaré nennt.«
      » Nicht del crocodilo?«
      » Nein. Diese letztere Halbinsel liegt da vor uns.«
      » Hm! So muß eine Verwechslung stattgefunden haben, denn wir hörten, daß die Reiter an der Penin-
      sula del crocodilo lagern würden.«
      » Der Ihnen das sagte, hat Krokodil mit Alligator verwechselt.«
      » Sonderbar, daß diese beiden Halbinseln, welche so ähnliche Namen haben, so nahe beieinander
      liegen!«
      » Die Peninsula del Jacaré geht sehr seicht in das Wasser, und dort halten sich in einer Bucht zahlrei-
      che Alligatoren auf. Die schmale Halbinsel hier aber hat die Gestalt eines Krokodiles; daher ihr Name.«
6   Pi₄ I, 336a.

Aber wie kam Karl May überhaupt auf die Idee mit dem Teich der Krokodile im *Waldröschen*? Lässt sich darüber etwas vermuten, gar durch Indizien verstärkt? Ja.

May hatte offensichtlich den Artikel **Chihuahua** für das *Waldröschen* benutzt. Zu erkennen ist dies bei der Episode um die *alte, mexikanische Pyramide*,[7] die sich auf den Ländereien des diabolischen Rittmeisters Verdoja in Chihuahua befindet und in deren Innerem er seine Gefangenen langsam verschmachten lassen will.

Von der Hazienda Verdojas heißt es lexikonkonform:

Diese war sein väterliches Erbe und gehörte zu den ungefähr sechzig Landgütern, welche der mexikanische Staat Chihuahua mit der Hauptstadt gleiches Namens aufzuweisen hat.[8]

Chihuahua [...] fruchtbar ist das Land eigentlich nur in der Nähe der Flüsse, deren größter, Rio del Norte, die Grenze gegen Texas bildet u. den Rio Conchas (Muschelfluß) mit vielen Nebenflüssen aufnimmt, u. deren überhaupt 16 das Land durchfließen; sonst ist fast überall drückender Wassermangel. [...] nur etwa 60 Landgüter (Haciendas) sind in Betrieb [...].[9]

Im Artikel **Chihuahua** konnte May unmittelbar zuvor den Hinweis finden: »unter den großen Seen sind zu nennen der Cayman (Tlahualila) im S[üden]«, am Rande der »Bolsons de Mapimi«, wie der ›Pierer‹, analog anderen zeitgenössischen Quellen, im Plural (recte: Bolsones) schreibt, woher Mays feminines *die Bolson de Mapimi*[10] für jene wüste Gegend stammen könnte (nach dem Llano Estacado der zweithäufigste amerikanische Wüstenschauplatz unseres Autors, *die verrufenste Strecke Mexikos*),[11] sofern er nicht auch bei diesem Ausdruck (sonst nur: *die Mapimi*) in Gedanken ›die Wüste‹ ergänzt hat.

Dieser Cayman- oder Krokodil-See könnte die Anregung für den großen Alligatoren-Teich gewesen sein, obwohl die nachweislich aus dem **Chihuahua**-Artikel genommene Information erst nach den Abenteuern am *alten Aztekentempel*,[12] der *altmexikanische[n] Opferstätte*[13] bei der Hazienda del Erina, in die Romanhandlung eingebaut ist. Und zu bedenken ist zusätzlich auch: ein großer See im Süden Chihuahuas wäre damit kraft schriftstellerischer Imagination zu einem kleinen See im Norden des östlichen mexikanischen Nachbarstaates Coahuila mutiert.

---

7   HKA ii.5, 1570.
8   Ebd., 1509.
9   Pi₄ iii, 923b.
10 Vgl. Karl May: *Der Scout*. In: HKA iv.27, 409, 411, 435, bzw. GR viii, 234, 236, 261 (*die Bolson de Mapimi*, auch flektiert); HKA ii.8, 3267 (*die Bolson mapimi*); HKA ii.22, 1420 (*in der Bolson mapimi*).
11 HKA ii.5, 1478.
12 HKA ii.3, 643.
13 HKA ii.5, 1463.

Ist das wahrscheinlich? Bringt man Karl Mays Anverwandlungstechnik der Umkehrung in Anschlag, dann allerdings.

Es kommt noch etwas hinzu: Um die Gefangenen (Emma Arbellez, die Indianerin Karja sowie den Steuermann Helmers und Mariano, den eigentlichen Alfonzo de Rodriganda) aus der Nähe der Hazienda del Erina in Coahuila nach der Pyramide zu verschleppen, muss die Mapimi durchquert werden.

Ohne Wasser geht das nicht. Eine Wasserstelle muss also her. Den genannten Cayman-See, der auch einen eigenen Eintrag im Lexikon hatte (»**Cayman** (T l a h u a l i l a), großer See im Süden des mexicanischen Bundesstaates Chihuahua, in den Bolsons de Mapimi, noch wenig bekannt«),[14] konnte May vom Namen her, weil – so unsere Annahme – bereits für den Teich der Krokodile verwendet, nicht noch einmal benutzen; auch die Nahuatl-Bezeichnung Tlahualila (ungefähr: ›fruchtbares Land‹ + ›Bewässerung‹) ging nicht, weil ohne semantische Erklärung für den Erzählfluss doch zu exotisch klingend und May sich – sein Roman belegt es – mit der aztekischen, ›altmexicanischen‹ Vergangenheit außer an einer einzigen Stelle, und auch da nur Lexikoninformationen wiedergebend,[15] nicht eingehender auseinandersetzen mochte, obschon die Gelegenheit dazu stofflich sehr wohl vorhanden war.

Doch der **Chihuahua**-Artikel bot einen assoziativen Ausweg. Der Rio Conchas war ja, siehe oben, mit »Muschelfluß« verdeutscht (span. concha ›Muschel‹) – was lag nun näher, als einfach einen *Muschelsee* zu erfinden und ohne präzise geographische Angabe in der Fiktion dort zu lokalisieren, wo er als Wasserreservoir nötig war?

Nimmt man dies alles zusammen, vermag man nachzuempfinden, wie sich im Schreibprozess Eigenes auf fremdem Nährboden entwickelt und lexikalisch vermitteltes Reales sich zu Imaginärem verwandelt.

---

14 Pi₄ III, 786a.
15 Siehe dazu ›In der Höhle des Königsschatzes. Kostbarkeiten aus dem Lexikon‹ oben (139–143).

Zwei weitere Bruchstücke aus dem **Mexico**-Artikel des › Pierer‹

Flüsse und Bevölkerung betreffend

Es ist nicht nothwendig, langweilige geographische Bemerkungen über Mexiko zu machen, hebt Karl Mays Landesbeschreibung im 11. Kapitel der 1. Abtheilung des *Waldröschens* (*Die Höhle des Königsschatzes*) an.[1] Recht so; der Autor beschränkt sich auf ein kleines Bruchstück, das er den › langweiligen‹ geographischen Informationen des Artikels **Mexico** im › Pierer‹ entnahm:

Die Grenze des Landes nach Texas hin, welches zu den Vereinigten Staaten gehört, bildet der Rio Grande del Norte, auch Rio Bravo del Norte, in welchem sich der Conchos, Salados, Sabinas und San Juan ergießen. Zwischen diesem Flusse und den Cordilleren von Cohahuila lagen einige der zerstreuten Besitzungen, welche dem Grafen Ferdinando de Rodriganda gehörten.[2]

Flüsse: Rio Grande del Norte (Rio Bravo del Norte, jetzt Grenzfluß gegen Texas, mit Conchos, Salados, Sabinas u. San Juan) [...].[3]

Einem anderen Bruchstück, und zwar aus dem Abschnitt »Bevölkerung«, begegnet man im folgenden Kapitel (*Lebendig begraben*):

Diese Indianer sind nicht etwa wild, sondern sie sind eifrige Katholiken und werden Indios fideles *genannt, im Gegensatze zu den* Indios bravos, *den freien, wilden Indianern. Sie haben aber aus ihrem früheren Glauben manche Anschauung und manchen Brauch mit herüber in ihr Christenthum gebracht, und*

c) Indianer, u. zwar solche, welche sich der Herrschaft der Weißen u. dem Christenthum unterworfen haben (*Indios fideles*, christliche Indianer), od. solche, welche noch frei u. ohne Taufe leben (*Indios bravos*, freie Indianer), insgesammt ungefähr 4,800,000 Köpfe [...].[4]

---

1   HKA II.3, 550.
2   Ebd., 551.
3   Pi₄ XI, 208a.
4   Pi₄ XI, 208b.

es giebt welche unter ihnen, welche mehr zu   Bei den *Indios fideles* herrscht noch viel
fürchten sind, als ein freier Comanche oder   aus dem Heidenthum übertragener Aber-
Apache.[5]   glaube.[6]

Diese Unterscheidung führte Karl May einige Jahre später (1888/89) noch einmal in seiner Erzählung *Der Scout* bei der Schilderung an, wie der Erzähler,
Old Death und ihre Gefährten das Tor zur Estanzia del Caballero erreichen:

> *Der Mann, welcher uns geöffnet hatte, war ein dicker, ganz in weißes Lei-*
> *nen gekleideter Indianer, einer von den Indios fideles, das heißt gläubigen*
> *Indianern, welche sich im Gegensatze zu den wilden Indios bravos mit der*
> *Civilisation friedlich abgefunden haben.*[7]

---

5   HKA II.3, 729. – Zu den Puebloindianern vgl. auch GR XXII, 171f.
6   Pi₄ XI, 209a.
7   Karl May: *Der Scout*. In: HKA IV.27, 378.

Die Büchse des Schwarzen Gérard –
Wann wurde ihr Kolben golden?

Vom schnellen Verfertigen eines Gedankens beim Schreiben

Die reizvolle Frage, wann einem Autor ein bestimmter Gedanke gekommen ist, lässt sich naturgemäß relativ selten befriedigend beantworten. Um so netter, wenn ein Nachweis durch Indizien ohne große Kramerei in Archivalien direkt aus just jenem Text gelingt, den die Frage betrifft. Die Chancen dazu stehen bei einem Geschwindschreiber wie Karl May selbstverständlich besonders günstig. Dass es sich dann, von der Warte ernsthaften literarischen Handwerks her betrachtet, automatisch auch um Belege für verständliche, aber dennoch (vielleicht sogar vom Autor schmerzvoll ironisch vorgeführte) naiv-dreiste Pfuscherei aus ökonomischer wie intellektueller Not handelt, unterliegt dabei wohl kaum einem Zweifel.

Das dritte Kapitel der dritten Abteilung von Karl Mays *Rächerjagd rund um die Erde* führt am Schauplatz Neu-Mexiko beziehungsweise Nordmexiko als neue Heldengestalt den Schwarzen Gérard ein, der den Lesern aus den in Frankreich und Deutschland spielenden ersten beiden Kapiteln der zweiten Abteilung als sich langsam zum Guten wandelnder Garotteur bekannt war. Nun figuriert er, Jahre danach, als berühmter Wald- und Prärieläufer. Sein ›besonderes Kennzeichen‹: *die berühmte Büchse.* Ihr Kolben ist *mit Gold ausgegossen und mit Blei überzogen.*[1]

Doch zunächst, beim ersten wie auch beim zweiten und dritten und selbst beim vierten und fünften Auftreten Gérards, ist davon keine Rede. Dem Gewehr wird, entgegen sonstiger rhetorischer Gepflogenheit, wenn es um unveräußerliche ›Heldenbeigaben‹ geht, keine weitere Aufmerksamkeit durch die Erzählinstanz geschenkt, selbst keine ›heimlichen‹ Hinweise an den Leser gegeben (wie in Fällen, in denen die Außerordentlichkeit der Waffen nur ganz leise angedeutet werden soll). Die Büchse des Schwarzen Gérard bleibt

---

1 HKA 11.6, 2160. Weitere Stellenangaben im Text.

völlig nebensächlich. Nichts deutet darauf hin, dass es mit ihr eine besondere Bewandtnis haben könnte. [2]

Das einzige ›besondere Kennzeichen‹ des Schwarzen Gérard ist bislang sein schwarzer Vollbart, dem er auch seinen nom de guerre verdankt – doch der Bart wirkt weder durch seine Länge noch durch eine andere Eigenschaft auffällig.

Nun hat der eilig dahinschreibende Autor seinen derzeitigen Haupthelden gerade in Gefangenschaft geraten lassen. Aber wie ist er von seinen Gegnern zweifelsfrei zu identifizieren? Der Bart allein reicht dazu nicht aus, auch die Identifikation durch eine ehemalige Geliebte Gérards weist ihn nur als Garotteur in Frankreich aus, nicht jedoch als gefährlichen feindlichen Präriejäger. Was tun? Ein wirklich besonderes ›besonderes Kennzeichen‹ muss her. Aber welches?

Das Assoziationsstichwort dafür ist ›Gold‹.

Als die Gérard begehrende Emilia ob dessen heruntergekommener Erscheinung zu schmollen beginnt, bekennt er ihr, eine Goldader in den Bergen entdeckt zu haben. »*Brauche ich Geld, so gehe ich hinauf und breche mir ein Stück heraus.*« (2131)

Diese Textstelle ist das eindeutigste Indiz dafür, dass Karl May bis zu jenem Erzählzeitpunkt, da die *berühmte Büchse* mit dem goldenen Kolben als Selbstverständlichkeit erwähnt wird, überhaupt noch nicht an sie gedacht hat. Zumal relativ unmittelbar vor der ersten Erwähnung des goldenen Kolbens (2160) noch eine Reflexion auf die Güte seines Gewehrs als zielgenaue Waffe erfolgt, ohne dass des wertvollen Kolbens Erwähnung getan wird: *Seine alte Doppelbüchse hatte ihn lange Jahre begleitet; sie hatte ihn ernährt* [im Sinne ihrer Beuteerträge] *und beschützt. Sollte er sie aufgeben? Nein. Der Prairiemann hält auf seine Büchse ebenso viel wie auf sich selbst.* (2158)

Danach, nach der Erwähnung der *berühmte[n] Büchse*, wird der goldene Kolben fast immer ins Spiel gebracht. [3]

Davor bereitet das Stichwort ›Gold‹ den Einfall vom goldenen Kolben vor: in Gestalt des reichen falschen Goldsuchers, der in Wahrheit ein französischer

---

2   Vgl. die Erwähnungen des Gewehrs bis dahin: *Die Büchse, welche er* [der Schwarze Gérard] *neben sich an den Tisch gelehnt hatte, schien keinen Groschen werth zu sein* (2086), was noch die Möglichkeit eines erzählerischen Understatement anzunehmen zulässt, obwohl ein Hinweis etwa auf die Schwere der Waffe dem üblichen deiktischen Spiel entsprochen hätte. Danach fungiert das Gewehr als beiläufiges Utensil ohne jede besondere Eigenschaft (2098, 2124f., 2154, 2158) bis zur erzählerisch unvorbereiteten Bekanntmachung ihrer Berühmtheit.

3   Vgl. 2162f., 2166, 2168, 2180, 218, 2187, 2197 (ironische Umkehrung), 2279 usw. – Die Idee vom mit unauffälligem Material überzogenen, jedoch inwendig goldenen Kolben greift Karl May in seiner Erzählung für die Jugend *Das Vermächtnis des Inka* (1891/92) in Gestalt des Humantschuay, des Inka-Streitkolbens von Haukaropora, noch einmal auf.

Soldat im Kapitänsrang ist (2112), und in Gestalt von Gérards Mitteilung, dass er eine Goldader gefunden habe.

Damit lässt sich der Zeitpunkt von Karl Mays Einfall, dem Schwarzen Gérard als besonderes Kennzeichen eine Büchse mit goldenem Kolben zu verpassen, auf dem Papier ziemlich genau lokalisieren – zwischen der Bemerkung, dass das Gewehr als ›treuer Kamerad‹ nicht zurückgelassen werden könne, und der pampigen Bemerkung Gérards, man solle doch seine Identität untersuchen (2160).

Wie Karl May auf die Mescaleros als Hauptstamm der Apachen kam

Eine Vermutung

Zum ersten Mal erwähnt Karl May den späteren ›Winnetou-Stamm‹ der Mescalero-Apachen im *Waldröschen*, als er den Weg des Schwarzen Gérard von Chihuahua nach Fort Guadeloupe schildert:

> *Er ritt einen weiten Bogen, um nicht bemerkt zu werden, und als der Feuerschein genugsam hinter ihm lag, bog er wieder nach Osten ein, so daß er ungefähr um Mitternacht den Einfluß des Conchos in den Rio Grande erreichte. Er setzte über und befand sich nun auf dem Gebiete der Mescaleros-Apachen.*[1]

Die Angabe, dass auf der Ostseite des Rio Grande del Norte das Gebiet der Mescaleros beginnt, erlaubt die Rückführung dieser Information auf den Artikel **Apaches** im ›Pierer‹:

> **Apaches (Apache-Indianer, Apachen, Apacher),** ein raubsüchtiger, wilder Indianerstamm in Texas u. Neu-Mexico, etwa 15,000 Köpfe zählend, deren zwei Hauptstämme sich in viele kleine Banden theilen. Jene im Osten des Rio del Norte heißen **Apaches Mezcalēros**, weil die Mezcal, die gebackene Wurzel des Maguey (*Agave americana*), eines ihrer Hauptnahrungsmittel ist; die **Apaches-Coyotēros** (so genannt, weil sie das Fleisch des Coyote od. Prairieschakals genießen) leben im Westen. Sie bauen keine eigentlichen Wigwams, sondern führen Zelthütten mit sich u. treiben weder Ackerbau noch Jagd; sie leben lediglich von Raub u. Plünderung; ihre Speisen holen sie aus Mexico, von wo sie Viehheerden wegtreiben; ihre Streifzüge dehnen sie bis Californien, Sonóra, Durango u. Chihuahua aus.[2]

Als Mezcaleros (an anderer Stelle auch » Mescaleros «)[3] bezeichnete man damals also einen der beiden ›Hauptstämme‹ der Apachen. Von daher erscheint es

---

1 HKA II.6, 2171.
2 Pi₄ I, 590b.
3 Pi₄ III, 923b (**Chihuahua**) und IV, 244b (**Cohahuila**).

nicht unplausibel, dass Winnetous Vater Intschu tschuna eingeführt wird als Mescalerohäuptling, der von allen übrigen Apachenstämmen als Häuptling anerkannt wird.[4]

Mays Idee, den Mescaleros (beziehungsweise ihren Häuptlingen Intschu tschuna und Winnetou) eine ›Führungsrolle‹ unter den Apachen zuzuschreiben, könnte ihren Ausgangspunkt in diesem Lexikonartikel gehabt haben.

---

4   GR IX, 110. – Später heißt es: *Von hier* [= dem Pueblo am Río Pecos] *aus regierte der Häuptling diesen Stamm, und von hier aus unternahm er auch die weiten Ritte zu den andern Stämmen, die ihn als obersten Häuptling anerkannten. Dies waren die Llaneros, Jicarillas, Taracones, Chiriguais, Pinalenjos, Gilas, Mimbrenjos, Lipans, Kupferminenapachen und andere; ja selbst die Navajos pflegten sich, wenn nicht seinen Befehlen, so doch seinen Anordnungen zu fügen.* (Ebd., 420)

Vernunft und Aberglaube

Die Wissensprobe und die Wilde Jagd

Niedere Mythologie und artistisches Spiel[1]

Eingebettet in eine Wissensprobe, die zwei Figuren in Mays Bandwurm von Roman *Waldröschen oder Die Rächerjagd rund um die Erde* austragen, gibt May ungewollt oder doch gewollt Aufschluss über die metafiktionale Herkunft einer dritten. Die Wissensprobe innerhalb der Fiktion wird unausgesprochen auch zu einer außerhalb, nämlich einer, in der der Text seinen Leser und dessen Kenntnisse auf die Probe stellt. Und das läuft folgendermaßen:

»*Habt Ihr ihn, Ludewig?*« fragt der kleine Tausendsassa Kurt Helmers den Forstgehilfen Ludewig Straubenberger, Schauplatz ist das fiktive Rheinswalden bei Mainz, und meint, vordergründig, den Wolf, auf den man pirschte.

> »*Nein, sondern er hat uns gefoppt,*« antwortete der Gefragte ... und sagte:
> »*Kurt, Du bist noch sehr jung dahier, aber man darf Dir schon Etwas sagen.*«
> »*Was?*« fragte der Knabe neugierig.
> »*Ich meine, Etwas, was Du noch nicht zu wissen brauchst, weil dabei selbst uns Großen der Verstand stille steht dahier.*«

Und Ludewig fragt ihn nach münchhausiadischen Dingen wie dem achtbeinigen Hasen; ob er, Kurt, schon mal von ihm gehört habe. Der Kleine verneint.

> »*Aber vom wilden Hackelberg hast Du gehört, sowie vom wilden Jäger und vom getreuen Eckehardt?*«
> »*Ja.*«
> »*Und von der guten Frau Holle?*«
> »*Ja.*«
> »*Nun gut, wir sollen Dir von solchen Sachen nichts erzählen; der Herr Hauptmann* [der Hauptmann von Rodenstein nämlich] *hat es uns*

1   Dieser Beitrag wurde bereits veröffentlicht als Teil des Aufsatzes: Von Befour nach Sitara – in Begleitung der Wilden Jagd. Über ein mythisches Muster, die Wissensprobe als artistisches Prinzip bei Karl May sowie etwas über sein Lesen, Denken und Schreiben. Ein Fantasiestück in philologischer Manier. In: Jb-KMG 1994, 104–142 (109–122, mit Auslassungen).

*verboten, aber aus ihnen geht doch hervor, dass es im Walde nicht ganz
ohne ist dahier. Verstanden?«*[2]

Kurt hat verstanden. Und wir haben verstanden, dass Mays Figuren von gewissen Dingen nichts erzählen sollen, weil's verboten ist, aber doch können sie nicht umhin, davon anzufangen, weil der Kitzel geheimer Ahnung oder verborgenen Wissens so übermächtig ist. Fast immer in solchen Situationen dreht es sich auch ums Foppen und ums Foppen derer, die andere foppen wollen. (Die Anziehungskraft der Ernstthaler ›Lügenschmiede‹ voller Fopper wirkte bei May doch schier lebenslang nach: *in dem Begabten aber wirkt es fort und nimmt in seinem Innern Dimensionen an, die später, wenn sie zutage treten, nicht mehr einzudämmen sind.*[3]) Hier foppt nicht nur der Wolf seine Jäger, wie Ludewig meint, sondern auch Kurt, der den Wolf schon erlegt hat, die Jäger – und der Text den Leser, sofern der nicht merkt, dass die Fragen nach dem wilden Hackelberg, dem getreuen Eckart und Frau Holle klammheimlich auf den Herrn von Rodenstein zielen, denn diese alle, die man für sich kennt, sind miteinander verbunden, und zwar im Sagenstoff von der Wilden Jagd, auch Wütendes Heer genannt, eine Lufterscheinung, nach der germanischen Sage ein Tross Gespenster unter der Führung Wodans, die auf alten Schlachtfeldern sich blicken lassen und am Himmel kämpfen und jagen. Wodan ist übrigens der Rätselfrager und -gewinner schlechthin von der Wissensdichtung in den Liedern der Älteren Edda bis zu Richard Wagners ›Siegfried‹. Regional unterschiedlich wird zum Anführer des Zuges mal der Graf Hackelberg, vor dessen Wüten der treue Eckart die Menschen warnt (so im Thüringischen und Mansfeldischen; bekannt auch durch Goethes Ballade ›Der getreue Eckart‹);[4] in Norddeutschland wird Wodan von seiner Gemahlin begleitet, der sich gar nicht so gut gebärdenden Frau Holle, und im nördlichen Odenwald ist es eben der Ritter von Rodenstein.[5] Bei Darmstadt treffen sich gewissermaßen beide

---

2 Karl May: *Waldröschen oder Die Rächerjagd rund um die Erde.* HKA II.4, 999.

3 Karl May: *Mein Leben und Streben. Selbstbiographie.* In: HKA VI.1, 81. Zum biographischen Hintergrund des Foppens vgl. ebd., 79–84.

4 Goethe schildert den getreuen Eckart als Warner vor den »unholdigen Schwestern«, den »Hulden«, dem »wütige[n] Heer« (Johann Wolfgang von Goethe: Gedichte. Hrsg. u. kommentiert von Erich Trunz. Zehnte Auflage. München 1974 (= Goethes Werke Bd. 1 [Hamburger Ausgabe]), 286–288, und den Kommentar (»Thüringerwaldmärchen« um Eckart und Frau Hulda) ebd., 630f.

5 Einen ausführlichen Überblick über den weitverzweigten, europäisch verbreiteten Sagenstoff, der zahlreiche bekannte Gestalten wie König Artus oder Dietrich von Bern mit einbezieht, bietet Jacob Grimms ›Deutsche Mythologie‹ beispielsweise in Kapitel VII und besonders XXXI (Jacob Grimm: Deutsche Mythologie. Vierte Auflage. Berlin 1875–1878, 3 Bde.; Bd. 1, 109ff., Bd. 2, 761–793, und Bd. 3, 280–284; Reprint Graz 1968), mit literarischen Belegen von Shakespeare bis Hans Sachs unter Berücksichtigung des Volksglaubens von Schweden bis Spanien.

   Karl May braucht die Variationen der Sage um das Wütende Heer nicht in diesem Umfang gekannt zu haben. Ihm genügte wohl bereits das, was er als Kind möglicherweise erzählt bekommen

Rodensteiner, die Sagengestalt in der Version von Joseph Viktor von Scheffel und die säkularisierte, zum polternden, aber ansonsten herzensguten Oberförster gewordene Version Karl Mays. Der eine jagt dorthin, um dem Großherzog die Geburt des Waldröschens anzuzeigen, die unter der Stabführung Ludewigs durch ein Blaskonzert gefeiert werden soll; der andere, der Wilde Jäger, sucht dort seinen Stabstrompeter.[6] – Ein virtuoses Stücklein, wie May an dichterisch

hatte und was er als Erwachsener in der Literatur las oder in zeitgenössischen Lexika dazu nachlesen konnte. (Und dass er mit und nach Lexika gearbeitet hat, steht außer Frage; vgl. auch das Bekenntnis seines humoristischen Alter Egos Hobble-Frank, dass er *Pierer's Konversationslexikon* gelesen habe und »*sich die rhetorisch lexikale Weltgeschichte durch eegenes Ingenium zusammen[setze]*« (Karl May: *Der Geist der Llano estakata*. In: HKA III.1, 404, 501). Pi4 führt unter dem Lemma **Wüthendes Heer** zahlreiche Sagenvarianten und literarische Adaptationen auf und erwähnt auch den Ritter von Rodenstein (Bd. 19, 443a–b). – Außerdem war die Sage vom Rodensteiner durch Joseph Viktor von Scheffels ›Die Lieder vom Rodenstein‹ (aus der Sammlung ›Gaudeamus!‹ [1868]) geläufig. Vgl. auch Elisabeth Kulmann: Der Ritter von Rodenstein. In: dies.: Sämmtliche Dichtungen. Frankfurt am Main 1857, 505–509. Das Sagengemurmel um Angst und Tod im Odenwald hat mit viel Spürsinn und Sprachmagie in zweiundzwanzig Stücken auch aufgezeichnet Werner Bergengruen: Das Buch Rodenstein. Frankfurt am Main 1927.

6   Laut Scheffels Lied ›Die Fahndung‹ (»Und wieder sprach der Rodenstein: / ›Pelzkappenschwerenot! / Hans Breuning, Stabstrompeter mein, / Bist untreu oder tot? / [...] / Schon naht die durstige Maiweinzeit, / Du musst mir wieder her!‹ // Er ritt, bis er nach Darmstadt kam«) und Mays *Waldröschen* (HKA II.5, 1707f.). – Mit seinem Familiennamen trieb May öfters Scherz; dass dies alles bei Mainz, früher auch Mayntz geschrieben, spielt, dass er eine ganze Heldenschar aus Mainz oder der unmittelbaren Umgebung stammen ließ – das mag kein Zufall, sondern eher Ausdruck der Anziehungskraft des Bezüglichen sein: »O Rodenstein! O Maienwein! / Noch bin ich nicht verlor'n.« Und sogar einer mehrfach determinierten anziehenden Beziehungskraft – Maȷ, Wilde Jagd und Flucht vor der Obrigkeit, wie er sie nicht nur einmal, aber wohl stets in Ängsten, unternommen hatte: »›'Raus da! 'raus aus dem Haus da! / 'Raus mit dem Deserteur! / Das lahme, zahme Gast da drin / Gehört zum wilden Heer!‹« (Die Fahndung, zitiert nach Joseph Viktor von Scheffel: Sämtliche Werke. Leipzig / Wien o. J., 526f.) – Außerdem teilen die zwei Herren von Rodenstein nach Scheffel und May Metier und Temperament. In Jagd- und Kriegskunst sind beide bewandert; ironisierend und verbürgerlichend stellt dies May bei seinem alten Polterer dar, dessen Jähzorn, Wettern und Fluchen er in den Schilderungen der Sagengestalt als besonders anregend empfunden haben mag, denn die Temperamentsausbrüche werden zum hervorstechenden Kennzeichen seiner Rodensteiner-Figur. – Vgl. auch Wolf-Dieter Bach: In Mainz, um Mainz und um Mainz herum. In: M-KMG 11 (1972), 10f.

Zu Mays Zeit wurde die Sage wachgehalten und in Büchern immer wieder aufgeköchelt, zum Beispiel in Heinrich Hoffmanns ›Struwwelpeter‹ (1847; Nr. 7) oder der anonym und in Lieferungen erschienenen ›Die Geisterwelt. Eine Schatzkammer des Wunderglaubens‹ (Berlin o. J. [1868/69], 203–211). Oder in Julius Wolffs erfolgreicher Waidmannsmär ›Der wilde Jäger‹ (1877; 93. Tausend 1904) mit einer Breitenwirkung, für die etwa Liebigs Sammelbilder (Serie 316: Der wilde Jäger von Julius Wolff; 1895) ein weiteres Indiz sind. Heinrich von Reders epischer Zyklus ›Wotans Heer. Eine Märe aus dem Odenwald‹ (1892) ist ebenso zu nennen wie die Opern von Maximilian Joseph Beer (›Der wilde Jäger‹, 1880) und Viktor Ernst Nessler (›Der wilde Jäger‹, 1881). Von der Anregungskraft des Stoffs zeugt auch César Francks Tondichtung nach Bürgers Ballade, ›Le chasseur maudit‹ (1882). Im 20. Jahrhundert wurde von der Sage besonders nachhaltig bestrickt Friedrich Alfred Schmid Noerr (›Frau Perchtas Auszug‹, Berlin-Grunewald 1928; ›Unserer Guten Frauen Einzug‹, Leipzig 1936). – Hinweisen könnte man auch noch auf Juliane Karwath: Der Ritt mit dem wilden Jäger. Breslau 1926.

bereits Gestaltetem weiterfabulierend produktiv geworden ist, erst Halt an ihm fand und dann etwas ganz Eigenes daraus machte, und man sollte nicht glauben, ja es könnte einem fast der Verstand darob stille stehen, dass sich dies in einem unter enormem Zeitdruck hastig weggeschriebenen Kolportageroman findet. Es ist mithin manches nicht ganz ohne dahier.

Karl May war ein Poetiseur niederer Mythologie, so ganz nebenbei.

Warum ging die Wilde Jagd so in May um? Was reizte ihn gerade an dieser mythisch-sagenhaften Bilderfolge, dass er immer wieder und, wie wir sahen, gelegentlich unter ebenso bemerkenswertem wie bei ihm unerwartetem artistischem Aufwand an Phantasiearbeit, egal ob nur intuitiv oder mehr reflektiert, daran herumknobeln musste?

Versucht man sich die in schier jeder Hinsicht muffige, dunkle, oft laute, wohl jedem Kind neben Gefühlen von Geborgenheit auch starke Angst erzeugende Enge zu vergegenwärtigen, in der Karl May aufwuchs, kann man sich unschwer vorstellen, wie von der Großmutter, der Mutter oder wem auch immer erzählte Schauergeschichten tief prägend gewirkt haben, schier ewig wiedererzählte Geschichten aus dem Volks- und Aberglauben, die das kollektive Rumoren der Furcht vor dem Naturnuminosen zu dämpfen suchen. Sie waren, wie weit auch immer im Lauf des bewussten Lebens ins Unbewusste abgesunken, wohl doch unauslöschlich der Vorstellungswelt Mays eingebrannt. Das, soweit wir wissen, untradierte Kunstmärchen von Sitara dürfte May dabei mit weit geringerer Wahrscheinlichkeit gehört haben als so gängige Kinderschreckgeschichten wie eben die vom Wütenden Heer mit Frau Berchta oder Knecht Ruprecht an der Spitze, die Gutes und Böses bescheren und die Kinder packen. (*Da schrie das Kind erschrocken aus:* »*Sie hat meine Hand angegriffen; sie will mich festhalten!*« – so May in seinem Lebensbericht über die angeblich scheintote Großmutter,[7] und man kann getrost vom allzu konkreten gespenstischen Schein-Anlass einmal absehen, der nur durch May verbürgt ist, und hinter diesem Bild undifferenziertes tieferes Grauen erspüren, das in kollektiven Gestaltungen wie der Wilden Jagd Form angenommen hat.)

Auf eine sächsische Ausprägung der Sage lohnt es sich vielleicht gesondert hinzuweisen: Der Wilde Jäger ist hier ein großer, reicher Fürst, der vor langer Zeit lebte und dem die Jagd über alles ging. Waldfrevel bestrafte er unmenschlich hart, doch zuletzt ereilte auch ihn das Schicksal – er brach sich auf der Jagd den Hals (wie der böse Burton im *Geist der Llano estakata* übrigens, kurz nachdem ausdrücklich von der Wilden Jagd die Rede war).[8] Nun findet er im Grab

---

7 HKA II.4, 26.
8 *Die kleine Schar flog wie die wilde Jagd dahin* (in: HKA III.1, 551); *So kam die wilde Jagd näher* (ebd., 634).

keine Ruhe und muss jede Nacht auf seinem funkensprühenden Schimmel im Wald jagen. Dabei verfolgt er alles unheimliche Gesindel, Diebe, Räuber, Mörder und Hexen.[9]

In manchen Abwandlungen tost das Wütende Heer besonders während der Zwölfnächte zwischen Weihnacht und dem Dreikönigstag herum.[10] Hierin mag eine zusätzliche starke (unbewusste) Lockung für May gelegen haben, dem Wolf-Dieter Bach eine »unbeirrbare Archetypenwitterung« bescheinigt hat;[11] denn Weihnacht, das wird an bekannt vielen Stellen seines Werkes überdeutlich, war für ihn geradezu der Inbegriff der mit allen Fasern ersehnten heimeligen Geborgenheit, die sich aber zur grausig verletzenden, höchste panische Angst erregenden, unheimlichen, ja urabgründigen Ausgestoßenheit umkehrte.[12] Stets ist bei May die Gegend des Llano estacado auch ein Ort des Gerichts, was in innerem Konnex sowohl zur Wilden Jagd steht, die über den, den sie antrifft, (ungerecht) richtet, als auch zu Mays eigenem Leben und verfehltem Streben. Es sind die bösen Taten der Vergangenheit, die das Wütende Heer rächt, als Gottesgericht, in christlicher Überformung des heidnischen Mythos: Läuterung von den Sünden der Vergangenheit soll der Tumult der Meute bewirken – Läuterung von Schuld, ein Zug, der bei May, aus seinem Lebenslauf nur zu verständlich, in variierender poetischer Ausprägung bis zur *Geisterschmiede*-Vorstellung der Spätzeit bekanntlich immer wieder zu beobachten ist.

Als ein mythisch-metaphorisches Szenario von Mays quälendem Schuldempfinden könnte man die Evokationen der Wilden Jagd in seinem Werk deuten.[13] Das Spielerisch-Witzige dabei, das Passagere, überdeckt bei weitem

---

9 Nach Grimm, wie Anm. 5, Bd. 2, 773f., der diese Fassung aus Ernst Moritz Arndts Märchen und Jugenderinnerungen wiedergibt.

10 Vgl. ebd., 775 und 883.

11 Wolf-Dieter Bach: Fluchtlandschaften. In: Jb-KMG 1971, 39–73 (49). »Mythen aus der Grundschicht der Psyche« seien Mays Fabeln (ebd., 41), und manchmal nehmen diese überlieferte Gestalt an und verändern jene auf spezielle Weise – wie eben im Fall der Wilden Jagd. Vgl. Bachs Untersuchung darüber hinaus wegen ihres Vordringens in archaisch-mütterliche Bereiche.

12 Vgl. zum Beispiel HKA VI.1, 19: *Ueberhaupt ist Weihnacht für mich und die Meinen sehr oft keine frohe, sondern eine verhängnisvolle Zeit gewesen.*

13 Auch auf die indianische Sagenvariante der Wilden Jagd kam May öfters wieder zurück, siehe etwa: »*der ›flats ghost‹, der Geist der Ebene, welcher nach dem Glauben der Indianer des Nachts auf feurigem Rosse und am Tage unter allerlei trügerischen Gestalten über die Woodlands reitet, um die weißen Männer in das Verderben zu locken*« (Karl May: Winnetou. Zweiter Band. HKA IV.13, 328). Der junge Harry spricht zu Old Shatterhand im Zusammenhang der *Schreckensnacht* voller Mord und Totschlag, als Harrys Mutter und Schwester das Leben genommen wurde: »*Aber habt Ihr noch nie die Sage ›flats-ghost‹ vernommen, welcher in wilden Stürmen über die Ebene braust und alles vernichtet, was ihm zu widerstehen wagt? Es liegt tiefer Sinn in ihr, welcher uns sagen will, daß der ungezügelte Wille sich wie ein brandendes Meer über die Ebene ergießen müsse, bevor die Ordnung zivilisierter Staaten hier festen Fuß fassen kann. Auch durch meine Adern pulsiert eine Woge jenes Meeres*

nicht die tiefe seelische Beunruhigung, die zumal aus den Projektionen der Qual und der Angst an die Wand der inneren Bühne spricht, beispielsweise gigantisch vergrößert gestaltet in den Himmelserscheinungen des *Ghostly hour*-Kapitels der *Geist*-Erzählung, dem zerfetzenden, tötenden Tornado, dem bewusstlos machenden Wirbel, der aus so ungefährlich scheinendem leichtem Gewölk erwächst, aus ein paar zurückbehaltenen Kerzen, einer nicht zurückgegebenen Uhr …

Im Unterschied zu den meisten anderen poetischen Gestaltungen der Wilden Jagd aus den letzten drei Jahrhunderten erhebt Karl May sie nicht ausdrücklich zum Thema, sondern unterlegt verschiedene Sequenzen seines Erzählens und eine Geschichte (*Der Geist der Llano estakata*) eher wie nebenbei damit, erzählt von ihr unter der Textoberfläche. Er ›romantisiert‹ nicht balladesk wie Bürger, Goethe oder Scheffel, er beschreibt nicht angehaucht psychologisierend die Sage wie Bergengruen oder Schmid Noerr, er treibt auch keine populäre Mythos-Aufklärung, sondern spielt subversiv mit dem vorgegebenen archaischen Sagenmaterial, sei's in künstlerischer Trance oder kontrolliert. Auf jeden Fall: May transportiert den Mythos ästhetisch bemerkenswert subkutan weiter und funktionalisiert die Sage innerhalb seines artistischen Spiels.

und ich muß ihrem Drange folgen, obgleich ich weiß, daß ich in der Flut versinken werde.« (ebd., 414) – Was, *es liegt tiefer Sinn in ihr*, die schönsten Deutungsperspektiven eröffnet: Die Wilde Jagd als (verstecktes) Selbsterklärungsmodell Mays, als Sagen-Bild für seine Sturm-und-Drang-Zeit mit ihren diversen Verfehlungen, die sich auffassen lassen als Folge des ungezügelten Sich-Treiben-Lassens im Gefühls-Meer lustvoller Selbstdestruktion unter dem Mantel verwegener Allmachts-phantasterei, die der Macht zivilisierter Ordnung die ungezähmte, ungezügelte Traum-Macht des Ichs subversiv entgegensetzt. Bezeichnenderweise fährt der Erzähler fort: *Mit beredtem Munde gab er* [Harry] *[…] eine Beschreibung seines späteren Lebens, welches ihn zwischen den Extremen der Wildnis und Gesittung hin und her geworfen hatte, und ich fühlte, dass ich nicht das Recht hatte, ihn zu verurteilen.* (ebd., 415; textgleich auch in *Old Firehand*, interessanterweise allerdings ohne die moralische Wertung durch den Erzähler und natürlich mit Ellen statt Harry; vgl. Karl May: *Old Firehand*. In: HKA I.8, 134; erste Erwähnung des ›flats-ghost‹ 46). Vgl. auch Mays Schilderungen des Gejagtwerdens durch ›innere Stimmen‹ in *Mein Leben und Streben* (in: HKA VI.I, 141 u.ö.): Die Rotte aus realen und literarischen Gestalten, darunter die *Geister und Gespenster aus der Hohensteiner Schundbibliothek* jagen ihn gellend umher. – Bilder der Wilden Jagd sind ihm Bilder seiner lebensentscheidenden seelischen Erkrankung.

Der Freischütz, aufgeklärt

Aspekte des Aberglaubens in Karl Mays Heldenfiguren

> *›Bärentödter‹, ›Henrystutzen‹? Tausende kamen, um sie bei mir zu sehen. Keiner dachte an eine höhere Bedeutung!* [1]

Es ist immer wieder das Gleiche: Ein probates Mittel, ohne Blutvergießen seine tödliche Überlegenheit gegenüber Menschen ›niedrigeren‹ zivilisatorischen Niveaus zu demonstrieren, sind für Old Shatterhand beziehungsweise Kara Ben Nemsi die Schusswaffen: seine (aus der Sicht jener ganz oder halb ›wilden‹ Anderen) ›Zauberflinten‹ und das *kleine Ding* namens Revolver. Mit ihnen gibt der große Held *auf die weiteste Distanz* [2] phänomenale Proben seiner Schießkunst ab, damit jeder sieht: *Wer ihm ein Leid thun will, der muß sterben.* [3] Kleinste Ziele, die kein anderer erreichen könnte, werden mit größter Sicherheit getroffen; Fehlschüsse kommen bei solchen Demonstrationen nicht vor. Zwanzig Schüsse hintereinander auf eine *entferntere* Zeltstange, jeder einen halben Zoll unterhalb des anderen [4] – kein Problem. [5]

Dabei suggeriert der Erzähler, nicht zuletzt explizit durch bestimmte Wortwahl, dass es sich bei derartigen Aktionen um solche handelt, die dem aufgeklärten Weltbild entsprechen, das heißt: die naturwissenschaftlich positiv verbürgt sind. Symptomatisch für diese Suggestion ist folgender Satz: *Dasselbe Experiment mit demselben Stutzen hatte mich einst bei den Comanchen in Respekt gesetzt, und auch jetzt erwartete ich eine ähnliche Wirkung mit Zuversicht.* [6]

---

1 Karl May an seinen Verleger Friedrich Ernst Fehsenfeld am 24. Dezember 1902, in: Karl May's Gesammelte Werke und Briefe Bd. 91: Briefwechsel mit Friedrich Ernst Fehsenfeld. 1. Bd. 1891–1906. Mit Briefen von und an Felix Krais u.a. Hrsg. von Dieter Sudhoff unter Mitwirkung von Hans-Dieter Steinmetz. Bamberg / Radebeul 2007, 400.

2 GR II, 379.

3 So aus dem Munde Old Shatterhands selbst; GR IX, 229.

4 GR IX, 228f.

5 Eine Stellensammlung der ›Schießdemonstrationen‹ bietet: Großes Karl May Figurenlexikon. Hrsg. von Bernhard Kosciuszko. Paderborn 1991 (= Literatur- und Medienwissenschaft 9), s.vv. ›Kara Ben Nemsi‹ (303–305) und ›Old Shatterhand‹ (471f.).

6 GR II, 380. – Analoge Formulierung auch in *Nûr es Semâ – Himmelslicht*: *Ich hatte dieses Experiment mit meinem Stutzen oft gemacht und stets war es mir gelungen, die Betreffenden dadurch einzuschüchtern.* (In: GR X, 465–510 (473).)

Der Gegensatz zwischen avancierter Technik und atavistisch-animistischem Zauberglauben wird durch solche Wendungen zusätzlich hervorgehoben. Die Leser fühlen sich durch Identifikation mit der ›Heldenperspektive‹ auf der sicheren Seite und durch das Herrschaftswissen und -können des Ich-Heroen dem imaginierten Rückständig-Naiven geradezu imperial überlegen.[7]

Je größenbedürftiger das Ich des Lesers, desto größer auch sein Amüsement bei ehrfürchtigen Reaktionen des ›dummen Volks‹ wie etwa dieser:

> *»Dein Zaubergewehr ist keine Lüge; es sitzen alle zehn Kugeln, eine ganz genau so wie die andere. Welcher Djinn hat dieses Gewehr gemacht?«*
> *»Es war ein Djinn in Amirica und hat Henry geheißen.«*[8]

Zum May'schen Topos des einschüchternden Zielschießens mit magisch wirkenden Waffen gehört als conditio sine qua non, dass der Irrglaube der kulturell Anderen eher bestärkt denn ad absurdum geführt wird. Die Bekräftigung des Mythos um die ›Zauberwaffen‹ dient dem Schutz und dem höheren Ansehen der Reisenden aus dem Abendland. Aufklärung wird weder den im Doppelsinn betroffenen Indianern noch den Orientalen gegeben.

Ebenso wenig erhalten die Leser Aufklärung darüber, dass in der Treffsicherheit der Gewehre und Revolver sowie der genial-geheimnisvollen Konstruktion des Henrystutzens gerade das liegt, was als ›falsch‹ dargestellt worden ist – Aberglaube.

Denn wiewohl überragende Schießkünste traditionell zum Repertoire der Abenteuerliteratur zählen, wecken Mays Ausformungen des Topos vom sicheren Schuss durch die ständige Betonung des Übernatürlichen und die gehäufte Rühmung der nie fehlenden Kugel Erinnerungen an den deutschen Volksglauben, die niedere Mythologie und den Sagenbereich.

Es sind Erinnerungen, die der Autor May selbst ganz ausdrücklich evoziert. Man nehme die diesbezüglich zentrale Stelle aus *Waldröschen oder Die Rächerjagd rund um die Erde*. Während einer Serie von Fertigkeitsbeweisen, die Dr. Karl Sternau und sein kleiner Neffe Curt Helmers vor den Augen des Großherzogs von Hessen-Darmstadt und seines Hofstaats als Show abziehen, heißt es im Zusammenhang mit den vorzuweisenden Schießkünsten:

»So schießen Sie nach der Wetterfahne, wie Hans Winkelsee, im Eschenheimer

---

7   May nimmt damit einen Erzählgestus der Trivialromantik auf; vgl. Marianne Thalmann: Der Trivialroman des 18. Jahrhunderts und der romantische Roman. Ein Beitrag zur Entwicklungsgeschichte der Geheimbundmystik. Berlin 1923 (= Germanische Studien Heft 24), 120. Dass er dabei aber zusätzlich – wie ich gleich zeigen werde – insgeheim eine Volte zurück ins Sagenhafte schlägt, scheint seine subversive narrative Spezialität.

8   GR XXVI, 333.

Thurm, wie uns Simrock erzählt.«[9] Fast unmittelbar danach ist die Rede vom *Tellschuß*, beziehungsweise, da es bei May immer mehr sein muss, von *zehn Tellschüsse[n]*.[10] Auch dies weist in den Bereich der Sage.[11]

Wieder verfährt May seiner von mir bereits mehrfach herausgearbeiteten ›Doppelstrategie‹ gemäß, fiktionale Handlungen sowohl als rational-wissenschaftlich verbürgte wie auch als außerrational-sagenhaft tradierte durch die Leser wahrnehmen zu lassen, wobei vordergründig das moderne Weltbild, untergründig jedoch das mythische des Volks- und Wunderglaubens die Rezeption bestimmt.

Welchem mythischen Muster folgen nun Mays Superhelden? Es ist das des Freischützen, des Treffschützen. Das heißt desjenigen, der im Besitz des sicheren Schusses ist. Er ist dies kraft Magie und Teufelsbündnis.[12] Bei May wird der magische und teufelsbündnerische Aspekt säkularisiert zur außergewöhnlich-einzigartigen Fähigkeit des Individuums in Verbindung mit ingeniös-ausgefeilter Technik.

Der Wunderglaube wird aus dem intrakulturellen Bereich entfernt, der Sphäre des als unterlegen angesehenen kulturell Anderen zugeschrieben und funktionalisiert: Er dient nunmehr dem Gefügigmachen, dem ›Kolonisieren‹.

So auch in jenem Spezialfall, den May in *Durch das Land der Skipetaren* ausfabuliert. Es geht um Kugelfestigkeit.[13] Von Kugeln nicht verwundet zu werden, sie sogar aufzufangen, dann seinerseits zu laden und damit zu treffen,

9 Karl May: *Waldröschen oder Die Rächerjagd rund um die Erde.* HKA II.4, 1064. Vgl. Karl Simrock: Die 9 in der Wetterfahne. In: ders.: Gedichte. Leipzig 1844, 16f. (Nr. 55). – »Da hat der Wildschütz seine Büchse genommen und hat sie besprochen mit guten Waidmannssprüchlein, und hat Kugeln genommen, die auch nicht ohne waren, und hat angelegt und nach der Fahne gezielt, und hat losgedrückt.« (Ludwig Bechstein: Vom Eschenheimner Thurm. In: ders.: Deutsches Sagenbuch. Leipzig 1853, 61f.; Nr. 69.)

10 HKA II.4, 1064 und 1065.

11 Siehe zum Beispiel Brüder Grimm: Deutsche Sagen. Vollständige Ausgabe nach dem Text der 3. Auflage von 1891. Stuttgart o. J. [1974], 490–492 (518. Wilhelm Tell).

12 Ausführlicher Überblick zum Thema Freischütz in: Handwörterbuch des deutschen Aberglaubens. Hrsg. von Hanns Bächtold-Stäubli unter Mitwirkung von Eduard Hoffmann-Krayer mit einem Vorwort von Christoph Daxelmüller. Berlin / New York 1987 (Reprint der Ausgabe von 1927–1942), Bd. 3, Sp. 2–22.
    In den ›Deutschen Sagen‹ der Brüder Grimm siehe Nr. 257 (Der sichere Schuß), wie Anm. 11, 258f. Auffällig ist, dass die nächste Sage (Nr. 258: Der herumziehende Jäger; ebd., 259f.) den Schuss mitten in die Stirn thematisiert, den wir vielfach aus Mays Erzähltexten kennen, gelegentlich auch in der Konstellation‹, dass ein von Abergläubischen als rächender Geist identifizierter Jäger diese Schüsse vollbringt, wie etwa Emery Bothwell in der *Gum* oder Bloody-Fox im *Geist der Llano estakata.*

13 Siehe GR v, 62–114. Bemerkenswert ist dabei der Zug, dass Kara Ben Nemsi die Aktion um seine Kugelfestigkeit und die seiner Gefährten startet, um ein ›bewiesenes‹ Gegengerücht in die Welt zu setzen, das die Freischütz-Qualität der beiden Aladschy, seiner Gegner, überbietet, deren Kugeln nie fehlen sollen (siehe 60).

all das ist für den Freischützen typisch.[14] Kara Ben Nemsi gibt sich und seine
Kameraden kugelfest, indem er die Kugeln, mit denen er schießen will, nun
nicht nach den Rezepten des Aberglaubens verfertigt, also weder das Herz und
die Leber einer Fledermaus beim Gießen verwendet, noch das Blei von alten
Kirchhofskreuzen oder Feilspäne einer Kette, an der ein Dieb gehangen, noch
ein rotes Seidenfadenstück, das man einer Kröte durch die Augen gezogen
hat,[15] sondern ein Rezept nach den chemisch-physikalischen Erkenntnissen seiner Zeit befolgt, welches die nötige Sicherheit bei der Anwendung dieses Prestidigitateurstricks gewährt.[16]

Nach einer bestimmten Sagenvariante erhält man die Freikugel vom wilden
Jäger,[17] und nach dem Tod ist der Freischütz zu ewigem Jagen verdammt.[18]
Beides verbindet den Aberglauben um den Freischützen mit der Sage von der
Wilden Jagd, die Karl May vertraut war und die er immer wieder im Zuge sei-
ner erzählerischen ›Doppelstrategie‹ verwendete.[19]

Selbst so nebensächlich wirkende jokose narrative Kleinelemente wie Sam
Hawkens' Wettschießen mit dem Gangster Buttler in *Der Oelprinz*, wobei
Sam in eine ganz andere Richtung zu schießen scheint und doch den Mittelpunkt des fernen Ziels trifft,[20] oder der Schuss des Juggle-Fred, eines ehemaligen Prestidigitateurs, auf ein Hühnchen, das danach tot und entfedert am
Boden liegt, haben vor dem aufgezeigten ambivalenten Hintergrund von Rationalität und Aberglauben im Zusammenhang mit Zauberkünstlertricks eine
gewisse, freilich vage Freischütz-Qualität, gerade wenn der Juggle-Fred betont,
dass man *nicht die schwarze und weiße Magie studiert zu haben* braucht, um
einen solchen Effekt zu erzielen.[21] Denn mit Hühnchen hat es auch der Freischütz, dem die Feldhühner in die Jagdtasche fliegen.[22]

14 Vgl. Handwörterbuch des deutschen Aberglaubens, wie Anm. 12, 3. Bd., Sp. 10.

15 Und so weiter; vgl. ebd., Sp. 3f.

16 Ausführlicher hierzu der Beitrag ›Der Trick mit der Kugelfestigkeit‹ in diesem Band (189–196).

17 Siehe Handwörterbuch des deutschen Aberglaubens, wie Anm. 12, Sp. 8.

18 Siehe ebd., Sp. 11.

19 Siehe vom Verfasser: Von Befour nach Sitara – in Begleitung der Wilden Jagd. Über ein mythi-
    sches Muster, die Wissensprobe als artistisches Prinzip bei Karl May sowie etwas über sein Lesen,
    Denken und Schreiben. Ein Fantasiestück in philologischer Manier. In: Jb-KMG 1994, 104–142
    (teilweise abgedruckt im vorliegenden Band, 159–164).

20 Vgl. Karl May: *Der Oelprinz*. HKA III.6, 33–38. – Der Freischütz »trifft, ohne sein Ziel aufs Korn
    zu nehmen und selbst, wenn er nach einer ganz anderen Richtung losfeuert« (Handwörterbuch des
    deutschen Aberglaubens, wie Anm. 12, Sp. 9). Das Motiv des Um-die-Ecke-Schießens angedeutet
    auch in Karl May: *Der Schatz im Silbersee*. HKA III.4, 248f.

21 Und er erklärt das Phänomen überzeugend physikalisch. (Karl May: *Der Geist der Llano estakata*.
    In: HKA III.1, 363–637 (397f.).)

22 Vgl. Handwörterbuch des deutschen Aberglaubens, wie Anm. 12, Sp. 10.

Gleichfalls als rational erklärbares Taschenspielerstückchen definiert der Erzähler in *Winnetou III* sein Schießkunststück bei den Racurroh-Comanchen, als er zwei Knöpfe ›in den Himmel wirft‹ und sie dann wieder ›herunterschießt‹. Zuvor hat er die Indianerhäuptlinge gezeichnet, die Zeichnung zusammengerollt und in den Lauf seines Gewehrs gesteckt, um einschüchternd damit drohen zu können, die aufs Papier gezauberten Seelen der Indianer hinauszuschießen *in die Luft, daß sie von den Winden zerrissen werden und niemals in die ewigen Jagdgründe gelangen.*[23] Damit variiert May auf eigene, freie Weise die etwa in den ›Gesta Romanorum‹ überlieferte Vorstellung der Verbindung von Freischützaberglauben, Bildzauber und magischem Fernmord.[24]

Das subtextuelle Freischütz-Konzept für seine Superheldengestalten und seine ambivalente erzählerische ›Doppelstrategie‹ brachten Karl May im sogenannten wirklichen Leben immer wieder aus eigenem Verschulden in die Bredouille, nachdem er sich mit seinen Ich-Figuren Old Shatterhand und Kara Ben Nemsi identifiziert hatte. Sein Hang zur großspurigen Übertreibung, zur Überwältigung der Welt durch Phantasterei tat verstärkend ein Übriges. Folglich geriet May in Erklärungsnot, was ›seine‹ Wunderwaffen und Schießkünste und beider Unübertrefflichkeit anging. Eine zwittrige literarische Erfindung, Heldenfiguren einerseits als Vertreter aufgeklärter westlicher Rationalität agieren und andererseits in mythischen Spuren gehen zu lassen, hatte sich verselbständigt, war Teil geworden der verbürgten äußeren Wirklichkeit und zahlte es ihrem Urheber gewissermaßen heim, der sich in immer aberwitzigere Fakes und Flunkereien verstrickte:[25]

23 GR IX, 234. – Zuvor wurde dem abergläubischen *Capitano* der Stakemen des Llano estacado in den Mund gelegt: *Ich habe erzählen hören, daß dieser Old Shatterhand ein Gewehr hat, mit dem er eine ganze Woche lang schießen kann, ohne daß er zu laden braucht; der Teufel hat es ihm gemacht, und er hat ihm dafür seine Seele verschrieben.* (Ebd., 128.) Dies entspricht klar dem Volksglauben an das Dämonische des Freischützen, an seinen Pakt mit dem Teufel.

24 Siehe Gesta Romanorum. Geschichten von den Römern. Ein Erzählbuch des Mittelalters. Erstmals in vollständiger Übersetzung hrsg. von Winfried Trillitzsch. Leipzig 1973, 203–207 (102. Ein schwarzer Magier).
    Das Handwörterbuch des deutschen Aberglaubens, wie Anm. 12, 1. Bd., Sp. 1294, s. v. ›Bild, Bildzauber‹, weist auf die Lebendigkeit der Bildzauber-Vorstellung zu Mays Zeit hin: »so hat eine Frau auf dem Hunsrück zur Zeit des Kulturkampfs die B[ild]er Wilhelms I. und Bismarcks aus Zorn mit einer Rute gepeitscht (zur Mitternachtsstunde der Dreifaltigkeitsnacht).« Gleiches gilt für den Freischützaberglauben: »In gewissen Volksschichten ist der Fs.aberglaube noch heute lebendig.« (Ebd., 3. Bd., Sp. 17.)

25 Ausführlich dazu Klaus Hoffmann, Jochen Rascher und Peter Richter: Silberbüchse Bärentöter Henrystutzen. Die berühmtesten Gewehre des Wilden Westens. Radebeul 1990 (= Schriftenreihe des Karl-May-Museums Nr. 2).

Ich [Karl May] *habe vor militairischen Autoritäten allerdings 100 Schüs-se aus meinem Henry-Stutzen abgegeben, ohne daß der Lauf heiß wurde, doch nicht in einer Minute. Ferner faßt mein Patronengürtel allerdings 1728 Patronen zu diesem Gewehre – – für monatelangen Gebrauch in der Wildniß; für den Soldaten aber würde es unmöglich sein, einen solchen Vorrath mit sich zu führen.*[26]

Fast hat man bei solchen Aussagen einen anderen, noch viel moderneren Frei-schützen der besonderen Art vor Augen, den üblen Zorg aus Luc Bessons Science-Fiction-Film ›Das fünfte Element‹ (1998), wie er, im Bündnis mit dem absolut Bösen des Kosmos, seine neueste Waffe vorführt: Er zielt auf seine Handlanger, eine Gruppe Mangalores, schießt auf sie – und die Geschoßgar-ben, deren Leuchtbahn man verfolgen kann, ändern ihre Richtung um 180° und treffen mit größter Genauigkeit den Dummy hinter ihm.

---

26 Karl May an einen Redakteur des ›Bayerischen Kuriers‹ am 7.7.1897, zitiert nach Siegfried Augus-tin: Karl May in München. Eine Dokumentation seiner Besuche in den Jahren 1897/98 und sei-ner Verbindung mit dem »May-Club-München«. In: Karl-May-Jahrbuch 1978. Bamberg/Braun-schweig 1978, 65.

Die Vexierhufeisen

Aufklärung und Aberglaube im Werk Karl Mays
anhand eines Beispiels aus *Der Sohn des Bärenjägers*[1]

Zu Karl Mays Leserlenkungsstrategien scheint es gehört zu haben, möglichst viele Weltbilder, auch gegensätzliche, in seinen Texten zwecks noch besserer Akzeptanz durch die Leser auf meist wenig ausdifferenzierte Weise anklingen zu lassen. So bediente May Lesererwartungen, die sich an einem rational fundierten, ›aufgeklärten‹, ›positivistischen‹ Denken ausrichten, ebenso wie Lesererwartungen, die auf Anschauungen des ›vorrationalen‹ Denkens, des Aberglaubens, des ›Volksglaubens‹, der (niederen) Mythologie beruhen.

Diesen Zusammenhang habe ich an anderem Ort bereits angedeutet[2] und möchte nun diese, die althergebrachte trivialromantische Erzählgewohnheit des rational aufgelösten scheinbaren Übernatürlichen unterlaufende ›Doppelstrategie‹ anhand eines weiteren Fallbeispiels genauer untersuchen.[3]

In einer seiner – und das ist aus kritischer Sicht besonders im Auge zu behalten – ›Erzählungen für die Jugend‹, in *Der Sohn des Bärenjägers*, schildert May, um Old Shatterhand als Figur besonders eindrucksvoll einzuführen, wie dieser diejenigen, welche auf die Spur seines Pferdes treffen, nachhaltig irritiert.[4] Sie können sich die rätselhafte Spur nicht erklären. Alle Erklärungsmöglichkeiten, auf die die Westleute kommen, müssen – nach rationaler Prüfung – verworfen werden.

Die Männer scheitern an der ihnen durch die Fährte aufgegebenen Wissensprobe.

1 Dieser Beitrag wurde bereits veröffentlicht in: M-KMG 126 (2000), 17–20.
2 Siehe vom Verfasser: Von Befour nach Sitara – in Begleitung der Wilden Jagd. Über ein mythisches Muster, die Wissensprobe als artistisches Prinzip bei Karl May sowie etwas über sein Lesen, Denken und Schreiben. Ein Fantasiestück in philologischer Manier. In: Jb-KMG 1994, 104–142, bes. 119 (teilweise, aber ohne die Verweisstelle, abgedruckt im vorliegenden Band, 159–164).
3 Damit gehe ich differenzierter und an prekärer Stelle auf Phänomene der ›Dialektik der Aufklärung‹ bei May ein, als dies beispielsweise Helmut Schmiedt tut. Vgl. ders.: Der Schatz, der Frosch und der Pope. Zur Dialektik der Aufklärung in Mays Kolportageroman *Deutsche Herzen – Deutsche Helden*. In: Jb-KMG 1978, 142–153.
4 Karl May: *Der Sohn des Bärenjägers*. In: HKA III.1, 7–362 (66–86). Weitere Stellenangaben im Text.

Der Indianer, der mit ihnen reitet, Wohkadeh, hat als für ihn selbstver-
ständliche Spur-Erklärung *Maho akono*, den *Geist der Prairie*, der die Fährte
verursacht habe (69).

Neugier und Forscherdrang, das ›unbekannte Tier‹ zu finden, das die Spur
hinterlassen hat, bewirken allerdings, dass der Dicke Jemmy und Hobble-
Frank der Fährte folgen. Während sie der Spur nachreiten, teilt Hobble-Frank
aus dem Füllhorn seines absurden Wissens einiges mit, wobei alles, was er
verdreht, durch den Dicken Jemmy erkannt und zurechtgerückt wird, der also
diese Wissensproben alle erfolgreich besteht.

Plötzlich ändert sich das Aussehen der Spur – aber auf eine den beiden
Westmännern völlig unbegreifliche Art, so dass sie seufzend ›aufgeben‹ und
resigniert dem Fehlschluss unterliegen, dass der Spurenverursacher *aus der Luft
gekommen und wieder in der Luft verschwunden sein*, also doch wohl der *Geist
der Savanne* gewesen sein müsse (78).

Paukenschlagartig erfolgt jetzt, gepaart mit Schreck und Erleichterung,
die nüchtern-vernünftige Auflösung des Rätsels. Old Shatterhand steht hinter ihnen, klärt auf und erklärt: Um seine Spur für etwaige Verfolger unles-
bar zu machen, hat er über die Hufe seines Pferdes erst *Schilfschuhe* gebunden und diese später durch *Vexiereisen* ersetzt, nämlich Hufeisen, *einfach zum
Anschuhen und Festschrauben, […] aber verkehrt* [gearbeitet], *mit dem Stollen
nach vorn* (85).

Damit scheint alles, was beunruhigte, irritierte und zur Nachforschung
trieb, rational aufgeklärt und naturwissenschaftlich erklärt. Aber es scheint
nur so.

Wie üblich bei Mays Texten darf man auch hier den rational argumentieren-
den Anteil nicht genauer kritisch betrachten und hinterfragen. Denn legt man
die Elle des gesunden Menschenverstandes an und misst nur etwas strenger,
als es im Text geschieht, nach den Maßstäben von Logik, Empirie und Entro-
pie, d. h. Informationsdichte, wird klar, dass die Westleute mit etwas mehr
an Beobachtung und Nachdenken gleich hätten daraufkommen müssen, dass
hier das vorliegt, was ihnen schon so oft begegnet ist: ein, im Übrigen ziemlich
grob-tapsiger, Versuch der Spurenverwischung. Denn der Abstand der *Ein-
drücke im Sande* ist so wie bei einem Pferd (67); Hufumwickelungen sind dem
Westmann geläufig – da bedarf's nur eines raschen simplen Analogieschlusses,
um zu einer hinreichend wahrscheinlichen Erklärung zu gelangen. Und ebenso
dann, als die Spur ›gegenläufig‹ wird.

Die Anwendung von solchen *Vexiereisen* wie beschrieben wäre, gerade
im Wilden Westen mit seinen scharfäugigen Trappern und ihrer Erfahrung,
lächerlicher Blödsinn, da sich die Art der Fortbewegung eines Pferdes nicht

ändern kann und ergo die Spuren vom Stollen des Hufeisens nun so tief und so schräg in den Boden eingedrückt sein müssten wie normalerweise der Hufeisenbug – ein Blick, und des Rätsels Lösung läge auf der Hand.[5]

Nicht so natürlich in der Wunsch-Traumlogik der May'schen Texte, die die Kraft haben, Leser zu düpieren und sie auf von ihnen wohlig akzeptierte Weise unmündig zu machen.

Was aber steckt hinter diesem wiederholten[6] hanebüchenen Unsinn, der sich in Gestalt eines (vermeintlich) raffinierten Gerätes (Überlegenheit des europäisch Zivilisierten) als konform mit dem wissenschaftlichen Weltbild ausgibt?

Sagenhafte ›Volkspoesie‹ mit dämonischem Einschlag.

Pointe dabei: Erkennbar wird dies ausgerechnet an dem scheinbar ingeniös erdachten und konstruierten Instrument der ›Vexierhufeisen‹ (Symbol des technisch überlegenen Verstandes in der Wildnis gewissermaßen). Aufklärung und Aberglaube überschneiden sich genau in diesem Gegenstand. Denn die Vorstellung, Verfolger durch verkehrt angebrachte Hufeisen, deren Bug nach hinten zeigt, irrezuführen, reicht zurück in die deutsche Sage. Reicht konkret zurück zu einer Sage, die Jacob Grimm in seiner ›Deutschen Mythologie‹ dem Mythos von der Wilden Jagd zuordnet.[7]

Es handelt sich um die westfälische Sage vom Räuber Johann Hübner, die zumindest in einer auch während des 19. Jahrhunderts verbreiteten und literarisch folgenreichen Autobiographie, der nämlich Johann Heinrich Jung-Stillings tradiert wurde[8] – daneben natürlich auch durch das Sagenbuch der Brüder Grimm.[9]

5 Nebenbei bemerkt: Old Shatterhand reitet im fernen Westen ein indianisches Pferd, das mit deutschen Hufeisen beschlagen ist, denn weder die englischen noch die spanischen, noch die französischen Hufeisen haben Stollen (vgl. den Artikel **Hufeisen** in Pi₄ VIII, 579). Siehe auch die folgende Anmerkung.

6 Vgl. GR XIX, 371: *Wir hatten uns für den Fall, daß Späher irre zu führen waren, sogar Hufeisen mit Vexierstollen machen lassen, die uns schon sehr oft von Nutzen gewesen waren.* Die Eisenschuhe sind, welch gespenstischer Clou, *eine Erfindung des Apatschen* [Winnetou]! – Siehe auch Karl May: *Der Schatz im Silbersee.* HKA III.4, 350 (über Old Shatterhand): *Ferner hingen an demselben* [= Gürtel] *zwei Paar Schraubenhufeisen und vier fast kreisrunde, dicke Schilf- und Strohgeflechte, welche mit Riemen und Schnallen versehen waren. Jedenfalls waren diese bestimmt, dem Pferde an die Hufe geschnallt zu werden, falls es galt, einen Verfolger irre zu führen.*

7 Jacob Grimm: Deutsche Mythologie. Graz 1968 [= Nachdruck der vierten Auflage. Berlin 1875–1878], II. Bd., 777.

8 Im ersten Teil von Jung-Stillings Lebensbeschreibung, ›Henrich Stillings Jugend‹ (1777). Ich zitiere im Folgenden nach der Ausgabe: Johann Heinrich Jung-Stilling: Lebensgeschichte. Vollständige Ausgabe, mit Anmerkungen hrsg. von Gustav Adolf Benrath. Darmstadt 1976. – Jung war übrigens nicht nur Schriftsteller, sondern auch Augenarzt und überregional bekannt als Staroperateur.

9 Unter dem Titel »Johann Hübner« als Nr. 129 der vollständigen Ausgabe. Ich gehe nach der Ausgabe: Brüder Grimm: Deutsche Sagen. Vollständige Ausgabe nach dem Text der 3. Auflage von 1891. Stuttgart o. J. [1974].

Wie in Mays Vexier-Geschichte, wo Old Shatterhand, seine Aktion kommentierend, von ›Schnippchen schlagen‹ (82) und ›eine Nase drehen‹ spricht (84), geht es auch in der Sage nicht zuletzt ums Foppen:

> Nun war ein Fürst von Dillenburg, der schwarze Christian genannt, [...], der hörte viel von den Räubereien des Johann Hübner [...]. Dieser schwarze Christian hatte einen klugen Knecht, der hieß Hanns Flick, den schickte er über Land, dem Johann Hübner aufzupassen. [...] Hanns Flick aber kannte den Johann Hübner nicht, streifte im Land umher und fragte ihn aus. Endlich kam er an eine Schmiede, wo Pferde beschlagen wurden, da stunden viele Wagenräder an der Wand, die auch beschlagen werden sollten. Auf dieselben hatte sich ein Mann mit dem Rücken gelehnt, er hatte nur ein Auge und ein eisernes Wams an. Hanns Flick ging zu ihm und sagte: »Gott grüß dich, eiserner Wamsmann mit einem Auge! Heißest du nicht Johann Hübner vom Geißenberg?« Der Mann antwortete: »Johann Hübner vom Geißenberg liegt auf dem Rad.« Hanns Flick verstunde das Rad auf dem Richtplatz und sagte: »War das kürzlich?« »Ja«, sprach der Mann, »erst heut.« Hanns Flick glaubte doch nicht recht und blieb bei der Schmiede und gab auf den Mann acht, der auf dem Rade lag. Der Mann sagte dem Schmied ins Ohr, er solle ihm sein Pferd verkehrt beschlagen, so daß das vorderste Ende des Hufeisens hinten käme. Der Schmied tat es, und Johann Hübner ritt weg. Wie er aufsaß, sagte er dem Hanns Flick: »Gott grüß dich, braver Kerl, sage deinem Herren, er solle mir Fäuste schicken, aber keine Leute, die hinter den Ohren lausen.« Hanns Flick blieb stehen und sah, wo er übers Feld in den Wald ritt, lief ihm nach, um zu sehen, wo er bliebe. Er wollte seiner Spur nachgehen, aber Johann Hübner ritt hin und her, die Kreuz und Quer, und Hanns Flick wurde bald in den Fußtapfen des Pferdes irre, denn wo jener hingeritten war, da gingen die Fußtapfen zurück. Also verlor er ihn bald und wußte nicht, wo er geblieben war. Endlich aber ertappte er ihn doch [...]. Da eilte er und sagte es dem Fürsten Christian, der ritt in der Stille mit seinen Kerlen unten durch den Wald, und sie hatten den Pferden Moos unter die Füße gebunden. So kamen sie nah herbei, sprangen auf ihn zu und kämpften miteinander.

Johann Hübner wird erschlagen, auf seiner Burg begraben und spukt dort seitdem: »Der Johann Hübner erscheint oft um Mitternacht, mit seinem einen Auge sitzt er auf einem schwarzen Pferd und reitet um den Wall herum.«[10]

---

10 Ebd., 160f.; Jung-Stilling, wie Anm. 8, 33f. mit wenigen kleinen Abweichungen, hauptsächlich in der Schreibweise einzelner Wörter.

Wir sehen: Simultan mit der rationalen Sinnschicht der Abenteuererzählung transportiert Mays Text auch eine kaschierte ›vorrationale‹, die durch verschiedene Kommentare innerhalb der rationalen Sinnschicht zwar signalisiert, aber verworfen wird (›Geist der Savanne‹). Abenteuer- mischt sich so unterschwellig mit Schauergeschichte und Sage.

Aufschlussreich für Mays Erzählen ist in diesem Zusammenhang weiterhin, dass er hier haargenau so verfährt wie in der ›Fortsetzung‹ zum *Sohn des Bären-jägers*, dem *Geist der Llano estakata*. Auch dort werden in einer bestimmten Erzählsequenz – streng parallel zur hier diskutierten Episode – rätselhafte Phänomene, auf die man in der Natur stößt, durch Old Shatterhand wissenschaftlich erklärt, und die naturmagisch-animistische Erklärung durch einen jungen Indianer, diesmal den Comanchen Eisenherz, wird abgetan. Weitaus expliziter als im *Sohn des Bärenjägers* gestalten sich diesmal jedoch die Hinweise auf die außerrationale Sinnschicht (›Wilde Jagd‹) durch Hobble-Franks ausführliche Bemerkungen über Gespenster.[11]

✦

Wir werden nicht entscheiden können, mit welchem Grad an Bewusstheit Karl May solche intertextuellen Spiele trieb. Durch möglichst punktgenaue Textanalyse Mays kreative Anverwandlung von Sage und Mythos in ihrem Witz, ihrer Subtilität und Originalität transparent zu machen, muss genügen.

Die Reiter stiegen ab, um die sonderbare Fährte zu untersuchen.

11 Genauer zu dieser Episode im *Geist der Llano estakata* sowie zum Thema der Wilden Jagd bei May siehe: Von Befour nach Sitara, wie Anm. 2, 116–120.

Der Dachdecker-Fall

Eine Sage als Zeitungsnachricht in *Old Surehand* I

»[…] *bin auch lieber still als laut; aber Dank sagen muß ich Euch doch*«, sagt Josua Hawley zum Erzähler Old Shatterhand, nachdem dieser ihm eine Trost spendende und aus Gewissensqualen befreien sollende wahre Geschichte erzählt hat, »*die sich drüben in Deutschland* […] *zugetragen hat*«.[1]

Was seine Erzähltricks angeht, ist der sonst mit Bekenntnissen recht freigiebige Autor May ebenfalls lieber still als laut. Man muss ihm als Interpret erst auf die Schliche kommen (und entdeckt unter Umständen mehr, als ihm selbst bewusst war).

Hier, in der Exposition von *Old Surehand* I (1894), spielt er mit dem Gegensatz Sage – Tatsache.

Er baut zwei zuvor als Text-Umrahmung zu jeweils einem vorgegebenen Bild geschriebene Kurzgeschichten, *Der erste Elk* (1893, entstanden 1889/90) und *Im Mistake-Cannon* (1889),[2] in den Auftakt einer wesentlich breiter angelegten, nämlich dreibändigen Folge von *Reiseerlebnissen* ein.

Bei der ›Einpassung‹ in den neuen, größeren Zusammenhang macht er ein paar Zugaben. So leitet er zur kurzen Erzählung, die früher *Im Mistake-Cannon* hieß, über, indem er kurzerhand um die Geschehnisse im Cañon, die gleich geschildert werden, sich eine Sage ranken lässt: *die Sage von dem Geiste des Mistake-Cañon* (34).

Diese Sage wird unmittelbar anschließend entmystifiziert und auf ihren rationalen Kern, auf das fiktional Tatsächliche reduziert. Das heißt, es wird aufgeklärt über wahre Zusammenhänge. Der Zugang dazu erfolgt, wie so häufig bei May, über eine Wissensprobe an exponierter Stelle.[3]

Nachdem der (Binnen-)Erzähler Jos Hawley die Geschichte um ein der griechischen Tragödie gemäßes Versehen beendet und seine tiefen Schuldgefühle

---

1 GR XIV, 50 und 40. Weitere Stellenangaben im Text; alle Zitate sind Figurenrede. Old Shatterhands Erzählung ist im Anhang vollständig abgedruckt.

2 Zu den beiden Kurzgeschichten vgl. die Vorworte von Jürgen Wehnert in: Karl May: *Der Krumir*. Seltene Originaltexte Bd. 1. Hamburg [1985], 113 und 128f.

3 Ausführlicher dazu und genauer der Beitrag ›Die Wissensprobe als Auftakttopos bei Karl May‹ in diesem Band (19–26).

ob der Tötung seines indianischen Freundes bekundet hat, tröstet ihn das erzählende Ich, Old Shatterhand, indem er als moralisches Antidot *eine wahre Geschichte* wiedergibt. Und zwar einen Fall, der, laut Ich-Erzähler, *natürlich ungeheures Aufsehen* erregt hat und *überall besprochen* wurde, *mündlich und auch in den Zeitungen* (40).

Es geht um zwei Dachdecker, Vater und Sohn. *Sie hatten auf der Spitze eines sehr hohen Kirchturmes eine neue Wetterfahne anzubringen* (ebd.). Sie steigen hoch, der Vater voran. Plötzlich sieht man, wie der Vater, nachdem zuvor ein Schreckensschrei des Sohnes zu vernehmen war, den Sohn, der ihn am Fuß gefasst hatte, *mit einem kräftigen Tritte* in die Tiefe befördert (ebd.).

Wie in einer Hebel'schen Kalendergeschichte wird jetzt der Casus ausgebreitet, erst ein vorschnelles Urteil über den Vater als Mörder gefällt, dann die Geschichte erneut, aber diesmal aus einer anderen Perspektive erzählt, nämlich nicht aus derjenigen der Untenstehenden, sondern der des Vaters oben in der Höhe, der, als seinen Sohn der Schwindel packt, die Panik immer überwältigender wird, an Schwiegertochter und Enkel denkt und an die Konsequenzen für sie:

> *Sollte die arme Familie außer dem einen Ernährer auch noch den zweiten verlieren? War es nicht Selbstmord, sich mit hinabreißen zu lassen, wo er sich doch, freilich nur sich allein, halten konnte?* (42f.)[4]

» Hm! Wie Ihr es erzählt, klingt es nun freilich anders.« (43) Kurz: Die Meinung der Menge über den Vater verkehrt sich ins Gegenteil. Nach dem anfänglichen »Kreuziget ihn!« folgt nun das »Hosianna!«. Ein ausgezeichneter Anwalt verteidigt den Mann vor Gericht, zieht Sachverständige hinzu, die alle das Verhalten des Vaters rechtfertigen. Dieser wird freigesprochen, ohne das Geschehene je verwinden zu können.

Ein Tatsachenbericht aus der Gegenwart also, laut Fiktion.

Doch wie die Schieferdecker-Geschichte sich in sich selbst dreht, tut sie dies auch im metafiktionalen Raum. Was Tatsachenbericht scheint, ist auch – Sage.

Es ist die, wie es scheint, aus- und umformulierte Dachdeckersage aus den ›Deutschen Sagen‹ der Brüder Grimm (Nr. 178):

> Ein junger Dachdecker sollte sein Meisterstück machen und auf der Spitze eines glücklich fertigen Turms die Rede halten. Mitten im Spruch aber fing er an zu stocken und rief plötzlich seinem unten unter vielem

---

4   Eine gleichartige Argumentation auch in Hebels ›Heimlicher Enthauptung‹, wo ein Scharfrichter gedungen wird, das Urteil eines geheimen Gerichtshofs auszuführen. Weigere er sich, würde er selbst umgebracht werden. Er denkt an seine Familie und enthauptet den möglicherweise Schuldlosen. (Johann Peter Hebel: Erzählungen des Rheinländischen Hausfreundes. Vermischte Schriften. Frankfurt am Main 1968 (= Werke 1. Bd.), 81f.)

Volk stehenden Vater zu: »Vater, die Dörfer, Berge und Wälder dort, die kommen zu mir her!« Da fiel der Vater sogleich nieder auf die Knie und betete für die Seele seines Sohnes und ermahnte die Leute, ein gleiches zu tun. Bald auch stürzte der Sohn tot herab. – Es soll auch nach ihren Rechten [denen der Dachdecker; R.S.] dem Vater zukommen, wenn der Sohn das erstemal vor ihm aufsteigt und anfängt irr zu reden, ihn gleich zu fassen und selbst herabzuwerfen, damit er im Sturz nicht selbst mitgerissen wird.[5]

Unterschiede wie Übereinstimmungen sind klar: Mit dem Sagen-Text teilt Mays Variante die Konstellation Vater–Sohn, das Hochsteigen auf einen Turm, den Schwindelanfall des Sohnes, seinen Todessturz. Das, was der Sagen-Text als Vermutung beziehungsweise Gerücht über (geheimes) Zunftrecht äußert, ist das, was May ins Zentrum des Erzählten rückt, aber an zeitgenössische Rechtsprechung bindet. Dabei kehrt er, um das Hinabstoßen des Sohnes durch den Vater besser zu motivieren, die Reihenfolge der Kletterer um.

Die unterschiedliche ›Textsortenzugehörigkeit‹ bedingt außerdem die stärkere Psychologisierung bei May, wobei die wiederholte Wendung des Sohnes zur Beschreibung seines Schwindelanfalls auffällt, dass er nichts (mehr) fühle (42, 43), verbunden mit der analytischen Erzählerbemerkung: *es war einer jener Anfälle, die den Betreffenden vollständig entmannen* (42). Dies wie auch der Satz, dass der alte Schieferdecker *unbedingt zu verurteilen, dann aber der Gnade des Monarchen zu empfehlen sei* (ebd.), lässt die Vermutung zu, dass Mays Gedanken bei der Niederschrift dieser Sequenz auch um seine eigenen früheren Verfehlungen kreisten, über die er gegen Ende seines Lebens beispielsweise unter Verwendung der gleichen Stichworte bis hin zum zentralen Blackout schrieb:

> *Ob und womit ich mich verteidigt habe; ob ich zur Berufung, zur Appel-*
> *lation, zu irgend einem Rechtsmittel, zu einem Gnadengesuche, zu einem*
> *Anwalt meine Zuflucht nahm, das weiß ich nicht zu sagen. Jene Tage*
> *sind aus meinem Gedächtnisse entschwunden, vollständig entschwunden.*

5 Brüder Grimm: Deutsche Sagen. Vollständige Ausgabe nach dem Text der 3. Auflage von 1891. Stuttgart o.J. [1974], 202. – Auszuschließen ist weder, dass May Kenntnis von einer seinen eigenen Formulierungen noch näher als der Sagen-Text stehenden Fassung des Stoffs hatte, noch dass ein Fall wie der geschilderte tatsächlich durch die Presse ging. Für beide Möglichkeiten gebe ich im Anhang zu diesem Beitrag, zusammen mit Mays Text der Schieferdecker-Geschichte, je ein Beispiel aus der Presse und der Unterhaltungsliteratur ein Jahrhundert vor May (August Gottlieb Meißner, 1753–1807), die zwar historische Authentizität suggerieren, aber dennoch das Sagen- und Parabelhafte gerade durch ihre Abweichungen in Details durchscheinen lassen. – Die Dachdeckersage (Nr. 178) steht in der Grimm'schen Sammlung übrigens relativ nahe bei Wilde-Jagd-Varianten (Nr. 170: Rodensteins Auszug; 172: Der wilde Jäger Hackelberg; 173: Der wilde Jäger und der Schneider).

*[...] Ich weiß nur, daß ich mich vollständig verloren hatte [...]. [...] ich
erkannte nichts [...].*[6]

Privates Leid, wie es scheint, und geheime Erzählerfreude am metafiktional
raffinierten Wechsel-Spiel um verbürgte fiktionale Wirklichkeit und Aberglauben gehen bei dieser narrativen Sequenz (Mistake-Cañon – Dachdecker-Fall)
eine mehrwertige Verbindung ein. Und der Text enthüllt einen unerwarteten
literarischen Mehrwert.

---

6   Karl May: *Mein Leben und Streben. Selbstbiographie.* In: HKA VI.1, 9–265 (96f.); 99 teilweise Wie-
    derholung dieser Wendungen, dazu der Begriff der *innerliche[n] Versteinerung.* – Der Dachdecker-
    sohn: »*ich fühle nichts*« (GR XIV, 42).

Anhang

Old Shatterhands Erzählung in GR xiv, 40–44:

»[...] *Zwei Schieferdecker hatten auf der Spitze eines sehr hohen Kirchtur-*
mes eine neue Wetterfahne anzubringen; die dazu nötigen Leitern waren
Tags vorher angelegt worden, ehe man die alte Fahne abgenommen hatte.
Der eine Schieferdecker war ein alter, erfahrener Meister, der andre sein
Sohn, der eine Frau und vier Kinder hatte. Sie stiegen höher und höher, von
Sprosse zu Sprosse, der Alte voran, der Sohn hinterdrein, beide mit einer
Hand sich festhaltend und mit der andern die schwere Wetterfahne tra-
gend. Unten stand eine Menschenmenge, um lautlos, mit stockenden Pulsen
und selbst fast schwindelig, der waghalsigen Arbeit zuzuschauen. Da hört
man oben einen Schreckensruf erschallen; der Sohn hat ihn ausgestoßen; der
Vater antwortet ruhig und ermahnend; der Sohn ruft wieder, und gleich
darauf stößt die Menge einen einzigen, vielstimmigen Schrei des Entsetzens
aus, denn der Alte hat den Sohn, der ihn am Fuße faßte, mit einem kräfti-
gen Tritte von der Leiter geschleudert, so daß er in die grausige Tiefe stürzt
und dort zu einem wirren Haufen von Fleisch und Knochen zerschellt.«

»*Ist so etwas möglich! Der Mörder seines eignen Sohnes!« rief Hawley*
aus.

»*Nicht vorschnell, Sir; hört weiter! Unten am Turme giebt es natürlich*
Scenen einer Aufregung, welche nicht beschrieben werden können; oben
aber steigt der Alte weiter in die Höhe, die Fahne nun allein tragend. Bei
der Spitze angekommen, stellt er sich auf den Knopf und steckt die Fahne
mit einer unglaublichen, wahrhaft riesigen Anstrengung aller seiner Kräf-
te auf die Spindel. Dann kommt er so ruhig und kaltblütig, als ob nichts
geschehen sei, langsam und sicher wieder herabgestiegen, Leiter um Leiter
über sich von den Haken lösend und in die Dachfenster des Turmes schie-
bend, bis er im Schallloche der Glockenstube verschwindet. Vor der Turm-
thür wartet die wütende Menge, bereit, ihn zu lyn chen; er kommt aber
nicht. Man dringt in den Turm und findet ihn oben in der Glockenstube,
wo er in dem Augenblicke, in dem er den festen Boden unter sich gefühlt
hat, besinnungslos zusammengebrochen ist. Er wird nach Hause gebracht
und erwacht nur, um im hitzigen Fieber monatelang von dem entsetzlichen
Momente zu phantasieren, wo er gezwungen gewesen ist, seinen Sohn in
den entsetzlichen Tod zu stürzen. Die Kunst der Aerzte und seine trotz des
Alters kräftige Natur retten ihn; aber sobald die Beine noch kaum imstande
sind, ihn zu tragen, geht er auf das Gericht, um sich dem Staatsanwalte zu
überliefern. Was glaubt Ihr wohl, wie das Urteil gelautet hat, Mr. Haw-
ley?«

»*Wie soll es gelautet haben! Es giebt hier nur eine Strafe: für Sohnes-*
mord den Tod,« antwortete der Gefragte.

»Ist das wirklich Eure Meinung, Sir?«

»Natürlich. Man kann ja gar keine andre haben.«

»O doch!«

»Nein. Er hat seinen Sohn mit voller Absicht in den Tod gestoßen.«

»Nicht etwa in der Aufregung?«

»Schließt das die Absicht aus?«

»In diesem Falle wohl nicht. Aber der Fall läßt sich noch ganz anders beurteilen.«

»Möchte doch wissen, wie!«

»Er erregte natürlich ungeheures Aufsehen und wurde überall besprochen, mündlich und auch in den Zeitungen. In juristischen Kreisen war man der Ansicht, daß die Anklage wegen Mordes unbedingt aufrecht zu erhalten und der Alte unbedingt zu verurteilen, dann aber der Gnade des Monarchen zu empfehlen sei. Das Publikum verweigerte dem Thäter zunächst jede Entschuldigung, lernte aber gar bald, als es die Gründe seines Handelns erfuhr, anders denken. Ja, er hatte die That mit Ueberlegung begangen, aber was hatte ihn dazu veranlaßt? Der Sohn hatte ihm plötzlich zugerufen, er sei vom Schwindel ergriffen worden, so daß sich alles um ihn zu drehen scheine. ›Mach die Augen zu, und halte dich fest, bis es vorüber ist; ich warte!‹ mahnte ihn der Alte, der an einen kurz vorübergehenden Anfall dachte. ›Ich kann nichts festhalten; ich fühle nichts,‹ schrie der Sohn, indem er die Fahne fahren ließ und den Fuß des Alten ergriff. Dieser erkannte mit Schaudern, daß es kein Warten und kein Vorübergehen gab; es war einer jener Anfälle, die den Betreffenden vollständig entmannen, in denen Hilfe unmöglich ist; der Helfer wird nur selbst mit ins Verderben gezogen. In einem einzigen kurzen Augenblicke vergegenwärtigte er sich seine fürchterliche Lage. Die schwere Wetterfahne in der Linken, mußte er sich mit der Rechten festhalten; am Fuße hatte er den Sohn hängen; er fühlte die zentnerschwere Last, die ihn von der Leiter weg und in die Tiefe ziehen wollte; er wußte, daß er dies nur wenige Augenblicke aushalten könne und dann mit hinab müsse. Ja, hätte er unter dem Sohne gestanden, so hätte er ihn stützen und vielleicht, vielleicht doch retten können, so aber war dieser unbedingt verloren. Sollte der verhängnisvolle Schwindel zwei Menschenleben kosten anstatt nur eines? Sollte die arme Familie außer dem einen Ernährer auch noch den zweiten verlieren? War es nicht Selbstmord, sich mit hinabreißen zu lassen, wo er sich doch, freilich nur sich allein, halten konnte? Da rief der Sohn: ›Herrgott, ich fühle die Leiter nicht mehr; ich stürze, ich falle!‹ Er hing nur noch am Fuße des Vaters. Da erkannte dieser, daß das Gräßliche nicht zu umgehen sei, daß es geschehen müsse; er stieß den Sohn mit einem kräftigen Tritte von sich ab und von der Leiter. Er hörte den vielstimmigen Schrei der Zuhörer; er sah nicht hinab; es flimmerte ihm vor den Augen; sein Herz wollte stillstehen; aber er mußte stark bleiben

und raffte sich mit Aufbietung aller seiner Kräfte zusammen. Wie im Trau-
me, in einem Zustande seelischer Stumpfheit stieg er empor und vollendete
seine Aufgabe. So stieg er dann auch wieder herab und barg die Leitern,
eine nach der andern; aber sobald er sich dann in der Glockenstube befand,
verließen ihn die Kräfte, und er brach besinnungslos zusammen. Habt Ihr
nun über seine That noch dieselbe Ansicht wie vorhin, Mr. Hawley?«
»Hm! Wie Ihr es erzählt, klingt es nun freilich anders.«
»Das fühlten bald auch alle, die ihn vorher verurteilt hatten. Er bekam
einen ausgezeichneten Verteidiger, und dieser that seine Pflicht. Gelehr-
te, Sachverständige, Universitätslehrer, mußten ihre Ansichten über den
Schwindel und seine Wirkungen einreichen; eine ganze Anzahl von Dach-
deckern, Zimmerleuten und andern Bauhandwerkern wurde vernommen.
Essenkehrer, sogar ein Seilkünstler, meldeten sich freiwillig, um ihr Urteil
zu Gunsten des Angeschuldigten abzugeben. Sie alle, ohne eine einzige Aus-
nahme, behaupteten, daß er nicht anders habe handeln können, daß sein
Sohn unbedingt verloren gewesen sei. Kurz, er wurde freigesprochen und aus
der Untersuchungshaft entlassen. Diejenigen, welche ihn im Augenblicke
der Aufregung hatten lynchen wollen, empfingen ihn jubelnd am Thore des
Gerichtsgebäudes. Er lebte noch eine Reihe von Jahren, geachtet von allen,
die ihn kannten; man sagt, er habe nie wieder lachen oder auch nur lächeln
können; es war ihm unmöglich, die That, zu der er sich gezwungen gesehen
hatte, zu verwinden, aber es hat keinen einzigen Menschen gegeben, dem es
in den Sinn gekommen wäre, sie ihm vorzuwerfen. Was sagt Ihr nun, Sir?«
»Daß es ganz richtig gewesen ist, ihn freizusprechen,« antwortete Jos.

✦

Anonym: Der Dachdecker in Klagenfurt. Zitiert nach dem Abdruck in: Der
Bote von und für Ungern. Ein Wochenblatt zur Belehrung und Unterhaltung.
1. Jg., Nr. 13 vom 29. 3. 1833, 49:

Der Dachdecker in Klagenfurt.

Zur Zeit als die französische Armee in Kärnthen stand und Klagenfurt
besetzt hatte, ereignete sich daselbst folgende Thatsache.

   Ein Wetterstrahl hatte die Glockenthurmspitze der Hauptkirche
stark beschädigt; der Dachdecker erhielt den Auftrag, hinaufzusteigen
und dem Schaden abzuhelfen. Dieser stieg mit seinem Sohne hinauf
und eine Menge Neugieriger versammelte sich, gaffend, auf dem Platz,
um diese gefährliche Arbeit mit anzusehen. Der Vater, ein Mann in
den Fünfzigen, noch stark und rüstig, stieg zuerst auf das Dach hinaus; der Sohn folgte; sie gelangen auf die Spitze, schaudernd blicken
die Zusehenden auf ihre Bewegungen; plötzlich sehen sie den Sohn
von der Leiter abgleiten und herunter stürzen. Ein allgemeiner Schrei

des Entsetzens! Alles drängt sich gegen den Unglücklichen, er liegt zerschmettert, ohne Zeichen von Leben, todt auf dem Pflaster.

Der Vater klettert indessen immer höher, hilft dem Schaden ab, steigt dann kalten Blutes herunter und tritt traurig aber ruhig unter die sich um ihn drängende Menge. Alles beklagt ihn, Alles will ihn trösten und – mit Entsetzen und Abscheu vernimmt man aus seinem eigenen Munde: daß sein Sohn nicht heruntergefallen sey – daß er ihn heruntergestürzt habe. Gerechter Gott! schrieen die Leute; ist es möglich? Welche Raserei! Welch' Verbrechen! Ich bitte mich zu hören, bat bewegungslos der Vater;

Unser Handwerk, fuhr der Dachdecker fort, hat wie jedes andere, seine bestimmte unerläßliche Regeln und Beobachtungen. Der Aelteste, folglich der Erfahrenste unter uns, wagt sich zuerst, der Jüngere folgt. Ist die Leiter durch Haken und Seile befestigt, so wird eine zweite unten angehängt; dann steigt der ältere, Meister oder Gesell, auf diese Leiter, die nur an der obern hängt, und sein Camerad folgt mit dem Nöthigen, um in der Höhe festen Halt zu bekommen. Das ist nun die gefährlichste Arbeit. Ich stand auf der obern Leiter, auf einmal schreit mein Sohn, dicht unter mir: Vater! Vater! Es wird dunkel vor meinen Augen! ich weiß nicht, wo ich bin! sogleich gab ich ihm mit dem rechten Fuß einen Tritt vor die Stirn; er stürzt bewußtlos hinunter. –

Verfluchter Bösewicht! Ungeheuer! Satan! was konnte dich zu einem so scheuslichen Verbrechen verleiten? Abscheulich! Entsetzlich! schreit alles durcheinander.

Sachte Ihr Herren! entgegnet der Dachdecker. Ich bin allerdings ein beklagenswerther Vater, aber nichts weniger als ein Verbrecher. In unserm Beruf ists vorbei, wenn uns einmal der Schwindel angepackt hat, und derjenige, den ein solches Unglück in einer solchen halsbrechenden Lage ergreift, da, wo er weder sich niedersetzen, noch auf irgend eine andere Art sich helfen kann, ist ohne Rettung verloren. Und dieses war der Fall mit meinem Sohne. Von dem Augenblicke an, als ihm schwindelte, war auch alle Hoffnung verloren, zwei, drei Secunden später hätte er doch hinunterstürzen müssen; allein, vor seinem Fall, in der Todesangst, würde er sich natürlich an der wankenden Leiter, auf der ich stand, angeklammert, sie herumgerissen, und mich mit ihm zugleich hinuntergeschleudert haben. Das Unglück war unabwendbar und nur durch den Tritt, den ich ihm absichtlich vor die Stirne gab, habe ich mich gerettet.

Nehmen Sie mich für einen Verbrecher, so sagen Sie mir, wer denn meines Sohnes unglückliche Frau und Kinder erhalten haben würde, wenn ich mich von ihm mit herunter hätte reißen lassen; die Hinterlassenen haben nur von meinem Verdienst noch Unterstützung zu

hoffen. Für den Sohn sterben, wäre am Ende wohl noch Pflicht des
Vaters gewesen, nutzlos nach seinem Tode, dies – glaube ich, ist ein
Punkt, den weder Religion noch Gerechtigkeit verlangen können.

Auf einige Augenblicke fesselte tiefes Schweigen die starrende Menge; bald aber erhob sich das Geschrei von Neuem; der Dachdecker wurde festgenommen und dem Stadtgerichte überliefert. Dort, im Verhöre,
zeigte er dieselbe Festigkeit, die ihn schon in den Augen des Pöbels zum
Ungeheuer gestempelt hatte. Wie dieser, so konnten sich auch die Richter anfänglich nicht einer unwillkührlichen Bewegung des Abscheues
erwehren; nachdem sie indessen über die klare halsbrechende Lage des
Dachdeckers und über die, wenigstens technische, richtige Ursache seiner That nachgedacht hatten, fiel das Urtheil dahin aus: Daß er zwar
auf eine furchtbare, darum aber nicht desto weniger richtige Weise sie
begangen, und dabei eine Geistesgegenwart bewiesen habe, der man,
obwohl von Schauder ergriffen, doch nicht seine Bewunderung versagen könne.

✦

August Gottlieb Meißner: Der Schieferdecker. In: A. G. Meißners sämmtliche
Werke. 10. Bd. [Erzählungen, 4. Theil.] Wien 1813, 234–257; zuvor beispielsweise in: ders.: Skizzen. Eilfte und zwölfte Sammlung. Leipzig 1796, 447–452:

Der Schieferdecker,
eine ganz wahre Geschichte.

Ein Schieferdecker und sein Sohn bestiegen einen hohen Kirchthurm,
um am Knopfe desselben eine Ausbesserung vorzunehmen. Der Vater,
der schon eine funfzig Jahre haben mochte, übrigens aber noch rüstig
und gesund war, klimmte voran; der Sohn folgte. Die große Menge
Volk, die von unten zusah, freute sich Anfangs; denn das Klettern ging
eine geraume Zeit hurtig und gut von Statten. Aber desto gräßlicher war
auch das Geschrey, das plötzlich entstand. Denn, sieh da! ganz nahe am
Knopfe schon, glitt der jüngere Mann plötzlich aus, und stürzte herab. Durch den Fall von dieser furchtbaren Höhe zerschmetterte er sich
dergestalt die Hirnschale, daß, als man herbeysprang und ihn aufhob,
schon nicht mehr die mindeste Spur vom Leben sich zeigte. Der Vater
stieg indeß unverdrossen weiter; vollbrachte seine Arbeit, und kam nach
ein Paar Stunden wieder herunter, so ernst und gefaßt, als nur möglich.

Von allen Seiten umringte ihn nun das Volk. Alle bedauerten, alle
beklagten ihn. – »Armer Mann! armer Vater!« – riefen wohl hundert
auf ein Mahl: – wißt Ihr schon, wie es mit Euerm Sohn steht?

»Daß er todt seyn wird! todt seyn muß! erwiederte er ziemlich
gelassen. Beym Sturz von einer solchen Höhe hinab, bleibt man freylich
nicht lebendig!«

Aber ums Himmels willen! Wie ward Euch denn, als Ihr einen Fall
merktet?

»Wie's einem Vater werden muß, wenn er seinen liebsten, einen einzigen Sohn einbüßt! Ganz unerwartet kommt uns zwar allerdings ein
solcher Fall nie. Wir steigen immer mit der Besorgniß hinauf, nicht
lebend wieder herab zu kommen.«

Und wann – wie – wo merktet Ihr sein Unglück zuerst?

»O zeitig genug! Noch zwei oder drey Secunden eher, als er stürzte!«

Wie – was sagt Ihr? Eher noch?

»Nun ja doch, ja! Denn um euch aus dem Traume zu helfen, mein
Sohn fiel nicht sowohl, – ich selbst warf ihn hinunter.«

Ein lauter Schrey des allgemeinen Entsetzens erscholl. – »Gott,
Gott! rief alles: wie war denn das möglich?«

»Das will ich euch wohl erklären: und zwar, wie ich hoffe, recht
deutlich! Vielleicht wißt ihr es schon, vielleicht auch nicht – aber kurz,
bey unserer Handthierung ist es Sitte und Regel: der Ältere, der Geüb-
tere steigt voran; der Jüngere kommt hinten nach. So wie eine Leiter
befestiget worden, wird die andere aufgesetzt, und unten angebunden.
Dieß ist nicht schwer! Aber dann steigt der Vorderste auf dieser halb-
befestigten Leiter höher, und knüpft sie oben ebenfalls an; und dieß
ist die Hauptsache, wie ihr leicht begreifen werdet. – Als ich heute nun
eben im Begriff war, dieses auf einer der allerhöchsten Leitern zu thun,
hörte ich plötzlich hinter mir den Ausruf meines Sohnes: »ach Vater,
Vater! wie wird mir! Alles schwarz vor den Augen! Ich sehe nicht mehr,
wo ich bin!« – Sofort schlug ich hinten mit dem rechten Fuß auf gut
Glück aus; traf ihn richtig gerade vorm Kopf; und er flog herab, ohne
nur noch einen Laut von sich zu geben.

»Entsetzlich! Entsetzlich! – Abscheulicher Bösewicht! warum thatet
ihr das?«

»Nun! Nun! Nur gemach! So ganz abscheulich glaube ich doch noch
nicht gehandelt zu haben. – Bey unserm Handwerk kommt alles darauf an, daß wir nicht schwindlicht werden. Wer dieses Unglück hat, –
in einer gewissen Höhe hat, wo er sich nicht setzen, nicht anhalten,
nicht eine geraume Zeit ausruhen kann, der ist verloren – verloren ohne
Rettung. Dieß war heute meines Sohnes Fall. Da, wo ihm schwarz vor
den Augen ward, ließ sich an kein Wieder-Lichtwerden denken. Zwey
oder drey Secunden später, stürzte er unausbleiblich hinab. Aber ehe
er stürzte, griff er auch gewiß in letzter, bewußtloser Todesangst nach
der unbefestigten Leiter, auf welcher ich stand; wollte sich anhalten an

ihr; sie gab nach; und wir stürzten dann beyde hinunter. Dieß, dieß alles sah ich in jenem Augenblick unbezweifelt voraus; dem wollte ich vorbeugen; und deshalb gab ich ihm rasch den Stoß, der ihn herabwarf, und der mich gerettet hat, wie ihr seht. – Sagt mir ihr alle, die ihr vorhin auf mich, als auf einen Bösewicht, schmähtet: hätte es seinem hülflosen Weibe, seinen unerzogenen Kindern – deren Versorgung mir nun obliegt! – ja hätte es ihm selbst etwas geholfen, wenn ich zugleich mit ihm umgekommen wäre? Mich zu opfern für ihn, das könnte Vaterpflicht gewesen seyn, doch mich nutzlos zu opfern nebst ihm – das, dünkt mich, konnte niemand fordern! Und das bin ich auch erböthig, durch Geistliche und Gerichte entscheiden zu lassen.«

Wohl zwei Minuten durch war eine dumpfe Stille um ihn rund herum. Was ihm zu antworten sey, wußte niemand. Endlich erwachte doch der allgemeine Unwille wieder, und man begehrte seine Verhaftung. Sie geschah; doch auf eine leidliche, anständige Art. Beym ordentlichen Verhöre fuhr er fort einzugestehen, was – sonst kein anderer ihm Schuld gegeben haben würde. Seine That ward höhern Orts einberichtet; und es ging seinen Richtern, wie es der Volksmenge gegangen war. Sie schauderten Anfangs zurück; überdachten sich seine Lage, und die Gründe, nach welchen er gehandelt hatte, genauer, und mußten gestehen: er habe nach einer zwar gräßlichen, doch richtigen Logik geschlossen; habe eine grausame und doch bewundernswürdige Gegenwart des Geistes bewiesen, und ihr einstimmiges Urtheil war, daß er aller Haft und Strafe zu entlassen sey.

Der Trick mit der Kugelfestigkeit

Robert-Houdins Erinnerungen und
Kara Ben Nemsis Manipulationen in *Durch das Land der Skipetaren*

I

Literarisch in Spuren geht eigentlich jeder oder jede, der oder die schreibt, spätestens seit Homer und den Zeiten des dichtenden Urweibs. »Je prends mon bien, où je le trouve«, soll Molière gesagt haben – wie so viele vor und nach ihm. Zauberer, Meisterinnen im Trugwerk, Hexen-Meister sind sie alle, mehr oder weniger, die schrieben, schreiben und schreiben werden.

Jongleure mit dem Eigentum anderer: Fremdes, aber doch eigentlich einem selbst Zugehöriges, eben Eigentliches dem Eigenen einverleiben, das ist einer der Urtriebe der literarischen Taschendiebe. Keiner machte es im Grunde anders. Weder Thomas Mann noch Karl May.

Unverwundbar sein durch das Gehen in Spuren, auf irgendwie von anderen (in letzter Konsequenz mythisch) gesicherten, nicht mehr ganz so fremden Pfaden – welch ein Traum-Ziel! In der dichterischen Fiktion ist es naturgemäß recht leicht erreichbar. Auch Karl May führt in seinen Texten oft genug vor, wie es per Einbildungskraft erfolgreich zu, in gewissem Sinn, ›verwirklichen‹ ist. An einer Stelle gelingt es ihm sogar, literarische ›Kugelfestigkeit‹ durch In-Spuren-Gehen zu erzielen, indem er ausgerechnet das Motiv der Kugelfestigkeit mittels eines traditionellen Prestidigitateurstricks ins Erzähl-Spiel bringt.

II

Auf der Suche nach dem schwarzen Gral des Bösen, dem Schut und seinem Hauptquartier, machen Kara Ben Nemsi und seine Gefährten Halt in Strumica, das May meist Ostromdscha nennt.

Von den beiden Aladschy, potentiellen Feinden, hört Kara Ben Nemsi Wunderdinge, insbesondere von ihren Pferden, die durch Magie unverwundbar gemacht seien. Er überbietet diese Mitteilung des ›Anwalts des Staates‹ zu Ostromdscha, indem er seinen Gefährten Halef als *stich-, hieb- und kugel-*

fest beschreibt.[1] Eine rhetorische Retourkutsche mit Folgen: Es entsteht der Wunsch nach einer Probe aufs Exempel. Bei einem trauten Zwiegespräch vorm Einschlafen ventiliert Kara mit Halef ausführlichst die Möglichkeit, per *Taschenspielerstück* (80) diese Kugelfestigkeit zu ›beweisen‹. Das heißt, er schildert Halef minutiös den Trickverlauf und verspricht, den Hadschi beruhigend: »*Keine Sorge! Ich würde erst eine Probe machen. Ich habe das Kunststück in einem Zauberbuch gelesen und es dann gleich probiert. Es gelingt ganz vortrefflich.*« (81)

Damit könnte zugleich auch ein metaliterarischer Taschenspielertrick in Gang gesetzt sein. Nämlich einer, der auf eine falsche Fährte führt, wenn man versucht, den Quell (oder eine der Quellen) von Kara Ben Nemsis Kenntnissen zu finden. Denn in einem ›Zauberbuch‹ muss der Urheber des Ganzen, muss Karl May nicht unbedingt gelesen haben, um auf die Idee für die nun folgenden Geschehnisse gekommen zu sein.[2]

May setzt das Unverwundbarkeitsmotiv breit ausfabulierend um, und zwar in zwei unterschiedlich großen Etappen. Die erste, die zugleich die Hauptetappe darstellt, schildert, nach dem Keimen der Idee, die Vorbereitungen zur Demonstration der Kugelfestigkeit (Besorgen von Quecksilber und Wismut für die kurz nach dem Abschuss in der Luft zerfallenden Kugeln, Gießen derselben, Probeschießen) sowie die varietéartige Vorführung vor Publikum, das entsprechend vorgeführt wird, indem Kara Ben Nemsi mit echten und präparierten Kugeln spielt, um es zu überzeugen (79–114). Später nimmt May, in einer zweiten, kurzen Etappe, das Motiv wieder auf, als Kara Ben Nemsi das Rencontre mit dem rachsüchtigen Miriditen zu bestehen hat (343 und 372). Um auch diesem gegenüber seine Kugelfestigkeit zu beweisen, macht Kara zuvor insgeheim das Gewehr des Miriditen unschädlich, indem er das Zündloch verstopft (343).

III

Genau diese zwei Praktiken – zerfallende Kugeln und Verstopfen des Zündlochs – sowie der Zug des Überbietens bereits gewohnter ›Wunder‹ im Raum orientalischer Kultur durch den westeuropäischen Fremdling, der danach als mit übernatürlichen Kräften begabt angesehen wird – : genau dies schildert der ›Vater der modernen Magie‹, Jean-Eugène Robert-Houdin (1805–1871) in

1 GR v, 62. Weitere Stellenangaben im Text.
2 Andreas Graf hat bereits auf Varianten des von May beschriebenen Tricks in der Literatur vor May aufmerksam gemacht (Möllhausen, Marlitt); siehe Andreas Graf: Zauberer, Taschenspieler, Eskamoteure. Ein Schießkunststück bei Karl May und anderen. In: M-KMG 119 (1999), 30–33. Sie liegen zeitlich allerdings nach jenem Text, den ich hier gleich in Beziehung zu demjenigen Mays setze.

seinen Memoiren, die unter dem Titel ›Confidences d'un Prestidigitateur‹ 1859 erstmals erschienen sind und in denen er sich als ähnlich großer Ich-Sager wie May präsentiert, mit ähnlichem Hang zu Schummeleien bei autobiographischen Mitteilungen und ähnlicher Neigung zum ›Färben‹ und Fintieren.[3]

Und genau jener Teil, in dem Robert-Houdin dies alles mitteilt, nämlich die Erzählung seiner Erlebnisse in Algier und Umgebung im Jahr 1856, ging als Sensationsbericht durch die internationale Presse, auch weil Robert-Houdin suggerierte, erst durch seine Zauberkünste sei Algerien fest an Frankreich angeschlossen worden (12).

Solche Presseartikel, in Magazinen wohl auch noch Jahre nach dem Ereignis gedruckt, mögen Karl May als Anregung für seine Motivvariante von der Kugelfestigkeit gedient haben, das erste Mal in *Aqua benedetta* (Erstdruck 1878; Variante: *Ein Fürst des Schwindels*, 1882) und sodann ausführlicher hier, in *Durch das Land der Skipetaren* (Erstdruck 1888).

Die Korrespondenzen zwischen Robert-Houdins Algier-Erlebnissen und Mays Text betrachte ich nun näher.

IV

Mitte 1856 kann Robert-Houdin die wiederholten Einladungen von Oberst de Neveu, dem Chef des französischen ›politischen Büros‹ in Algier, nicht mehr länger zurückweisen, in Algier einige Vorstellungen zu geben, um den dortigen Marabuts, die durch Taschenspielerkunststücke ihre Landsleute gegen die Franzosen aufzustacheln versuchen, den Wind aus den Segeln zu nehmen. Das heißt, durch stärkeren ›Gegenzauber‹ die Überlegenheit der christlichen Unterdrücker zu demonstrieren und die Tricks der Marabuts, Wunder der Abgesandten des Allerhöchsten, als Kindereien zu entlarven (298f.).

Als besonderen ›Knalleffekt‹ hat sich Robert-Houdin denjenigen Trick aufgespart, der ihn in den Augen der arabischen Würdenträger im Publikum entscheidend über ihre eigenen Marabuts setzen soll.

> Eines der von den Marabus verwendeten Mittel, um sich in den Augen der Araber großzumachen und die Herrschaft über sie zu erringen, bestand darin, das Volk von ihrer Unverletzlichkeit zu überzeugen. Unter anderen gab es einen, der ein Gewehr laden ließ, das man auf kurze Entfernung auf ihn abschießen mußte. Doch der Feuerstein schlug vergeblich Funken; der Marabu sprach ein paar magische Worte, und der Schuß ging nicht los. Das Geheimnis war ganz einfach: Der

---

3 Vgl. Vorwort. In: Die Memoiren des Zauberers Robert-Houdin. Herausgegeben und mit einem Vorwort von Alexander Adrion. Mit Illustrationen aus der Sammlung Alexander Adrion. Frankfurt am Main 1981 (= insel taschenbuch 506), 11–12. Weitere Stellenangaben im Text.

Schuß löste sich nicht, weil der Marabu geschickt das Zündloch verstopft hatte.

Oberst de Neveu hatte mir klargemacht, wie wichtig es war, ein solches Wunder lächerlich zu machen, indem man ihm ein Zauberkunst-
stück entgegensetzte, das ihm überlegen war. Die Lösung dafür hatte
ich bereit. (312)

Was Robert-Houdin als ersten, bieder-einfachen Trick nennt, wendet May (wie
eine leicht verspielte Motiv-Reprise, bei der › es nicht mehr so drauf ankommt‹)
als zweiten an. Was dafür spricht, dass May sich an Robert-Houdins Erinnerungen orientiert hat; denn diese Form der Reihenfolgenumkehrung ist
typisch für seinen Umgang mit den Quellen.

Noch weitere Umkehrungen gegenüber Robert-Houdin ergeben sich. Nach
der Aufforderung des › Kugelfesten‹, auf ihn zu schießen, gestaltet sich bei May
die Suche nach einem Schützen relativ mühsam: spannungssteigernde Verzö-
gerung. Anders Robert-Houdins Schilderung. In seinem Fall überkugelt sich
ein eifriger Marabut fast, um den tödlichen Schuss möglichst rasch abfeuern
zu können und den Rivalen aus dem Weg zu räumen (312–314). Der Marabut
ist voller Mordgier, wohingegen der Schütze aus Ostromdscha Kara Ben Nemsi überhaupt nicht töten will (110–112). Robert-Houdins Gegner schießt ohne
Zögern; der Schütze bei May findet dagegen immer neue Skrupel, bevor er
endlich anlegt und abdrückt.

»Ein schrecklicher Augenblick:
Der Marabut und der Zauber-
künstler.«

V

Robert-Houdin lässt den Marabut die Pistole prüfen, mit der geschossen wird. Natürlich überzeugt der Marabut sich davon, dass der Zündkanal nicht wie bei seinem eigenen Trick verstopft ist. Dann reicht ihm Robert-Houdin eine Bleikugel, die der Marabut vorm Laden mit einem Messer kennzeichnet. Robert-Houdin spießt derweil einen Apfel auf ein Messer, stellt sich vor den Marabut, der drückt ab, und die Kugel bleibt im Apfel stecken (313f.).[4]

Wie der Trick im Detail funktioniert, verrät Robert-Houdin an dieser Stelle seiner Memoiren nicht. Später enthüllt er wenigstens den Aufbau einer Variante des Tricks – oder tut so. Wieder darf ein Marabut auf ihn schießen, diesmal mit zwei Pistolen. Echte Bleikugeln sind nicht im Lauf, sondern in der einen Pistole steckt eine bleifarbene Stearinhohlkugel, die beim Laden bereits zerstoßen wird, und in der anderen ebenfalls eine Kugel aus Wachs, die jedoch dickwandiger, also widerstandsfähiger und mit Blut gefüllt ist. Den Schuss aus der ersten Pistole ›fängt‹ Robert-Houdin ›auf‹, aber nicht wie Kara Ben Nemsi mit der Hand, sondern mit den Zähnen. Die zweite Pistole nimmt er dem verblüfften Marabut aus der Hand und schießt auf eine weiße Mauer, um zu zeigen, was passiert, wenn er selbst abdrückt. Es zeigt sich ein Blutfleck an der Wand (335–338).[5]

Die Variante, die May beschreibt, scheint riskanter, denn die falschen Kugeln bestehen nicht aus Wachs, sondern aus einem Wismut-Quecksilber-Gemisch. Diese Legierung hat, was May nicht sagt, einen wesentlich niedrigeren Schmelzpunkt als Blei.[6]

Aber wie Robert-Houdin (336) gießt auch Kara Ben Nemsi die Kugeln während der Nacht – was in Mays Text den Freischütz-Aspekt der ganzen

4 Diese Szene wurde zumindest während der zweiten Hälfte des 19. Jahrhunderts ab Oktober 1857 in zahlreichen deutschsprachigen Periodika nach Robert-Houdins Erinnerungen (Buchausgabe: Confidences d'un prestidigitateur, une vie d'artiste. Paris 1859), wiedergegeben; vgl. z. B. Bamberger Zeitung. Nr. 289 vom 16.10.1857; Politische Mission eines Gauklers. In: Salzburger Landes-Zeitung. Nr. 239 vom 22.10.1857, 955a–b, oder: Robert Houdin in Algier. In: Das Ausland. Eine Wochenschrift für Kunde des geistigen und sittlichen Lebens der Völker. Nr. 33 vom 13.8.1859, 791a–792a.

5 Die Wachskugelvariante scheint unter Varietézauberern verbreitet gewesen zu sein; siehe Graf, wie Anm. 2, 31, mit dem Hinweis auf den schottischen Prestidigitateur Henry Anderson, der während der zweiten Hälfte des 19. Jahrhunderts, also nach Robert-Houdin, sein Publikum auf diese Weise verblüffte.

6 Mays Quelle für dieses Kugelrezept ist noch nicht identifiziert. Immerhin ein Beispiel für die zeitgenössische Darstellung einer entsprechenden Rezeptur gebe ich im Anhang zu diesem Beitrag. Daraus geht hervor, dass Wismut für die Legierung nicht nötig gewesen wäre; Quecksilber und Blei hätten auch ausgereicht.

Angelegenheit verstärkt.[7] Markiert werden Kugeln auch in Mays Variante, allerdings nicht vom Schützen, sondern von Kara zur Unterscheidung der echten von den falschen Kugeln. Entsprechend fällt der Punkt ›Identifizierung der Kugel durch einen Zuschauer‹ schwächer als bei Robert-Houdin aus (112). Und wie bei Robert-Houdin wird die zweite Kugel gegen eine harte Fläche, diesmal ein Brett, geschossen; im Unterschied zu Robert-Houdins Trickvariante ist es aber eine echte Bleikugel (113).

VI

Zwischen die zwei Erzähl-Etappen des Unverwundbarkeitsmotivs setzt May eine Reflexion über das Verhältnis von Aberglaube und Aufklärung.

Hatte der Erzähler bereits, kurz nachdem die Idee mit der Kugelfestigkeitsprobe aufkam, eine naturwissenschaftliche Erklärung des Tricks gegeben (81), kommt er nun seinen ›Pflichten‹ als westlich Zivilisierter nach und gibt dem Gastwirt eines Weilers zwischen Ostromdscha und Radowitsch das nötige ›Herrschaftswissen‹ inklusive der übriggebliebenen ›Zauberkugeln‹, um die Bewohner von Ostromdscha, die von Kara Ben Nemsi und den Seinen Düpierten, durch Mehrwissen plus Demonstration ad oculos aufklären und gleichzeitig auslachen zu können.[8]

Damit hat Kara Ben Nemsi sein Gewissen beruhigt, denn: »*Ich habe mir bereits Vorwürfe gemacht, jene Leute in ihrem Aberglauben bestärkt zu haben. Vielleicht kann ich das durch dich* [den Gastwirt] *wieder gut machen.*« (220)

Und als der Gastwirt abschließend ›programmatisch‹ äußert, [*j*]*etzt meine auch ich, daß die Magie aus nichts als nur aus solchen Kunststücken besteht,* und der Zweck heilige (fintierend-foppend) die Mittel (221), ist sowohl bei der ›reitenden Vernunft‹ als auch bei den Lesern, zumindest von der Erzählerseite her gesehen, ›zivilisationsmoralisch‹ wieder alles paletti.

---

7   Näher dazu ›Der Freischütz, aufgeklärt‹ in diesem Band (165–170). – Auch die Angabe Kara Ben Nemsis gegenüber Halef, »*Darum werde ich niemals jemandem alle vier Ingredienzien nennen oder ihm die Art und Weise der Mischung verraten*« (102), enthält unter dem Mantel der Naturwissenschaftlichkeit ein gewisses Maß an Gaukelei, die der Bestärkung des Aberglaubens nützt: Nur der Eingeweihte ist im Besitz des nötigen Wissens, und dass v i e r Ingredienzien nötig seien, wurde zuvor nicht gesagt, vom Mischungsverhältnis der Bestandteile ganz zu schweigen.

8   Der Korbflechter: »*Ich werde in Ostromdscha eine große Rolle spielen, indem ich die Leute auslachen und ihnen den Sachverhalt erklären kann.*« (220)

Anhang

Neuer Wunder-Schauplatz der Künste und interessantesten Erscheinungen im Gebiete der Magie, Alchymie, Chemie, Physik, Geheimnisse und Kräfte der Natur, Magnetismus, Sympathie und verwandte Wissenschaften. Nach den Aufschlüssen der bekanntesten Forscher von Theophrastus Paracelsus an bis auf die neueste Zeit, volksfaßlich bearbeitet von Johann Heinrich Moritz v. Poppe. Neue Ausgabe in vier Theilen. 2. Theil. Stuttgart 1841, 142–145:

IV. Chemische Kunststücke

[...]

28. Ob ein Mensch die Wirkung des Feuergewehrs auf seinen Leib kraftlos machen könne?

In den ehemaligen abergläubischen Zeiten wurden viele fabelhafte Erzählungen ausgebreitet, daß dieser und jener sich fest, oder die durch Feuergewehr auf ihn abgeschossene Kugeln wirkungslos machen könnte. Diese Geschicklichkeit wurde die Passauer Kunst genannt. Kein Vernünftiger wird heut zu Tage einer solchen Erzählung beipflichten. Doch geschieht es nicht selten, daß Leute als Betrüger in der Welt herumziehen, und für Geld die Probe an sich machen lassen, als ob sie einer solchen Kugel ihre Kraft benehmen könnten. Sie lassen ein Gewehr auf sich abschießen, ohne daß die Kugel eindringt. Sie geben dabei vor, daß sie die Kugel durch Schwadroniren mit dem Degen ausparirt und zerhaut hätten. Leicht ist es einzusehen, daß dies eine Betrügerei seyn muß. Sie machen nämlich blos eine künstliche Kugel, die bei dem Schusse zerstäubt. Der Betrüger hält aber eine andere ächte Kugel in der Hand, die in zwei Theile zerlegt ist, und diese läßt er, sobald der Schuß geschieht, auf die Erde fallen. Jene künstliche Kugeln werden auf folgende Art verfertigt: m a n   m a c h t   e i n e   M a s s e   a u s   g e s c h m o l z e n e m   Z i n n   o d e r   B l e i   u n d   Q u e c k s i l b e r.[9] Diese läßt sich in Kugeln formen, nur darf man eine solche Kugel nicht drücken, sondern muß sie, indem man sie den Zuschauern zeigt, blos in der hohlen Hand halten, und dann in eine Flinte oder Pistole laden. Wird nun diese Kugel abgeschossen, so zertheilt sie sich fast in Staub. Sie macht nicht einmal ein Loch in das Papier, das man einige Schritte von dem Gewehr aufstellt. Inzwischen ist doch dabei Behutsamkeit nöthig. Denn, nimmt man zu viel Blei, oder Zinn, oder Pulver, so könnte durch den Schuß doch großer Schaden entstehen, Es ist auch nicht rathsam, die Kugel von einem andern in das Gewehr laden zu lassen, damit es nicht eben den Erfolg habe, wie vor einigen Jahren geschah, als ein solcher Mann seine Kunst vor einem Fürsten zeigen wollte, und vorgab, er habe eine

9   Hervorhebung nicht im Original.

wahre Bleikugel. Der Mann gab daher dem Fürsten die Pistole sammt der künstlichen Kugel, um sie einzuladen. Da aber der Fürst eine andere ächte Kugel nahm und damit schoß, so bewies sie ihre Kraft wie gewöhnlich, und die Sache nahm ein trauriges Ende.

Man hat noch eine andere und bessere Art, das Experiment zu machen, indem man auf eine gewöhnliche Pulverladung eine hohlgeblasene Glaskugel thut, die mit einem Amalgama von Quecksilber und Blei dünn ausgegossen worden ist und die man den Zuschauern zeigen kann, weil sie einer ordentlichen Bleikugel völlig ähnlich sieht. Mit dem Ladstocke wird diese Kugel ganz klein zerstoßen; alsdann kann man ohne Gefahr schießen.

Eine andere Methode, wie man auch eine wahre Bleikugel wirkungslos machen kann, ist die: Man ladet von einem halben Loth Schießpulver ein halbes Quentchen ein, setzt die Kugel mit dem Vorschlage von Papier auf, schüttet die übrigen 1½ Quentchen Pulver auf die Kugel, und gibt Feuer. Die Kugel macht auf das Blei keinen Eindruck. Die Pfanne bekommt ihr besonderes Pulver. Versucht man es mit dem ⅙ von dem 1½ Quentchen, und thut die Kugel darauf, füllt das übrige Pulver ein, und jetzt einen schwachen Vorschlag von Papier auf; so wird die Kugel eben so wenig in das Holz eindringen, sondern vor dem Ziele niederfallen. Nur wird Jeder so viel Verstand haben, daß er erst eine Menge Versuche mit jeder Art von Schießpulver besonders anstellt, weil der Salpeter nicht immer in einerlei Proportion eingemengt, oder gleich gereinigt ist, ehe er sich im Ernste vor den Schuß hinstellt. Obgleich es ihm freisteht, den Degen zu ziehen und die ausgeschossene Kugel zum Schein abzuparieren, so muß er sich doch in Acht nehmen, daß es ihm nicht wie jenem Ausländer ergehe, der sich in Gegenwart des Großherzogs von Florenz dieser Kunst rühmte, und dem man mit dem durchschossenen Hintertheile und einem billigen Gelächter den Abschied gab.

Schauerromantisches

Gewendete Kleider

Zum intertextuellen Zusammenhang der Mübarek-Figur mit Fouqués Pilgersmann aus › Sintram und seine Gefährten ‹ [1]

Sie reiten durch die Schluchten des Balkan, Kara Ben Nemsi und seine Begleiter. Dort begegnen sie immer wieder Formen des Aberglaubens, welchen der
Held als ›reitende Vernunft‹ wie gehabt mit klarem und distinktem Denken
als solchen kenntlich macht und ad absurdum führt – oberflächlich betrachtet, während er im semantischen Untergrund des Textes wie üblich (und wie
in einigen der in diesem Band versammelten Arbeiten herausgearbeitet) weiter
rumort.

So auch in der Episode, als Kara Ben Nemsi und seine Getreuen auf den
Bettler Busra stoßen,[2] vorgeblich ein Krüppel, tatsächlich jedoch ein verklei-
deter › Heiliger‹: der Mübarek, der ein Satan ist und sich mit allen möglichen
Tricks und Vorspiegelungen bei der abergläubischen Bevölkerung eine quasi-
mythische Aura verschafft hat.

Mays metaliterarischer Witz, sei er nun bewusst oder unbewusst angewandt,
zeigt sich hier erneut von seiner besten Seite. Denn mit dieser Figur, die eins
und doppelt ist, wird eine heimliche Verbindung zur literarischen Tradition
hergestellt. Und zwar zu einem großen Phantasten der sogenannten Schauer-
und Ritter-Romantik, Friedrich Baron de la Motte-Fouqué (1777–1843) und
seiner Erzählung › Sintram und seine Gefährten ‹ (1814).

Wie sich durch Schminke und andere Utensilien sowie durch Wenden seines
Mantels der frühere Mekka-Pilger Mübarek in Busra verwandelt, so hat sich
der Pilger aus Fouqués »nordischer Erzählung nach Albrecht Dürer« (so der
Untertitel), den der junge Sintram und sein Gefährte, der alte Rolf, im dritten

---

1   Dieser Text ist Teil des bereits veröffentlichten Vortrags: Auf zwei Planeten. Pfade durch Karl Mays
    phantastisches Erzähllabyrinth, Seitengänge eingeschlossen – vornehmlich zu Eugène Sue, Alfred
    Kubin, Kurd Laßwitz und Arno Schmidt. In: Traumreich und Nachtseite 2. Die deutschsprachige
    Phantastik zwischen Décadence und Faschismus. Tagungsband 1996. Hrsg. von Thomas Le Blanc
    und Bettina Twrsnick. Wetzlar 2001 (= Schriftenreihe und Materialien der Phantastischen Biblio-
    thek Wetzlar Bd. 21), 55–80 (75–77).
2   Siehe GR IV, 521ff.

Kapitel treffen,[3] durch etwas erzählerische Schminke und Mantelwenderei in die Doppelgestalt bei May verwandelt.

Das auffälligste Indiz für diese intertextuelle Beziehung: Genau wie bei Fouqués Wallbruder hört man auch beim Näherkommen des Mübarek ein seltsam-schreckliches Geräusch, als ob Knochen aneinander klapperten. Und tatsächlich trägt der geheimnisvoll-unheimliche Pilger in ›Sintram und seine Gefährten‹ ein weites Kleid, einen Umhang, über und über mit locker angehefteten (Reliquien-)Knochen versehen.

Im Unterschied zu Mays hagerem Mübarek lässt der ebenso lang-dürre Wallbruder jedoch wirkliche Knochen an der Außenseite seines Umhangs klappern, wohingegen der teuflische ›Heilige‹ auf der Innenseite seines Mantels lediglich die beim Gehen aneinander schlagenden Krücken seines anderen Selbst, des vermeintlichen Krüppels, verbirgt.

Bezeichnenderweise treffen Sintram und Rolf den Pilger das erste Mal in einer ähnlichen Situation wie Kara Ben Nemsi mit seinen Reisigen den Bettler Busra: am Wegesrand, wie er sich vergeblich bemüht, fortzukommen (Busra liegt am Weg).

Der lebendig-tote[4] Pilgersmann aus Fouqués Erzählung droht ermattet im Schnee zu erfrieren. Und obwohl Mays Geschichte nicht im Winter spielt, taucht auch dieses Moment verwandelt-›umgeschminkt‹ in seinem Text auf: Busra-Mübarek hat sich das intertextuell passende Make-up verpasst: Seine *Haut hatte eine bläulichrote Farbe, als ob sie erfroren sei.*[5]

Das, was Fouqués Pilger macht, nachdem Sintram und Rolf ihn getroffen haben, nämlich sich behende bewegen, tut Mays Bettler und Ex-Pilger im Geheimen. Auch dies ist auf der planen Handlungsebene ein Bild des Geschehens hinter der ›Bühne des Oberflächentextes‹ im metaliterarischen Raum.

---

3   Siehe Friedrich Baron de la Motte-Fouqué: Sintram und seine Gefährten. Eine nordische Erzählung nach Albrecht Dürer. In: Fouqués Werke. Auswahl in drei Teilen. Hrsg. von Walther Ziesemer. Berlin / Leipzig / Wien / Stuttgart o. J. Bd. 1, 123–220 (132f.). – Hinreichender Beleg für Bekanntheit und Verbreitung von Fouqués Geschichte zu Mays Lebzeiten dürfte sein: Franz Hoffmann: Der böse Geist. Eine Erzählung (nach Fouqués ›Sintram und seine Gefährten‹). Leipzig o. J. [um 1890], eine Ausgabe, die in mindestens 57000 Exemplaren verbreitet war. (May orientiert sich bei seiner Stoff- und Motivauswahl insbesondere an in ihrer Wirksamkeit erprobten literarischen Klischees, an gerade Gängigem oder momentan Aktuellem.)

4   »›Ich lebe im Sterben‹, entgegnete [der fremde Pilger] mit einem schauerlichen Grinsen.« (Fouqué, wie Anm. 3, 133.)

5   GR IV, 521.

Einstürzende Religionsgebäude

Karl Mays Bildfindung aus dem Geiste der Schauerromantik: *Im Reiche des silbernen Löwen IV* und Fouqués Ritterroman ›Der Zauberring‹

Zu den bedeutendsten poetischen Inventionen Karl Mays zählen die gigantischen architektonischen Anlagen, mit denen er sein Spätwerk ausstattete. Eine davon liegt – wir befinden uns in Band III und IV von *Im Reiche des silbernen Löwen* – im Tal der Dschamikun, eines fiktiven Kurdenstamms, in einem ebenso fiktiven Persien. Wie in einem archäologischen Schnitt durch die Zeiten zeigt sich die Evolution menschlicher Kultur in Form übereinander errichteter religiöser Bauwerke unterschiedlicher und unterschiedlich entwickelter Stile und Stilmischungen. Der Untergrund ist ausgehöhlt. Große Bassins gibt es, und Säulen tragen das Ganze, die den Eindruck machen, als ob sie jeden Augenblick in sich zusammenbrechen könnten. Sie tun dies auch am Ende der Erzählung: Die alten Religionsgebäude, überbautes Heidnisches, stürzen in einer gewaltigen Naturkatastrophe ein, eine *Befreiung von Schatten und Schemen*, um stattdessen desto strahlender Sinnbilder May'schen Christentums erscheinen zu lassen – aus der Höhlentiefe *die makellose, herrliche Gestalt des Gebetes …, einer Offenbarung gleich, einer Manifestation der frohlockenden Menschheitsseele*, sowie die *Alabasterkrone* auf der Höhe.[1]

So originär diese Imagination anmuten mag, ohne Vorläufer ist sie nicht. Auf die Idee, religiös Altes, Heidnisches mit seinem Bau untergehen zu lassen, auf dass Christliches obsiege, trifft man in einem der erfolgreichsten deutschen Romane aus der ersten Hälfte des 19. Jahrhunderts, in Friedrich de la Motte-Fouqués (1777–1843) groß angelegtem Ritterepos ›Der Zauberring‹ (1812), das die mittelalterliche Welt von den Nordländern Schweden und Finnland über Südeuropa bis zum Vorderen Orient umspannt – auch darin ein Vorläufer etlicher Romane Karl Mays, die die Reise durch weite Teile der Welt mit exotischen wie vertrauten Handlungsschauplätzen zum Rahmen haben, Nord und Süd, West und Ost verbindend.

---

1 GR XXIX, 640f. (Weitere Seitenzahlen im Text.)

Fouqué wählte als Schauplatz für seine Untergangs-Demonstration den Harz, eine unwirtliche Gegend, besonders zur Winterszeit. In einer solchen reiten drei Helden, Otto von Trautwangen, der Seekönig Arinbiörn und Heerdegen von Lichtenried, als schützende Begleiter der edlen Frau Hilldiridur, der Mutter des Ersteren, durch die bizarre Schneelandschaft des Gebirges. Sie treffen auf Geleise, Wagenspuren, die zu einer Köhlerhütte führen (wir kennen das aus Karl Mays *Der Schut*). Dort begegnen sie dem Köhler und seiner alten, tauben und blinden Mutter. Der Köhler erweist sich als zuvorkommender Gastgeber und berichtet auch von seinen schaurigen Erlebnissen in der Nähe des heidnischen Opferherdes, wie er dem wütenden Heer, der Wilden Jagd begegnet sei:

> »Auf einer der Höhen unsres Bergwaldes steht ein riesig großer, altheidnischer Opferaltar. Die Holzschläger verirren sich selten da hinauf, dieweil entsetzliche Sagen gehen von dem ehemals wohl oft mit Menschenblute getränkten Rund. Ich habe immer so gedacht: hat es mit dem ganzen Heidenthum hier zu Land ein erwünschtes Ende genommen, was sollen denn Dir noch die alten verwitterten Steine schaden? Und so bin ich vertrauend und freudig zu aller Tages- und Nachtzeit den Berg hinauf gek[l]ommen, und habe mir die besten Eichen, Buchen und Tannen, wie sie dorten, von allen andern Thalbewohnern geschont, in Ueppigkeit wachsen, zu Bau- und Brennholz ausgesucht. Nun ist es freilich nicht ohne, daß der Zug des wüthenden Heeres öfters über diese Stelle hinbrauset, als über irgend eine im Harz[;] auch haben mir angebrannte Knochen und Kienhölzer, die ich noch oben auf dem Altare liegen sah, ein tüchtiges Grauen erweckt, aber ich enthielt mich aller vorwitzigen Gedanken, und kam immer glücklich und ohne Schrecken durch.«[2]

»Nun ist es freilich nicht ohne«: Diese Wendung im Zusammenhang mit der Wilden Jagd ist, wenn auch (für sich genommen) nicht ungewöhnlich oder besonders auffällig, so doch im Zusammenhang mit Karl May und seiner Vorliebe, die Wilde Jagd in sein Erzähl-Spiel einzubinden, bemerkenswert. Denn es klingt fast wie eine zitathafte Anspielung auf diese Fouqué-Stelle, wenn May im *Waldröschen* einen Dialog zwischen dem kleinen Kurt Helmers und dem Forstgehilfen Ludewig Straubenberger (der die Fragen stellt) folgendermaßen gestaltet:

---

2   Friedrich Baron de La Motte Fouqué: Der Zauberring. Ein Ritterroman. In drei Theilen. Braunschweig 1865, 3. Theil, 78f. (Weitere Seitenzahlen mit dem Kürzel »Fou« im Text.) Das hier behandelte Abenteuer spielt sich hauptsächlich im 12. bis 16. Kapitel des 3. Teils ab. – Die Ausgabe aus den Sechzigerjahren wurde gewählt, weil Mays Referenzliteratur meist aus der Mitte des 19. Jahrhunderts stammt. Außerdem belegt die Ausgabe die anhaltende Beliebtheit von Fouqués Roman.

»Aber vom wilden Hackelberg hast Du gehört, sowie vom wilden Jäger und
vom getreuen Eckehardt?«
    »Ja.«
»Und von der guten Frau Holle?«
    »Ja.«
»Nun gut, wir sollen Dir von solchen Sachen nichts erzählen; der Herr
Hauptmann [von Rodenstein] *hat es uns verboten, aber aus ihnen geht*
doch hervor, daß es im Walde nicht ganz ohne ist dahier. Verstanden?« [3]

Diese Parallele scheint nicht ganz ohne und kein purer Zufall zu sein, zumal
wenn man, zum ›Zauberring‹ zurückkehrend, das Folgende bedenkt.

Der Köhler begegnet der wieder erschienenen Freia in Gestalt der »Zau-
berjungfrau« (Fou 94 u. ö.) Gerda, der Herrin des riesigen Opferherdes, die
sich zunächst wie eine Schneeverwehung auf dem Altar und sodann als Weiße
Frau zeigt, und zweien ihrer Ritter, die sich zum Kampf gegen die Wilde Jagd
rüsten:

»Da kam es über die Berge heran, aus den Wolken herunter, das entsetzliche, sinnebetäubende Tosen des wüthenden Heeres. [...] Da
wogte es, wie rothumsäumte Gewitterwolken, von allerhand wunderlichen Gestalten über uns hin[:] Thier und Roß und Jäger und Hund. –
›Hakelnberg! Hakelnberg!‹ schrieen die Ritter und auch die Frau auf
dem Opferheerde höhnend empor, und weil ich wußte, daß der wilde
Jäger also bei seinem rechten Namen geheißen sei, ward mir sehr bange,
er werde nun mit seinen Nebelrossen zürnend herunter reiten, und uns
allesammt verderben. Statt dessen aber begann der Angriff von unsrer
Seite her. Mit Wurfspeer und Bolzen und Pfeil, Alles flammend an den
Spitzen, erhuben die seltsamlichen Gestalten ein Wettschießen nach
den gespenstischen Gebilden hinauf und die Hunde heulten, die Rosse bäumten und bockten, die Reiter wehklagten; Viele wälzten sich in
schwerer Verwundung ob den Wolken hin, ein reicher Blutregen quoll
auf uns herab. – Da mich gegen Morgen die Ritter endlich gehen ließen,
und die wilde Jagd, früher manchmal wie zum erneuten Kampfe rückwärts kommend, gänzlich vertobt war, ging ich in meine Hütte zurück,
unterwegs von einzelnen Roßschenkeln, oder Mannesknochen, die auf
meinen Weg bisweilen aus den flüchtig verwundeten Schaaren nieder-
schlugen, vielfach erschreckt. Hier in meiner Wohnung fand ich mancherlei häßliche Blutflecken auf den Kleidern, und habe diese lieber verbrennen wollen, als mich weiter abgeben mit dem gräulichen und auch
wohl gefährlichen Geschäft der Reinigung. Seitdem aber hat das Spu-
ken in allen Gegenden unsres Thalgeklüftes furchtbarlich zugenommen.

3   Karl May: *Waldröschen oder Die Rächerjagd rund um die Erde.* HKA II.4, 999.

Die neue Göttin Freia sammt ihren beiden Rittern sprengt bisweilen auf
wunderlichen Rossen durch die Gegend hin, und suchte [recte: sucht]
die Leute abwendig zu machen vom Christenleben zu ihrem gottlosen
Heidendienst. Alle Menschen zittern und beben vor ihr. Bisweilen steht
sie oder wer von ihren Genossen plötzlich, nachdem man gemeint, es
sei der freundlichen Hausbewohner einer, mitten in der Stube mit ver-
zerrendem Grinzen, und wer es anschaut, verfällt in eine wilde Tollheit.
Giebt es sich nicht in kurzer Zeit anders, so muß man fürchten, daß der
wahre Glaube dem knechtischen Bangen vor jenen Gaukeleien an manchen Orten in unsern Bergthälern Raum geben wird.« – »Da sei Gott
vor!« riefen die drei Ritter, wie aus Einem Munde. »Lieber wollen wir
Gut und Blut daran setzen, bis auf das Letzte, und wenn es sein muß,
auch das Alles verlieren sondern [recte: sonder] Wank.« (Fou 81–83;
weiterer Auftritt Hakelnbergs 118–121.)

Und die drei jungen Recken machen sich auf den Weg zum Gipfel mit dem
»gewaltigen Heerde« (Fou 88). Der Köhler hatte ihnen von verborgenen Ein-
gängen in denselben erzählt. Als sie noch unschlüssig vor dem gewaltigen Bau
stehen, bemerken sie plötzlich, dass ein »riesengroßer, aber ganz schattenartig
aussehender Mann« (ebd.) sich neben ihnen befindet. (Menschen werden im
›Zauberring‹ hin und wieder als »Schatten« bezeichnet.[4]) Dieser verkörperlich-
te Geist zeigt ihnen, wie sie ins Innere des heidnischen Altarkolosses gelangen.[5]

Da fing es an, sich zu regen, und zu rollen in dem Gestein, und aus einander that sich die moosige Wand, daß man tief hineinsehen konnte in
einen langen, steil abschüssigen, sehr engen Gang. Lichtlein gaukelten,
bald wie muthwillig, bald wie scheu, die Mauern entlängst, über die
verfallenen Stufen hinab. (Fou 89)

Allerdings warnt der »Waidmannsschatten« (Fou 89) vor dem Eindringen in
die Unterwelt voller Gefahren.

Das korrespondiert aus mittelalterlichem Schnee und Eis mit dem Beginn
des ›Großen Traums‹ im vierten Band des im tiefen Orient der Gegenwart des
ausgehenden 19. Jahrhunderts spielenden ›Silberlöwen‹, wo Kara Ben Nemsi
in Aufnahme des weitverbreiteten und auch in Fouqués ›Zauberring‹ verwendeten romantischen Doppelgängermotivs sich als Ustad träumt, wie er ins Tal

---

4   Vgl. z.B. Otto von Trautwangen über sich selbst: »›Ein Schatten, der über die Wiesen fährt.‹«
     Darauf seine Mutter Hilldiridur alias Frau Minnetrost zu ihm: »›Nein, Du bist kein Schatten, der
     über die Wiese fährt![‹]« (Fouqué, wie Anm. 2, 2. Theil, 175.)
5   »Wollt Ihr aber durchaus nicht ablassen, da müsst Ihr an die Nordseite des Heerdes, wo die beste
     Einfahrt ist, dreimal mit den Klingen anklopfen, und dazu sagen: / Gieb uns guten Gang Du /
     Gries, Gestein und Graswuchs. / Haußen harren Starke, / Haben Lust zum Abgrund.« (Fou 88)

der Dschamikun kommt und den Wunsch verspürt, ins Innere der Bauten zu gelangen. Kalt wird er dabei angeblickt:

> *Ich fragte Jemand, wo der Eingang sei. Da sah er mich mit kalten Augen an und sprach:*
> *»Ich bin kein Dschamiki. Ich bin der Geist, der jeden Nahenden vor der Versuchung warnt, den kühnen Schritt in diesen Bau zu lenken.«* (314)

Fouqués »schattenartiger« Jäger-Geist sprach »mit hohler, unartikulierter Stimme« (Fou 88). Dies kehrt in Mays Vision leicht variiert wieder, nachdem das erzählende Ich ganz wie bei Fouqué in den Bau eingedrungen ist (*Da öffnete sich die Erde, und ich sah die Stufen einer Treppe.* [315]), beziehungsweise, wie es später noch einmal Fouqué-konform heißt, nachdem Kara Ben Nemsi *in den Berg gestiegen* ist (350) und hoch oben (wie der Köhler) etwas gesehen hat, dessen Beschreibung mit *Schnee* und *Klinge* zwei Begriffe enthält, die Fouqué in analogem Zusammenhang gebrauchte: *Das Haar* [der Gestalt] *war weiß wie Schnee, der Blick spitz wie die Klinge eines Dolches* (316f.). Vor Mays erzählendes Ich tritt nun eine *Schattenhaftigkeit*, die mit *gedämpfter, hohler Stimme* spricht (317). Ein Halbsatz seiner Rede wird später wiederholt, als Kara Ben Nemsi am angeblich todbringenden Abgrund innerhalb der gigantischen Anlage steht: *Die Starken sah ich niemals wiederkehren* (315 und 323). Das klingt, als phantasiere May damit den letzten Vers von Fouqués öffnendem Zauberspruch aus: »Haußen harren Starke, / Haben Lust zum Abgrund.«

Durchquert ist zu diesem Erzählzeitpunkt der *Urzeitbau* (315), die ›heidnische Schicht‹ der Religionsgebäude, wenn man so will. Auf ihr baut May weitere ›Etagen‹ von Religionsausprägungen auf und bildkräftig aus – nach meiner hier vorgestellten These: Angeregt durch Fouqués Imagination adaptiert er weiterentwickelnd die Vorstellung, religiöse Entwürfe oder Systeme seien als ›Bauten‹ darstellbar, die in letzter Konsequenz, falls nicht christlich, einzustürzen haben. Mays Subversivität setzt hinzu: falls nicht im megaloman narzisstisch-eigenen, häretischen Sinn ›christlich‹. So türmt er auf das Heidnische religiöse Gedanken-Gebäude in architektonischer Metaphorik, die sich menschheitsgeschichtlich nach und nach entwickelt haben.

Zuvor hatte Kara Ben Nemsi den verborgenen Zugang zum ausgehöhlten Untergrund des Riesenbaus gefunden. Der Eingang war überwuchert – so auch bei Fouqué. Im ›Zauberring‹ mit Moos (vgl. Fou 89), im ›Silberlöwen‹ mit *Gestrüpp* beziehungsweise *Rankengewirr* (300). In ›Umkehrungsentsprechung‹ liegt die Öffnung bei May unten und im Wasser, bei Fouqué dagegen befindet sie sich oben auf Bergeshöh und ist trockenen Fußes zu erreichen. In beiden Fällen geht es durch einen engen ›Geburtskanal‹, bis sich das Unterirdische

zu einem riesigen ›Uterus‹, einer *hohe[n] Wölbung* (308), einer »Wölbung [...]
von gewaltiger Art und Höhe« (Fou 91) weitet. Nun treffen auch bei Fouqué
die eindringenden Personen auf Wasser. Sie erblicken einen unterirdischen
See (vgl. Fou 91). Kara Ben Nemsi und sein Begleiter Kara Ben Halef sehen
über und unter dem Wasser Gebeine von Opfern aus heidnischer Vergangenheit (306f. u. ö.); bei Fouqué liegen solche hoch oben am gigantischen Altar
(Fou 88 u. ö.). Fouqués Helden werden mit merkwürdigen Lichterscheinungen
im Dunkel konfrontiert, dem Funkeln von »Lampensternen« am ›Firmament‹
der kolossalen Höhle zunächst (Fou 91), dem bei May das Glitzern des *ala-
basternen Gebete[s]* im Fackellicht (311) korrespondiert. Sodann bemerken die
Ritter ein weites Feld, das zu blühen scheint. Doch die Blumen ...

> gaben sich allzumal im Näherkommen als bleiche, wunderlich geform-
> te, und Schwefelduft aushauchende Flämmlein kund. Doch war es, als
> ob viele seltsame, über die Ebene bald einzeln, bald in Schaaren hintra-
> bende Thiere, halb wie Rosse, halb wie Stiere gebildet, ihre Nahrung
> daraus zögen, denn sie rupften oft solche Flämmlein ab, und sprangen
> dann lustiger fürder.
>
> »Sollen wir uns doch solch ein Roß fangen, und darauf einreiten in
> die Burg [die sie erblickt haben]?« fragte Heerdegen mit einem dreisten
> Lachen, verhoffend, dadurch das Grauen in sein und seiner Gefährten
> Brust zu ersticken. Aber der vom Entsetzen geborne Scherz weckte auch
> wieder zum Entsetzen auf. Sie schauderten alle Drei zusammen, daß
> die Harnische rasselten. Zudem kam ein kleiner häßlicher Zwerg auf
> Einem Beine gesprungen; der sagte: »Nein, lasset Euch nach diesen
> Thieren nicht gelüsten. Es sind der Göttin Freia Zauberrosse. Damit
> reitet sie durch den Wald, und jagt den wüthenden Jäger, und die Men-
> schen, die ihr nicht opfern wollen, auch. Ich aber bin der edlen Rosse
> Hirt.« (Fou 92)

Sollte in dieser Imagination von den flämmchenfressenden Zauberrossen und
den Sternen am Felsenhimmel der Ursprung von Mays Anrufung der *Him-
melsphantasie* liegen?

> *Das war das Roß der Himmelsphantasie, der treue Rappe mit der Funken-
> mähne, der keinen andern Menschen trug als seinen Herrn, den nach der
> fernen Heimat suchenden. Sobald sich dieser in den Sattel schwang, gab es
> für beide nur vereinten Willen. Die Hufe warfen Zeit und Raum zurück;
> der dunkle Schweif strich die Vergangenheiten. Des Laufes Eile hob den
> Pfad nach oben. Dem harten Felsen gleich ward Wolke, Dunst und Nebel,
> und durch den Aether donnerte das Rennen hinauf, hinauf ins klare Ster-
> nenland. (208f.)*

Wie dem auch sei: »›Hier unten klingt ein eigner Schall, und blüht ein eigner Mai‹«, meint der die Rosse hütende Zwerg im ›Zauberring‹ (Fou 93), und zumindest, was den Schall betrifft, sind auch die beiden Karas Karl Mays der gleichen, wenn auch konsequenzenreicheren Ansicht, denn ihnen wird bewusst, dass bereits ein lauter Knall oder Ruf das ganze Riesengewölbe zum Einsturz bringen könnte (vgl. 309). Von einem ›eignen Mai‹ kann insofern keine Rede sein, als auch Fouqués unterirdisches Ganzes »morsch in seinen Grundpfeilern« ist und nur durch Zauberkraft zusammengehalten wird (Fou 114). Das sagt das »Zauberfräulein« (Fou 100 u. ö.) Gerda, die bereits erwähnte Repräsentantin des dämonisch-wilden Heidentums, kurz bevor alles zusammenstürzt.

> Und wirklich vernahm man drunten ein Krachen und Zusammenbrechen, wie von riesigen, weltalten Pfeilern, daß die Ritter einander zweifelnd ansahen, und Otto sich aus seinem Wundfieber scheu in die Höhe richtete. – »Seid ohne Sorgen«, sprach Gerda. »Die Oberfläche der Berge hier ist Hertha's holdeste, beste Kraft, und hält sich fest, während meine herrlichen Wölbungen drunten in den alten Urgraus zurück prasseln. Das Eine fällt, das Andre steigt auf; das Fundament im Ganzen bleibt dasselbe. Nur dem Altare mache sich Keiner zu nahe. Der steht nicht auf allzu festem Boden.«
>
> Es dauerte auch nicht lange, da fingen die Steine des Opferheerdes an, über einander hinzurollen, als wäre ein ängstliches Leben in sie gekommen. Endlich polterten sie allzumal in einen tiefen Schlund hinab, der sich unter ihnen wahrnehmen ließ. Blaue Flämmchen hüpften zitternd und wie seufzend darüber hin, und verschwanden endlich auch in der Tiefe. – »Es sind die Seelen derer,« sagte das Fräulein, »die hier geopfert worden sind, ohne daß sie vermocht hätten, den Tod mit tapfrer Ergebung zu empfangen [...].« (Fou 114f.) [6]

Wie die Ritter der unterweltbeherrschenden Zauberin standhalten, so widersteht Kara Ben Nemsi dem »*Zauberer*«, der im ›Großen Traum‹ über Bau und Höhlung zu herrschen scheint.

Warum diese Figur bei May ausgerechnet der »*Zauberer*« heißt (ab 315 passim), bleibt unerklärt – sie heißt einfach so. Bei der Vielzahl der bisher bereits aufgezeigten Verbindungen zwischen den beiden Texten Fouqués und Mays geht diese durch die Art und Weise der Figureneinführung und -benennung auffällige Analogie zwischen Zauberin und Zauberer doch über eine nur genretypische Parallele hinaus. Die Selbstverständlichkeit, mit der May seine Figur als »*Zauberer*« einführt, ohne dass dieser je zaubert, dürfte, mit gebührender

---

6 Über ein »vielverschlungnes Höhlengewölbe« herrschte Gerda auch im hohen Norden an der Grenze zwischen Schweden und Finnland (vgl. Fou 154).

hermeneutischer Vorsicht erwogen, erneut für eine Anlehnung Mays an Fouqués ›Zauberring‹ sprechen. Und letztlich ebenso der Umstand, dass der »*Zauberer*« mit dem aus dem Harz-Abenteuer in Fouqués Roman bekannten »*Warnenden*« verschmilzt (vgl. 350).

Es siegt bei Fouqué wie bei May »das liebe, milde Christenthum« (Fou 105), welches die Zauberin Gerda zugunsten nordischen Freia- und Odin-Glaubens unterdrücken wollte. Und auch sie bekehrt sich am Ende noch zum Christentum – vgl. Hilldiridur über Gerda: »›Sie hat sich als Christin bewährt,‹ sagte diese, ›und ich stehe für sie ein.‹« (Fou 181)

Wie stark die religiöse Pathetik in Mays Texten von (trivial-)romantischen literarischen Wurzeln her bestimmt ist, lässt sich unschwer belegen. Ich greife aus dem ›Zauberring‹ nur ein bei May gewissermaßen klassisches Motiv heraus, das der Bekehrung zum Christentum in allerletzter Lebensminute, hier in der Variante ›verstockter Sünder‹:

> Hilldiridur, noch immer neben dem Sterbenden [Kolbein] knieend, sagte ihm, wie mit Nachtigallentönen, in's Ohr: »Denk' an Gott, denk' an den liebenden Gott. Auch den, der spät kommt, nimmt er in frommen Hulden auf.« – »Das fühl' ich wohl,« sagte Kolbein mit immer seligerm Lächeln. »Wer viel geliebt hat, dem soll viel verziehen werden, und Gott ist die Liebessonne, und wird befreiend klar, durch alle abgöttischen Nebelwolken herdurch.« – »Ach Vetter,« seufzte Arinbiörn, »wie warest Du nur im Leben so verstockt, und nun wacht Dir ein solches Himmelslicht auf! Kannst Du denn nicht den Tod noch von Dir halten, und eine Zeitlang also leuchtend bei uns bleiben?« – »Ei nicht doch,« lächelte der Jüngling. »Leuchtete denn das Schifflein nicht am schönsten, eben da es im Verbrennen war?« – Und mit den Worten zuckte es wie ein flüchtiger Strahl aus seinen Augen, die sich gleich darauf schlossen. Er lag, eine schöne, friedliche Leiche, auf dem blühenden Wiesengrund. (Fou 146f.)

Dieses spezielle literarhistorische ›Wurzelwerk‹ freizulegen, ist ein sicherlich lohnendes Thema für sich. Hier ging es nur darum, auf eine literarische Herkunftsmöglichkeit für Karl Mays herausragend komplexe und breit ausfabulierte Gestaltung der Idee hinzuweisen, unterhöhlte architektonische Repräsentationen religiöser Vorstellungen zugunsten einer speziellen, wenn auch vage bleibenden (eben trivialromantischen) Form des Christentums der Vernichtung anheimzugeben.[7]

7   Erstaunlich in diesem Zusammenhang, dass Arno Schmidt, der genaue enthusiastische Kenner Fouqués wie Mays, der den ›Zauberring‹ ebenso rühmte wie Mays Spätwerk, auf das hier Herausgearbeitete nicht aufmerksam geworden ist. Ich werde diesem Umstand an anderem Ort ausführlicher nachgehen.

Höhlengeist und Brustschild
oder
Vom pfälzischen Donnersberg nach Sitara

Ein Geheimbundmotiv bei Alexandre Dumas père (›Joseph Balsamo‹) und Karl May (*Ardistan und Dschinnistan*)

Finsternis herrscht. Es geht den Hang eines Berges hoch. Laubwald umgibt einen. Nahe am rätselhaften Zielpunkt des Anstiegs angekommen – einer Höhle, einer Ruine –, erscheint ein Zeichen, ein Licht. Sicher ist: Man befindet sich im Bannkreis eines geheimnisvollen Orts. Eine Hand, mehr ist nicht zu erkennen, geleitet den ›Helden‹ der betreffenden Erzählung weiter zu einer Stelle, wo es wieder hell wird. Eine, beziehungsweise viele, zunächst geisterhaft und wie der lebende Tod wirkende Erscheinungen stehen ihm gegenüber.

Karl-May-Leser werden die Szene aus *Durchs wilde Kurdistan* wiedererkennen: Kara Ben Nemsi begibt sich in den kurdischen Bergen zum Ruh 'i kulyan, dem Geist der Höhle, der in Wirklichkeit Marah Durimeh ist.[1]

Aber sie ist doch, als Kara Ben Nemsi sie trifft, allein; woher kommen die anderen Gestalten?

Aus einem anderen Text.

Wechseln wir zu ihm über. Lesen wir in ihm nur kurz weiter als bis zur eben umrissenen Szene, sind wir überraschenderweise erneut bei May, diesmal aber am Anfang von *Ardistan und Dschinnistan*.

Wie dies? – Antwort im Folgenden.

✦

Wie Kara Ben Nemsi reitet auch Joseph Balsamo, Alexandre Dumas' allgegenwärtiger Superheld in den vier Romane umfassenden ›Memoiren eines Arztes‹ (1846–1855), zu Beginn des ganzen Zyklus einen edlen Araberhengst. Ihren ersten Auftritt haben Balsamo und sein Ross Djerid[2] gleich in der Einleitung des unter dem Titel ›Joseph Balsamo‹ erschienenen Auftakt-Romans. Balsamo

---

[1] GR 11, 591ff. (Weitere Seitenzahlen im Text.)

[2] Der Name bleibt bei Dumas unerläutert; wir kennen das arabische Wort in der Form *Dscherid*, ›Wurfspieß, -speer‹, aus einer Reihe von Texten Karl Mays.

trabt jedoch nicht in fernen orientalischen Gefilden, sondern hier, in Deutschlands Südwesten, nur rund 25 Kilometer entfernt vom Heimatschauplatz des
May'schen *Waldröschens*: Zwischen Mainz und Bad Kreuznach ist dessen fik-
tives Rheinswalden anzusiedeln, der Ort, von dem aus die Helden zu den ent-
ferntesten Weltgegenden aufbrechen, und nun befinden wir uns südlich davon
zwischen Kirchheimbolanden und Dannenfels.

Der »Reisende« bei Dumas reitet in der Abenddämmerung auf die höchste
Erhebung der Umgebung zu, den Donnersberg, und als das Pferd nicht mehr
weiterkann, steigt er allein hinan in der hereingebrochenen Dunkelheit – und
wird auf dem Gipfel in die Runde einer Geheimbundversammlung geführt.[3]
Die Macht dieses Bundes über die Menschen, über Leben und Tod ist mindestens genau so groß wie die Marah Durimehs. Das enthüllt das Treffen in
der Pfalz. Und noch mehr. Gehen wir in raschen, textvergleichenden Schritten
voran.

Nicht ein Pferd bringt bei May den Helden den ersten Teil des Weges berg-
an, sondern es ist die schöne Ingdscha, die ›Perle‹, die ihn führt, bis sie aus
abergläubischen Gründen nicht mehr weitergehen darf. Erst bei einem zweiten
Treffen reitet man bis zu einem bestimmten Punkt den Berg hinauf, um dann
zu Fuß an die geheime Stätte zu gelangen (610f.).

Bei Dumas wird Balsamo durch ein plötzlich erscheinendes Licht dem
geheimen Versammlungsort entgegengeführt – umgekehrt muss Kara Ben
Nemsi darauf warten, dass ein von ihm vor dem geheimen Ort entzündetes
Licht verlöscht wird als Zeichen, dass ihm der Zugang gewährt wird.

Auch in Dumas' Roman verschwindet das Licht. Danach werden Balsamo
fast überflüssigerweise die Augen verbunden und eine »kalte, dürre knochige
Hand« ergreift seine Finger (12). »Er fühlte, daß es die Hand eines Skelets
war« (ebd.). Von dem »Gespenst, dessen Knochenhand ihn bis hieher geleitet hatte«, heißt es weiter: »Ein großes Leichentuch umhüllte es vom Kopfe
bis zu den Füßen« (13). Analog wird im *Wilden Kurdistan* die Totenähnlich-
keit Marah Durimehs betont und ihr Eingehülltsein in einen weiten Mantel
hervorgehoben (594f.). In beiden Texten entpuppen sich die Gestalten freilich
schnell als normale Sterbliche.

Auffälligerweise flicht May während dieser Episode eine seiner hin und
wieder eingestreuten metaliterarischen Bemerkungen ein, und fast meint man
einen Hauch schelmischer Selbstironie bei dem zu spüren, was er gerade an

3   Vgl. Alexander Dumas: Memoiren eines Arztes. Erste Abtheilung: Joseph Balsamo. Dritte Auf-
    lage. Illustrirt. Erster Theil. Wien/Pest/Leipzig o.J. (= Alexander Dumas: Romantische Meister-
    werke. Illustrirte Classiker-Ausgabe Bd. 65), 7–13. (Weitere Seitenzahlen im Text.) Der Roman
    erschien in der Übersetzung von Friedrich Wilhelm Bruckbräu auch unter dem Titel ›Der Graf
    v[on] Cagliostro‹ (Augsburg 1849).

Stimmung evoziert: *vor und hinter uns huschte, schwirrte und flatterte es wie zwischen den Spalten eines Gespensterromanes* (528).

Beim Hochsteigen zum Ort des Geheimnisses kommt man, so Dumas, an »Steintrümmer[n]« (12) vorbei beziehungsweise, bei May, an einem *Gewirr von großen Steinblöcken* (511). Und obwohl es in der Ruh-'i-kulyan-Geschichte um eine Höhle geht, spielt das Stichwort »Ruine« mit hinein. Denn der aufs Finden von neo-assyrischen geflügelten Stieren versessene Sir David Lindsay, in dessen Diensten Kara Ben Nemsi offiziell steht, erkundigt sich, wo der Geist der Höhle wohne, und auf Karas Auskunft »*Droben in den Felsen*«, meint er, eine Ausgrabungs-Chance witternd, sogleich: »*Felsen? Gibt's da Ruinen?*« (526)[4] Kara weiß es nicht, da er ja im Dunkeln oben war, hält es aber für nicht wahrscheinlich, und die Sache wird nicht mehr erwähnt.

Der Besucher muss sich vor der geheimnisvollen Instanz ausweisen als derjenige, der er ist. Balsamo und Kara Ben Nemsi haben natürlich keine Schwierigkeit damit, dies zu tun.

Und wozu trifft man sich in beiden Geschichten auf dem Berg? Um Freiheit, Gleichheit und Brüderlichkeit zu erreichen. Im Fall des Treffens auf dem Donnersberg mit dreihundert Teilnehmern geht es um weltumspannende Aktivitäten, in Kurdistan zwischen drei Verfeindeten um regionale Befriedung.

◆

Szenenwechsel: Kara Ben Nemsi, die Verkörperung des Reisenden schlechthin, befindet sich nun in Anderland, wo die reale Historie im Gegensatz zum Kurdistan-Abenteuer gar keine Rolle mehr spielt, in Sitara, dem *Land der Sternenblumen*, im höchsten Kreis der dort Gebietenden, und er soll über Ardistan nach Dschinnistan sich begeben, um eine kriegerische Auseinandersetzung zwischen den beiden letztgenannten Ländern zu verhindern.

Marah Durimeh, nun die Herrscherin von Sitara, gibt Kara Ben Nemsi bei der Abreise neben anderen nützlichen Utensilien *ein[en] blank polierte[n] Brustschild* mit, der, angelegt, nicht nur zum Schutz, sondern auch als Erkennungszeichen dient. Allerdings ist er verborgen, nämlich unter der Oberbekleidung zu tragen.[5] Damit nimmt May Abschied von der Vorstellung, gegenständliche geheimbündlerische Erkennungszeichen (wie die Koptscha im Orientzyklus

---

4 Diese Erkundigung lässt sich allerdings kaum als bewusste Anspielung auf den hier herausgearbeiteten Motivzusammenhang deuten, denn sie gehört zum kleinen Set von ›running gags‹, die mit der Figur Lindsay als geradezu kontrapunktische Karikatur desjenigen verknüpft sind, dem Karl May die meisten Kenntnisse für sein Zweistromland- und Kurdistan-Abenteuer verdankt, Sir Austen Henry Layard, dem erfolgreichen (Amateur-)Ausgräber mesopotamischer Altertümer, Reisenden, Diplomaten und Schriftsteller.

5 GR xxxi, 40.

oder der Ring der Sillan in *Im Reiche des silbernen Löwen*) seien offen zu tragen, ihre Bedeutung aber geheim. Doch neu ist diese Variante aus dem alten schauerromantischen Motivkreis der Geheimbund-Thematik nicht. Vorgeprägt ist sie zu finden bei – Dumas, just zu Beginn seines ›Joseph Balsamo‹, also an gleicher exponierter-exponierender Stelle wie bei Karl May.

Zeichnet sich der Brustschild in *Ardistan und Dschinnistan* allein dadurch aus, dass er aus einem Kara Ben Nemsi unbekannten Metall beziehungsweise einer ihm unbekannten Legierung besteht,[6] ist derjenige Balsamo-Cagliostros »mit Diamanten besetzt« und trägt drei »in Rubinen besetzte« Buchstaben, »L.P.D.« (24), die Devise der Illuminaten (»Lilia pedibus destrue«, ›zertritt die Lilien‹; vgl. 39) mit dem Ziel, das Königtum nicht nur in Frankreich zu beseitigen.

Joseph Balsamo, der überlegen lächelnde Beherrscher der Szene, dessen machtvoller Blick allein bereits zur Zähmung Widerspenstiger genügt (wir kennen solche genretypischen Heldengebärden auch durch May zur Genüge), ist der Groß-Kophta selbst, der dem Bund vorsteht. Ihn umgibt die Aura des Allwissenden, der überall und nirgends ist (auch dies Eigenschaften der May'schen Superhelden, die ihnen von anderen Figuren zugeschrieben werden). Und diese Aura umgibt ebenso den Geist der Höhle: »*Der Ruh 'i kulyan ist ein Wesen, das niemand kennt. Er ist bald hier, bald dort, überall wo ein Bittender ist, der es verdient, daß seine Bitte erfüllt werde.*« (331)

Agiert im *Wilden Kurdistan* Marah Durimeh gewissermaßen als Geheimbund im Singular (mit Helfern, die nicht initiiert sind), nimmt sie jetzt in *Ardistan und Dschinnistan*, so kann man aus den im Text gemachten Andeutungen schließen, eine Position ein, die der des Groß-Kophta vergleichbar ist.

✦

Perspektivwechsel. Mit Joseph Balsamo wählte Dumas eine historische Person zur zentralen Figur. Giuseppe Balsamo (1743–1795), der sich Alessandro Graf von Cagliostro nannte, war – neben dem Grafen von Saint-Germain (Geburtsdatum unbekannt, † 1784), der sich ebenfalls selbst so nannte und auch unter zahlreichen anderen Namen firmierte – der bekannteste und erfolgreichste Hochstapler seiner Zeit, der sich als Wunderheiler und erfolgreicher Alchemist in höchsten Kreisen bewegte.

Karl May, dessen Neigung zur Hochstapelei bekannt ist, schrieb seinerseits eine Erzählung über den Grafen von Saint-Germain (*Aqua benedetta*, 1878; erweitert unter dem Titel *Ein Fürst des Schwindels*, 1880), in der Saint-Germain als Scharlatan entlarvt wird.

6   GR XXXI, 309.

Das heißt: Eine Wahrscheinlichkeit, dass May bei solcher Neigungs- und Interessenlage Kenntnis von Dumas' Roman hatte, ist durchaus gegeben.

✦

Zum Abschluss noch einmal ein erneuter Perspektivwechsel, ein Blick in den autorbiographischen Hintergrund: Anfang August 1838 war Alexandre Dumas père ziemlich abrupt zu einer Belgien- und Deutschlandreise aufgebrochen. Sein Schriftstellerkollege James Fenimore Cooper war sieben Jahre zuvor, Anfang September 1831, ebenfalls von Paris aus, mit seiner Familie nach Belgien, Deutschland und der Schweiz aufgebrochen, genauso abrupt, um der damals grassierenden Cholera zu entgehen, und auch er wurde in der Pfalz, wenn auch einige Kilometer südlich des Donnersbergs, vom Reiz der Landschaft gepackt und schrieb einen historischen Roman, der in Bad Dürkheim und seiner unmittelbaren Umgebung spielt, unter anderem bei einem keltischen Ringwall, einer sogenannten ›Heidenmauer‹ auf der Kuppe eines Berges.[7] – Auch Dumas lässt seinen großvolumigen Roman um Cagliostro an einer Stelle beginnen, wo es einen bergbeherrschenden keltischen Ringwall gibt (freilich ohne ihn zu erwähnen). Im Gegensatz zu Cooper, mit dessen Romankonzept ein Vorspruch vereinbar ist, der des Autors Begegnung mit und Reizreaktion auf die pfälzische Landschaft thematisiert, bleiben bei Dumas, der von seiner Rheinreise, auch mit den Ausflügen in die Umgegend, separat berichtet,[8] in seinem ›Joseph Balsamo‹-Roman solche Bemerkungen ausgespart. Man kann nur mutmaßen, dass die Anregung zur Eingangsszenerie des Romans auf eine persönliche Inaugenscheinnahme der stellenweise durchaus wild-romantischen Gegend um den Donnersberg zurückgeht.

---

7 Siehe dazu vom Verfasser: Deutsches Sittengemälde von amerikanischer Hand. James Fenimore Cooper in der Rheinpfalz – wie es dazu kam und was daraus wurde. Mit ein paar Andeutungen zum Verhältnis May – Cooper. In: ders.: Reisen in Lothringen und im Rheinisch-Pfälzischen. Drei Hörspiel-Divertimenti um Karl May. S-KMG 100 (1994), 42–60.

8 Vgl. Alexandre Dumas: Eine Reise an die Ufer des Rheins im Jahre 1838. Übersetzung, Vorwort und Erläuterungen zum Text von Hanne Holzhäuer. München 1999. – Hinweis darauf, dass Dumas in seinem Reisebericht nicht alle nennenswerten Ereignisse wiedergibt, im Vorwort, 10. Vgl. in diesem Zusammenhang bes. 98 (Mainz) und 133 (Reise per Dampfschiff von Mainz nach Mannheim).

Schmückende Kleinigkeiten
aus dem Orient

Djezzar-Bei – und was damit zusammenhängt

Karl Mays *Unter Würgern*, Katombos Karriere in *Scepter und Hammer*
und Louis Damoiseaus ›Hippologische Wanderungen‹

Für die Erzählung *Unter Würgern*, die 1879 im ›Deutschen Hausschatz‹
erschien, verwendete Karl May eine Reihe von Textelementen aus der kürzeren
Geschichte *Die Gum*, die ein Jahr zuvor in der Zeitschrift ›Frohe Stunden‹
abgedruckt worden war. Neu hinzugekommen ist neben vielem anderen auch
(im Bereich der ausschmückenden Kleinigkeiten) der Spitzname desjenigen
Eingeborenen, der den Erzähler auf seinem Abenteuer begleitet und der sich
selber *el Kebihr*, der Große, nennt. In der *Gum* hieß er *Mahmud*, nun hört er
auf *Hassan*. Äußerlich von riesenhaftem Körperbau, verhält er sich jedoch wie
ein Hasenfuß, was einen komischen Kontrast ergibt. Gesteigert wird dieser
Kontrast in *Unter Würgern* noch dadurch, dass Hassan sich den Beinamen
Djezzar-Bei, der Menschenwürger zulegt.

Dies hat auch einen kompositorischen Grund, denn May übernahm aus der
zwei Kapitel umfassenden *Gum*-Erzählung deren Überschriften (*Assad-Bei,
der Heerdenwürger* sowie *Hedjahn-Bei, der Karawanenwürger*) und erweiterte unter Beibehaltung der Art der Titelwahl auf vier Kapitel. Der Auftakt ist
jetzt mit *Djezzar-Bei, der Menschenwürger* überschrieben und der Schluss mit
Behluwan-Bei, der Räuberwürger.

Behluwan-Bei wird im Lauf des Geschehens bereits vor Beginn des so beti-
telten Kapitels mit *der »Oberste der Helden«* erklärt,[1] Djezzar-Bei aber erst
gegen Ende der Handlung, als der Erzähler Hassan fragt: »*Heißt nicht Djezzar
Henker, und Du selbst nennst Dich Djezzar-Bei, den Obersten der Henker?*«[2]

Sowohl *Behluwan* als auch *Djezzar Bei* beziehungsweise *Djezzar* erwähnte
May außerdem, etwa zeitgleich zu *Unter Würgern*, in seinem Roman *Scep-
ter und Hammer*. Hier bleibt *Behluwan* ohne Erläuterung – im Gegensatz zu
Djezzar, was auch hier mit *Henker* wiedergegeben wird.[3] *Djezzar* erwähnt May

1 Karl May: *Unter Würgern – Abenteuer aus der Sahara*. In: Deutscher Hausschatz in Wort und Bild.
   5. Jg. (1878/79), 667a; Reprint der Karl-May-Gesellschaft und der Buchhandlung Pustet: Kleinere
   Hausschatz-Erzählungen von 1878–1897. Hamburg / Regensburg 1982, 87.
2 Ebd., 690a; Reprint 97.
3 HKA II.1, 384 (*Behluwan*) und 420 (*Djezzar Bei, Oberhenker*) bzw. 449 (*Djezzar, Henker*).

sonst nur noch mit anderer Schreibweise (*Dschezzar*) nur noch in *Deutsche Herzen, deutsche Helden*[4] und in der *Sklavenkarawane.*[5]

Behluwan fand seinen Weg aus dem Persischen (pahlevān ›Kämpfer, Held‹) ins Arabische (bahlawān ›Gaukler, Seiltänzer‹) und Türkische (osmanisch pehlevān ›Held, Ringkämpfer‹). Mays Übersetzung stimmt also ungefähr. Nur ungefähr deswegen, weil *Bei* in erster Linie ein Titel ist und nicht automatisch in einem Genitivverhältnis zum vorausgehenden Wort steht. Außerdem sind *Behluwan* und *Djezzar* keine Pluralformen; *Djezzar-Bei* heißt also nicht ›Oberhenker‹, sondern ›vornehmer Herr namens / beinamens Djezzar‹.[6]

Wie aber sieht es mit der Bedeutung von *Djezzar* aus? Ġazzār bezeichnet im Arabischen ursprünglich speziell den Schlachter für Kamele, Schafe und Ziegen, später dann allgemeiner den Fleischer oder Metzger, ausgehend vom Verb ğazara ›schlachten‹.[7]

Wieso verwendete Karl May den Begriff aber ausschließlich in übertragener Bedeutung? Von alleine wird er nicht darauf gekommen sein. Das sollen die im Folgenden ausgebreiteten historischen Zusammenhänge erweisen, die zugleich eine Episode in *Scepter und Hammer* hinsichtlich ihrer Motivherkunft erhellen.

◆

Reisende aus Frankreich und England, die während des letzten Drittels des 18. und der ersten beiden Jahrzehnte des 19. Jahrhunderts durch Syrien und Palästina kamen, berichteten von einem grausamen türkischen Herrscher, den sie als Inbegriff des orientalischen Despoten schilderten. Sein Name: Ahmad Pascha (um 1730–1804), bekannter allerdings unter seinem Beinamen »Djezzar« (»Dschesar«, »Jezzar«, »Ghezar«). Mit Mut und Geschick – und unter tätiger Mithilfe der Briten – widerstand er 1799 der Belagerung von Akkon (Akre, St. Jean d'Acre), der Hauptstadt seines Paschaliks, durch Napoleons Heer, zwang dieses zum Rückzug und leitete damit das Scheitern des französischen Ägyptenfeldzugs ein.

Das machte Djezzar Pascha einerseits berühmt, andererseits berüchtigt, und infolgedessen wurde er in Europa, auch lange Zeit nach seinem Tode, vielfach

---

4 *Vor seinen Füßen ... stand der Dschezzar, zu Deutsch eigentlich Henker.* (HKA II.20, 514).
5 *Dschezzar-Bei, den Würger der Herden* (HKA III.3, 343).
6 Die sprachlichen Präzisierungen verdanke ich hier wie im Folgenden Florian Schleburg, Regensburg. – Das richtige arabische Wort für ›Henker‹, ğallād, verwendet May übrigens im dritten Band des *Mahdi* (GR XVIII, 508).
7 Zur Wortbedeutung und ihrer Geschichte vgl. The Encyclopaedia of Islam. New Edition, Vol. XII, Supplement. Leiden 2004, 267a–268a (s. v. ›DJAZZĀR‹).

erwähnt. Was man über ihn durch ausführliche Reiseberichte[8] wusste oder zu wissen glaubte, wurde später gekürzt in Artikeln verbreitet, die sich nur im Detail voneinander unterscheiden. Unter den mitgeteilten Einzelheiten sind auch solche, die sich weiter ausfabuliert im Ägyptenteil von *Scepter und Hammer* (12. bis 14. Kapitel) wiederfinden und dort interessanterweise dem Helden Katombo zugeschrieben werden. Bleiben wir aber, bevor ich darauf eingehe, zunächst beim Spitznamen des Paschas.

◆

Ahmad Paschas Beiname bezieht sich, wie bei Mays Hassan, eindeutig auf Menschen, auf ihre Tötung beziehungsweise Verstümmelung, und wird in den deutschsprachigen Texten mal mit »Schlächter« oder »Metzger«, mal mit »Würger« oder »Henker« wiedergegeben.[9] Im Gegensatz zu Mays Figur erwarb sich der geschichtliche Djezzar seinen Namen und festigte ihn durch wirkliche Handlungen, die von den westlichen Besuchern als ungeheuerliche Schandtaten wahrgenommen wurden und von denen sie etliche, meist nicht selbst miterlebte, eingehend schilderten.[10] War Ahmad Pascha unter seinem Beinamen tatsächlich von jedermann gefürchtet, ist es Hassan natürlich nur in seiner Einbildung. Vor dem angedeuteten historischen Hintergrund wirkt Djezzar Bei als ›Heldenname‹, der er für Mays komisch-anmaßenden Hasenfuß Hassan ist, wie ein Ausfluss äußerst bitteren Humors – falls der Autor sich etwas dabei gedacht hat.

Als eine von mehreren möglichen Vorlagen für May und speziell als Quelle für den Namen und dessen Bedeutung sowie Schreibweise kommen – nach meinen bisherigen Recherchen – eine (unter Umständen auch noch anderswo abgedruckte) Darstellung des Lebens und Strebens von Djezzar Pascha in der

---

8   Wie etwa – eine winzige Auswahl – die von Constantin François Volney (1757–1820, ›Voyage en Syrie et en Égypte, pendant les années 1783, 1784 & 1785‹, Paris 1785 und öfter, deutsch Jena 1788), Guillaume Antoine Olivier (1756–1804, ›Voyage dans l'empire othomane, l'Egypte et la Perse [...] de 1792 à 1798‹, Paris 1800–1807, deutsch Weimar 1802–1808) oder Edward Daniel Clarke (1769–1822, ›Travels in various countries of Europe[,] Asia and Africa‹, London 1810–1819, der Djezzar Pascha betreffende Teil deutsch in: Zeitschrift für die neueste Geschichte, die Staaten- und Völkerkunde. 1. Jg. (1814), 1. Bd. (Januar bis Junius), 82–96).

9   Eine konkrete Aussage, wie Djezzar seinen Beinamen erworben hat, macht H. von Jargow: Ahmad hatte »schon damals [um 1757] als Kaschef seinen Beinamen D j e z z a r (der Schlächter) von einer Blutrache empfangen; welche er an 20 Arabern vollzog, die seinen Herrn, A b d a l l a h - B e y, ermordet hatten. Diese That verschaffte ihm die Würde eines Bey's und den vorerwähnten Namen.« (H. von Jargow: Kurze Geschichte der Mamlucken, mit vorzüglicher Berücksichtigung ihres Unterganges in der neueren Zeit. In: Zeitschrift für Kunst, Wissenschaft und Geschichte des Krieges, 1. Heft (1831), 1–31, und 2. Heft, 95–127 (9, erste Fußnote).)

10   Die Encyclopaedia of Islam, wie Anm. 7, 268a (s. v. ›AL-DJAZZĀR PASHA‹), hält es auch für möglich, dass ›Djezzar‹ Ahmad Paschas Familienname war.

»Djezzar Pascha beim Aburteilen eines Verbrechers.« – Rechts neben Djezzar sein Schlachtbeil. Links, mit der Schriftrolle in der Hand, sein treuer Ratgeber und Verwalter der Finanzen, ein Damaszener Jude, Haim Farhi (Khayim Farkhiy), genannt al-Mu'allim ›der Lehrer‹ (1740–1818, bei Damoiseau: Malhem-Hahim), der durch Djezzars Willkür ein Auge, ein Ohr und die Nase verlor und dennoch im Amt blieb.

Zeitschrift ›Das Ausland‹ in Frage,[11] die der ›Voyage en Syrie et dans le désert‹ des französischen Tierarztes Louis Damoiseau entnommen ist,[12] beziehungsweise die zehn Jahre nach dem Vorab-Auszug im ›Ausland‹ erschienene gesamte Übertragung von Damoiseaus Buch ins Deutsche.[13]

Damoiseau war Mitglied einer Kommission, die 1819, also 15 Jahre nach Djezzar Paschas Tod, im Auftrag des französischen Innenministers vor Ort arabische Hengste einkaufen sollte, um aufgetretene Verluste im Nationalen Gestüt von Pau auszugleichen. Im biographischen Vorwort zu Damoiseaus Reiseerinnerungen, die erst nach dessen Ableben in Frankreich als Buch erschienen, wird nur ein einziges Porträt der Personen, die Damoiseau auf seiner Fahrt getroffen hat, hervorgehoben – dasjenige Djezzar Paschas, das

11 Der Pascha von Saint-Jean d'Acre. (Bruchstück aus einer Reise Damoiseau's in Syrien und Aegypten.) In: Das Ausland. Ein Tagblatt für Kunde des geistigen und sittlichen Lebens der Völker mit besonderer Rücksicht auf verwandte Erscheinungen in Deutschland. 5. Jg. (1832), Nr. 22 vom 22.1., 87b–88b, Nr. 25 vom 25.1., 99b–100b, und Nr. 28 vom 28.1., 111a–112a. – Es gab noch andere Ausschnitte aus Damoiseaus Buch auf Deutsch, die seine Relevanz belegen, etwa: Der erkaufte arabische Hengst. (Aus L. Damoiseau's Reise in Syrien und in der Wüste.) In: Feierstunden für Freunde der Kunst, Wissenschaft und Literatur. Nr. 118 vom 2.7.1834, 1105–1108, und Nr. 119 vom 4.7.1834, 1114–1118. Oder: Lady Stanhope. In: Miscellen aus der neuesten ausländischen Literatur. 78. Bd. (1834), 282–302.

12 Louis Damoiseau: Voyage en Syrie et dans le désert. Paris 1833, 165–180 (= der größte Teil des 10. Kapitels). Ausschnitte aus dem Werk wurden zuvor in verschiedenen französischen Zeitschriften abgedruckt (›Le Journal des Haras‹, ›Le Voleur‹, ›Le Cabinet de Lecture‹).

13 Die deutsche Buchausgabe erschien neun Jahre nach der französischen in zwei Bänden unter dem Titel: Hippologische Wanderungen in Syrien und der Wüste. Aus dem Französischen von Theodor Heinze. Leipzig 1842. Zu Djezzar Pascha im zehnten Kapitel: 2. Theil, 30–53. (Im Folgenden zitiert als »HW«.)

neben dem zu Lady Stanhope das umfangreichste ist.[14] Der Verfasser dieser
›Historischen Nachricht über Louis Damoiseau‹, der leider keine Angaben zu
Damoiseaus Geburts- und Sterbedatum macht, heißt übrigens Jean May …

Hier, in der anonymen ›Ausland‹-Übertragung, findet man im Unterschied
zu den verschiedenen anderen von mir ermittelten Djezzar-Pascha-Artikeln die
von May verwendete Bedeutungskombination ›Würger, Henker‹ für Djezzar.[15]
In der Buchausgabe lautet die Kombination »Erwürger, Henker«[16] – was dem
Sprachgefühl Mays sicher kein Hindernis war, ›Würger, Henker‹ daraus zu
machen.

✦

Dies allein reicht natürlich nicht für eine Plausibilisierung aus, dass May sich
an Damoiseaus Schilderungen als Ursprung orientiert hat. Vergleicht man
jedoch den Werdegang Katombos, des illegitimen Sohnes des Herzogs von
Raumburg, mit dem des späteren Djezzar Pascha, fallen diverse Analogien ins
Auge.

Katombo, auf der Flucht vor der Obrigkeit, verlässt Europa und taucht –
warum, wird nicht gesagt – in Ägypten wieder auf. Der spätere Djezzar Pascha,
ein gebürtiger Bosnier, muss ebenfalls vor der Obrigkeit aus Europa fliehen,
wenn auch aus anderem Grund, und kommt nach Ägypten.[17] Dort machen
beide Karriere. In deren Verlauf geht es nicht ohne Ausübung von Selbst-
justiz mit Todesfolge, also Mord, ab. Unter anderem ermordet Katombo einen
Kaschef, einen, laut Karl May, *Polizeivorsteher*.[18] Von Djezzar Pascha heißt es:

> Zu Kairo angelangt, wurde er das Eigenthum Ali-Bey's, der ihn unter
> die Mameluken einreihte. Ahmad zeichnete sich bald durch Muth

14 »Das Bild des Djezzar-Pascha, welches Damoiseau nach glaubwürdigen Nachrichten, die er an
    Ort und Stelle sammelte, gezeichnet hat, ist ein sehr merkwürdiges Kapitel; der geübtesten Hand
    würde dasselbe Ehre machen.« (HW 1. Theil, XIII.)

15 »So viele glückliche Erfolge [beim Aus-dem-Weg-Räumen Unliebsamer] konnten nicht unbe-
    lohnt bleiben, sie trugen ihm von Seiten seiner Waffenbrüder den gefürchteten Namen Djezzar
    (Würger, Henker) ein […].« (Der Pascha von Saint-Jean d'Acre, wie Anm. 11, 88a; analog HW
    2. Theil, 30.)

16 HW 2. Theil, 30.

17 Vgl. Der Pascha von Saint-Jean d'Acre, wie Anm. 11, 87b–88a: »Djezzar, Pascha von Saint-Jean
    d'Acre, dessen eigentlicher Name Ahmad ist, wurde in der Provinz Bosnien geboren. Er war sechs-
    zehn Jahre alt, als er seiner Schwägerin Gewalt anthun wollte, und deßhalb aus seiner Heimath
    zu entfliehen gezwungen war. Konstantinopel war der Ort, wohin er seine Schritte lenkte, und es
    gelang ihm auch, diese Stadt zu erreichen und sich dort verborgen zu halten. Allein von allen Mit-
    teln entblößt, sah er endlich durch das äußerste Elend getrieben, keinen andern Ausweg, als sich
    an einen Sklavenhändler zu verkaufen, der ihn nach Aegypten führte.« (Mit wenigen minimalen
    Wortabweichungen in HW 2. Theil, 30.)

18 HKA II.1, 334.

und ungewöhnliche Geistesfähigkeiten aus, wodurch er sich das volle Vertrauen seines neuen Herrn erwarb. So oft es sich darum handelte, einen verdächtigen Bey oder Kaschef aus dem Wege zu räumen, erhielt Ahmad dazu den Auftrag, und nie kehrte er zurück, ohne den Kopf des Geächteten als einen Beweis seiner Kühnheit oder List mitzubringen.[19]

Auffällig ist in diesem Zusammenhang, dass die Bezeichnung »Kaschef« (in der zeitgenössischen Literatur meist mit der Bedeutung ›Vorsteher eines [kleinen] Distrikts‹)[20] bei May nur im Ägypten-Teil von *Scepter und Hammer* verwendet wird, sonst nirgendwo in seinem Werk.

Nicht gleich, aber ähnlich verhält es sich mit »Mameluken«. Abgesehen von der Erzählung *Der Krumir* (1882) mit dem historischen Krüger-Bei als Oberstem der Mameluken des Beis von Tunis spielt der Begriff im Werk Karl Mays keine nennenswerte Rolle – außer eben in *Scepter und Hammer*, wo der nicht historische, sondern erfundene *Mamelukenfürst*[21] Omar-Bathu (mit arabisch-mongolischem Namen)[22] in zweien der drei Ägypten-Kapitel zu einer wichtigen Figur wird.

Geht man der Geschichte der Mameluken in Ägypten im 18. Jahrhundert, so wie sie während des 19. Jahrhunderts hierzulande dargestellt wurde, etwas nach, erlangt man auch präzisere Informationen zu Djezzars Stellung unter ihnen. Er scheint in der Tat wie Omar-Bathu in Mays Fiktion einer der vielen Beis der Mameluken gewesen zu sein und führte eine Zeitlang, nachdem er in Ungnade gefallen war, wie Omar-Bathu ein Abenteurerleben als Mameluken-Anführer.[23]

19 Der Pascha von Saint-Jean d'Acre, wie Anm. 11, 88a; analog HW 2. Theil, 30.
20 Vgl. beispielsweise den Artikel: Das neuere Aegypten. In: Das Ausland, wie Anm. 11, 9. Jg. (1837), Nr. 44 vom 13.2., 173a: »und Türken standen auch den kleinen Distrikten vor, unter dem Titel Kaschefs oder Kaim-Makam, welches letztere Wort einen Stellvertreter bedeutet«. Die Fußnote hierzu belegt Karl Mays Begriffserläuterung: »Der Ausdruck Kaschef kommt von einem arabischen Worte, dessen gewöhnliche Bedeutung ›entdecken‹ ist, und war vermutlich früher der Titel für einen Polizeibeamten.« (Korrekt; arab. kāšif.)
21 HKA II.1, 372 u. ö.
22 Bathu (1205–1255) war der Enkel von Dschingis-Khan und eroberte Osteuropa bis Ungarn. Die Namensbildung im Fall von Omar-Bathu und Katombos Schwiegervater Manu-Remusat ist analog. Karl May weist selbst darauf hin, dass Remusat (Rémusat) der Name eines (westlichen) Gelehrten ist (HKA II.1, 408). Es handelt sich um den Franzosen Jean Pierre Abel-Rémusat (1788–1832). Vgl. dazu vom Verfasser: Orientale und Orientalist: Manu- und Abel-Remusat. In: ders.: »Ihr kennt meinen Namen, Sir?«. Studien zur Namengebung bei Karl May, S-KMG 134 (2006), 98–101.
23 Vgl. Jargow, wie Anm. 9, 15: »Achmed Djezzar, welcher einst […] von Ali-Bey zum Bey der Mamlucken erhoben ward, dann dessen Gunst verlor, in sein Vaterland Bosnien flüchtete, bald darauf wieder in Unter-Aegypten erschien, die Sache der Araber gegen Aly verfechtend, der endlich in Syrien mit erkauften Mamlucken als kühner Abenteurer bis zum Tode des Scheikh's Daher einen Raubkrieg führte, und zum Beschlusse, vom Kapudan Hassan, der seines Gleichen liebte,

Omar-Bathus erster Auftritt in *Scepter und Hammer*, ein Auf-Ritt sozusagen in den Vordergrund der inneren Kinoleinwand der Leser, als junger, strahlender Held, einer Wüstenkarawane voran, birgt einen Hinweis darauf, dass Karl May doch die deutsche Ausgabe von Damoiseaus Buch beziehungsweise den Abdruck eines anderen Ausschnitts als den zu Djezzar Pascha in einem deutschsprachigen Periodikum zur Kenntnis genommen hat:

> *Einige Tage später bewegte sich eine Karawane durch die östliche Säumung der lybischen Wüste, eine Karawane, welche aus vierzig köstlichen Reit-kameelen und ebenso vielen Lastkameelen bestand. Etwas voraus ritt ein junger Mann in Mamelukentracht auf einem jener köstlichen arabischen Barakkpferde, welche meist ein seidenähnliches silbergraues Haar besitzen und von keiner andern Rasse übertroffen werden.*
>
> [...]
>
> *»Siut!« rief der Reiter auf der silbergrauen Stute. »Geht in das Kara-wanserai, und wartet dort auf meine Befehle!«*
>
> *Er ließ der Stute die Zügel vollständig schießen und flog seitwärts von den Andern längs des Flusses hinan an dem Hause des Kawuahdschi vor-über. Abd-el-Oman stand gerade vor seiner Thür. Als er den Reiter vorbei-sprengen sah, murmelte er in den Bart:*
>
> *»Omar-Bathu, der Mamelukenfürst, der reicher ist als der Khedive selbst! Er wird den Schech-el-Reïsahn besuchen.«*[24]

Das einzige Mal in Mays Werk fällt hier der Begriff »Barak-Pferde« (das dop-pelte -kk- in *Barakk-* ist ein Druckfehler), begleitet von kurzer Charakteristik und Wertung. Pferde vom Stamme der Barak in Mesopotamien werden von Damoiseau häufiger erwähnt. Darunter ist eines, das in der Farbe präzis mit dem von Omar-Bathu übereinstimmt – und einen Namen trägt, der uns aus *Durch die Wüste* wohlbekannt ist: Abu Seif.[25]

Dass dies kein bloßer Zufall ist, zeigen ein anderer Pferde- sowie ein ande-rer Pferderassename, die May in der oben bereits erwähnten Erzählung *Der Krumir* nennt. Die Geschichte spielt in Tunesien, der Ursprung von Rasse und

---

in Dahers Stelle zum Pascha von Acre ernannt wurde.« – Die Pforte ernannte 1798 Djezzar zum Pascha von Ägypten, der daraufhin versuchte, von Acre aus die ägyptische Grenze zu bedrohen (vgl. ebd., 17).

24 HKA II.1, 371f.

25 Vgl. HW 1. Theil, 23: »[...] und noch denselben Tag war Herr von Portes Besitzer eines schö-nen arabischen Barak-Pferdes von silbergrauem Haar, sechs Jahre alt und 4 Fuß 10 Zoll hoch, mit Namen Abou-Séïf, (Vater des Säbels).« Abou-Seïf heißt auch der Mutesselim von Saida, der Damoiseau und seine Gefährten aus einer misslichen Lage rettet (Belagerung durch aufgebrach-te Einheimische; vgl. 2. Theil, 148). – »Köstlich« als Wertung in Bezug auf Pferde wie bei May kommt bei Damoiseau ebenfalls vor, was freilich nicht sonderlich überraschend erscheint (vgl. 1. Theil, 159, 176).

Namen liegt freilich in Syrien. Man befindet sich im Lager des Scheiks Ali en
Nurabi. Das Thema Pferdekauf kommt auf:

> *Die besten der anwesenden Tiere wurden uns einzeln vorgeführt. Auch*
> *Krüger-Bei war ganz entzückt über die Milchstute. Sein gutmütiges Ange-*
> *sicht strahlte vor Wonne.*
>   *»Haben Ihnen bereits einmal so ein Tier gesehen?« fragte er mich. »Dat*
> *ist, hole mir der Juckuck, eine echte Rawouan [* Edle Pferderasse.]! Dem*
> *hat nicht einmal Sihdi Ali Bei, der Prinz Thronfolger, im seinen Marstall*
> *zu el Marsa, was dat Seebad vom Tunis stets gewesen zu sein jenannt zu*
> *werden verdienen muß.«* [26]

Die Stute, von der die Rede ist, hört auf den Namen Utheif, was May mit
Schwalbe wiedergibt. [27] Sowohl die Rasse als auch den Namen des Pferdes findet man bei Damoiseau wieder. [28]

Krüger-Bei soll gleich darauf den Rapphengst des Erzählers im Vergleich
mit der Milchstute betrachten und beurteilen: *»Dat ist nicht leicht. Sie haben*
ihm ja so in dem Libet [Filzbekleidung, Filzdecke.] injewickelt, daß man nur*
die Beine und die Nasenspitze zu sehen jewohnt werden muß.« [29] Auch *Libet* entstammt Damoiseau, der eine genauere Erläuterung als May gibt: »Alle diese
Thiere [= Stuten und Füllen] waren mit einer Art Filz bedeckt, den die Araber
Libet nennen, und der bestimmt ist, dieselben vor dem Stiche der Fliegen zu
verwahren, welche die Nachbarschaft des Flusses in großer Menge unterhält.« [30]
Da man bei May gerade durch die Wüste geritten ist, erscheint die ›Einwicke-
lung‹ nicht besonders sinnvoll – aber der die Authentizität des Erzählten so
angenehm suggerierende Ausdruck war wohl zu verlockend …

Vor dem Aufenthalt im Zeltlager Ali en Nurabis werden Gazellen gejagt,
und dabei tötet der Erzähler auch einen Falken. Damoiseau schildert hingegen
nach der Libet-Erwähnung eine Gazellenjagd, bei der er einen Adler tötet. [31]
Gegen Ende seines Aufenthalts in Syrien nimmt er noch einmal an einer Jagd
teil, diesmal mit Falken, die zur Gazellen- und zur Rebhuhnjagd abgerichtet
sind. [32]

---

26 Karl May: *Der Krumir.* In: GR x, 215–425 (238f.).
27 GR x, 239.
28 Vgl. HW 1. Theil, 32 (»Füllen, mit Namen Outheif (Schwalbe)«), 34 (»Rawouan-Racepferd«) und
    51 (»Race Rawouan«).
29 GR x, 239.
30 HW 1. Theil, 6f. – Später lautet die Schreibweise »Libbet« für Filz (42). – Das einzeln Vorführen
    der Pferde schildert auch Damoiseau (z. B. 65).
31 Siehe ebd., 7–9.
32 HW 2. Theil, 129f. Weitere Übereinstimmungen mit Damoiseau wären: auffällig gleiche Tran-
    skription bei »*Allah yahh fedak – Gott schütze dich!*« (Karl May: *Christi Blut und Gerechtigkeit.*
    In: GR x, 513–544 (537).) – »Allah yahh fedak (Gott beschütze dich)!« (HW 1. Theil, 167) oder

Noch einen weiteren arabischen Pferdenamen, den Damoiseau erwähnt, scheint sich Karl May gemerkt und in *Durch die Wüste* verwendet zu haben. Damoiseau berichtet von einem »sehr schöne[n] Hengstfüllen«, das für die Muslime »offenbare Merkmale von Unglück an sich trage« und deshalb »an den ersten besten Christen« verkauft wurde, der es den Franzosen weiter-veräußert. »Wir nannten dieses Pferd Kellé (Unglücklicher)«[33] Am ehesten lässt sich dieser Name wohl auf arabisch qillah, ›Mangel, Unzulänglichkeit‹ zurückführen,[34] doch May baut, den Accent aigu durch ein Dehnungs-h erset-zend, *Kelleh* mit der aus der deutschen Übersetzung von Damoiseaus Werk übernommenen Bedeutung in den Dialog zwischen Kara Ben Nemsi und dem unhöflichen türkischen Kapitän jenes Sambuk ein, der Kara und Halef über das Rote Meer bringen soll. Kara, der überlegene Fremde, zum Kapitän: »*Du bist ein Kelleh, ein Unglücklicher, den der Kuran dem Mitleide der Gläubigen empfiehlt. Ich bedaure dich!*«[35]

Abgesehen von den konkreten Übereinstimmungen, die für eine Lektüre von Damoiseaus Buch durch Karl May sprechen, werden der hippologische Sachverstand des französischen Tierarztes ebenso wie dessen detailreiche kul-turgeschichtliche Darstellung unseren Autor generell angeregt und beflügelt haben, ihm, ihn möglichst ü b e r flügelnd, nachzueifern – auch indem er Kara Ben Nemsi als Arzt, jedenfalls als Reisenden mit medizinischen Kenntnissen, als Hekim, Hekim-Baschi helfend und heilend auftreten lässt (siehe dazu spe-ziell den Anhang zu dieser Untersuchung).

Mit den genannten spezifischen Korrespondenzen als Absicherung lässt sich nun selbst eine Bemerkung wie die zu Ahmads »Muth und ungewöhnliche[n] Geistesfähigkeiten«, die ihn, den aus abendländischer Sicht moralisch Devian-ten, auszeichnen, in Verbindung mit dem Mut und den ungewöhnlichen Geis-tesfähigkeiten bringen, die Katombo, der der ›saubere‹ Held sein soll, zu seinen Taten befähigen – und die sind aus der uns gewohnten Sicht nur bedingt, nur im Sinne des Subjektiv-Selbstherrlichen (und insofern, wenn auch aus ande-

---

motivische Ähnlichkeit mit der Senitza-Episode in *Durch die Wüste*: Kara Ben Nemsi bekommt als *Hekim* nach Überwinden von Widerständen des Haremsherrn nur wenig von der Erkrankten zu sehen (GR 1, 109f.), ebenso der (Tier-)Arzt Damoiseau (HW 1. Theil, 86–88). Ausführlicher hierzu der Anhang zu dieser Untersuchung.

33 HW 2. Theil, 132. Im französischen Original: »Nous donnâmes à ce cheval le nom de Kellé (mal-heureux).« (Damoiseau: Voyage, wie Anm. 12, 229.) Zuvor: »un fort beau poulain, [...] portait des signes évidens de malheur« (228).

34 Damoiseaus Arabismen bleiben oft im Ungefähren.

35 GR 1, 176.

ren moralischen Gründen, dem Rechtsempfinden Djezzar Paschas verwandt)
vertretbar.

Wie Ahmad kommt auch Katombo in Kontakt mit einer sehr hochgestell-
ten türkischen Persönlichkeit und steigt gesellschaftlich auf.

Zunächst zu Djezzar:

> Kurze Zeit darauf gab ein zwischen der Pforte und dem Pascha von
> Syrien ausgebrochener Krieg Djezzar Gelegenheit, sich dem Kapudan
> Pascha der Flotte bemerklich zu machen. Es gelang ihm, eine Anstel-
> lung im Gefolge des Admirals zu erhalten, den er auf einer Expedition
> gegen Saint-Jean d'Acre begleitete.[36]

Ahmad erreicht schließlich die Herrschaft über diese Stadt und noch Einiges
mehr:

> Djezzars thätiger Antheil an der Einnahme von Acre trug ihm das
> Paschalik von dieser Stadt und von Seid (Sidon) ein. Von nun an
> begünstigte ihn das Glück immer mehr. Bald darauf erhielt er auch die
> Statthalterschaft von Damaskus, wodurch er zum mächtigsten Pascha
> der syrischen Küste erhoben wurde. Mit der Würde eines Pascha's von
> Damaskus ist auch der Titel eines Emir Adschi (Fürst der Pilgrime) ver-
> bunden, wodurch ihm die Pflicht die jährlich nach Mekka wandernden
> Pilgerkarawanen zu geleiten obliegt. Allein nicht blos der Schutz der
> Pilgrime steht ihm zu, sondern er muß auch für ihren Unterhalt sorgen,
> und hierüber mit den Arabern der Wüste die nöthige Uebereinkunft
> treffen, jedoch wie sich von selbst versteht Alles gegen gehörige Ent-
> schädigung. Es läßt sich denken, daß ein Mann wie Djezzar hieraus
> unermeßlichen Nutzen zog.[37]

Wie sieht es bei Katombo aus? Auf hoher See befreit er den auf einem Schiff
gefangengehaltenen Großvezier Malek-Pascha. Katombo wird von ihm an
Sohnes Statt angenommen, trägt von nun den Namen Nurwan und steigt zum
Kapudan-Pascha der Hohen Pforte auf.

Auch den Begriff *Kapudan-Pascha* gibt es bei May nur in *Scepter und Hammer*.

Dass im Zuge der Befreiung Malek-Paschas, die mit der Tötung einer
Schiffsmannschaft durch Katombo und seinen Schwiegervater Manu-Remusat
einhergeht, Letzterer zu seinem Schwiegersohn bemerkt, dieser habe einen
sicheren Stoß, [g]erade als ob Du Djezzar Bei des Großsultans gewesen wärst,[38]
ist natürlich besonders hübsch, weil es wie ein dezenter Hinweis auf Mays hier

---

36 Der Pascha von Saint-Jean d'Acre, wie Anm. 11, 88a; analog HW 2. Theil, 33.
37 Der Pascha von Saint-Jean d'Acre, wie Anm. 11, 88b; analog HW 2. Theil, 34f.
38 HKA II.1, 420.

erschlossene Quelle wirkt und so – selbst ohne nachweisbare Autorintention – eine spezifische allusionsästhetische Qualität besitzt.

Von Djezzar Pascha wird berichtet:

> Der Pforte hatte er wesentliche Dienste geleistet; allein sie fürchtete seinen Ehrgeiz, und schickte ihm daher einigemal die seidene Schnur. Djezzars Gift wirkte aber immer eher bei den Kapidschis, oder denen, die die Schnur brachten, als deren Schnur bei ihm, und keiner wollte diesen gefährlichen Auftrag wieder übernehmen.[39]

Etwas abweichend wird auch tradiert:

> Djezzar Pascha, der vor Kurzem als Pascha von St. Jean d'Acre ruhig auf seinem Bette starb, und durch Napoleon Bonaparte, der ihn in seiner syrischen Hauptstadt vergebens belagert hatte, bekannter geworden ist, war gegen seinen Souverain in vollkommener Rebellion, und regierte unabhängig, wie es ihm gefiel.[40] Der Sultan schickte den Kapidschi-Pascha mit Firman und seidener Schnur ab, den Kopf des Rebellen zu fordern. Djezzar ließ den Abgeordneten bis zu sich kommen, sich den Firman geben, schoß dann dem Kapidschi-Pascha eine Kugel durch den Kopf, und ließ diesen, abgehauen, in einen ledernen Sack eingeschlossen, dem Großherrn zuschicken.[41]

---

39 Theophil Friedrich Ehrmann (Hrsg.): Reise nach Aegypten und Bemerkungen über verschiedene Gegenstände während des dreijährigen Aufenthalts der Französischen Armee in diesem Lande (1798 bis 1801) gesammelt von A. G…d. Weimar 1804 (= Bibliothek der neuesten und wichtigsten Reisebeschreibungen zur Erweiterung der Erdkunde 13), 77.

40 Die Selbstherrlichkeit Djezzar Paschas gleicht derjenigen des von Edward William Lane geschilderten Kairener Marktmeisters Mustapha Kaschif, den May Jahre später als Mustapha Effendi in den *Beiden Kulledschi* (1891) auftreten lässt (vgl. vom Verfasser: Der Nil, sein Wasser, die Flöße und die Krüge. Ein Beitrag zum Quellen-Puzzle von Karl Mays erstem *Mahdi*-Band und zu seiner kurzen Erzählung *Die beiden Kulledschi*. In: M-KMG 176 (2013), 27–39, bes. 37f.). Beide üben durch drastische körperliche Grausamkeiten besondere Härte gegenüber betrügerischen Kaufleuten aus (vgl. HW 2. Theil, 39f.: Zunge oder Ohr annageln, Metzger an Fleischerhaken hängen und so weiter).

41 Kurze Notizen über den Hofstaat des Großherrn. (Beschluß). Aus: Miscellen für die Neueste Weltkunde. 1. Jg., Nr. 101 vom 19.12.1807, 402a. – Dass Djezzar selbst wiederholt köpfte, wird in einer besonders drastischen Episode geschildert, als er erfahren hatte, dass seine Sais (Reitknechte) die Absicht hatten, seinen Leibarzt, einen Franzosen, zu töten und zu berauben. Djezzar verkleidete sich so gut, dass die Sais ihn nicht erkannten, gab sich als einer aus, der ebenfalls den Arzt ermorden wollte, und enthauptete alle Reitknechte, die nacheinander auf das Dach des Arzthauses gestiegen waren, wo sie Djezzar erwartete. (Vgl. Der Pascha von Saint-Jean d'Acre, wie Anm. 11, Nr. 25 vom 25.1., 100a; analog HW 2. Theil, 41–43.)

Seidene Schnur, enthaupten und vergiften, abgeschlagenen Kopf an den Sultan
zurückschicken: genau dies phantasiert Karl May im 14. Kapitel von *Scepter
und Hammer* breit aus.

Nach einem Zeitsprung in der Handlung von zehn Jahren besucht Katombo alias Nurwan Pascha, nunmehr Großadmiral des Sultans, mit Ayescha, seiner Frau, und Almah, seiner zweijährigen Tochter, in der ägyptischen Wüste
die verbannte Familie Ayeschas. Durch Intrige und Verrat kommen Ayeschas
Vater Manu-Remusat, ihr Schwager Omar-Bathu und ihre Schwester Sobeïde
ums Leben (diese durch Selbstmord im Harem des feindlichen Khedive, des
Vizekönigs von Ägypten), und Katombo-Nurwan verliert seine Stellung als
Kapudan-Pascha.

Katombo-Nurwan bekommt die seidene Schnur geschickt, köpft den Überbringer, sendet dessen Kopf dem neuen Kapudan-Pascha nach Stambul und
rächt seine Angehörigen, indem er auf eine aus den ›Erzählungen der tausendundein Nächte‹ bekannte Weise den Khedive durch Gift tötet.[42] Später verliert
auch der neue Kapudan-Pascha auf See durch Katombos Hand seinen Kopf.
Hier ergibt sich erneut eine gewisse Parallele zu den Schilderungen Damoiseaus, der von der Enthauptung Kutschuk Ali Paschas auf einem Schiff im
Zusammenhang mit einem vom Sultan verhängten Urteil berichtet, dem Kutschuk Ali zuvor mehrfach durch Enthaupten der Überbringer der Botschaft
entgangen war.[43]

Anschließend verfolgt Katombo als Piratenkapitän seine gerechte Sache.
Er befehligt zwei Schiffe, eines trägt den Namen ›Tiger‹. Dieser Schiffsname
taucht – Zufall? – auch im Djezzar-Kontext auf: Sir Sidney Smith (1764–1840)
verteidigte 1799 Akkon (Saint Jean d'Acre) in Koordination mit den Osmanen gegen den Ansturm der napoleonischen Truppen von See aus, während
Djezzar Pascha dies von Land aus tat. Sidney Smiths Schiff trug den Namen –
›Tigre‹. Katombos zweites Schiff, von ihm selbst konstruiert, heißt ›Selim‹,
was insofern keine Überraschung im ›Djezzar-Kontext‹ ist, da der damals herrschende Sultan Selim III. (1762–1808) war.

Ganz nebenbei: Auch Djezzar Pascha übte sich zeitweise im Piratenhand-
werk – freilich den sichern Port nicht verlassend, und aus Habgier.[44]

42 Vgl. vom Verfasser: Aus den »Erzählungen der tausendundein Nächte«. Karl Mays Anverwand-
    lung einer Motivkombination in *Scepter und Hammer*: Enthaupten und Vergiften. In: M-KMG 63
    (1985), 3–7.

43 Vgl. HW 1. Theil, 196–198.

44 Vgl. F. B. Spilsbury: Picturesque scenery in the Holy Land and Syria, delineated during the cam-
    paigns of 1799 and 1800. London 1823, 12f.: »Jezzar would frequently descend to piracy, for which
    purpose he kept two small armed vessels; and, if any merchant ships happened unfortunately to
    be driven into his port, he would sieze the cargo, returning to the owners only what he thought
    proper.«

Im unmittelbaren Vorfeld der Aktionen an Land fällt erneut – zum zweiten und letzten Mal – das Wort *Djezzar*, als Katombo alias Nurwan Pascha zu einem loyalen Kadi kommt, in dessen Haus dann die Episode mit der seidenen Schnur stattfindet. Beim Streit mit einem Bediensteten des Kadi, der ein Bakschisch verlangt, kommt der Kadi hinzu, und Katombo-Nurwan meint zu ihm: »*Willst Du ihn* [= den Bediensteten] *niederschlagen, soll ich es thun, oder ziehst Du vor, ihn dem Djezzar* [* *Henker*] *zu übergeben?*«[45]

Hier wird man ebenfalls von einem anspielungstechnisch gelungenen Einbau des Signalworts zur rechten Zeit sprechen können – gerade weil den Lesern die Konsequenz, den Henker, den Djezzar bei einer solchen Banalität ins Spiel zu bringen, übertrieben erscheinen mag und dadurch eine gewisse Aufmerksamkeit geweckt wird. Doch auch das, wofür der historische Djezzar Pascha paradigmatisch in der eurozentrischen Wahrnehmung stand, nämlich ›orientalische Grausamkeit und Willkür‹, klingt mit an.

Beim Versuch, der Herkunft des Namens *Djezzar* bei May in *Unter Würgern* und des Begriffs *Djezzar* in *Scepter und Hammer* auf die Spur zu kommen, sind wir auf eine einerseits schlichte, andererseits aber auch mehrschichtige Form der Materialverarbeitung durch unseren Autor gestoßen – ein feines kleines Spiel mit Lesefrüchten und herausgepickten Einzelheiten. Indikatoren dafür waren sehr selten oder gar einmalig nur in e i n e m Werk vorkommende fremdsprachige Begriffe in Kombination mit der Bezeichnung ›Djezzar‹ und ihrer Wiedergabe im Deutschen sowie motivische Übernahmen und ihre freie Ausgestaltung.

Es steht zu vermuten, dass neben dem Literatur-Detektiv auch der ›Täter‹, der kreative Verursacher beziehungsweise Zusammenfüger, etwas Spaß dabei gehabt hat.

---

45 HKA II.1, 449.

Anhang

Auf die besondere Koinzidenz zwischen Damoiseaus ›Hippologischen Wanderungen‹ und einer bekannten Szene aus Mays orientalischen Abenteuern (vgl.
oben Anm. 32) möchte ich eingehender hinweisen.

May-Leser erinnern sich: Sowohl in der Erzählung *Leïlet* (1876) beziehungsweise *Die Rose von Kahira* (1877) als auch in der Abrahim-Mamur-Episode von
Durch die Wüste (1880–1881 in der Zeitschriftenfassung » *Giölgeda padiśhanün* «)
wird der Erzähler als Arzt aus dem Abendland zu einer, wie es den Anschein hat,
kranken Orientalin gebeten. Er muss sich, um bei einer körperlichen Untersuchung zu einer halbwegs verlässlichen Diagnose zu kommen, Zugeständnisse
gegenüber der heimischen Sitte erkämpfen. In *Durch die Wüste* ist die angeblich Kranke, Senitza, eine Fremde (Montenegrinerin), ebenso bei Damoiseau
(Georgierin). Das Motiv der Befreiung der ›Kranken‹ fehlt bei Damoiseau –
er will als wirklicher Arzt (wenn er auch als Tierarzt unterwegs ist) nur helfen. Dieses Befreiungsmotiv und seine Ausführung besitzt, wie bekannt, große
Nähe zu Wilhelm Hauffs ›Die Errettung Fatmes‹ (1825). Doch spricht aufgrund der im Laufe der Untersuchung aufgezeigten Berührungspunkte zwischen Damoiseaus Buch und Texten Mays sowie der eben angedeuteten ver-
bindenden Züge einiges für die Annahme, es könnte bei den angesprochenen
Episoden eine Übernahme-Kombination aus Hauff und Damoiseau vorliegen.

Hier Louis Damoiseaus Schilderung (Ort der Handlung ist Aleppo), die
noch weitere Übereinstimmungen, etwa in der Neugier des Europäers auf
die Haremswelt, enthält, aber auch Abweichungen wie die, dass die Szene in
einem Zelt und nicht in einem festen Gebäude (als wesentlichem Element der
lebensgefährlichen Entführung) wie bei May (und Hauff) spielt:

> Einige Tage nach dem Austausche, welcher mir de[n] Ariaal [›Hirsch‹,
> ein Pferd, das Damoiseau gegen ein anderes eintauschte] einbrachte,
> kam der Saiß-Baschi (Stallwachtmeister), mich als Arzt zu bitten, zu
> ihm zu kommen, um eine seiner Frauen zu besuchen, die sich unwohl
> befände. Ich nahm das mit dem lebhaftesten Interesse an, in der gewis-
> sen Voraussetzung, daß er mich in sein Zelt führen würde und ich end-
> lich einige dieser so berühmten Schönheiten, welche die Türken aus
> Georgien beziehen, würde aufmerksam betrachten können. Aber wie
> groß war mein Mißvergnügen, als, nachdem wir am Zelte angekommen
> waren, der Saiß-Baschi still stehen blieb, und Jemandem im Innern des
> Zeltes folgende Worte zurief: » Hier ist der Hakim-Baschi, gieb ihm
> Deinen Arm.« In demselben Augenblicke zeigte sich durch eine Oeff-
> nung, die ich keinesweges an der Außenseite des Zeltes bemerkt hatte,
> ein Arm, den man mir entgegenstreckte, um den Puls zu untersuchen.

Ich befühlte ihn und sagte darauf dem Saiß, daß ich nicht das geringste Gutachten nach einem so schwachen und ungewissen Merkmale abgeben könne, und daß ich dazu durchaus die Zunge und die Augen sehen müßte. Die Kranke näherte sich darauf, auf den Befehl des wunderlichen Saiß, der Oeffnung und zeigte mir erst die Augen, dann die Zunge. Diese theilweise und vereinzelte Besichtigung war durchaus nicht zureichend, meine heftige Neugierde zu befriedigen; ich sagte also dem Saiß gerade zu, daß ich nichts entscheiden und daher auch keinen Ausspruch thun könnte, wofern ich nicht das Ganze der Gesichtszüge der Kranken zu Rathe ziehen könnte. Diese neue Forderung schien ihn zu erschrekken; er sah mich an, überlegte einen Augenblick und beschloß, indem er anderen Frauen den Befehl gab, aber immer durch die äußere Scheidewand, in einen abgeschiedenen Theil des Zeltes zu gehen. Als nun die zur Erfüllung dieser Handlung der so ganz muselmännischen Vorsicht nöthige Zeit verstrichen war, trat ich endlich unter das so erwünschte Zelt. Es bestand aus zwei Gemächern; in dem, worein ich eben gelassen wurde, befand sich eine Frau von sehr schöner Gestalt, aber von einer Körperfülle, welche mir allzu bedeutend erschien; ihre Haut war von einer außerordentlichen Weiße; sie hatte ziemlich schöne schwarze Augen, eine dicke, kurze Nase, sowie dicke, blaugemalte Lippen; ihre Backen waren tättowirt, und ein schwarzer Streifen mit Khoel [* Eine Art Verschönerungsmittel, dessen sich alle Frauen des Orients bedienen, um den Umkreis der Augen schwarz zu färben.] gezeichnet, umgab ihre Augen; ihre Hände, sowie hauptsächlich die Nägel waren mit dem Safte einer Pflanze gefärbt, die sie Henné nennen, welche sie aus Aegypten beziehen, und die eine Mahagonifarbe gibt. Diese Frau war die Kranke. Als ich sie mit Sorgfalt untersucht und sie mir auf mehrere Fragen geantwortet hatte, die ich über ihren Zustand und die Schmerzen, die sie empfand, an sie richtete, glaubte ich bei ihr die Symptome einer angehenden Schwangerschaft wahrgenommen zu haben. Kaum hatte ich ihren Mann mit dieser Entdeckung bekannt gemacht, als er in seiner Freude zwei andere Frauen herbei rief und mich befragte, ob auch bei diesen Etwas einen gleichen Zustand anzeige.[46]

46 HW 1. Theil, 86–88. – Die Beschreibung der äußeren Erscheinung der vorgeblich Kranken erinnert an die Schilderung der Hauptfrau von Mohammed Emin in *Durch die Wüste*, doch lehnt sich May dabei an Austen Henry Layards ›Niniveh und seine Ueberreste. Nebst einem Berichte über einen Besuch bei den chaldäischen Christen in Kurdistan und den Jezidi oder Teufelsanbetern; sowie einer Untersuchung über die Sitten und Künste der alten Assyrier‹ (Leipzig 1850) an.
May über die namenlos bleibende Hauptfrau Mohammed Emins: *Sie war noch jung, schlank und von hellerer Gesichtsfarbe als die anderen Frauen; ihre Züge waren regelmäßig, ihre Augen dunkel und glänzend. Sie hatte die Lippen dunkelrot und die Augenbrauen schwarz und zwar in der Weise gefärbt, daß sie über der Nase zusammentrafen. Stirn und Wangen waren mit Schönheitspflästerchen belegt, und an den bloßen Armen und Füßen konnte man eine tiefrote Tättowierung bemerken. Von einem jeden Ohre hing ein großer goldener Ring bis zur Taille herab, und auch die Nase war mit einem*

Das ist nicht der Fall. Doch Damoiseaus Karriere als Humanmediziner, vergleichbar der Kara Ben Nemsis (obwohl dieser niemals Schwangerschaft bei
jemandem feststellen musste), ist gemacht.[47]

sehr großen Ring versehen, an dem mehrere große edle Steine funkelten: – er mußte ihr beim Essen sehr
im Wege sein. Um ihren Nacken hingen ganze, dicke Reihen von Perlen, Korallenstücken, assyrischen
Zylindern und bunten Steinen, und lose, silberne Ringe umgaben ihre Knöchel, Arm- und Handgelen-
ke. (GR I, 347f.)
   Layard, der einen Dschebur-Scheik Mohammed Emin, seinen alten Freund, ausführlicher als
in › Niniveh und seine Ueberreste‹ in › Niniveh und Babylon. Nebst Beschreibung seiner Reisen in
Armenien, Kurdistan und der Wüste‹ (Leipzig o. J. [1856], 175, 207 u. ö.) vorstellt, über die Hauptfrau von Scheik Sofuk namens Amscha (!): » Rang und Schönheit hatten ihr den Titel › Königin der
Wüste‹ erworben. […] Sie war lang und schön von Gesichtsfarbe; ihre Züge regelmäßig, die Augen
dunkel und glänzend. […] Ihre Lippen waren tief blau gefärbt; die Augenbrauen mit Indigo fortgesetzt, bis sie über der Nase zusammentrafen, Wangen und Stirn mit Schönheitspflaster bedeckt,
die Augenwimpern mit Kohl dunkel gemacht, und an ihrem Busen und Füßen konnte man das
Ende von Blumen und Fantasieverzierungen, womit ihr ganzer Körper in Festons und Netzwerk
über und über tättowirt war, sehen. Von jedem Ohre hing bis zur Taille ein ungeheurer goldner
Ring herab, der in einem Täfelchen von demselben Material endigte, welches gravirt und mit vier
Türkissen verziert war. Ihre Nase war auch mit einem erstaunlich großen Ringe geschmückt, der
mit Juwelen von so großen Dimensionen besetzt war, daß er den Mund bedeckte und wenn die
Dame aß, erst weggenommen werden mußte. Gewichtige Reihen von aufgereihten Perlen, assyrischen Cylindern, Korallenfragmenten, Agathen und bunten Steinen hingen an ihrem Nacken; lose
silberne Ringe umgaben Knöchel und Gelenke, die laut klangen, wenn sie ging.« (Niniveh und
seine Ueberreste, 59f.)
47 Vgl. HW I. Theil, 89.

Die Araberpferde und ihr ›Geheimnis‹

Alphonse de Lamartine verleiht durch eine Fußnote
Karl Mays Rössern Flügel

… a comic tale, which is truly Arabian.[1]

Zu den in der Regel so gut wie wörtlich wiederkehrenden Textbausteinen Karl Mays (wie der Beschreibung von Sam Hawkens oder derjenigen Winnetous) zählt bei den im Orient spielenden Geschichten jene Formel, mit der auf das geheime Zeichen hingewiesen wird, durch dessen Anwendung ein Araberpferd seine maximale Schnelligkeit entfalte:

> *Jedes arabische Pferd nämlich hat, wenn es besser als mittelmäßig ist, sein Geheimnis: das heißt: es ist auf ein gewisses Zeichen eingeübt, auf welches es den höchsten Grad seiner Schnelligkeit entwickelt und dieselbe nicht eher mindert, als bis es entweder zusammenbricht oder von seinem Reiter angehalten wird. Dieser Reiter verrät das geheime Zeichen selbst seinem Freunde, seinem Vater oder Bruder, seinem Sohne und seinem Weibe nicht und wendet es erst dann an, wenn er sich in der allergrößten Todesgefahr befindet.*[2]

Das bekannteste geheime Zeichen ist das, welches den Wunderrappen Rih zur Höchstgeschwindigkeit animiert: »*Wenn der Rappe fliegen soll wie der Falke in den Lüften, so lege ihm die Hand leicht zwischen die Ohren und rufe laut das Wort ›Rih‹!*«[3]

Das Element des ›Geschwindigkeitsgeheimnisses‹ setzte May selbstverständlich ein, wann immer die Gelegenheit bei der Schilderung von Verfolgungssituationen ihm dazu erzählerisch opportun erschien.

Doch woher hatte er davon Kenntnis?

✦

---

1 Rezension des vierten Bandes von Lamartines ›Travels in the East‹, in: The Athenaeum, May–August 1835, 448.
2 GR I, 365. – Siehe auch GR XVIII, 303; GR XXII, 524; etwas abgewandelt GR XXIX, 472.
3 GR I, 366.

Macht man sich auf die Suche nach der Herkunft der Aussage, arabische Pferde seien an ein verstecktes Zeichen gewöhnt, das sie zu allergrößter Leistungsfähigkeit bewege, bemerkt man relativ rasch, dass dieser Sachverhalt zwar häufig berichtet wurde, es sich dabei aber ausschließlich um ein und dieselbe Anekdote handelt beziehungsweise die Aussage von ihr abgeleitet ist. Ob in fachwissenschaftlichen Zeitschriften, ob in populären zoologischen oder allgemeinbildenden Darstellungen, ob in Romanen oder Unterhaltungsblättern – der vollständige Text lautet mit geringfügigen Abweichungen folgendermaßen:

> Ein Pferd zu stehlen gilt in der Moral der Wüste als eine sehr rühmliche That, wenn das Opfer ein Fremder, oder einem andern Stamme angehört, was fast so viel heißen will als ein Feind ist. Ein Beduine, Namens Dschabal, hatte eine sehr berühmte Stute; Hassad-Pascha, Gouverneur von Damaskus, wünschte sie zu kaufen und machte ihrem Besitzer wiederholt sehr vortheilhafte Anträge, die jedoch stets zurückgewiesen wurden. Nun fing er an zu drohen, aber mit ebenso wenig Erfolg. Endlich kam ein Beduine von einem andern Stamme zu ihm und fragte, was er Demjenigen geben würde, der ihn in den Besitz der Stute Dschabal's setze?
>
> Einen Sack mit Gold, erwiderte Hassad, dessen Stolz und Habsucht durch den Widerstand des Besitzers aufs höchste gesteigert war. Da indeß das Ergebniß der Zusammenkunft Dschaf[a]r's mit dem Pascha verlautet hatte, so war Dschabal mehr als jemals auf seiner Hut. Er band alle Nacht seine Stute mit einer eisernen Kette an, wovon das eine Ende an einem der hintern Zeltpflöcke befestigt war, während das andere Ende durch das Zelt hindurchging und sich um einen Pflock wand, der unter dem Fell, das ihm und seiner Frau als Bett diente, in die Erde geschlagen war. In einer Nacht schlich sich Dschafar ins Zelt, schmiegte sich zwischen Dschabal und seine Frau, drückte sachte bald nach der einen, bald nach der andern Seite, bis die in tiefem Schlafe liegenden Eheleute sich maschinenmäßig links und rechts entfernten, jedes in der Meinung, der Druck rühre vom andern her. Als dies geschehen war, durchschnitt Dschafar das Fell mit einem scharfen Messer, zog den Pflock heraus, machte die Stute los und schwang sich auf ihren Rücken. Ehe er aber fortritt, ergriff er die Lanze Dschabal's, stieß ihn mit dem Holzende stark an und rief: Ich bin Dschafar! ich habe deine edle Stute geraubt und zeige es dir bei Zeiten an. Hier muß nämlich bemerkt werden, daß diese Ankündigung den Gebräuchen der Wüste in solchen Fällen gemäß war: sobald der Diebstahl in gewissen Fällen als eine ehrenvolle Handlung betrachtet wird, sucht Derjenige, welcher ihn ausführt, natürlicherweise den ganzen Ruhm zu erlangen, der mit einer solchen That verknüpft ist. Der arme Dschabal, plötzlich aufgeweckt,

stürzte aus dem Zelt und machte Lärm, schwang sich dann auf die Stute seines Bruders und setzte mit einigen Leuten seines Stammes dem Diebe nach. Die Stute des Bruders war von derselben Race wie die Dschabal's, doch ohne ihr gleichzukommen; indeß war sie nach einem Ritt von vier Stunden allen andern voraus und sogar auf dem Punkte, den Dieb einzuholen, als Dschabal dem Letztern zurief: »Zwick sie in das rechte Ohr und gib ihr die Ferse.« Das waren die geheimen Mittel, die Dschabal anwandte, um seine Stute in volles Jagen zu versetzen; jeder Beduine lehrt nämlich sein Pferd ein gewisses Zeichen dieser Art, zu welchem er nur in sehr wichtigen Fällen seine Zuflucht nimmt, und woraus er sogar gegen seinen Sohn ein Geheimniß macht. Dschafar hatte nicht sobald die ihm edelmüthig gegebene Andeutung benutzt, als die Stute wie ein Blitz davonschoß und alle Verfolgung unnütz machte. Die Gefährten Dschabal's waren ebenso erstaunt als unwillig über sein seltsames Benehmen. Unsinniger, sagten sie, du hast dem Räuber selbst geholfen, dir dein Juwel zu stehlen. Er aber brachte sie mit der Antwort zum Schweigen: Ich will lieber meine Stute verlieren, als ihren Ruhm schwächen. Sollte ich dulden, daß man unter den Stämmen sagt, eine andere Stute habe die meinige erreicht? Es bleibt mir wenigstens der Trost, behaupten zu können, daß sie nie ihresgleichen gefunden hat.[4]

Wie man sieht, spielt auch hier das Stichwort »Ohr« eine entscheidende Rolle, obwohl auf rauere Art als bei May.

Oft folgt dieser Anekdote noch eine zweite (so auch hier im ›Pfennig-Magazin‹ von 1849), in der es sich nicht um das ›Geheimnis‹, sondern um eine andere Art edelmütiger Uneigennützigkeit dreht und in der ein Pferdedieb sich als Bettler und Krüppel (à la Busra) verkleidet, vom Besitzer des Pferdes aus Mitleid in den Sattel gehoben wird, worauf der Verkleidete sich enttarnt und davonmachen will, doch mit dem Argument zur Rückgabe des Rosses verleitet wird, dass, wenn dies ruchbar werde, niemand mehr tatsächlich Verkrüppelten helfen werde.

Gelegentlich enthalten die Wiedergaben der Anekdoten Quellenhinweise – allerdings nicht besonders spezifische. So gibt der Pädagoge Hermann Pösche (1826–1907) in seinem ›Leben der Hausthiere‹ von 1864 zu Beginn der Geschichte von Dschabal und Dschafar an: »dies erzähle ich Ritter nach«.[5]

---

4   Der Araber und sein Pferd. In: Das Pfennig-Magazin. Neue Folge, 7. Jg., Nr. 323 vom 10.3.1849, 77a–78b (77b–78b).

5   Hermann Pösche: Das Leben der Hausthiere und ihre Stellung zu Familie, Staat und der Landwirthschaft. Ein Familienbuch. Glogau 1864, 97.

Hermann Dümling (1845–1813) fügt in seinem ›Illustrirten Thierleben‹ von 1876 die Bemerkung ein: »erzählt Grube«.[6]

Letzteres führt insofern weiter, als August Wilhelm Grube (1816–1884), denn um diesen handelt es sich, als ›Materiallieferant‹ Karl Mays mittlerweile erkannt ist.[7] Bekannt ist aber auch, dass Grube ein großer Kompilator von vorgefundenen Materialien war. In seinen ›Biographieen aus der Naturkunde‹ (1851) teilt Grube jedoch – es stand zu befürchten – nur mit, was wir bereits im ›Pfennig-Magazin‹ lesen konnten.[8]

◆

Gehen wir weiter zurück, und zwar in die 30er Jahre des 19. Jahrhunderts. Bei einem Abdruck der Anekdoten in einem ebenfalls als Quelle Mays bekannten mehrbändigen Werk, nämlich dem von August Lewald (1792–1871) herausgegebenen ›Atlas zur Kunde fremder Welttheile‹,[9] finden wir den zunächst noch kryptischer wirkenden Einschub: »schreibt ein französischer Reisender«.[10] Aber da hier von einem Reisenden die Rede ist, könnte diese Spur am Ende zum Ursprung der Geschichte um Dschabal, Dschafar und das ›Geheimnis‹ arabischer Pferde führen. Und in der Tat: Kurz zuvor, im ersten Halbjahr 1835, brachte das ›Magazin für die Literatur des Auslandes‹ einen Ausschnitt aus Reiseerinnerungen, der unter anderem die uns interessierende Anekdote und auch die zweite enthält. Mehr noch: Der Abdruck erfolgte mit einer Quellenangabe: »Aus dem so eben erschienenen vierten Bande der Orientalischen

---

6   Hermann Dümling: Illustrirtes Thierleben. Für Schule und Haus. Mit besonderer Berücksichtigung der amerikanischen Thiere. Milwaukee 1876, 205.

7   Siehe vom Verfasser: »*Ich gelangte glücklich in die Stadt*«. Kara Ben Nemsis Mekka-Besuch und A. W. Grubes ›Geographische Charakterbilder‹. Mit einem Anhang zum Grube-Eintrag im *Repertorium C. May*. In: Karl-May-Welten IV. Hrsg. von Michael Petzel und Jürgen Wehnert. Bamberg / Radebeul 2013, 68–76. Vgl. auch Wilhelm Vinzenz und Jürgen Wehnert: Karl May und die ›Präriebrand‹-Texte im ›Guten Kameraden‹. Ebd., 55–67.

8   Vgl. Das arabische Pferd. In: A. W. Grube: Biographieen aus der Naturkunde, in ästhetischer Form und religiösem Sinne. Nebst einem Worte über die ästhetische Seite des naturkundlichen Unterrichts. Erste Reihe. Fünfte, verbesserte Auflage. Stuttgart 1864, 309–319 (Abdruck der zwei Anekdoten auf 316–319).

9   Vgl. Christoph Blau: Claudius James Richs ›Reise nach Kurdistan‹. Anmerkungen zu einer Quelle für Karl Mays Orienterzählungen. In: M-KMG 169 (2011), 17–30. – Mays Quelle Rich steht im fünften Band des ›Atlas‹ von 1837; unsere Anekdoten stehen im ersten von 1836.

10   Neue Wahrnehmungen und Anecdoten über arabische Pferde. In: Atlas zur Kunde fremder Welttheile. Hrsg. »in Verbindung mit Mehren« von August Lewald. Erster Band. Leipzig / Stuttgart 1836, 273f. (273). – Nachdruck in: Oekonomische Neuigkeiten und Verhandlungen. Zeitschrift für alle Zweige der Land- und Hauswirthschaft, des Forst- und Jagdwesens im österreichischen Kaiserthume und dem ganzen Teutschland. 53. Bd. (1837), Nr. 32, 253f. (»Interessante Nachrichten über die arabischen Pferde«).

Reise von Lamartine.«[11] Damit hätten wir den Ausgangspunkt des
›Geschwindigkeitsgeheimnisses‹ arabischer Pferde in der europäischen Literatur ermittelt. Es war der französische Schriftsteller und Politiker Alphonse de
Lamartine (1790–1869), der romantische Lyriker, Epiker und Historiker, der
mit den Erinnerungen an seine Orientreise von 1832/33 in einer Fußnote die
Mitteilung in Umlauf brachte: »Jeder Beduine gewöhnt sein Pferd an ein Zeichen, auf das es seine ganze Schnelligkeit entwickelt. Er bedient sich desselben
nur im dringenden Nothfall und würde das Geheimniß nicht einmal seinem
Sohne anvertrauen«.[12]

Mit dem Ausschnitt aus Lamartines Reiseerinnerungen im ›Magazin für die
Literatur des Auslandes‹ hätten wir auch eine wahrscheinliche Quelle Mays in
Händen, denn immerhin steht die Zeitschrift in seiner Nachlassbibliothek.[13]
Größere Plausibilität, als Vorlage Mays gedient zu haben, besitzt allerdings
Lewalds ›Atlas‹; denn an der entscheidenden Stelle des Artikels »Neue Wahr-
nehmungen und Anecdoten über arabische Pferde« findet sich in Mays Exem-
plar eine Anstreichung von seiner Hand.

In Windeseile verbreitete sich gerade die Dschabal-Dschafar-Geschichte (mit
verschiedenen Namenstranskriptionen: »Giabal«, »Giafar«, »Jabal«, »Jafar«)
aus Lamartines ›Voyage en Orient‹ (1835) rund um den Erdball, teils durch

11 Einige neue Details über Lokalitäten und Sitten der Beduinen. In: Magazin für die Literatur des
    Auslandes. 7. Bd., Nr. 73 vom 19.6.1835, 289a, Fußnote.
12 Einige neue Details, wie Anm. 11, Nr. 74 vom 22.6.1835, 296a, Fußnote. (Der ganze Artikel auf
    289f. und 294b–296a.) – Das französische Original der von Karl May übernommenen Sätze lautet:

>   ¹ Chaque Bédouin accoutume son cheval à un signe qui lui fait
>   déployer toute sa vitesse. Il ne s'en sert que dans un pressant be-
>   soin, et n'en confierait pas le secret, même à son fils.

    (Alphonse de Lamartine: Souvenirs, Impressions, Pensées et Paysages pendant un Voyage en
    Orient (1832–1833), ou Notes d'un Voyageur. 4. Bd. Paris 1835, 99, Fußnote.)
13 Vgl. Karl Mays Bücherei. Aufgezeichnet von Franz Kandolf und Adalbert Stütz. Nachgeprüft
    und ergänzt von Max Baumann. In: Karl-May-Jahrbuch 1931. Hrsg. von Ludwig Gurlitt und
    E. A. Schmid. Radebeul o.J. [1934], 212–291 (291). – Hans Grunert, der vormalige Kustos des
    Karl-May-Museums, wies mich jedoch freundlicherweise darauf hin, dass May das ›Magazin für
    die Literatur des Auslandes‹ zum Zeitpunkt der Niederschrift des entsprechenden ›Hausschatz‹-
    Kapitels möglicherweise noch nicht besaß. Außerdem findet sich keine Anstreichung Mays an der
    entsprechenden Stelle, obwohl er bei der aneignenden Lektüre des ›Magazins‹ jede als brauchbar
    angesehene Information markiert haben dürfte. – Vgl. das Faksimile mit der angestrichenen Stelle
    in Lewalds ›Atlas‹ auf Seite 238.

5.

Neue Wahrnehmungen und Anecdoten über arabische Pferde.

»Ein Beduine, mit Namen Giabal, schreibt ein französischer Reisender, besaß eine ausgezeichnete Stute; Haffad-Pascha, damals Vezier von Damas, ließ ihm alle erdenkliche Angebote dafür machen, aber vergebens; denn ein Beduine liebt sein Pferd so sehr als seine Frau. Der Pascha drohte, doch der Erfolg war nicht günstiger. Da kam ein anderer Beduine mit Namen Giafar zu ihm und fragte, was er ihm geben würde, wenn er Giabals Stute brächte. „Ich werde dir deinen Gerstensack mit Gold füllen,« erwiderte Haffad-Pascha, dem es eine Schmach schien, daß er seinen Zweck nicht erreicht hatte. Weil aber die Sache bald ruchbar wurde, band Giabal seine Stute des Nachts mittelst eines am Fuße angebrachten eisernen Ringes an eine Kette, die in das Zelt lief und hier an einen in die Erde geschlagenen Pfahl, unter der Filzdecke befestigt war, die ihm und seinem Weibe zum Lager diente. Um Mitternacht gelangte Giafar kriechend in das Zelt, schob sich zwischen Giabal und sein Weib, und stieß sanft bald an dieses, bald an jenen; der Mann glaubte sich von der Frau, die Frau vom Manne gestoßen, und Jedes gab Raum; Giafar machte hierauf mit scharfem Messer ein Loch in den Filz, zog den Pfahl heraus, band die Stute los, schwang sich hinauf, nahm Giabals Lanze, stach ihn damit leicht und sagte: »Ich, Giafar, bin es, der deine schöne Stute genommen; ich benachrichtige dich zur rechten Zeit.“ Und nun reitet er fort. Giabal springt aus seinem Zelte, ruft Reiter herbei, nimmt die Stute seines Bruders und sie verfolgen Giafar vier Stunden lang. Die Stute von Giabals Bruder war, obwohl minder gut, doch von demselben Blute wie die seinige. Giabal ließ alle Reiter weit hinter sich, und hätte Giafar im Moment erreicht gehabt, da rief er diesem zu: „Kneipe dem Pferde das rechte Ohr und gieb ihm einen Stoß mit dem Bügel.“ Giafar that es und schießt wie der Blitz davon. Alle Verfolgung wird nun fruchtlos; eine zu große Distanz trennt sie. Die andern Beduinen machten Giabal Vorwürfe, daß er selbst den Verlust seiner Stute verursacht habe. »Ich will sie lieber verlieren,“ entgegnete er, „als ihren Ruf beflecken. Man soll beim Stamme Wuld-Ali (ein Stamm, dessen Pferde wegen ihrer Schnelligkeit berühmt sind) nicht sagen können, eine andere Stute sey der meinigen im Laufe zuvorgekommen. Es gewährt mir hinlängliche Genugthuung, behaupten zu können, daß eine andere nicht im Stande war, sie zu erreichen.

Jeder Beduine gewöhnt sein Pferd an ein Zeichen, bei dem es seine ganze Schnelligkeit entwickelt. Er bedient sich desselben nur bei der äußersten Noth, und würde das Geheimniß selbst seinem Sohne nicht anvertrauen. Folgende Begebenheit liefert ein anderes Beispiel:

Ein Beduine kam nach Palmyra; zur selben Zeit mit sieben Anderen von einem Stamme, der mit dem seinigen im Kriege lebt. Als diese hörten, daß er sich in der Stadt befinde, beschlossen sie ihn in einiger Entfernung zu erwarten und zu tödten. Bani, so hieß der Beduine, hievon benachrichtigt, kam zu uns, band seine Stute an unser Thor, und bat uns, wir möchten ihm eine Filzdecke leihen; wir hatten mehre, in welche unsere Waaren gewickelt waren. Ich brachte ihm eine, er tauchte sie eine halbe Stunde lang in das Wasser, legte sie dann ganz durchnäßt auf den Rücken seiner Stute und band den Sattel darauf. Zwei Stunden später bekam sie einen starken Durchfall, der den ganzen Abend dauerte, und am andern Tage schien sie gar nichts mehr im Leibe zu haben. Jetzt nahm Bani die Decke ab, gab sie uns wieder, gürtete sein Pferd fest, und ritt fort. Um vier Uhr des Nachmittags sahen wir die Beduinen des Stammes El Daffir (des dem Bani feindlichen Stammes) ohne Beute zurückkehren. »Vernehmt, was uns begegnet ist,“

Lewald, Atlas. I.

19

Anstreichung in Mays Exemplar des ›Atlas zur Kunde fremder Welttheile‹.

ausführliche Besprechungen von Lamartines Buch,[14] das zeitgleich in mehrere Sprachen übersetzt wurde,[15] teils durch Auszüge oder Wiedergaben der einen oder der beiden Anekdoten,[16] teils durch Einbau dieser in andere thematische Zusammenhänge.[17]

Und die Weiterverbreitung hielt über viele Jahrzehnte an und kam gelegentlich über Umwege wieder nach Deutschland, etwa durch die Übersetzung eines Werks von John Salomon Rarey (1827–1866), einem damals sehr bekannten, obschon nicht ganz einwandfrei agierenden amerikanischen ›Pferdeflüsterer‹, der die Anekdote in der Einleitung zu seinem Buch ›The Modern Art of Taming Wild Horses‹ (1858) zitiert.[18] Fast versteht es sich von selbst, dass das offene Geheimnis um das ›Geheimnis‹ auch durch solche Fachbücher wie das von Rarey weitergetragen wurde.[19]

✦

Zur Rezeptionsgeschichte der Dschabal-Dschafar-Anekdote gehören darüber hinaus neben Erwähnungen, die sie als bekannt voraussetzen (»mir war zu Muthe, wie jenem Araber«, formuliert James Fenimore Cooper (1789–1851) in

---

14 Vgl. zum Beispiel: The Asiatic Journal and Monthly Register for British and Foreign India, China, and Australasia, New Series, 17. Bd., May–August 1835, 184.

15 Ins Englische (A Pilgrimage to the Holy Land; comprising Recollections, Sketches, and Reflections, made during a Tour in the East, in 1832–1833. In three volumes. London 1835), Deutsche (Alphons von Lamartine's Reise in den Orient in den Jahren 1832 und 1833. Erinnerungen, Empfindungen, Gedanken und Landschaftsgemälde. 4 Bde. Uebersetzt von Gustav Schwab und Franz Demmler. Stuttgart 1835), Niederländische (Herinneringen, indrukken, gedachten en tafereelen, opgedaan gedurende eene reize naar het oosten, (1832–1833), of aanteekeningen van een reiziger. Breda / Amsterdam 1835), Italienische (Alfonso de Lamartine: Rimembranze di un viaggio in oriente. Mailand 1835) u. a.

16 Etwa in Polen: Kilka słów o Arabach i ich powieściach (Dokończenie). In: Przyjaciel Ludu. Rok drugi. Nr. 48 vom 28. 5. 1836, 382b–383b.

17 Abdruck nur der Dschabal-Dschafar-Geschichte beispielsweise in: The Gentleman's Magazine. New Series, 4. Bd., July – December 1835, 503, Fußnote mit der Einleitung: »›The Arab loves his horse as he loves his wife.‹ We will repeat a short story in evidence of this respect:« – Einbau der Anekdote in neue thematische Zusammenhänge zum Beispiel in: Chambers' Edinburgh Journal. Nr. 473 vom 20. 2. 1841, 38b (»Sketches in Natural History«). – Integration in fiktionale Texte u. a.: Ferenz Köröshazy (= Friedrich Nork, 1803–1850): Die Vampyrbraut oder die Wirkungen des bösen Blickes. Weimar 1849, 138–140. – Abdruck in Anekdotensammlungen z. B. in der mehrfach aufgelegten von Rollo Springfield: The Horse and His Rider. Sketches and Anecdotes of the Noble Quadruped, and of Equestrian Nations. London 1847, 199–201.

18 John S. Rarey: Die Kunst der Pferdebändigung und der Pferdedressur. Braunschweig 1858 und Leipzig 1859, 6–8.

19 Vgl. z. B. Stefan von Máday: Psychologie des Pferdes und der Dressur. Berlin 1912, 304: »Wie Rarey berichtet, haben die Araber geheime Zeichen; z. B. muß der Reiter das Pferd beim rechten Ohr fassen und gleichzeitig seine Flanke mit der Ferse berühren, damit das Pferd Marsch-marsch gehe, d. h. aus vollen Kräften galoppiere. Wer dieses Zeichen nicht kennt, der vermag das Pferd nicht zum schnellsten Laufe anzueifern [...].«

einem Roman),[20] spezielle Verwandlungen, das heißt Verschiebung des Handlungsorts in eine andere Region, Tendenz zur freien Paraphrase oder dichterische Um- und Ausgestaltung.

So verlegte der Geograph und Zoologe Leopold Ludwig Buvry (1822 – nach
1870) in seinem Buch über Algerien die Anekdote in die Kabylei nach Nordafrika und anonymisierte den Pferdebesitzer (jetzt »ein Araber«) sowie den
Pferdedieb (jetzt »ein Kabyle«). Nicht genug damit, muss nun bei der Anwendung des ›Geheimnisses‹ das linke und nicht das rechte Ohr gekniffen werden.[21]

Die Grenzen zwischen paraphrasierender Wiedergabe und Umdichtung
sind naturgemäß fließend. Noch nahe an der Paraphrase steht folgende Zwischenstufe:

> Das Nachstehende ist Thatsache. Es wurde einem Scheich ein Mutter
> pferd gestohlen, welches weit und breit für den besten Renner galt. Der
> Scheich setzte dem Diebe nach, auf eines Andern Stute, deren schneller
> Lauf gleichfalls weit berühmt war. […] Wenn er den Dieb erreichte,
> so war der Ruhm und Ruf seiner edlen Stute Tayara für immer dahin
> […]. Als der Scheich dem Diebe so nahe war, daß dieser ihn hören
> konnte, schalt er ihn aus und rief: »Wenn Du mir entrinnen willst, so
> gib der Tayara einen Kniff in's rechte Ohr; dann kann ich Dich nicht
> einholen.«[22]

Aber es bleibt stets beim etwas groben Kneifen oder Zwicken. Das May'sche
sanfte Hand-zwischen-die-Ohren-Legen war bisher noch nicht aufzuspüren.

In Verse gegossen wurde die Dschabal-Dschafar-Anekdote mindestens in
England und Deutschland. 1880 schrieb der spätviktorianische Lyriker und

---

20 Vgl. James Fenimore Cooper: Lucy Hardinge. Fortsetzung des Romans: Zu See und zu Land.
    2. Bd. Frankfurt am Main 1845 (= J. F. Cooper's sämmtliche Werke, 214.–216. Bändchen), 15.
21 Vgl. L[eopold] Buvry: Algerien und seine Zukunft unter französischer Herrschaft. Nach eigener
    Anschauung und autentischen Quellen, namentlich auch in Rücksicht auf deutsche Auswanderung. Berlin 1855, 187ff., bes. 189. – Hier auch eine Erläuterung zu der von May öfters gebrauchten
    Bezeichnung *Koheli* (z. B. GR 1, 406): »Die Araber bezeichnen mit dem Namen ›koheli‹ Rosse
    der edelsten und reinsten Abkunft« (187). Dies geht zurück auf die Legende, dass der Prophet
    Mohammed fünf Stuten segnete, ihre Augenlider mit schwarzer Farbe (kohl) bestrich, sie so als
    die edelsten auszeichnete und zu den Stammmüttern aller künftigen arabischen Pferde bestimmte
    (kohlani, koheilani o. ä.), weil sie nach stärksten Entbehrungen trotz größten Durstes nicht tranken und stattdessen zum Propheten zurückkehrten. May präsentiert diese Legende – nachzulesen
    beispielsweise bei Grube: Biographieen, wie Anm. 8, 308f. – in abgewandelter Form (es seien drei
    ßig Stuten gewesen) ohne das Kennzeichen der Schwärzung in *Deutsche Herzen, deutsche Helden*
    (HKA II.21, 921f.).
22 Das edle Roß der Araber. In: Globus. Illustrirte Zeitschrift für Länder- und Völkerkunde. 2. Bd.
    (1862), 121f., (122a–b). Nachdruck beispielsweise in: Unterhaltungs-Blatt der Neuesten Nachrichten. Nr. 28 vom 9. 4. 1863, 332–334 (333).

Dramatiker Robert Browning (1812–1889) ein »Dramatic Idyl«, das mit neuen Namen – Hóseyn und Duhl statt Dschabal und Dschafar – den Stoff darbot. Sein Titel: ›Muléykeh‹, der von Browning hinzuerfundene Name der schnellen Stute. Die in unserem Zusammenhang interessierende Strophe lautet (und Buhéyseh ist der Name des verfolgenden Pferdes):

> She shortens her stride, she chafes at her rider the strange and queer:
> Buhéyseh is mad with hope – beat sister she shall and must,
> Though Duhl, of the hand and heel so clumsy, she has to thank.
> She is near now, nose by tail – they are neck by croup – joy! fear!
> What folly makes Hóseyn shout, »Dog Duhl, Damned son of the Dust,
> Touch the right ear and press with your foot my Pearl's left flank!«[23]

Der flinkste allerdings, der Lamartines Anekdote lyrisch adaptierte, dürfte Friedrich Rückert (1788–1866) gewesen sein, der bereits 1839, also vier Jahre nach ihrem Bekanntwerden, innerhalb seiner ›Brahmanischen Erzählungen‹ eine freie Version veröffentlichte. Sie beginnt mit den Worten:

> Der Ehrgeiz, lieber Sohn, wiegt selbst den Geiz danieder;
> Von einem Araber berichten alte Lieder:
>
> Ihm ward gesagt, daß man die Stut' ihm wolle rauben,
> Die theurer als sein Weib ihm war und als sein Glauben;
>
> Die Stute, die da war sein Ehrgeiz und sein Stolz,
> Im Lauf uneinholbar, als wie im Flug der Bolz.[24]

Die Weitergabe des ›Geheimnisses‹ ist hier folgendermaßen gefasst:

> Er wußte wohl, womit er sonst sein Roß beschwor;
> Dem Räuber rief er zu: Kneip' es am rechten Ohr.
>
> Das war der Fleck, wo er es mahnte, wenn er wollte,
> Daß es die volle Kraft im Lauf entwickeln sollte.[25]

Auf diese Parallele zu May ist übrigens bereits vor mittlerweile über fünfzig Jahren hingewiesen worden. Der vielbelesene und May kritisch zugetane Arno Schmidt (1914–1979) tat es in ›Sitara und der Weg dorthin‹ (1963).[26]

23 Robert Browning: Muléykeh. In: ders.: Dramatic Idyls. Second Series. London 1880, 45–59 (56f.).
24 Friedrich Rückert: Brahmanische Erzählungen. Leipzig 1839, 36–38 (36, Nr. 15).
25 Ebd., 37.
26 Vgl. Arno Schmidt: Sitara und der Weg dorthin. Eine Studie über Wesen, Werk & Wirkung KARL MAY's. Zürich 1993 (= Bargfelder Ausgabe III.2), 127f.

Doch die Frage, ob das Hand-zwischen-die-Ohren-Legen als Teil des geheimen Zeichens Mays eigene Schöpfung auf Basis der toposartigen Vorlage ist,
wartet noch auf eine Antwort.

Abschließendes kann ich nach meiner Suche nicht sagen, sondern nur eine
Anekdotenvariante anbieten, die eine Näherung darstellt. Es ist diejenige Fassung, die der französische General Eugène Daumas (1803–1871) in seinem
Buch ›Die Pferde der Sahara‹ (›Les Chevaux du Sahara‹, 1851) mitteilt. Dort
heißt es: Der Bestohlene …

> ritt eine Stute, die schlechter war als die ihm genommene, aber dennoch
> gelang es ihm und seinen Begleitern bis dicht an den Dieb zu gelangen;
> da nun rief er mit einem Male dem Diebe zu: »Nimm die Zügel an und
> kneife die Stute zwischen den Ohren!« Der Dieb befolgte den Rath, die
> Stute schoß davon wie der Blitz und war bald nicht mehr zu sehen. [27]

---

27 Melchior Joseph Eugène Daumas: Die Pferde der Sahara. 2 Bde. Berlin 1853f., 2. Bd., 99.

Halb Orient, halb Okzident

Beim ›kranken Mann am Bosporus‹

Gustav Raschs Reisebericht ›Die Türken in Europa‹ als Quelle für das Stambul-Kapitel in *Von Bagdad nach Stambul*

Da saßen zwei in einem Zimmer des Hotel de Pest in Pera, tranken den famosen Ruster, den ihnen der Wirt, Herr Totfaluschi, eingeschenkt hatte, rauchten dazu und langweilten sich entsetzlich, wie es schien. [1] Mit diesem Satz beginnt die Schilderung von Kara Ben Nemsis Aufenthalt in Stambul (Istanbul, Konstantinopel), und was wie eine Kombination aus leisem literarischem Anklang und Versicherung höchster Authentizität durch die Nennung des Wirts klingt – Josef Victor von Scheffels »Im schwarzen Wallfisch zu Ascalon, / Da trank ein Mann drei Tag«[2] lässt aus der Ferne grüßen –, ist bereits die erste Aneignung aus Karl Mays Vorlage für bestimmte Partien des siebten Kapitels (*In Stambul*) aus *Von Bagdad nach Stambul*.[3] Denn in seiner Quelle, Gustav Raschs aus eigenem Erleben geschriebenes Buch ›Die Türken in Europa‹ von 1873, aus dem May über weite Strecken mal paraphrasierend, mal wörtlich entnehmend sich bedienen wird, heißt es:

> Im Hotel de Pest, dessen Inhaber ein Ungar, Herr Totfaluschi, eine
> originelle Persönlichkeit ist, kann man auch mit vielem Comfort ein-
> gerichtete Zimmer für sechs bis acht Francs haben, während man zu
> billigen Preisen und recht gut nach der Karte speist und besonders gute

---

1 GR III, 449. Seitennachweise künftig im Text.
2 Josef Victor von Scheffel: Altassyrisch. In: Gaudeamus! Lieder aus dem Engeren und Weiteren. 14. Auflage. Stuttgart 1873, 32f.
3 Bisher sind von der Forschung keine präzisen Quellennachweise erbracht worden. Vgl. Eckehard Koch: *»Was haltet Ihr von der orientalischen Frage?«* Zum zeitgeschichtlichen Hintergrund von Mays Orientzyklus. In: Karl Mays Orientzyklus. Hrsg. von Dieter Sudhoff und Hartmut Vollmer (= Karl-May-Studien Bd. 1). Paderborn 1991, 64–82. – Zu den ›Tanzenden Derwischen‹: Hartmut Schmidt: Bei den ›heulenden‹ Derwischen. Karl May in Konstantinopel – was gibt es Neues? In: Karl May & Co. Nr. 133 (2013), 40–45; ders.: Die Darbietungen der tanzenden und heulenden Derwische – Gottesdienst oder wahnsinnige Dreherei? In: Karl May in Leipzig. Nr. 103 (2015), 8–12; Andreas Willscher: Die tanzenden Derwische – Vergleich zwischen den Berichten Karl Mays und Ferdinand Pfohls. In: Karl May & Co. Nr. 77 (1999), 44.

Weine trinkt, denn Herr Totfaluschi ist den guten Weinen besonders zugethan.[4]

Der dem Laien unter Umständen merkwürdig klingende Name »Totfaluschi« ist ungarischer Herkunft. Darauf hat Gábor Kelekes in seiner Studie zu ungarischen Bezügen in Mays Werk hingewiesen.[5]

Karl May konkretisiert den »guten Wein« zu *Ruster*, also Wein aus Rust am Neusiedler See, der traditionell zu den Ungarweinen zählte.[6] So bleibt May, ohne die Nationalität des Wirts zu nennen und indem er Ungarn nur durch den Namen des Hotels andeutet, dennoch konsequent bei der magyarischen Sache.

Die Zwei, die in Herrn Totfaluschis Etablissement sitzen, sind Sir David Lindsay und Kara Ben Nemsi. Sir David versucht ein Gespräch in Gang zu bringen: »*Master, was haltet Ihr von der orientalischen Frage?*« (449) Dass May an dieser Stelle ausgerechnet dieses Thema anschneidet, hängt ebenfalls mit Raschs Buch zusammen, das nämlich genau diese Frage zum Gegenstand macht und mit einem entschieden antitürkischen Plädoyer für die Freiheit der Völkerschaften im europäischen Teil des Osmanischen Reiches beantwortet.

Interessant ist, dass May diese Anregung nicht bloß textlich umsetzt, sondern sie ›wendet‹ und nun antithetisch zu einem protürkischen Plädoyer ansetzt, gerichtet gegen die Türkenfresser (387), als deren Vertreter Rasch anzusehen ist. May steigert sich dabei für den katholischen ›Deutschen Hausschatz‹, in grotesker Überdehnung der Lohnschreiber-Strategie »Wes Brot ich ess', des Lied ich sing'«, zu folgender Apotheose der Ecclesia triumphans:

Ist dem Germanen wirklich die weltgeschichtliche Rolle zugeteilt, der Träger christlicher Humanität zu sein, so ist er sicher überzeugt, daß Mekka einst veröden wird, wenn die Liebe dem Hasse das Schwert aus der Hand gewunden hat. Oder ist es vielleicht Wahnsinn, zu glauben, daß der Tür-

---

4   Gustav Rasch: Die Türken in Europa. 2 Bde. Prag 1873, 1. Bd., 249. Weitere Stellenverweise im Text. – Zu Gustav Rasch und Karl May vgl. Wojciech Kunicki: Gustav Rasch – ohne Karl May wäre er vergessen. In: M-KMG 61 (1984), 17–23. (Raschs Buch ›Nach Algier und den Oasen von Siban […]‹ (1866) als Quelle für *Die Gum* (1877).) – Karl May erwähnt Gustav Rasch bereits in seinen *Geographischen Predigten* (1875/76, Nr. 8: *Haus und Hof*; vgl. HKA I.1, 270).

5   Gábor Kerekes: In Okzident und Orient. Karl May über Ungarn. In: ders.: Zwei Jahrhunderte der deutsch-ungarischen literarischen Kontakte. Interkulturelle Studien. Budapest 2008, 71–121 (109 mit Fußnote 161): »Die mögliche ungarische Schreibung wäre ›Tóthfalussy‹ oder ›Totfalusi‹ […]; in der Bedeutung ›Tótdorfer‹, und da ›tót‹ im Ungarischen Slowake bedeutet, in der Bedeutung ›Slowakendorfer‹.«

6   Vgl. beispielsweise A. Leist: Die ungarische [sic] Weine. 3. Niederungarische Weine. In: Das Ausland. Eine Wochenschrift für Kunde des geistigen und sittlichen Lebens der Völker. Nr. 3 vom 19.1.1855, 61b–63b, bes. 62a.

ke ein Christ werden könne? Das hieße nichts anderes, als die Macht des
Evangeliums verleugnen. – – –
   Warum aber diese Einleitung? Einfach darum: Ich hasse den Türken
nicht, sondern er dauert mich, weil ich ein Christ bin, und es tut mir immer
wehe, wenn ich einen Türkenfresser behaupten höre, daß dem Osmanen
nicht zu helfen sei. Das ist Pharisäerhochmut, aber kein Christensinn. Die
Streiter unserer heiligen Kirche besitzen mächtigere Waffen, als Schwerter
und Kanonen es sind. Diese Waffen haben Weltreiche ohne Blut erobert.
Warum soll diese Eroberung des Friedens nicht still und kräftig weiter-
schreiten? Das ist die Lösung der orientalischen Frage, wie der Christ sie
sich denkt. – – – (452)

Und das ist Mays Antwort auf Positionen wie die von Rasch, der im Vorwort
zu seinem Buch klarstellt:

Seit neuerer Zeit ist in der weiteren Vertreibung Osmans aus seinem
Zelt durch Erschaffung eines diplomatischen Undings, welches man die
»orientalische Frage« getauft hat, ein Stillstand eingetreten. Die orientalische Frage soll darin bestehen, welche staatliche Organisation an die
Stelle der zerfallenden Türkei auf der Balkanhalbinsel treten soll, und
die Cabinette von England und Frankreich suchen zur Wahrung ihrer
eigenen kommerziellen und materiellen Interessen und weil sie fürchten, Rußland werde die Balkanhalbinsel in Besitz nehmen und seine
Herrschaft am Bosporus ausbreiten, die Lösung dieser orientalischen
Frage in der Aufrechthaltung der Herrschaft der Türken auf der Balkanhalbinsel und in der Reorganisation und Regeneration des türkischen Nomadenstamms durch Reformen. Zugleich mit der künstlichen Erschaffung dieser orientalischen Frage ist eine ebenfalls künstlich
gehegte und gepflegte Anschauung in den Anschauungskreis des civi-
lisirten Europa eingetreten, nämlich eine philanthropische Verhätsche-
lung der Türken, während man die seit einem halben Jahrtausend auf
der Balkanhalbinsel von den asiatischen Barbaren niedergetretenen und
in der barbarischsten und nichtsnutzigsten Weise behandelten und aus-
gebeuteten südslavischen und griechischen Christen für civilisations-
unfähig, für unfähig, eigene Staatsorganismen zu bilden, und für den
russischen freiheitsfeindlichen Interessen ergeben erklärt. Es ist ganz
unglaublich, welche Masse von Blödsinn, Dummheit und Niederträch-
tigkeit nach dieser Richtung hin in neuerer Zeit in der Presse, in der
Literatur, in den Kammern und Landtagen ausgekramt worden ist, um
die öffentliche Meinung zu verwirren und irre zu führen. Während man
die fluchwürdigsten Gräuel und die schändlichste Wirtschaft, welche
ein fauler und grausamer asiatischer Nomadenstamm seit mehr als vier
Jahrhunderten auf der Balkanhalbinsel ausgeübt hat, plötzlich vergessen

zu haben scheint, spricht man mit Theilnahme und Bedauern von »den
armen, biedern Türken«, welche arbeiten und für sich nicht mehr den
Schweiß und Fleiß der Griechen und Bulgaren verwenden sollen, um
zehn Stunden des Tages auf der Matratze zu liegen, zu rauchen und
»den Kef« zu machen, während man die Griechen »faul und nieder-
trächtig« schimpft, ihnen alle möglichen Laster aufbürdet, die Serben
»Schweinetreiber« und »Schweinehändler« und die tapfern Montene-
griner, welche seit einem halben Jahrtausend die nationale und frei-
heitliche Unabhängigkeit »des schwarzen Berges« gegen die türkischen
Barbarenhorden vertheidigt haben, »Räuber« und »Kopfabschneider«
nennt.
      Unter dieser Unmasse von Blödsinn, Dummheit und Niederträch-
tigkeit aufzuräumen, ist der Zweck meines Buches »Die Türken in
Europa.« – Die Lösung des Undings, welche die Kabinette und Diplomaten »die orientalische Frage« getauft haben, besteht nicht darin, wer
von den Großmächten, ob Rußland, Oesterreich, Frankreich oder England am Bosporus herrschen oder sich festsetzen soll, sondern in der
endlichen Befreiung der die Balkanhalbinsel bewohnenden fünfzehn
Millionen Südslaven und Griechen von der fluchwürdigen Herrschaft
eines wegen seiner nationalen Individualität und wegen seiner Religion
und gesellschaftlichen Einrichtungen zur Herrschaft unfähigen, barba-
rischen, asiatischen Nomadenstammes. Es ist und bleibt eine Schande
für die Großmächte und für das ganze civilisirte Europa, daß Eine Mil-
lion Türken fünfzehn Millionen christlicher Südslaven und Griechen
auf der Balkanhalbinsel knechten darf. (1, xif.)

Weiter geht es danach in Mays Text mit einem Rückblick auf das abenteuerli-
che Geschehen seit der Überfahrt über das Mittelmeer, in das die handelnden
Personen eingebunden sind. Kara Ben Nemsi sucht die Stecknadel im Heuhau-
fen, nämlich den Bösewicht Abrahim Mamur alias Dawuhd Arafim im Men-
schengewimmel der Metropole, und wie üblich hilft ihm der Regent May'scher
Handlungsführung: der unwahrscheinliche Zufall. Der Ich-Erzähler trifft
einen alten Bekannten, den Jüterbogker Barbier Hamsad el Dscherbaja, der
Abrahim Mamur kennt und ihn in einem zwielichtigen Stadtteil Konstantinopels gesehen hat.
      Unter Verwendung einer Information aus dem Konversationslexikon for-
muliert May (mit wie präzise auch immer daraus gezogener Folgerung):

Ich wußte, daß Sankt Dimitri nebst Tatavola,	Besondere Teile dieser Vorstadt [= Kassim-
Jenimahalle und Ferikjöe zu den verrufensten	Pascha] sind noch landeinwärts: St. Dimitri
Stadtteilen gehört […]. […]	mit der Griechischen Kirche dieses Namens;

Nun wußte ich genug. Dieser Barbier aus Jüterbogk hatte sich bei dem griechischen Gesindel Dimitris eingebürgert, welches den verkommensten Teil der Bevölkerung Stambuls bildet. (461)

Tatavola, Jenimahalle u. Ferikjöi, meist von Griechen u. vielem Gesindel bewohnt.[7]

Hamsad kennt das Haus, in dem Abrahim Mamur wohnt, und führt Kara Ben Nemsi dorthin. Gelegenheit für May, eine Stelle aus Raschs Buch zu adaptieren (aus dem 16. Kapitel des ersten Bandes, betitelt »Konstantinopolitanische Spaziergänge«) und sie seinem erzählenden Ich mit gewissen Abweichungen und Kürzungen zuzuschreiben:

Aber in Beziehung auf Konstantinopel muß ich doch erwähnen, daß man diese Stadt nur dann schön zu finden vermag, wenn man sie nur von außen, vom goldenen Horn aus, betrachtet; sobald man dagegen ihr Inneres betritt, wird die Enttäuschung nicht ausbleiben. Ich erinnere mich dabei jenes englischen Lords, von welchem man erzählt, daß er zwar mit seiner Dampfjacht Konstantinopel besucht, aber dabei nicht sein Fahrzeug verlassen habe. Er fuhr von Rodosto am Nordufer des Marmarameeres hin bis Stambul, lenkte in das goldene Horn ein, in welchem er bis hinauf nach Eyub und Sudludje dampfte, kehrte zurück und ging im Bosporus bis an dessen Mündung in das schwarze Meer und fuhr dann wieder zurück, in dem Bewußtsein, sich den Totaleindruck Konstantinopels nicht durch Eingehen auf die garstigen Einzelheiten verdorben zu haben. (462f.)

Und dazwischen, zwischen all dem Gewühl des Orients und des Occidents ein Tourist, der sich schweigend das Bild anschaut und sich sagt: »Sollst du von dieser Brücke, an der du vor einer Viertelstunde aus deiner stillen kühlen Sommervillegiatur in Asien am Gestade des Marmarameeres landetest, zuerst dort in den Orient oder zuerst hier in den Occident hinaufsteigen; oder sollst du wieder umkehren, wie jener Engländer, der den Bosporus hineinfuhr, eine Stunde auf dieser wunderbaren Brücke stand und dann weitersegelte durch die Dardanellen in das ägeische Meer, ohne den Fuß an das Land gesetzt zu haben?[«] Der Engländer hat recht gehabt. Ich will es nur gleich gestehen. Er nahm die Erinnerung an eine Reihe der wundersamsten und großartigsten Landschaftsbilder und Städtedekorationen mit sich nach Hause in seine Cottage nach dem grünen England […]. (I, 230)

Wie Gustav Rasch kommt auch Karl May nach diesem touristischen Exkurs zu einer Schilderung der ›inneren Zustände‹ Stambuls, bei der sich May immerhin die Mühe macht, Rasch mit Veränderungen und Ausschmückungen nur zu paraphrasieren und die heftigsten antitürkischen und antiislamischen Wertungen Raschs auszuklammern.

---

7 Pi₄ IV, 391a–b (**Constantinopel**, B. Vorstädte).

Betritt man hingegen die Stadt, so kommt man in enge, krumme, winkelige Gäßchen und Gassen, welche unmöglich Straßen zu nennen sind. Pflaster gibt es nur selten. Die Häuser sind meist aus Holz gebaut und kehren der Gasse eine öde, fensterlose Fronte zu. Bei jedem Schritte stößt man auf einen der häßlichen, struppigen Hunde, welche hier die Wohlfahrtspolizei zu versehen haben, und wegen der Enge der Passage muß man jeden Augenblick gewärtig sein, von Lastträgern, Pferden, Eseln und anderen tierischen oder menschlichen Passanten in den Kot gerannt zu werden. (463)

Und was haben die Türken an die Stelle der Pracht und der Herrlichkeit von Konstantinopel, an die Stelle der Tausende von Palästen gestellt, welche die Zerstörungswuth des Islam so von der Erde vertilgt hat, daß kaum eine Erinnerung übrig geblieben ist? Eine schmutzige Riesenstadt aus lauter elenden hölzernen Baracken und Holzhäusern bestehend, deren Gestalt an das Zelt des Nomaden erinnert, welcher mit seinen Heerden, Pferden und Kameelen in der asiatischen Wüste umherzieht; enge stinkende Gassen, in deren Pflaster die Löcher die Steine an Zahl übertreffen, welche eben so wenig Namen haben, wie die Häuser Nummern; schmierige Khane, wo dem Reisenden eine leere Kammer ohne Fenster als Wohnung angeboten wird; an Stelle der großen Plätze enge, winklige Märkte ohne jede regelmäßige Gestalt; Gestank, Dunst und Schmutz wohin man tritt und wohin man sieht. Wenn ich durch diese finstern, holprigen und stinkenden Gassen ritt und diese erbärmlichen Baracken sah, welche die Häuserlinien dieser winkligen Gassen bildeten, so mußte ich immer an den faulen Nomaden in der hölzernen Bude denken. (II, 8)

Aus St. Dimitri zu dem Anwesen der Kaufleute Maflei zurückgekehrt, wo Kara Ben Nemsi und seine Gefährten Gastfreundschaft genießen aufgrund der Verdienste um das Wohl der Familie, die bis zum Abenteuer am Nil zurückreichen, das mit der Befreiung Senitzas, der Angebeteten Isla Ben Mafleis, endete, brechen Isla und Kara am nächsten Tag zu einem weiteren Gang durch Stambul auf.

Und diesmal, bei der nun folgenden Schilderung, bleibt May extrem nah an Raschs Ausführungen im Rahmen von dessen »Konstantinopolitanischen Spaziergängen«. Es geht um den Tanz der ›heulenden Derwische‹. Bei einer Erläuterung zum Begriff ›Derwisch‹ greift May zusätzlich auf den Beginn des ausführlichen **Derwisch**-Artikels im ›Pierer‹ zurück.

Der andere Tag war ein Freitag, und Isla, welcher in Pera zu tun hatte, lud mich ein, ihn zu begleiten. Wir gelangten auf dem Rückwege an ein moscheeartiges Gebäude, welches in der Nähe des russischen Gesandtschaftshotels lag und von der Straße durch ein Gitter getrennt wurde. Isla blieb stehen und fragte:

»Effendi, hast du einmal die Chora-teperler [*» Die Tanzenden« = tanzende Derwische.] gesehen?«

»Ja, doch nicht hier in Konstantinopel.«

»Dies ist ihr Manastyr [* Kloster.], und wir haben grad jetzt die Stunde ihrer Exerzitien. Willst du einmal mit mir eintreten?«

Ich bejahte diese Frage,

[Von May später in seinen Text eingebaut; siehe weiter unten nach dem kurzen Rückgriff auf den Artikel des ›Pierer‹.]

Zweimal in der Woche, Dienstags und Freitags, wird in der großen Perastraße ein Schauspiel aufgeführt, welches die Türken freilich in großer Anzahl besuchen, dem ein Europäer indeß auch nur ein einmaliges Interesse abgewinnen kann. Es findet in dem in der Nähe des russischen Gesandtschaftshotels belegenen Derwischkloster statt und soll das Gepräge einer religiösen Feier haben. Der Islam zählt bekanntlich seit den ältesten Zeiten eine Reihe religiöser Orden, deren Mitglieder »Derwische« heißen. Gelübde legen die Derwische nicht ab; die drei Gelübde der Keuschheit, der Armuth und des Gehorsams sind ihnen fremd. Die Derwischklöster sind reich gesegnet mit Grundstücken, Kapitalien und Einkünften, wie die ganze türkische Geistlichkeit; ihre Mönche sind meistentheils verheiratet – kein Gesetz verbietet es ihnen – und beschäftigen sich mit Essen, Trinken, Schlafen, Rauchen und Nichtsthun. Eine politische und religiöse Bedeutung, welche die Derwische allerdings einmal im Islam gehabt haben, ist längst verloren gegangen. Ihr Ansehen ist im türkischen Volke sehr gesunken; Achtung zollt ihnen nur noch der unwissende Pöbel. Schon seit lange sind sie deshalb auf Künste bedacht gewesen, welche sie als »Gottbegeisterte«, als »Zauberer« erscheinen lassen. Zu diesen Künsten gehören auch Komödien, welche wöchentlich in den Klöstern producirt werden, die in Aufführung von Tänzen, in heulenden Gesängen und in allerlei Taschenspielerkunststücken bestehen und denen sie den Charakter religiöser Feste zu geben sich bemühen. Ich werde dem Leser nun schildern, was ich im Kloster der tanzenden Derwische in der großen Perastraße sah; er wird dann wohl gerade wie ich auf einen Besuch im Kloster der heulenden Derwische in Skutari verzichten.

Als ich an einem Freitage durch die Perastraße ging, sah ich in der Nähe des russischen Gesandtschaftshotels eine Menge Menschen vor dem Hofe eines moscheeartigen Gebäudes stehen, der von der Straße

und wir traten durch den weit geöffneten Tor-
flügel des Gitters in den mit breiten Marmor-
platten gepflasterten Hofraum. Die linke Seite
desselben wurde durch einen ebenfalls umgit-
terten Friedhof begrenzt. Zwischen dem Git-
ter erblickte man unter dem Schatten hoher,
dunkler Zypressen eine Menge weißer Leichen-
steine, welche oben mit einem turbanähnlichen
Aufsatze verziert waren. Die eine Seite die-
ser Steine enthielt den Namen des Toten und
einen Spruch aus dem Kuran. Eine beträchtli-
che Anzahl türkischer Frauen hatte sich diesen
Friedhof zur Nachmittagspromenade auserse-
hen, und wohin man nur blickte, da schim-
merten die weißen Schleier und farbigen Män-
tel durch die Bäume. Der Türke liebt es, die
Orte zu besuchen, an denen seine Toten ihren
ewigen ›Kef‹ halten.

Den Hintergrund des Hofes nahm ein run-
der Pavillon ein, welcher mit einer Kuppel
bedeckt war, und die rechte Seite wurde von
dem Kloster gebildet, einem einstöckigen, auch
mit einem Kuppeldache versehenen Gebäude,
dessen Rückseite der Straße zugekehrt war.

In der Mitte des Hofes stand eine hohe, bis
zur Spitze mit Efeu umrankte Zypresse. Der
Hof selbst war voll von Menschen, welche alle
nach dem Pavillon drängten; Isla jedoch führ-
te mich zunächst in das Kloster, um mir das
Innere eines türkischen Derwischhauses zu zei-
gen.

durch ein Gitter getrennt war. Die Thorflü-
gel des Gitters standen weit offen, als wenn
Gäste erwartet würden. Ich fragte einen türkischen Offizier, welcher vorüberging, was
das für ein Gebäude sei und zu welchem
Zwecke sich die Menge versammelt habe?
Er sagte mir, das Gebäude sei ein Derwischkloster und zwar ein Kloster » der tanzenden
Derwische«; heute sei Freitag wo um drei
Uhr die Mönche die gewöhnliche wöchent-
liche Feier veranstalteten. Jetzt war ich im
Klaren. Ich hatte vergessen, daß Freitag, also
türkischer Sonntag war, dankte dem Offizier
für seine Auskunft und trat durch die offene
Gitterthür in den mit breiten Marmorplat-
ten gepflasterten Hofraum.

Die linke Seite des Hofes wurde durch
einen ebenfalls umgitterten Friedhof
begränzt. Ich blickte durch das Gitter. Im
Schatten hoher schwarzer Cypressen eine
Menge weißer Leichensteine, lauter aufrecht stehende Marmorsäulen, oben mit
einem turbanähnlichen Aufsatze verziert,
der meistens bunt bemalt und vergoldet war.
Die eine Seite der viereckigen Säule trug in
schwarzen, goldverzierten Buchstaben den
Namen des Todten und einen Spruch aus
dem Koran. Auf dem grünen Friedhof ruhten die Derwische des Klosters vom » Kef«
ihres thatenlosen Lebens aus. Rechts, dem
Friedhof gegenüber, mit der Rückseite der
Straße zugekehrt, stand das Kloster, ein
einstöckiges, steinernes, mit einem Kuppeldache versehenes Gebäude. Den Hintergrund des Hofes nahm ein runder, mit einer
Kuppel bedeckter Pavillon ein. In der Mitte erhob sich eine hohe, bis zur Spitze mit
Epheu überzogene Cypresse.

Die Feier begann erst in einer halben
Stunde. Ich öffnete die kleine, auf den Hof
führende Thür des Friedhofs. Der Friedhof
war sehr gut gehalten, nicht wüst und vernachlässigt, wie die große Todtenstadt von
Skutari. Ich schaute in einen Wald von weißen Marmorsäulen und schwarzen Cypressen zwischen bunten Blumenfeldern und
grüner Rasenfrische. Dieser Anblick zog

mich auf den Friedhof. Ich ging zwischen den Grabsteinen und den Bäumen hindurch, ohne darauf zu achten, daß eine Menge türkischer Frauen sich den schönen grünen Friedhof zum Nachmittagsspaziergang ausersehen hatte. Wohin ich blickte, schimmerten die weißen Schleier und die rothen, blauen, gelben und grünen Mäntel zwischen den Grabsäulen und Bäumen. Ich achtete nicht darauf. Plötzlich erhob sich rund um mich von allen Seiten ein Geschrei. Ich verstand kein Wort von dem, was mir diese halbverschleierten Frauen zuriefen; aber ich konnte es mir denken, daß sie meine sofortige Entfernung vom Friedhofe forderten. Ich blieb einige Minuten stehen, um diese Sklavinnen des Zornes anzuschauen, welche in so heftiger Weise für ihre eigene Sklaverei plaidirten. Nun brach ein neuer Sturm des Unwillens rings um mich los. Da öffnete sich die Friedhofsthür: herein auf den Friedhof stürmte ein türkisch gekleideter Mann, schrie in heftiger Weise auf mich los, und als ich mich wiederum stellte, als wenn ich gar nicht begriffe, was man von mir wolle, faßte er mich an dem Arm, führte mich vom Friedhofe wieder in den Klosterhof und schloß die Thüre hinter mir. Wahrscheinlich war es der Wächter des Friedhofes. (I, 258–261)

Derwisch ist ein persisches Wort und bedeutet: »Armer«; das arabische Wort dafür ist »Fakir«. Derwisch wird jeder Angehörige eines religiösen islamitischen Ordens genannt. Dieser Orden gibt es sehr viele; doch legen deren Angehörige kein Gelübde ab; das Gelöbnis der Armut und Keuschheit und des Gehorsams kennen sie nicht. Die Tekkije und Khangah [* Derwischklöster.] sind oft sehr reich an Grundstücken, Kapitalien und Einkünften, wie überhaupt die ganze türkische Geistlichkeit keineswegs in Dürftigkeit lebt. Die Mönche sind meistenteils verheiratet und beschäftigen sich mit Essen, Trinken, Schlafen, Spielen, Rauchen und Nichtstun. Früher hatten die

Derwisch (pers., ein Armer, arab. Fakir), muhammedanische Mönche, die vereint leben, fasten, sich kasteien, gewisse religiöse Tänze aufführen [...]. Sie haben Vorgesetzte, welche den Titel Scheich od. Pir führen, wohnen in Klöstern (Tekkije, Khangah), theilen sich in verschiedene Orden (Tarich) [...].[8]

[Anschließend Textübernahme von Rasch, siehe oben.]

8 Pi₄ IV, 859a (**Derwisch**).

Derwische eine nicht gewöhnliche religiöse und politische Bedeutung; jetzt aber ist ihr Ansehen gesunken, und nur von dem Volke wird ihnen noch eine Art Achtung gezollt. Darum sind sie auf Künste bedacht, durch welche sie sich den Anstrich von Gottbegeisterten oder Zauberern zu geben vermögen. Sie verrichten allerlei Kunst- und Theaterspielerstückchen und führen Komödien auf, in denen sie sich in eigentümlichen Tänzen und heulenden Gesängen produzieren.

Hinter der Klosterpforte traten wir in einen hohen, kühlen Querraum, welcher die ganze Breite des Gebäudes einnahm. Von hier aus lief zur linken Hand ein Gang rechtwinklig mit der Langseite des Klosters parallel. Auf dieser Galerie öffneten sich die Zellen der Derwische; die Fenster der Zellen gingen nach dem Hofe hinaus. Türen gab es nicht, und so konnte man von dem Gange aus in jede der offenen Zellen blicken. Ihre Einrichtung war außerordentlich einfach: – sie bestand nur aus einem schmalen Kissen, welches rings an den Wänden sich hinzog.

Auf diesen Diwans saßen die Derwische mit ihren tutenförmigen, zuckerhutähnlichen Filzmützen auf dem Kopfe, genau so, wie sie in unseren Zirkusvorstellungen von den Clowns getragen werden. Einige rauchten, andere machten Toilette zu dem bevorstehenden Tanze, und noch andere saßen ohne Bewegung und in sich versunken da, wie Statuen.

Die Feier schien noch nicht beginnen zu wollen. Ich schritt quer über den Hof auf die Klosterpforte zu. Sie führte zu einem hohen, kühlen Gange, der das Gebäude in seiner Breite durchschnitt. Links, gleich neben der Pforte, öffnete sich ans den Gang rechtwinklig ein zweiter Gang, welcher mit der Langseite des Klosters parallel lief. Ich trat hinein und sah, daß sich auf diese Gallerie die Zellen der Derwische öffneten, deren Fenster nach dem Hofe hinausgingen. Thüren hatten diese Zellen nicht. Ich konnte jede Zelle übersehen. Die Einrichtung war äußerst einfach. Mit unserem europäischen Hausgeräth hält sich bekanntlich der Muselman nicht auf. Unsere Stühle, Tische, Sopha's, Sessel, Schränke sind ihm unbekannte Dinge. Ein Divan ersetzt ihm das alles. Und so hatten die Zellen der Mönche im Derwischkloster in Pera auch weiter kein Mobiliar, als einen rings an den Wänden umherlaufenden Divan. Auf den Divans saßen Derwische, ihre tutenförmigen, konischen Filzmützen auf dem Kopfe, mit untergeschlagenen Beinen, schweigend den Čibuk rauchend. Andere standen in der Mitte der Zelle, ihre Toilette zu dem bevorstehenden Tanze beendend. Ich schaute in jede Zelle. Ueberall dasselbe Bild und dasselbe Schweigen. Um mich kümmerte sich Niemand. Ich trat wieder auf den Hof hinaus.

Im Hofe des Klosters war es jetzt lebendig geworden. Die Menschenmenge, welche ich auf der Straße gesehen hatte, befand sich nun im Hofe und drängte sich durch eine Seitenthür in den kuppelbedeckten Pavillon, den ich im Hintergrunde des Hofes

Von hier aus begaben wir uns nach dem Pavillon, wo wir zunächst einen viereckigen Vorsaal betraten, aus welchem man in den großen, achteckigen Hauptsaal gelangte.

Eine von schlanken Säulen getragene Kuppelwölbung bildete das Dach desselben, und die Rückseite des Raumes nahm eine Reihe großer, offenstehender Fenster ein. Der Boden war spiegelglatt parkettiert. Zwei Reihen von Logen – die eine zur ebenen Erde und die andere in halber Saalhöhe – liefen um alle acht Wände des Saales; einige der oberen Logen waren mit vergoldeten Stäben vergittert und für die weiblichen Zuschauer bestimmt. Eine andere, auch in der oberen Reihe befindliche Loge bildete den Aufenthalt des Musikchores. Diese Logen waren alle besetzt, und auch wir nahmen in einer der unteren Platz.

Die Komödie, welche als gottesdienstliche Handlung gelten sollte, nahm ihren Anfang.
Es zogen durch die Haupttüre gegen dreißig Derwische ein; voraus ging ihr Vorsteher. Dieser war ein alter, graubärtiger Mann und trug einen langen, schwarzen Mantel; die Anderen waren in braune Kutten gekleidet, alle aber hatten die hohe, konische Filzmütze auf dem Kopfe. Sie schritten langsam und in würdevoller Haltung dreimal im Saale herum und dann hockten sie sich nieder: der Anführer dem Eingange gegenüber, und die übrigen rechts und links von ihm in zwei Halbkreisen. Nun begann eine Musik, deren Disharmonie

bemerkt hatte. Ich folgte dem Zuge, der mich in einen viereckigen Vorsaal brachte, wo einige Klosterdiener Stöcke und Regenschirme in Empfang nahmen. Aus dem Vorsaal ging's in einen großen, achteckigen Saal. Es war der Tanzsaal der Derwische. Er war hoch und luftig; eine gewölbte Kuppel, welche von schlanken Säulen getragen wurde, bildete das Dach. Eine Reihe hoher und breiter, offener Fenster nahm die Rückseite des Saales ein. Der Boden war nicht wie gewöhnlich mit Matten bedeckt, sondern spiegelglatt parkettirt. Rings um den Saal liefen zu ebener Erde und in halber Höhe für die Zuschauer bestimmte Logen. Einige von den oberen Logen waren mittelst vergoldeter Stäbe vergittert; sie waren für die Frauen eingerichtet, welche in dieser Weise, ohne gesehen zu werden, dem Tanz zuschauen konnten; eine andere Loge, auch in der obern Reihe, war für die Musikanten und Sänger bestimmt. Eine besondere Loge für die Europäer befand sich zu ebener Erde, gleich neben der Thür. In diese Loge wurde ich von einem der im Saale anwesenden Klosterdiener geführt. Alle anderen Logen zu ebener Erde waren dicht mit Muselmännern besetzt, welche übrigens ihrem Aeußern nach sämmtlich dem niedern Theile der Bevölkerung Stambuls anzugehören schienen. In der europäischen Loge fand ich einige Herren und Damen, Deutsche und Engländer.

Die Feierlichkeit – ich nenne es eine Komödie – nahm nun ihren Anfang. Durch die Haupthüre zogen einige zwanzig Derwische, ihren Vorsteher an der Spitze, in den Saal. Der Vorsteher, ein älterer Mann mit grauem Bart, war in einen langen schwarzen Mantel gekleidet und trug auf dem Kopfe eine konisch geformte, hohe Mütze. Alle andern Derwische hatten braune Kutten; auf dem Kopfe trugen sie konisch geformte Mützen von grauem Filz. Nachdem sie rings um den Saal geschritten waren, nahm der Vorsteher seinen Platz der Saalthür gegenüber ein; rechts und links von ihm in zwei

mir die Ohren zerreißen wollte, und dazu ertönte ein Gesang, welcher, nach dem Worte eines deutschen Dichters, »Steine erweichen und Menschen rasend machen konnte«.

Nach diesen Klängen machten die Derwische allerlei Verbeugungen und sonderbare Bewegungen teils gegen sich, teils gegen ihren Vorsteher. Sie wiegten sich mit untergeschlagenen Beinen von rechts nach links, von hinten nach vorn, schraubten den Oberkörper im Kreise auf den Hüften, verdrehten die Köpfe, schwenkten die Arme, rangen die Hände, klatschten sie zusammen, warfen sich platt auf den Boden und schlugen auf denselben mit ihren tutenförmigen Filzmützen, daß man es klatschen hörte.

Dies war der erste Teil der sonderbaren Feierlichkeit und währte wohl eine halbe Stunde. Dann verstummten Musik und Gesang, und die Derwische blieben ruhig auf ihren Plätzen hocken. Auf mich machte das Exerzitium den Eindruck, daß ich es mit verrückten Menschen zu tun habe; die Türken jedoch hatten ihm mit außerordentlicher Andacht und mit Staunen zugeschaut und schienen sehr erbaut zu sein.

Jetzt begann die Musik von neuem, und zwar in einem rascheren Tempo. Die Derwische sprangen auf, warfen ihre braunen Kutten ab und erschienen nun auf einmal in weißen Gewändern. Sie verbeugten sich in verschiedenen Tempi und verschiedener Tiefe von neuem gegen den Vorsteher und gegeneinander und begannen nun den Tanz, von welchem sie den Namen der ›Tanzenden‹ erhalten haben.

Es war eigentlich nicht ein Tanz, sondern nur ein Drehen zu nennen. Jeder blieb an dem Orte stehen, an welchem er sich befand, und drehte sich in langsamem Tempo um seine eigene Achse, und zwar immer nur auf einem Fuße stehend. Dabei hatten sie bisweilen die Arme auf die Brust gekreuzt und zuweilen streckten sie die Hände weit von sich ab, bald nach vorn und bald nach rechts und links. Die Musik ging in einen immer schnelleren Rhythmus über, und somit ward die Kreiselbewegung der Derwische eine immer schnellere; endlich war sie so schnell, daß ich die Augen schloß,

langen Reihen bis zur Thür hockten die Uebrigen auf untergeschlagenen Füßen. Dann begann eine gräuliche Musik, von einem ebenso gräulichen Gesange begleitet. Musik und Gesang kamen aus der schon erwähnten Loge. Und nun machten die Derwische nach dem Takte dieser widerwärtigen Musik allerlei sonderbare Bewegungen gegen einander und gegen ihren Vorsteher; zuweilen warfen sie sich platt auf die Erde nieder und schlugen mit den tutenförmigen Filzmützen auf den Parketboden, daß ich es klatschen hörte.

Doch das war nur der erste Theil der Feier. Er dauerte ungefähr eine halbe Stunde. Dann verstummten Musik und Gesang. Die Derwische hockten wieder still auf ihren Füßen. Der erste Akt der Komödie war zu Ende. Die Türken hatten ihm, wie es mir schien, voll Andacht und Staunen zugesehen. Ich fand ihn unendlich abgeschmackt.

Jetzt erhoben sich plötzlich alle Derwische. Von Neuem begann die Musik in der obern Loge und zwar in einem raschern Tempo. Die Derwische warfen auf einmal ihre braunen Kutten ab und erschienen nun in weißen Gewändern. Sie verbeugten sich von Neuem in mehreren Tempo's gegen den Vorsteher, sowie gegen einander und begannen nun den Tanz, von dem sie und das Kloster den Namen führen. Ein Tanz war es eigentlich nicht zu nennen, sondern ein Drehen. Jeder drehte sich um sich selbst, bald in schnellerem, bald in langsamerem Tempo, zuweilen die Arme auf die Brust gekreuzt, zuweilen die Hände weit hinausstreckend, immer auf demselben Flecke stehend und immer mit einem Fuße den Boden berührend. Der Tanz dauerte fast eine halbe Stunde. Mir wurde unwohl vom Sehen dieser monotonen Bewegungen und vom Anhören dieses monotonen Gesanges. Ich fühlte Schwindel und schloß mehrmals die

Tanzende Derwische.

um nicht vom bloßen Zuschauen drehend zu werden. Dies dauerte gegen eine halbe Stunde, dann sank einer nach dem andern um, und die Komödie war zu Ende. Ihre Wirkung auf mich war eine derartige, daß ich sie nicht wieder zu sehen wünschte; die anderen Zuschauer aber, welche durchgängig den niederen Ständen angehörten, gingen höchst befriedigt von dannen.

Isla blickte mich an und sagte:
»Wie gefiel es dir, Effendi?«
»Mir ist beinahe übel geworden,« antwortete ich aufrichtig. (466–470)

Augen, um des Schwindels Herr zu werden. Ich öffnete die Augen von Neuem und sah wieder auf die sich drehenden weißen Gestalten, welche immer dieselbe Bewegung wiederholten. Da bemerkte ich, daß auch sie die Augen fest geschlossen hatten, um nicht vom Schwindel ergriffen zu werden. Nun hatte ich das Geheimnis dieses Tanzes gefunden. Nur mit geschlossenen Augen war es möglich, ohne Schwindel zu bekommen, sich so lange um sich selbst zu drehen. Um so widerlicher wurde mir der weitere Anblick dieser Pfaffenkomödie. Ich verließ das Kloster, ohne die Beendigung des Tanzes abzuwarten und habe niemals die Neugierde empfunden, der Komödie der heulenden Derwische im Derwischkloster zu Skutari beizuwohnen, so oft ich auch auf meinen Streifereien in der Umgegend von Konstantinopel an der Klosterpforte vorübergeritten bin. (1, 261–265)

Nach diesem umfangreichen bequemen ›Durchpausen‹ von Raschs Eindrücken mit dem bei May üblichen Kürzen, Umstellen, leichten Variieren oder Auflösen in Dialog (wie zum Schluss), garniert mit der einen oder anderen Ausschmückung, etwa der literarischen Anspielung auf Magnus Gottfried Lichtwers (1719–1783) Fabel-Gedicht ›Die Katzen und der Hausherr‹,[9] gibt es erst einmal eine Rückblende auf Geschehnisse zu Beginn von Karas und Halefs Reise, denn der ›ewige Konstruktions-Nothelfer‹ des Autors, der als göttliche Vorsehung ausgegebene Zufall, sprich: die erzählerische Willkür, lässt es zu einem Zusammentreffen zwischen Kara und Omar Ben Sadek kommen, dem Sohn jenes Führers über den Schott el Dscherid, der von Hamd el Amasat erschossen wurde, welchen Omar unter vielen Entbehrungen – dabei fällt der bei Rasch vorgefundene Begriff *Derwischkloster* (474)[10] – bis Stambul verfolgt hat und von nun an mit Kara und seinen Gefährten weiter verfolgen wird.

Was Omar zwischenzeitlich in Stambul erkundet hat, bringt Kara zu Reflexionen über die nächtlichen Zustände in der Stadt. Ohne Gustav Raschs Bemerkungen kommen auch sie nicht aus. May paraphrasiert einige von ihnen, wie man im Folgenden sehen kann, und verändert das eine oder andere. Auch fügt er ein zuvor bei Rasch gefallenes Stichwort ein,[11] allerdings indem er eine Verbindung zwischen den Häuserbränden und dem organisierten Verbrechen herstellt, die von Rasch nicht gemacht worden war. Schließlich erzählt er eine bei Rasch gelesene typische Begebenheit und verändert dabei nur eine Ortsangabe – Tunis ersetzt er durch Tripolis. Unmittelbar davor hat er aber auch das ›selbsterlebte‹ Abenteuer in den Ruinen von Baalbek nach Palmyra verlegt …

---

9   »Thier' und Menschen schliefen veste, / Selbst der Hausprophete schwieg, / Als ein Schwarm geschwänzter Gäste / Von den nächsten Dächern stieg. // In dem Vorsaal eines Reichen / Stimmten sie ihr Liedchen an, / So ein Lied, das Stein' erweichen, / Menschen rasend machen kann. // Hinz, des Murners Schwiegervater, / Schlug den Takt erbärmlich schön, / Und zween abgelebte Kater / Quälten sich, ihm beyzustehn. // Endlich tanzten alle Katzen, / Poltern, lärmen, daß es kracht, / Zischen, heulen, sprudeln, kratzen, / Bis der Herr im Haus erwacht. // Dieser springt mit einem Prügel / In dem finstern Saal herum, / Schlägt um sich, zerstößt den Spiegel, / Wirft ein Dutzend Schaalen um. // Stolpert über einge Späne, / Stürzt im Fallen auf die Uhr / Und zerbricht zwo Reihen Zähne: / Blinder Eifer schadet nur.« (M. G. Lichtwer: Fabeln in vier Büchern. Dritte Auflage. Berlin 1762, 35.)

10 Später noch einmal, bezogen auf das beschriebene Kloster in Pera (527); sonst im Werk Mays nicht mehr.

11 Feuer beziehungsweise Feuersbrünste; vgl. Rasch 1, 234: »Die Flammen des großen Brandes«; ausführlicher 1, 232.

Konstantinopel ist niemals frei von Verbrecher-
verbindungen gewesen, aber grad jetzt hatte die
Unsicherheit den höchsten Grad erreicht. Man
fand vollständig ausgeräumte Wohnungen
und den Besitzer derselben ermordet oder ver-
schwunden; man sah im goldenen Horn oder
im Bosporus Leichen von Personen schwim-
men, die allem Anscheine nach eines gewaltsa-
men Todes gestorben waren; es entstanden des
Nachts in einer und derselben Minute an ver-
schiedenen, weit voneinander gelegenen Orten
der Stadt Feuer, bei denen geraubt und gestoh-
len wurde und die in einem Zusammenhange
miteinander zu stehen schienen; man begegne-
te des Nachts verdächtigen Gestalten, die nicht
mit Laternen versehen waren und, wenn sie
von der Patrouille angehalten wurden, dersel-
ben förmliche Gefechte lieferten.

Und unglaublich klingt es, wie die Gerechtig-
keit mit solchen Menschen verfuhr.

Vor einigen Jahren war noch Jeder, der in
Pera Abends ausgehen wollte, gezwungen,
seine Papierlaterne in die Hand zu nehmen
und sich beim Scheine derselben seinen Weg
durch die Pfützen und Löcher des Pflasters
aus dem Straßengewirr zu suchen. Und
brach er nicht Arme und Beine, so fing ihn
die türkische Polizei und führte ihn auf die
Polizeiwache, wo er sich eine Laterne kaufen oder auf den Anbruch des Tages warten
mußte. Die Laterne diente zur nothwendi-
gen Kontrole Seitens der Polizeibeamten;
denn das gefährliche Gesindel, was sich bei
Tage und bei Nacht in Pera umhertrieb,
stahl, raubte und mordete, war zahllos. Diese Zustände, welche sich erst seit wenig Jahren gebessert haben, sind in Pera noch frisch
in aller Leute Gedächtniß. Ich würde manche Schilderungen für unglaublich halten,
wenn nicht mehr als zehn Personen, welche
ich befragte, darin übereingestimmt hätten.
Diebstähle, Raubanfälle und Morde waren
selbst auf den Straßen, in den Kaffeehäusern
und bei hellem Tage nichts Seltenes. Der
Mörder ging, mit dem rauchenden Pistol in
der Hand davon, mitten durch die entsetzte
Menge, ohne daß Jemand ihn aufzuhalten
wagte. Bei der Nacht die Straßen von Pera
zu betreten war immer lebensgefährlich.
Kein Polizeibeamter erschien auf das Hülfe-
geschrei des Beraubten oder des Hingemor-
deten. Die Behörden steckten mit den Räubern und Mördern unter einer Decke, den
Gewinn mit ihnen theilend; oder, wenn dieses nicht der Fall war, wagten sie es hundert-
mal nicht, sich des Mörders zu bemächtigen.
Es wurden mir eine Reihe von einzelnen
Fällen mitgeteilt, wo der Polizeibeamte, der
seine Pflicht gethan hatte, bei hellem Tage
auf der Straße oder in einem Kaffeehause
von den Räubern ohne Weiteres erdolcht
wurde. Einmal ordnete die Regierung, weil

*Einst wurde eine ganze Bande der gefähr-
lichsten Menschen aufgehoben, und der Sultan verbannte sie nach Tripolis; nach einiger
Zeit kehrte der Kapitän des Transportschiffes
zurück und berichtete, daß er an der Küste
von Tripolis Schiffbruch gelitten habe; alle
Verbrecher, die sich an Bord befanden, seien
ertrunken. Damit war die Sache abgemacht.
Einige Tage später konnte man den ertrun-
kenen Spitzbuben in den Straßen der Stadt
begegnen, und keinen Menschen schien das zu
befremden.* (476)

es in Pera gar nicht mehr auszuhalten war,
eine große und allgemeine Razzia unter
dem Lumpengesindel an, und es wurden in
der That eine Menge von gefährlichen Ker-
len ergriffen. Ihnen den Prozeß zu machen,
war der türkischen Regierung zu weitläufig.
Sie dekretirte, daß sie ohne Prozeß sämmtlich nach Tunis deportirt werden sollten.
Die Einschiffung fand statt. Nach einigen
Wochen gelangte an die Regierung seitens
des Kapitäns des Deportationsschiffes die
Anzeige, das Schiff sei an der afrikanischen
Küste gestrandet; nur er, seine Offiziere und
einige Bootsleute hätten sich gerettet; alle
anderen, namentlich sämmtliche Deportir-
te seien ertrunken. Es vergingen nicht drei
Monate und man konnte in Pera alle die
Galgenvögel, welche nach dem Berichte des
Kapitäns auf dem Grunde des Meeres lie-
gen mußten, wiederfinden. Raub und Mord
waren von Neuem an der Tagesordnung.

Derartige Zustände finden nun allerdings in Pera und Galata nicht mehr statt.
(1, 235f.)

Zum Handlungszeitpunkt von Karl Mays Erzählung sind Raub und Mord
natürlich zwecks Spannungssteigerung stetig an der Tagesordnung oder lauern
im Hintergrund.

Als Nächstes kehrt Kara Ben Nemsi zum Derwischkloster zurück, da sich
unter den Derwischen ein mutmaßlicher Verwandter el Amasats befindet, den
Kara aushorchen will.

Bei der Schilderung, wie er zu dem jungen Derwisch gelangt, baut May in
einer Art Mini-Reprise aus den zuvor genutzten zwei Quellen, Rasch und ›Pierer‹, kurze Informationen ein:

*Ohne mich um die Anwesenden zu beküm-
mern, schritt ich durch den Hof grad auf die
Klosterpforte zu und trat in den Vorraum. Die
Tür zu dem Gange stand offen. Die Derwische befanden sich wieder in ihren Zellen. Ich
schritt langsam den langen Gang hinab und
wieder zurück, um mir die Gemächer und
deren Insassen zu betrachten, und kein Mensch
kümmerte sich um mich. In der fünften Zelle
saß ein junger Derwisch, der vielleicht zwanzig*

Ich schaute in jede Zelle. Ueberall dasselbe Bild und dasselbe Schweigen. Um mich
kümmerte sich Niemand. (1, 262)

und einige Jahre zählen mochte; er sah starr zum Fenster empor und ließ die neunund-neunzig Kugeln seines Rosenkranzes durch die Finger gleiten. (477)	Sie [...] tragen ein Tesvi (Scapulier) mit 33, 66 od. 99 Kügelchen, das sie nach Art eines Rosenkranzes abbeten.[12]

Der kurze Besuch bei dem jungen Derwisch Ali Manach erbringt die Bestäti-gung, dass er der Neffe Hamd el Amasats ist. Danach suchen Kara Ben Nemsi und Omar Ben Sadek den von Letzterem entdeckten Unterschlupf der Ver-brecherorganisation ›En Nassr‹ im Stadtteil Baharive Keui auf (ein von einem Griechen betriebenes zwielichtiges Etablissement) und mieten sich im Nachbar-gebäude ein. Es folgt das spannende Abenteuer, wie Kara und seine Gefährten unter Einsatz ihres Lebens durch das übliche Belauschen, Gefangene-Befreien, Nahkampf-Ausüben und Verfolgen fliehender Gegner üble Machenschaften der Bande zunichte machen. Ein befreiter hochgestellter türkischer Militär lässt im Anschluss daran Feuer legen. Der Erzähler kommentiert:

> *Man muß Augenzeuge einer Feuersbrunst in Konstantinopel gewesen sein, um sich einen Begriff von der unendlichen Panik machen zu können, wel-che durch einen Brand entsteht. Man denkt gar nicht an das Löschen; man denkt nur an die Flucht, und da die Häuser meist nur hölzerne sind, so legt ein solches Feuer oft ganz beträchtliche Komplexe in Asche.* (511)

Über Feuersbrünste in Konstantinopel wurde damals in Zeitschriften und Büchern zwar vielfach berichtet, doch da Gustav Raschs Bericht parat liegt, der mehrfach das Thema der Brände aufgreift, wird May die Anregung zu sei-ner Idee, einen Häuserbrand stattfinden zu lassen, daraus genommen haben. Charakteristisch ist eine Stelle wie die folgende, an die sich ein kurzer Über-blick über die größten Brandkatastrophen im Stambul des 18. Jahrhunderts anschließt:

> Nur aus diesen Holzbauten, deren Bretter und Balken die Sonne aus-dörrt, ist es auch erklärlich, weshalb die Feuersbrünste in Konstantino-pel so enorme Verheerungen anrichten. (I, 293)

Am Tag darauf besucht Kara Ben Nemsi Ali Manach erneut. Sie verabreden sich auf dem Friedhof des Klosters und May fügt eine kurze Rasch-Reprise ein unter Verwendung des bei ihm gefundenen wertenden Begriffs ›Komödie‹ im Zusammenhang mit den ›tanzenden Derwischen‹:

---

12 Pi4 IV, 859a (**Derwisch**).

Mein Weg war nach dem Derwischkloster gerichtet [...]. [...] Ich verließ das Klostergebäude, schritt quer über den Hof und trat durch die Gitterpforte auf den Gottesacker. Da ruhten sie, die Hunderte von Derwischen. Sie hatten ausgetanzt, und nun lag ein Stein zu ihren Häuptern, auf dem der Turban thronte. Ihre Komödie war ausgespielt. (527f.)

Die linke Seite des Hofes wurde durch einen ebenfalls umgitterten Friedhof begränzt. Ich blickte durch das Gitter. Im Schatten hoher schwarzer Cypressen eine Menge weißer Leichensteine, lauter aufrecht stehende Marmorsäulen, oben mit einem turbanähnlichen Aufsatze verziert [...]. Auf dem grünen Friedhof ruhten die Derwische des Klosters vom »Kef« ihres thatenlosen Lebens aus. (I, 260)

Und Karl Mays Orientierung an Gustav Raschs geistigem Eigentum ruht nun auch. Denn was an sachlicher Information zu Konstantinopolitanischem kurz noch folgt – Daten zum Turm von Galata –, klingt nach Reisehandbuch und stammt nicht aus Raschs Buch.

Kombinierte Quellennutzung

Die Adrianopel-Schilderung in *Von Bagdad nach Stambul*

Auf der Jagd nach Bösewichtern, die Kara Ben Nemsi und seinen Begleiter Halef in großem Bogen um das Mittelmeer führt, haben sie Konstantinopel (Stambul, Istanbul) verlassen und nähern sich mit ihren Gefährten Adrianopel (Edreneh, Edirne, bulgarisch Odrin).

Am Schluss des 7. Kapitels (*In Stambul*) des dritten Bandes von Karl Mays sogenanntem Orientzyklus heißt es: *Als die Sonne sich im Osten erhob, hatten wir beinahe schon Tschatalsche erreicht, durch welches die Straße über Indschigis und Wisa nach Adrianopel führt. – – –*[1]

Diese Angaben entsprechen einem Reiseweg, der beispielsweise aus dem Jahr 1869 überliefert ist,[2] aber nicht den direktesten darstellt, weil er sich Adrianopel in einem nördlichen Bogen nähert (die sogenannte Bergstraße),[3] wohingegen die südlichere Route (die sogenannte Poststraße) zunächst am Marmara-Meer entlang, dann über Tschorklu, Araba und Hafsa, schneller gewesen wäre, obwohl unsere Helden fliegen zu können scheinen, da sie sich am Morgen in Stambul verabschieden und bei Sonnenaufgang bereits in der Nähe von Tschataldscha befinden, das 43 km westlich von Konstantinopel liegt.

Aber wie dem auch sei, nach einer unbestimmt bleibenden Zeitspanne taucht Adrianopel vor den Augen der Reisenden auf.

Karl May bedient sich zu Beginn des 8. Kapitels lexikalischer Grundinformationen zu dieser Stadt, verschiebt jedoch die hydrographischen auf später und lässt die befestigungstechnischen völlig beiseite.

---

1   GR III, 550. Weitere Stellenangaben im Text.
2   Vgl. Dr. F. v. Hochstetter's Reise in der Türkei, August bis Oktober 1869. In: Mittheilungen aus Justus Perthes' geographischer Anstalt über wichtige neue Erforschungen aus dem Gesammtgebiete der Geographie von Dr. A. Petermann. 15. Bd. (1869), 470a: »Unsere Reise ging am 30. Juli von Stambul über Tschataldscha, Wisa, Kirk Kilisseh nach Adrianopel (Edirne) [...].«
3   Vgl. den ausführlichen Bericht von F[erdinand] v[on] Hochstetter: Reise durch Rumelien im Sommer 1869. In: Mittheilungen der kais. und königl. geographischen Gesellschaft in Wien, 13. Bd. (1870), 193–212 (1. Theil, 197).

Achtes Kapitel.
In Edreneh.

Adrianopel, welches die Türken Edreneh nen-
nen, ist nach Konstantinopel die bedeutendste
Stadt des osmanischen Reiches. (551)

Adrianopel (türk. E d r e n e h), Stadt in
dem türkischen Ejalet Edreneh (s. d.), nach
Constantinopel die bedeutendste Stadt des
Osmanischen Reichs, am Einfluß der Tundscha u. Arda in die Maritza, stark befestigt
u. durch eine Citadelle geschützt.[4]

Es folgt ein historischer Abriss, den May ebenfalls aus dem Lexikon zunächst
so gut wie wörtlich übernimmt und lediglich mal statt »dahin« *dorthin* setzt,
dann aber gegenüber seiner Vorlage steigernd formuliert, »oft« durch *gern*
ersetzt, »mehrere« durch *viele* und einen Aufenthalt zu einem Lieblingsaufenthalt aufwertet.

Hier residierten die Sultane von Murad dem
Ersten an bis zu Mohammed dem Zweiten,
welcher im Jahre 1453 Konstantinopel eroberte
und seine Residenz dorthin verlegte. Auch spä-
ter war es ein Lieblingsaufenthalt vieler Sulta-
ne, von denen besonders Mohammed der Vierte
gern hier verweilte. (551)

[›Pierer‹ wie oben:]

Hier residirten die Sultane von Murad 1. bis
Muhammed 11., welcher letztere 1453 Constantinopel eroberte u. die Residenz dahin
verlegte; dennoch hielten sich mehrere der
späteren Sultane, bes. Muhammed 1v., oft
in A. auf.

Während der nun folgenden Beschreibung herausragender Bauwerke Adrianopels beginnt May beim ›copy and paste‹ zu einer anderen Quelle überzuwech-
seln, Amand von Schweiger-Lerchenfelds ›Der Orient‹ von 1882,[5] die er – wie
Erich Mörth bereits vor Jahrzehnten nachgewiesen hat – für die zwischen 1882
und 1884 geschriebenen Teile, das heißt die im Band *Von Bagdad nach Stambul*
versammelten Abenteuer seiner Odyssee durch den Vorderen Orient und die
europäische Türkei ausgiebig benutzt hat.[6]

Doch erst steigert May noch einmal gegenüber dem Lexikon, das von vierzig Moscheen in Adrianopel spricht,[7] und fügt ein *mehr als* hinzu.[8] Danach

---

4 Pi4 1, 146.

5 Amand von Schweiger-Lerchenfeld: Der Orient. Wien / Pest / Leipzig 1882.

6 Vgl. Erich Mörth: Karl May und Amand von Schweiger-Lerchenfeld. In: Karl-May-Jahrbuch 1979.
   Hrsg. von Roland Schmid und Thomas Ostwald. Bamberg / Braunschweig 1979, 64–95 (zu Adrianopel 92).

7 Diese Aussage (40 Moscheen) gilt für mehrere Nachschlagewerke der Zeit (Handbücher und Lexika), spätestens ab 1813; vgl. z. B. Gemälde der europäischen Türkei. Ein Beitrag zur neuesten Län-
   der- und Völkerkunde. Hrsg. von Friedrich Ludwig Lindner. Weimar (= Neueste Länder- und
   Völkerkunde, 14. Bd.) 1813, 444; F. H. Ungewitter: Neueste Erdbeschreibung und Staatenkunde,
   oder geographisch-statistisch-historisches Handbuch in zwei Bänden. Dresden 1848, 178a; vierte
   Auflage 1859, 236b; Herders Conversations-Lexikon. Freiburg i. Br. 1854. 1. Bd., 44; vgl. auch frühere Ausgaben des ›Pierer‹ (z. B. Zweite, völlig umgearbeitete Auflage (Dritte Ausgabe). Altenburg
   1840–1846. 1. Bd., 161a).

8 Tatsächlich waren es gegen Ende der 1860er Jahre weniger: Hochstetter, der vor Ort war, zählte
   fünfunddreißig; vgl. Hochstetter, wie Anm. 3, 2. Teil (Adrianopel), 350–358 (353): »Adrianopel

bedient er sich hinsichtlich Schreibweisen (*Aja Sophia* statt, wie im ›Pierer‹, »Sophienmoschee«) und Informationen bei Schweiger-Lerchenfeld, wobei er bei den wertenden Prädikaten wie üblich steigernd beziehungsweise sie erst einfügend verfährt (»wüst« wird *kläglich*, »acht Pfeiler« werden zu *acht gigantischen Pfeilern*.

Unter den mehr als vierzig Moscheen, welche die Stadt besitzt, ist die ›Selimje‹, die Selim der Zweite erbaute, berühmt. Sie ist noch größer als die Aja Sophia in Konstantinopel und verdankt ihre Entstehung dem berühmten Moshia-Architekten Sinan.

Wie eine Oase in der Wüste

liegt sie inmitten einer kläglichen Anhäufung von Holzhäusern, deren bunt bemalte Mauern und Wände aus tiefem Schmutz und Straßenkot auftauchen. Der imposante Kuppelbau dieser Moschee wird im Innern von acht gigantischen Pfeilern getragen und äußerlich von vier wunderbar schlanken Minarehs belebt, von denen ein jedes drei Balkone für die Muezzins besitzt.

Im Innern erblickt man zwei Reihen Galerien, welche aus den kostbarsten Marmorarten zusammengesetzt sind und von 250 Fenstern erleuchtet werden. Zur Zeit des Ramasans brennen hier 12000 Lichter. (551)

[›Pierer‹ wie oben:]
A[drianopel] hat 40 Moscheen, darunter 9 kaiserliche mit der Selims II. (größer als die Sophienmoschee zu Constantinopel,

denn außer der »Sulejmanje« verdanken die Osmanen jenem Sinan die in mancher Hinsicht noch viel großartigere »Selimje«, die Prachtmoschee in Adrianopel – eine Oase in der Wüste; denn rings um dieses steinerne Denkmal, dessen Kuppel sogar um einige Fuß weiter spannt, als jene der Aja Sophia, dehnt sich eine wüste Anhäufung buntgemalter Holzhäuser und breitet sich ein Gassennetz von labyrinthartiger Anlage aus – Alles in Schmutz und Straßenkoth getaucht. Vier wunderbar schlanke Minarets zu je drei Gebetrufer-Balkonen beleben den imposanten Kuppelbau, der innen von acht Pfeilern getragen wird. Man muß im Innern dieses Tempels stehen, etwa wenn die scheidende Sonne durch die zahllosen Fenster am Kranzgesimse ihre letzten Lichtströme hereinsendet, um Sinan's Werk in andachtsvoller Stimmung zu bewundern.[9]

[Fortsetzung im ›Pierer‹:]
mit 2 Reihen marmorner Gallerien, von 250 Fenstern u. während des Ramasans von 12,000 Lampen erleuchtet)

Nach dieser Rückkehr zum ›Pierer‹ (nicht ohne Übersteigerung: »marmorne« > *kostbarste Marmorarten*) nennt May den letzten größeren Ort auf dem Weg seiner Helden nach Adrianopel und relativiert die gepriesene Schönheit Adrianopels durch ein generelles Vorurteils-Stereotyp gegenüber Städten des

---

zählt [außer der Selim-Moschee] noch 14 größere Moscheen und 20 kleinere [...].«
9 Schweiger-Lerchenfeld, wie Anm. 5, 158.

»Die Moschee Selim's II in Adrianopel.«

Orients, um danach weiter Informationen aus dem Lexikon einzubauen und mit seiner Abenteuerhandlung zu verflechten.

Wir kamen von Kirkilissar und hatten die schlanken Minarehs der Selimje schon längst vor uns leuchten sehen. Von weitem bot uns Adrianopel einen prächtigen Anblick dar; als wir es aber erreicht hatten und durch seine Straßen ritten, ging es wie mit allen andern Städten des Orientes: sie verlieren in der Nähe ihre Schönheit und erfüllen niemals das, was sie aus der Ferne versprechen.

Hulam, den wir aufsuchen wollten, wohnte in der Nähe des Utsch Scherifeli, der Moschee Murads des Ersten, an deren terrassenförmigem, mit prächtigem Marmor gepflastertem Vorhofe wir vorüberritten. Die vierundzwanzig von siebzig Säulen getragenen Kuppeln wurden aus dem Schatz der Johanniter erbaut, welcher bei der Eroberung von Smyrna erbeutet wurde. [...] (552)

[Fortsetzung im › Pierer ‹:]
u. der Murads I. (Utsch Scherifeli, mit 3 marmornen Gallerien u. großem ter-[r]assenförmigen Vorhof, der mit prächtigem Marmor gepflastert ist, 20 von 70 Säulen getragene Kuppeln enthält, aus dem, bei der Eroberung von Smyrna erbeuteten Schatz der Johanniter erbaut)

Später machen die Gefährten einen Stadtbummel. Ziele sind, wenn man so sagen kann, Stichwörter aus dem Lexikonartikel.

Wir besuchten die Moschee Selims und   [Fortsetzung von oben:]
Murads, ebenso eine türkische Medresse; dann
durchwanderten wir den berühmten Bazar Ali   24 Medresses, 10 griechische Kirchen, 7 tür-
Paschas und machten endlich eine Kahnfahrt   kische Klöster, die alte Residenz der Sultane
auf der Maritza, an welcher die Stadt liegt.   seit 1366, Arsenal, 22 Bäder, viele Bazars (bes.
(563)   der Bazar Ali Paschas)

Es folgt eine Gerichtsverhandlung gegen den entlarvten Gauner Barud el Amasat, zu deren Schilderung Karl May (wieder einmal) auf Angaben aus Edward H. Michelsens ›Zur Statistik des Türkischen Reiches‹ zurückgreift.[10] Kara Ben Nemsi beobachtet dabei einen weiteren Schurken, der sich wenig später als der ehemalige Steuereinnehmer Manach el Barscha herausstellt, und folgt ihm durch das Gassengewirr Adrianopels – eine genussvolle Umsetzung und spannende Ausfabulierung, so scheint es, der Bemerkung Schweiger-Lerchenfelds über das »Gassennetz von labyrinthartiger Anlage«. Ebenso wird die Lexikonangabe, Adrianopel sei auch Sitz eines griechischen Metropoliten (»griech. Metropolitan«), Auslöser dafür gewesen sein, dass zur Steigerung des Authentizitätsscheins als Wohnung Manach el Barschas *das Haus gleich neben dem griechischen Metropoliten* (574) angegeben wird.

Ein weiteres Quentchen Lokalkolorit entnimmt May kurz darauf der Auflistung von typischen Produkten aus Adrianopel und gibt ein Geschmacksurteil ab:

Als ich Hulams Haus wieder erreichte, war   [Fortsetzung von oben:]
es unterdessen dunkel geworden. Er machte
uns den Vorschlag, ein Bad zu besuchen, wo   [...] Fabriken in Seide, Handel mit Wolle,
es guten Kaffee, Karaschekler [* Chinesische   Leder, Türkischgarn, Seife, Saffran, Rosen-
Schattenspiele.] und ausgezeichnetes Aïswas-   öl, Rosenwasser, Opium, Gelees (das Aïs-
perwerdesi [* Berühmte Adrianopeler Gelées.]   wasperwerdesi hoch gerühmt), Zuckerwerk,
gäbe. Wir erfüllten seinen Wunsch.   Wein-, Obst- (bes. Quitten), Baumwollen-
    [...] *Die Gelées mochten wirklich ausge-*   u. Reisbau [...].
zeichnet sein, sie waren aber nicht nach mei-
nem Geschmack. (580)

Nach dem Besuch des Bades *fanden wir*, heißt es, *den Abend so köstlich, daß wir uns entschlossen, noch einen kleinen Spaziergang zu machen. Wir verließen die Stadt auf der Westseite derselben und promenierten am Ufer des Arda dahin, welcher sich hier in die Maritza ergießt.* Damit verwendet May eine lexikalische Auftakt-Information (»Adrianopel [...] am Einfluß der Tundscha u. Arda in die Maritza«) als letzte; wir kennen dieses Umkehrungsverfahren gut von ihm. Da aber die Arda – die May nur an dieser einen Stelle vermännlicht; später

---

10   Vgl. zur verschiedentlichen Nutzung dieser Quelle vom Verfasser: Karl May schlägt erzählerische Funken aus statistischem Material zur Türkei. In: M-KMG 160 (2009), 8–24 (17; vgl. auch 20f.).

korrekt: *die Arda* – tatsächlich etwa fünf Kilometer westlich von Adrianopel
in die Maritza fließt und von einer Promenade am Arda-Ufer die Rede ist,
wäre der *kleine Spaziergang* in der Realität doch eine ordentliche Wanderung
gewesen.

◆

Es folgen am Schauplatz Adrianopel noch zwei der altvertrauten Überrumpe-
lungen, Fesselungen und Gefangennahmen – erst ist Halef das Opfer, dann
Kara Ben Nemsi himself –, die jedoch nicht lange andauern und ohne Bezug
zu Referenzwerken bleiben. Denn völlig klar ist natürlich: Karl Mays vordring-
liches Interesse galt dem reißerischen Abenteuer und dessen Dehnung durch
Dialoge und endlose Repetitionen, für deren Ausgestaltung ihm ein schmaler
Rahmen von Sachinformationen völlig ausreichte.

»Verbergen will ich dich« –
Karl May als Tapferes Schneiderlein

Zur Taubenschlag-Episode aus *In den Schluchten des Balkan*

Kara Ben Nemsi und seine Gefährten befinden sich auf der Verfolgung wichtiger Mitglieder der Bande des Schut. Im damals zum Osmanischen Reich, heute zu Bulgarien gehörenden Menlik (bei May auch Menelik, heute Melnik), wo gerade Jahrmarkt herrscht, hat Kara die Aussicht darauf, eine gegnerische Runde belauschen zu können, indem er sich in einem Taubenschlag über dem Raum versteckt, wo die Besprechung stattfinden soll.

Während er auf das Eintreffen der Gauner wartet, kommt er ins Sinnieren:

> *Hier waren die Vögel des Oelzweiges aus und ein geschlüpft. Ein Blick hinaus belehrte mich, daß ich mich unter dem Giebeldach befand. Der Lärm und die Lichter des Jahrmarktes drangen zu mir herauf. Dabei kamen und gingen allerlei Gedanken. Meines kleinen Halef berühmter Emir Hadschi Kara Ben Nemsi Effendi im Taubenschlage! Ein Weltläufer in der Fremde hier im Taubenschlag? Ja, das war ja ganz wie in jenem berühmten Gedicht vom Schneider, der in die Fremde wandern soll, sich aber vor dieser so fürchtet, daß er unmöglich fortzubringen ist und seine Mutter ihn im Taubenschlag versteckt.*
>
> *An diese romantische Heldenballade mußte ich denken. Ich lachte dabei fröhlich vor mich hin; das verursachte eine zitternde Bewegung meines Körpers, welche sich auch dem Boden mitteilte – er krachte.*
>
> *Eigentlich hätte mich dies mißtrauisch machen sollen; aber die Hölzer hatten vorher meine viel kräftigere Bewegung ausgehalten, und so war also gar kein Grund zur Besorgnis vorhanden. Selbst wenn die Festigkeit des Taubenschlages nicht auf Jahrtausende berechnet sein sollte – ich lag ja still; es konnte nichts geschehen.*[1]

Auf welche *romantische Heldenballade* spielt May hier an? Welches *berühmte Gedicht* meint er? Es handelt sich um ein Volkslied, das unter verschiedenen Titeln und in leicht voneinander abweichenden Fassungen geläufig ist. Schubart

---

1 GR IV, 373f. Weitere Seitennachweise im Text.

überschrieb es in seiner Variante von 1763 schlicht mit »Der Schneider«,[2] in
›Des Knaben Wunderhorn‹ von 1808 heißt es wesentlich signifikanter »Meine
Reise auf meinem Zimmer«[3] und in nachfolgenden Anthologien gelegentlich
»Der Schneider in der Fremde«,[4] was Mays Formulierung *Gedicht vom Schnei-
der, der in die Fremde wandern soll*, nahe kommt.

Hier die Fassung aus ›Des Knaben Wunderhorn‹:

> Der Schneider Franz, der reisen soll,
> Weint laut und jammert sehr:
> »O! Mutter lebet ewig wohl,
> Euch seh ich nimmermehr!«
> Die Mutter weint entsetzlich:
> »Das laß ich nicht geschehn,
> Du darfst mir nicht so plözlich
> Aus deiner Heimath gehn.«
>
> O! Mutter, nein, ich muß von hier,
> Ist das nicht jämmerlich!
> »Mein Kind, ich weiß dir Rath dafür,
> Verbergen will ich dich.
> In meinem Taubenschlage,
> Verberg ich dich mein Kind,
> Bis deine Wandertage
> Gesund vorüber sind.«
>
> Mein guter Schneider merkt sich dies,
> Und thut als ging er fort,
> Nahm kläglich Abschied und verließ
> Sich auf der Mutter Wort,
> Doch Abends nach der Glocke,
> Stellt er sich wieder ein,
> Und ritt auf einem Bocke
> Zum Taubenschlag hinein.

2　Vgl. Christian Friedrich Daniel Schubart: Vermischte Gedichte. Viertes Buch. (= ders.: Sämmt-
　　liche Gedichte. 3. Bd.) Frankfurt am Main 1825, 76–78. – Diese Variante wurde häufiger auch in
　　Anthologien wiedergegeben.
3　Vgl. Des Knaben Wunderhorn. Alte deutsche Lieder gesammelt von L. A. v. Arnim und Clemens
　　Brentano. 2. Bd. Heidelberg 1808, 381–383.
4　So in: Der Neue Freidank. Geschichte der Deutschen National-Literatur nach Sage, Religion,
　　Sitte, Sprachentwickelung und Dichtkunst aus vaterländischen Dichtern dargestellt in Poesie und
　　Prosa. Aarau 1838, 218f., oder in: Liederfibel. Das ganze Kinder- und Familienleben nach seinen
　　verschiedenen Stufen dargestellt in einem vollstimmigen Chore deutscher Dichter. Eßlingen 1841,
　　515f. (mit Verfasserangabe Schubart).

Da ging er, welch ein Wanderschaft,
Im Schlage auf und ab,
Und wartete bis ihm zur Kraft
Die Mutter Nudeln gab,
Beim Tag war er auf Reisen,
Und auch in mancher Nacht,
Da hat er mit den Mäusen
Und Ratten eine Schlacht.

Einst hatte seine Schwester Streit,
Nicht weit von seinem Haus,
Er hört wie die Bekämpfte schreit,
Und gukt zum Schlag hinaus,
Mein Schneiderlein ergrimmte,
Macht eine Faust und droht:
»Wär ich nicht in der Fremde,
Ich schlüge dich zu todt.«

Auch ohne Kenntnis der Verse stellt sich die Frage, wieso Mays Erzähler meint, seine Situation sei *ganz wie* in dem Lied. Denn ›ganz so‹ ist sie gerade und offensichtlich n i c h t, wie schon aus der Paraphrase des Gedichts hervorgeht: Während Kara Ben Nemsi fiktional tatsächlich in die Fremde gegangen ist und sich ebenso mutig wie neugierig freiwillig in den Taubenschlag begibt, tut der Schneider dies nur notgedrungen aus Furcht vor der Fremde, in die er nicht will und in die er auch nicht geht. Umkehrung also statt Entsprechung. Selbst das einzig Gemeinsame, der Aufenthalt im Taubenschlag, gleicht sich nicht, da zum einen die Dauer im Fall des Schneiders ziemlich lang ist, Kara Ben Nemsi es im Gegensatz dazu nur sehr kurz im verlassenen Palast der Gurrevögel aushalten muss, zum anderen das zeitweise Domizil des Schneiders, der im Taubenschlag herumgehen kann, weitaus geräumiger ist als der Unterschlupf Karas. Außerdem imaginiert der Schneider seine ganze Reise mit allen Abenteuern während seines Aufenthalts im Taubenschlag, wohingegen das, was sich für Mays Held im Taubenschlag ereignet, nur eine Abenteuerstation von zahllosen während seiner Reise durch den fiktionalen Raum darstellt.

Doch solche Unstimmigkeiten und Widersprüche existieren auf einer anderen Ebene der Betrachtung nicht. Denn aus metafiktionalem Blickwinkel lösen sich die Ungereimtheiten auf, sobald man ein für May typisches witziges, in diesem Fall selbstironisches Spiel annimmt: Nicht die Situation Kara Ben Nemsis ist *ganz wie* die des Schneiders im Lied, sondern diejenige Karl Mays am Schreibtisch, der vorgibt, als *Weltläufer* auf Reisen zu sein.

Er ist das tapfere, hinter schützenden heimischen Mauern die Widrigkei-
ten der Außenwelt durch die Kraft seiner Phantasie bändigende beziehungsweise ausblendende Schneiderlein, das über die Maßen fleißig ist und schreibt
(»Beim Tag war er auf Reisen, / Und auch in mancher Nacht«), und selbst den
Zug, Richtung ›draußen‹ kundzutun, »wär ich nicht in der Fremde«, kann
man in Reaktionen Mays wiedererkennen, ausweichend auf dringende, mah-
nende Anfragen von Redaktionen nach zugesagtem Text zu antworten.

Und wechseln wir noch einmal den Blickwinkel, sehen wir Mays Tauben-
schlag-Anspielung in wieder neuer Brechung:

Es geht im angespielten Gedicht zunächst um mütterliche Geborgenheit,
um die Rettung des eigenen Kindes vor der Unbill der Außenwelt durch die
Mutter, und May fällt das Gedicht ein, nachdem er gewissermaßen eine ›Rückkehr zum Ursprung‹ beschrieben hat, eine Rückkehr durch den Geburtskanal
in die Enge des stockdunklen und hier als mit den Ausscheidungen der Vögel
verdreckt geschilderten Taubenschlag-Uterus (»inter urinas et faeces nasci-
mur«). Atmung und Bewegungsfreiheit sind stark eingeschränkt – Vorstellungen, die man durchaus mit der Imagination eines Aufenthalts im Mutterleib
verbinden kann.[5]

Und wer bringt den Erzähler in den Taubenschlag? Eine schützend-rettende
mütterliche Gestalt. Ohne ihre Hilfe, ihr Warnen, ihre Führung hätte es
durchaus sein können, dass unsere Helden trotz der divinatorischen Fähigkeiten Kara Ben Nemsis ärger in die Bredouille geraten wären, als es ihnen dann
widerfährt. Was sie als drohende Gefahr ahnten, wird durch die Warnerin zur
Gewissheit (vgl. 359).

Eingeführt wird die namenlos bleibende Figur, eine alte Magd, mit folgenden Worten: *Sie sah sich in einer Weise um, als ob sie irgend etwas Heimliches
vorhabe* (358) – etwas Heimliches wie die Mutter in der ›Heldenballade‹, die
ihren Sohn schützen will. Nachdem die alte Dienerin Kara Ben Nemsi identifiziert hat, legt sie ihm dringlich nahe: *»Herr, fliehe! Verlaß dieses Haus und
diese Stadt, aber sehr bald, noch heute abend!«* (Ebd.) Auch dies korrespondiert
auf gewendete Weise mit dem Rat der Mutter im Lied, in deren Fall die Flucht
im versteckten Hierbleiben besteht – wie, wiederum gewendet, die Lösung
für Kara ebenfalls im Hierbleiben und im Verstecken besteht, gefolgt, nach
bestandenem Taubenschlag-Abenteuer, von, noch einmal gedreht, der Flucht
aus Menlik, womit der Wunsch der Alten nach Rettung letztlich doch umge-
setzt wird und in Erfüllung geht.

---

5   Zum Thema ›Rückkehr zum Ursprung‹ bei May vgl. vom Verfasser: Tod, Auferstehung und Rück-
    kehr zum Ursprung. Eine schamanistische Grundlage für Karl Mays *Geisterschmiede* nebst einigen
    Bemerkungen darüber hinaus. In: M-KMG 86 (1990), 35–41.

Zeichnen wir das intertextuelle Gespinst zwischen den angespielten Versen und Mays Erzählung weiter nach:

»[E]rblicken darf mich hier niemand«, sagt die alte Magd (359) – in Umkehrung zum Lied, in dem der Schneider nicht erblickt werden darf. Weiter meint sie aufgrund des gemeinsamen christlichen Glaubens zu Kara Ben Nemsi: »Ich bin deine Schwester; ich darf meinen Bruder nicht in der Gefahr umkommen lassen.« (Ebd.) Auch dies eine Umkehrung gegenüber dem Lied, in dem der Schneider seine Schwester retten will, dies aber nicht kann, wogegen hier bei May, nochmals Umkehrung, die Magd es vermag, ihren ›Bruder‹ zu bewahren. (Dafür, dass dieser dann doch in Gefahr gerät, kann sie nichts; das ist dann die Schuld seines nominellen Dieners und Beschützers Halef, dessen Verhältnis zu ihr untergründig ganz leicht von Eifersucht geprägt erscheint – einerseits mag er die alte, gute Ranunkel (361), andererseits will er sie doch nicht so reich beschenken, wie Kara Ben Nemsi es vorhat.)

Im Drang, zu helfen, kommt die alte Dienerin wie die Mutter des Schneiderleins auf die Idee mit dem Versteck im Taubenschlag und will, in Umkehrung des Geschehens im Lied, selbst hinein. Doch Kara führt Gründe an, warum er es ist, der hineinmuss.

Halef will ihn unbedingt begleiten, was Kara ablehnt. Dies kommentiert Halef trotzig mit den Worten: »Ich sehe, daß du zugrunde gehen willst. Aber ich werde über dich wachen.« (371) Damit übernimmt Halef die Rolle der Mutter im Lied, die befürchtet, dass ihr Sohn in der Fremde umkommen wird, ihn nicht sich allein überlassen will und über ihn zu wachen beschließt. Mit Halefs Trotzreaktion kündigt sich außerdem bereits das kommende Unheil an, nämlich dass er in den kleinen Taubenschlag nachkommen wird, der dieser Doppelbelastung nicht gewachsen sein wird. Im Gegensatz zum Taubenschlag im Lied wird das Staatskabinett (372) keinen Schutz mehr bieten, da Halef durch die Decke brechen wird und seinen Sihdi mitzureißen droht.

Aber erst muss der Taubenschlag erklommen werden, das heißt: die alte Frau nimmt Kara bei der Hand (371) und führt ihn über Leitern und durch den Vorratsspeicher hinauf (in unserer Deutung, bei der man auch an den Hebammenberuf von Mays Mutter denken darf: begleitet den im Ablauf verkehrten, der absurden Traumlogik folgenden Geburtsvorgang mit mehrmaligem Kopfanschlagen, dann ›Rausflutschen‹ ins weiche Heu (vgl. 371f.), gefolgt vom Aufenthalt im Uterus).

Nun steckt Kara Ben Nemsi, nachdem er sich mühsam hindurch[ge]zwäng[t] hat (372), im Verschlag, dessen nicht lückenfreier Boden aus Knütteln mit Taubenguano zementiert ist – im Gegensatz, wie bereits erwähnt, zur komfortablen Situation des Schneiderleins, der in seinem Taubenschlag gemütlich

auf- und abgehen kann. Noch fühlt sich Kara trotz aller Einschränkungen wie Enge, harten Bodens und scharfen Guanostaubs sicher – sicher wie das tapfere Schneiderlein des Lieds. Das ändert sich einige Zeit später, nachdem er, ein Taschentuch vor der Nase, erfolgreich die unter ihm versammelten Bandenmitglieder belauscht hat. Der helfende Hadschi lässt sich nicht bremsen, dringt in den Taubenschlag ein, atmet die stark reizende Luft ein und: – – Hatschi! Er fällt unter die Belauschten, die ihn niederzuringen versuchen. Kara Ben Nemsi kann sich oben halten, rennt runter und befreit seinen in Nöten geratenen Begleiter.

Danach gibt es nur eins: Rasch auf die Pferde und raus aus der Stadt.

Und für uns Lesende bleibt ein Eindruck davon, wie weit eine Anspielung auf den sie umgebenden Text ausstrahlen kann und welch ein Spiel im Zusammenwirken zweier Textebenen zu entstehen vermag.

Der dicke Holländer

Karl May in den Spuren Karl Immermanns
Mit einem Hinweis auf Jules Vernes ›Kéraban-le-têtu‹

Willem van Aardappelenbosch, der dicke Holländer in Karl Mays Erzählung 口卄 *oder Kong-Kheou, das Ehrenwort*, scheint mit seinem Aussehen, seinem Verhalten (das heißt seinen Macken und Ungeschicklichkeiten) sowie seinem Merkmal des Gebrauchs einer stehenden Wendung eine typische, dem Humus von Mays häufig ziemlich plattem Humor entsprossene groteske Gestalt. Und doch ist, figurengeschichtlich betrachtet, mehr an ihr.

Sie besitzt nämlich eine bestimmte literarische und kulturgeschichtliche Tradition.

◆

Holländische Mynheers sind in der deutschen Literatur nicht gerade selten. Entgegen der Darstellung des Holländers in den deutschen Reisebeschreibungen seit dem 16. Jahrhundert verfestigt sich in der Literatur, »wo die Phantasie *nicht* von Erfahrung getrübt wird«,[1] ein bestimmtes Klischee: das vom ›Pfeffersack‹, vom phlegmatischen Philister mit bizarren Zügen. Dies geschieht ab der zweiten Hälfte des 18. Jahrhunderts, wie Herman Meyer überzeugend herausgearbeitet hat.[2]

---

[1] Herman Meyer: Das Bild des Holländers in der deutschen Literatur. In: ders.: Zarte Empirie. Studien zur Literaturgeschichte. Stuttgart 1963, 202–224 (208).

[2] Und zwar in der in Anm. 1 genannten Untersuchung, der ich meine Einsichten in die literarische Figur des Holländers verdanke. »Zweimal findet eine recht scharfe Umbiegung statt, wenn wir auf die Wertschätzung achten, die der Holländer erfährt. Im 16. und noch viel stärker im 17. Jahrhundert zollt man dem niederländischen Land und Volk allgemeine Bewunderung. In der zweiten Hälfte des 18. Jahrhunderts mehrt sich die Kritik, bis das allgemeine Lob in allgemeinen Tadel und besonders in Spott über den holländischen ›Mynheer‹ umschlägt. Dies wirkt durchs ganze 19. Jahrhundert fort. Dann findet um die Jahrhundertwende eine neue Wendung in bonam partem statt.« (Meyer, wie Anm. 1, 205.) Meyer weist auch auf verschiedene andere Komponenten des Holländer-Bildes in der deutschen Literatur hin, die mit dem »Philistermotiv« konkurrieren (219). – Zum dicken Holländer als Nationalstereotyp vgl. beispielsweise Silke Meyer: Die Ikonographie der Nation. Nationalstereotype in der englischen Druckgraphik des 18. Jahrhunderts. Münster/New York/München/Berlin 2003, 109–152.

Besonders Schriftsteller, die man der literarischen Romantik einschließlich ihrer Epigonen zurechnet (wie Brentano, Eichendorff, Hauff, Heine und
Immermann), zementieren das Klischee.[3] Zu dessen festen Bestandteilen
gehört etwa, dass Holländer privatisierende reiche Kaufleute sind – wie Mijnheer van Aardappelenbosch.[4]

Auch der Topos der Holländer als »Chinesen von Europa« verbreitet sich.[5]
Dass May ausgerechnet einen Niederländer zur Vervollständigung des hand-
lungstragenden und deutsch dominierten grotesken ›Suchtrupps‹ in China
aufbietet, mag an diesem Topos gelegen haben – abgesehen davon, dass das
Auftreten eines holländischen Kaufmanns in Fernost außerfiktionale Plausibilität besitzt.

Das humoristisch-satirische Prinzip, Holländer-Figuren sprechende Namen
zu geben, das wir wohl am geläufigsten von Thomas Manns Mynheer Peeper-
korn her kennen, ist auch schon vor May dagewesen. Der respektlose Heinrich Heine lässt beispielsweise in seinen ›Memoiren des Herren von Schnabele-
wopski‹ (1834) einen Mynheer van der Pissen auftreten.[6] Die Holland-Episode
der ›Memoiren‹ spielt, nebenbei gesagt, im studentischen Milieu, das ja den
Ausgangspunkt von Mays Erzählung bildet.

◆

Die Figur des Mijnheer van Aardappelenbosch steht also in einem lockeren,
aber nicht allzu weitmaschigen literarhistorischen Beziehungsgeflecht. Dieses Geflecht wird noch enger, sobald man sich auf einen ganz bestimmten
Prosatext konzentriert. Und zwar auf Karl Immermanns ›Münchhausen. Eine
Geschichte in Arabesken‹ (1838/39).

Im Dritten Buch von Immermanns ›Münchhausen‹, betitelt »Acta Schnick-
schnackschnurriana« – das Zweite trägt übrigens den für Karl May gewiss
reizenden Titel »Der wilde Jäger« –, trifft der Erzähler Münchhausen als junger »Bockaffe, capra simiae proxima«,[7] auf einen »ältliche[n], dicke[n] Mann,
dem ein dünner folgte«.[8] »Der Mann trug einen gelben Hut, einen gelben
Rock, eine gelbe Hose und eine gelbe Weste«:[9] Wir erkennen in der Konstellation ›dicker Mann – dünner Mann‹ und im unifarbenen Auftreten des

3   Vgl. Meyer: Das Bild des Holländers, wie Anm. 1, 214ff.
4   Siehe HKA III.2, 71. Erst zum Schluss der Handlung wird er wieder unternehmerisch tätig.
5   Siehe Meyer: Das Bild des Holländers, wie Anm. 1, 215.
6   In der satirischen Karikatur englischer Herkunft tritt eine besondere Betonung des defäkierenden
     dicken Holländers zu Tage; vgl. Meyer: Die Ikonographie der Nation, wie Anm. 2, 117f.
7   Karl Immermann: Münchhausen. Eine Geschichte in Arabesken. In: ders.: Werke in fünf Bänden.
     Hrsg. von Benno von Wiese. Bd. 3. Frankfurt am Main 1972, 345.
8   Ebd., 331.
9   Ebd.

einen[10] Bestandteile des von May weitertradierten Formenkreises relativ grober Groteske.

Der dicke, gelbgekleidete Mann ist ein Holländer, ein gewisser Mynheer van Streef. Van Aardappelenbosch wird als dicker und für Mays Verhältnisse ziemlich dezent, nämlich weiß gewandeter Holländer präsentiert. Bedenkt man die Grellfarbigkeit anderer Gestalten, der zeisiggrünen und roten,[11] dann könnte man fast auf den Gedanken kommen, May habe sich als Zeichen schlechten literarischen Diebsgewissens des kompensierenden reinen Weiß für die Kleidung seines Holländers bedient. Denn nachdem van Aardappelenbosch als immenser Esser vorgestellt worden ist (da er so dick ist, muss er über alle Maßen essen), wird als Begründung für sein Auftauchen am Ort des Geschehens von allen möglichen Argumenten ausgerechnet das gleiche wie in Immermanns Roman angegeben: Ein Arzt hat ihm aus Gesundheitsgründen zur Ortsveränderung geraten.[12]

Im Gegensatz zu Immermanns Holländer, der nach Süden beziehungsweise nach Südosten reist, befindet sich Mays Holländer auf der Reise nach Norden.[13] Und während der dicke van Streef sehr blass aussieht, glänzt van Aardappelenboschs Gesicht *in dunkler Röte*.[14]

Zu diesen Umkehrungen, die dem typischen Umgang Mays mit seinen Vorlagen entsprechen, tritt noch metafiktionaler Witz. Denn was meint van Aardappelenbosch zu seiner Gesichtsfarbe? *Früher glich ich im Gesicht der hellen Sonne*,[15] was sich durchaus als intertextuelle Replik auf die Blässe von Immermanns Holländer lesen lässt.

Van Aardappelenboschs erster Auftritt, der ihn als großen Esser zeigt, zeichnet sich zunächst dadurch aus, dass der Holländer eine Schimpfkanonade

---

10 Vgl. hierzu vom Verfasser: »Maskulinum oder Femininum«? Die kleinen Helden und ihr ›weiblicher Aspekt‹. Zu Karl Mays Figurenzeichnung ›komischer Abnormer‹: Von Männern und Masken. Ein Überblick. In: Rollenspiele – Karl May in Linz. Hrsg. von Markus Kreuzwieser. Linz 2001 (= Literatur im StifterHaus Bd. 14), 53–64. – Vor die maskuline Holländer-Figur setzte May übrigens die weibliche, die dicke Hanje Kelder, die im *Kiang-lu* (1880/81), acht Jahre vor *Kong-Kheou* erschienen, ein kurzes Gastspiel gibt und männlich-tapferes Verhalten an den Tag legt. Auch sie ist eine starke Esserin, auch sie ist eine komische Figur, auch sie ist, als Bedienstete in einem westlichen Haushalt in China, mit dem Kaufmannsstand verbunden. (Vgl. GR XI, 188–191, 196–199, 202–204.)

11 Zeisiggrün: Holbers und Hammerdull in *Old Surehand II*; rot: Doktor Morgenstern und sein Diener-Gefährte Fritze Kiesewetter in *Das Vermächtnis des Inka*.

12 Vgl. HKA III.2, 72 und Immermann, wie Anm. 7, 332. – Der dicke Holländer muss abnehmen, und ein Arzt gibt ihm Mittel und Ratschläge dazu: das scheint sich im 19. Jahrhundert zu einem festen Bestandteil des Topos entwickelt zu haben. Eine andere Lösung als die des ausgiebigen anstrengenden Reisens zitiere ich im Anhang zu diesem Beitrag.

13 Vgl. Immermann, wie Anm. 7, 332, und HKA III.2, 72.

14 Vgl. Immermann, wie Anm. 7, 331, und HKA III.2, 63.

15 HKA III.2, 72.

loslässt, die so intensiv ist wie im weiteren Verlauf der Handlung nie wieder.[16]
Auch dieser Zug ist durch Immermanns ›Münchhausen‹ vorgegeben. Als
Mynheer van Streef nämlich von seiner Reise zurückkommt, diagnostiziert
sein Arzt, er sei noch genauso krank wie vor derselben und müsse, um den
Tod abzuwenden, von Neuem auf Reisen gehen, was bei dem Dicken »eine
solche Flut von Scheltreden« auslöst, dass der Erzähler »über den Reichtum der
Landessprache in derartigen Wendungen erstaunen« muss.[17] Immermann gibt
keine Kostproben davon – eine Lücke, die May mit seiner Vorliebe für Sprachproben nur zu gerne schließt.

Dies bedeutet, kurz resümiert, dass Mays van Aardappelenbosch anfänglich
sehr deutlich in den Spuren besonders seines ›Vorläufers‹ aus Immermanns
Roman geht. May stattet seine Figur bei ihrer Introduktion, Lesererwartungen
bedienend, mit einem Set von Eigenheiten aus, die dem tradierten Holländer-
Bild klischeehaft entsprechen. Dass der Text von Karl May, dem münchhau-
sischen Erzähler, dabei justament eine große Nähe zu einer Münchhausen-
Fabuliererei zeigt, ist eine vielleicht sogar gewollte metafiktionale Pointe von
hohen Schelmen-Graden.

Das von Herman Meyer festgestellte Holländer-Bild löst sich in Karl Mays
Kong-Kheou nach der figurengeschichtlich traditionellen Einführung van
Aardappelenboschs zugunsten einer eigenen Form von Abenteuer-Groteske
auf. Der philisterhafte Zug der Klischee-Figur verliert sich. Das Liebenswert-
Kuriose gewinnt die Oberhand. Am Ende der Abenteuer schließt sich der
Kreis unter Reduktion der vorurteilsbelasteten Klischee-Züge: das Phlegma
verschwindet, das Rentierdasein hat ein Ende, keine Verdrießlichkeit ist zu
spüren – bürgerlich-kapitalistische Normalität tritt in ihre Rechte, als van
Aardappelenbosch wieder Lust am Leben als Kaufmann findet.[18]

Karl Mays 口廾 *oder Kong-Kheou, das Ehrenwort* erschien 1888/89. Drei Jahre zuvor, 1885, war auf Deutsch ›Keraban der Starrkopf‹ von Jules Verne
(1828–1905) veröffentlicht worden, ein Roman um eine – wie üblich bei Verne –
außergewöhnliche, ja verrückte Reise. Diesmal führt sie rund ums Schwarze

16 Vgl. ebd., 65f.
17 Immermann, wie Anm. 7, 338.
18 Vgl. HKA III.2, 532f.

Meer mit Ausgangs- und Zielpunkt Konstantinopel. Dort besucht der eben-
so wohlhabende wie wohlbeleibte und reichlich phlegmatische holländische
Kaufmann Jan van Mitten seinen türkischen Kaufmannsfreund, den reichen
Keraban.[19] Gründet van Aardappelenboschs Reichtum auf Tabak und Reis, in
Fernost, auf Java erworben,[20] ist es bei van Mitten nur Tabak, den er impor-
tiert. Beide sind Mitte vierzig. Philisterhaft verhält sich auch schon van Mitten
nicht mehr, sondern agiert ebenfalls wie Aardappelenbosch in einer Abenteuer-
Groteske. Die freilich von anderer Art ist als die Karl Mays. Aber selbst der
Schimpfkanonade begegnen wir bei Verne, und in welcher komisch-pfiffigen
Variante: Van Mitten ist mit seinem Diener Bruno auch deswegen nach Konstantinopel gereist, um den Streitereien mit seiner Gattin zu entfliehen und
sich davon zu erholen. Der Gipfelpunkt der Streitereien war erreicht, als sich
das Ehepaar wegen wertvoller Tulpenzwiebeln in die Wolle bekam, wobei van
Mittens komplette kostbare Tulpenzwiebelsammlung draufging, weil sie sich
gegenseitig mit den Zwiebeln bewarfen. Gekostet hat dieser Streit den Kaufmann 25000 Gulden, und er kommentiert dies mit Worten, die den Streit als
wortlos-wortreiche gegenseitige Beschimpfung kenntlich machen: Weit mehr
habe ihn das gekostet, »als wenn wir uns nur Injurien an den Kopf geworfen
hätten, wie die haushälterischen Helden Homers«.[21]

Wir sehen: Das Klischee vom dicken Holländer war auch in der französischen Literatur nicht unbekannt. Und wenige Jahre vor May bereits auf dessen
Motiventwicklungsstand.[22]

Vernes Variante der Abenteuer-Groteske: Keraban will nicht einsehen, eine
neue Steuer für die Überquerung des Bosporus entrichten zu müssen, geringe
zehn Para pro Nase. Nein, er ist eben ein Sturkopf und fährt, um die asiatische
Seite Konstantinopels zu erreichen, lieber einmal rund ums Schwarze Meer
(übers Wasser will er nicht, da er bereits auf kürzester Strecke seekrank wird)
und schleppt dabei van Mitten mit. Begleitet werden sie jeweils von einem
Diener. Derjenige Kerabans, Nizib, würde gut ins Figurenarsenal Mays passen,

19 Vgl. Julius Verne: Keraban der Starrkopf. Bd. 1. Wien / Pest / Leipzig 1887 (= Bekannte und unbe-
    kannte Welten. Abenteuerliche Reisen von Julius Verne Bd. 43), 7–11. – Erwähnung von Vernes
    dicken Holländern (vgl. Anm. 22) schon bei Thomas Kramer: Micky, Marx und Manitu. Zeit- und
    Kulturgeschichte im Spiegel eines DDR-Comics 1955–1990. Berlin 2002, 132–134 (Einflüsse Mays
    und Vernes auf den DDR-Comic).
20 HKA III.2, 71.
21 Verne, wie Anm. 19, 140.
22 Jules Vernes Sohn Michel (1861–1925) griff in seinem unter dem Namen seines Vaters erschienenen
    Roman ›Reisebureau Thompson und Comp.‹ (entstanden 1895/96, veröffentlicht 1907) das Klischee
    vom reisenden dicken Holländer in Gestalt eines Herrn van Piperboom noch einmal auf. – Piper-
    boom, Peeperkorn, Aardappelenbosch: bei den sprechenden Namen scheinen die aus dem Pflan-
    zenreich genommenen zu überwiegen.

denn er besitzt eine jener komisch wirken sollenden sprachlichen Eigenheiten,
die May so häufig zur Figurenzeichnung einsetzte. Nizib wiederholt nach jeder
Rede Kerabans, von der er sich angesprochen fühlt, zustimmend die letzten
Worte seines Herrn.

◆

»Sonderbare Erde, und noch sonderbarere Menschen darauf!« [23]

*»Jawohl!« seufzte der Dicke, indem er sich mit beiden Händen liebkosend über den Bauch strich. »Damals aß ich für
twaalf Männer, jetzt aber esse ich niet mehr für eenen halfen!«*

Anhang

L[uise] Mühlbach:[24] Napoleon und der Wiener Congreß. Zweite Auflage. Berlin 1861 (= Napoleon in Deutschland Bd. 4), 295f.:

Das Diner beim Fürsten Ligne.

[…]

Ich sage Ihnen, meine Freunde, rief der Fürst, als er im Kreise der neun Herren, die er geladen, um den runden Tisch des Eßsalons Platz genommen, ich sage Ihnen, Sie werden heute bei meinem Tisch Gelegenheit finden, sich von den merveilleusen Diners zu erholen, denen Sie täglich beiwohnen, und welche Ihnen zuletzt doch nur Langeweile und Indigestionen machen werden. Ich hatte mir daher vorgenommen, an Ihnen zum Wohlthäter zu werden und sie zu kuriren, wie jener Franzose den Holländer kurirte, dem er auf dem Wege nach Paris in der Postkutsche begegnete. Der Franzose war ein vornehmer, mächtiger Staatsbeamte, den einmal die Laune anwandelte, Incognito in der Diligence zu fahren, und der auf dieser Fahrt den reichen dicken Holländer traf. Sie wurden bald vertraut mit einander und der Holländer gestand seinem neuen Freunde, daß er sich nach Paris begebe, um sich von dem Doctor Peyronnet für hundert Ducaten das Geheimmittel zu kaufen, wie man aus einem Falstaff sich in einen Adonis verwandeln könne, was allerdings dem ungeheuren Wanst des Holländers eine sehr willkommene Verwandelung gewesen sein würde. »Mein Herr,« sagte der Franzose, »der Doctor Peyronnet ist ein Betrüger, sein Geheimmittel ist nur darauf berechnet, Sie um hundert Dukaten, aber nicht um ein einziges Pfund Fleisch leichter zu machen. Ich weiß indessen ein unfehlbares Mittel, Sie Ihres Ueberflusses zu entäußern, und Sie in einen schlanken Jüngling zu verwandeln. Einen Tag nach unserer Ankunft in Paris will ich es Ihnen mittheilen, bis dahin genießen Sie Ihres Daseins und seien Sie froh.« – Am Tage nach ihrer gemeinsamen Ankunft in Paris erwartete der Holländer seinen französischen Freund vergebens, statt seiner erschienen einige Häscher, die eine *lettre de cachet* vorzeigten, und ihn trotz seines Sträubens und der Betheuerungen seiner Unschuld in der vor dem Hause bereitstehenden, dicht verschlossenen Kutsche nach der Bastille brachten. Dort saß der Unglückliche zwei Monate in einem elenden niedrigen Gefängniß, und nicht allein die elende Kost, die in nichts Anderem bestand, als in Wasser und Brod, sondern auch der Zorn, der Gram, die Wuth machten ihn so mager, wie nur je das Geheimmittel des Doctors Peyronnet es vermocht haben würde. Nach zwei Monaten endlich öffneten sich die Pforten seines Gefängnisses eben so geheimnißvoll,

---

24 Luise Mühlbach, Pseudonym von Clara Müller, verheiratete Mundt (1814–1873), äußerst produktive Erzählerin historischer Stoffe.

wie sie sich ihm geschlossen hatten. Der Holländer war frei, und sein
erster Gang war zu seinem mächtigen, französischen Freund, den er
beschwor, ihm Gerechtigkeit und Genugthuung zu verschaffen für den
Frevel, den die französische Regierung an ihm begangen. Der Franzose
sah ihn erstaunt und lächelnd an. »Mein Freund,« sagt[e] er, »weder
die Regierung, noch Ihre Feinde haben Sie in die Bastille gebracht,
sondern ich allein. Versprach ich Ihnen nicht, Ihnen einen Tag nach
unserer Ankunft in Paris ein Mittel zu geben, das Sie schlank machen
sollte, ohne Ihnen hundert Dukaten zu kosten? Nun wohl, mein Herr,
ich habe mein Wort gehalten! Dank meinem Mittel, sind Sie schlank
geworden, wie ein Adonis, das hat Ihnen durchaus nichts gekostet.« Der
Holländer warf seinem Freunde einen Blick der Verachtung zu, und verließ ihn, ohne ihm für die empfangene Wohlthat zu danken.

Ausgangspunkt dieser Anekdote ist die Mitteilung des 1774 gestorbenen
Wundarztes George Arnauld in seinen ›Mémoires de chirurgie‹ (London 1768,
2. Teil, 416f.), der Chirurg Rhotonet habe im Jahre 1718 in Paris den Nabel-
bruch eines schwergewichtigen Patienten operiert und dabei eine erhebliche
Menge Bauchfett mit entfernt. Worauf das Gerücht entstand, der Patient habe
sich der Operation unterzogen, um abzumagern.

Hieran schließt sich die verschiedentlich in populärwissenschaftlich gehal-
tenen medizinischen Werken wiedergegebene Geschichte vom dicken Holländer an:

Diese so entstellte Thatsache wurde bald in ganz Europa bekannt.
Ein reicher und außerordentlich fetter Holländer entschloß sich, nach
Paris zu reisen, und sich dort mager machen zu lassen. Einige Stunden
von Paris begegnete ihm ein französischer Edelmann, dessen Wagen
zerbrochen war; der Fremde bot ihm einen Platz in dem seinigen an,
und erzählte ihm unterwegs die Absicht seiner Reise. Der Edelmann
erschrak über den Leichtsinn und die Gefahr einer solchen Cur, und
erdachte ein anderes Heilmittel. Als sie in Paris anlangten, suchte er um
einen Verhaftsbefehl nach, und am andern Morgen wurde der Patient
in die Bastille gebracht. Er blieb in ihr ½ Jahr lang, bei Wasser und
Brot, eingekerkert; er durfte selbst mit Niemand correspondiren. Als er
nach dieser Zeit schlank und sehr mager geworden war, gab man ihm
seine Freiheit wieder, und da er diese dem zu verdanken glaubte, der ihn
derselben beraubt hatte, so dankte er ihm dafür, aber er vergaß nicht,
gleichzeitig gegen den willkürlichen Befehl zu reclamiren. »Ich,« erwiederte dieser, »habe Sie einschließen und eine so strenge Diät halten lassen; Sie waren nach Paris gereist, um sich mager machen zu lassen, und
ich wollte dieses Amt übernehmen, und Sie sehen, daß ich glücklichen
Erfolg gehabt habe, und daß sogar [I]hre Hoffnung übertroffen ist.«

Der zufrieden gestellte Holländer klagte nicht mehr, umarmte seinen
Wohlthäter und verließ in aller Eile ein Land, welches das Genie gehabt
hatte, die geheimen Verhaftsbefehle zu erfinden.[25]

---

25 G. D. Regneller: Die Fettleibigkeit und Magerkeit, ihre Ursachen und ihre gründliche Heilung
    durch Diät und andere Mittel. Eine populär-medicinische Schrift. Nach der elften französischen
    Original-Auflage bearbeitet. Quedlinburg / Leipzig 1839, 37.

Aus dem fernen Osten

Die Bonin-Inseln

Zur Quellenlage einer geographischen Schilderung in *Der Kiang-lu*

Sucht man nach Vorlagen für Karl Mays geographische Schilderungen zu
Beginn seiner Erzählung *Der Kiang-lu* (1880),[1] glaubt man in den Reiseerinnerungen des deutschen Naturforschers, eines ausgezeichneten Ornithologen,
und außerdem noch Psychologen Friedrich Heinrich von Kittlitz (1799–1874)
fündig zu werden,[2] der die weltumsegelnde Expedition unter der Leitung von
Fjodor Petrowitsch Graf Lütke (1797–1882) mitgemacht hatte.

 Doch die kleinen Abweichungen Mays gegenüber von Kittlitz' Text im
zweiten Band seiner ›Denkwürdigkeiten einer Reise nach dem russischen
Amerika, nach Mikronesien und durch Kamtschatka‹,[3] die man zunächst als
Bearbeitungsspuren von Mays Hand gedeutet haben mag, erweisen sich als
exakte Übernahmen aus der tatsächlichen Quelle, nämlich Georg Hartwigs
(1813–1880) Kapitel zu den Bonin-Inseln in seiner Kompilation ›Die Inseln des
großen Oceans im Natur- und Völkerleben‹.[4] Bereits ein Textbeispiel dürfte
als Nachweis genügen:

[...] *zeigte sich der Eingang zu einer schmalen, tiefen Bucht, ganz umschlossen von senkrechten Basaltmauern, reich an Höhlen und Riffen, von Farbe teils gelblichgrau, teils braunschwarz, doch oben und auf allen Vorsprüngen*	[...] zeigte sich der Eingang einer tiefen schmalen Bucht, ganz umschlossen von senkrechten Basaltmauern, reich an Höhlen und Riffen, von Farbe theils gelblich grau, theils braunschwarz, doch oben und auf allen	[...] zeigte sich uns eine schmale, tiefe Bucht zu den Füßen der Höhe, ganz umschlossen von senkrechten Wänden eines basaltischen Gesteins, das mit Lava viel Aehnlichkeit hat; es ist reich an Höhlen und Rissen,

---

1 Karl May: *Der Kiang-lu.* In: GR XI, 69–318. Stellenverweise im Text.
2 Hinweis auf von Kittlitz' Schilderungen als Quelle Mays bei: Erwin Koppen und Helmut Lieblang: [Werkartikel] *Am Stillen Ocean.* In: Karl-May-Handbuch. Hrsg. von Gert Ueding in Zusammenarbeit mit Klaus Rettner. Zweite erweiterte und bearbeitete Auflage. Würzburg 2001, 188.
3 Vgl. F. H. von Kittlitz: Denkwürdigkeiten einer Reise nach dem russischen Amerika, nach Mikronesien und durch Kamtschatka. 2 Bde. Gotha 1858, 2. Bd., 164–191.
4 Vgl. Georg Hartwig: Die Inseln des großen Oceans im Natur- und Völkerleben. Wiesbaden
  1861 und 1871, 534–544 (34. Kapitel: »Die Bonin Inseln«). Zitatnachweise mit Kürzel »Ha« im
  Text. – Nach der Niederschrift dieser Untersuchung wurde der tatsächliche Quellenzusammenhang benannt in Helmut Lieblang und Bernhard Kosciuszko: Geografisches Lexikon zu Karl May.
  Bd. 2.1: Asien – Ozeanien. Husum 2016, 126–131.

mild und heiter verziert und behangen von grünendem Strauchwerke und schönblumigen Rankengewächsen.

Bei einer aus kolossalen, rundlichen Blöcken sehr auffallend zusammengesetzten Felsenwand krümmte sich die schmale Durchfahrt nach Norden hin, und bald darauf zeigte sich eine schmale Bucht mit sandigen Ufern, deren Hintergrund dicht mit Wald bewachsen war. (72)

Vorsprüngen heiter verziert und behangen mit grünem Strauchwerk und schönblumigen Rankengewächsen. [...]
Bei einer aus kolossalen rundlichen Blöcken sehr auffallend zusammengesetzten Felsenwand krümmte sich die schmale Durchfahrt nach Norden hin und bald darauf erschien eine kleine Bucht mit sandigen Ufern, deren Hintergrund mit Wald bewachsen war. (Ha 536)

von Farbe theils gelblich grau, theils brandschwarz.

Bei einer solchen Felsenwand, die aus kolossalen rundlichen Blöcken sehr auffallend zusammengesetzt erschien, krümmte sich die schmale Durchfahrt nach Norden hin und bald darauf lag eine kleine Bucht mit sandigen Ufern, deren Hintergrund mit Wald bewachsen war, vor uns.[5]

Es ist offensichtlich: Bei Hartwig unterlaufen Transkriptions- oder Setzerfehler (sinnentstellend »Riffe« in Basaltmauern statt »Riſſe«; »brandschwarz« wird aufgehellt zu »braunschwarz«), die May unbesehen übernimmt. Fügt Hartwig gegenüber von Kittlitz etwas hinzu, folgt May, gelegentlich steigernd (»heiter verziert« > *mild und heiter verziert*; »mit Wald bewachsen« > *dicht mit Wald bewachsen*), jenem und nicht diesem (Zusatz des Strauchwerks und der Rankengewächse). Weicht Hartwig im Satzbau von von Kittlitz ab oder kürzt dessen Wortlaut, folgt May auch darin Hartwig.

Obwohl damit klar ist, dass Georg Hartwigs Wiedergabe der Aufzeichnungen Friedrich Heinrich von Kittlitz' Karl May als Kopiervorlage diente – Hartwig seinerseits arbeitete immerhin die entsprechenden Abschnitte aus von Kittlitz' Werk unter starker Kürzung zoologischer Mitteilungen durch –, wird man nicht entscheiden können, ob May die eine oder die andere textidentische Buchausgabe benutzt hat, die von 1861 oder die von 1871 – oder den abgesehen von Druckfehlern ebenfalls textidentischen Abdruck unter dem Titel »Die Bonin-Inseln« in der von W. O. von Horn (= Wilhelm Oertel, geboren in Horn / Hunsrück, 1798–1867) herausgegebenen Zeitschrift ›Die Maje‹, die an gleichem Ort und im gleichen Verlag (Wiesbaden: Kreidel & Niedner) wie die beiden Bücher erschien.[6]

---

5   Von Kittlitz, wie Anm. 3, 166.
6   Vgl. G. Hartwig: Die Bonin-Inseln. In: Die Maje. Ein Volksblatt für Alt und Jung im deutschen Vaterlande. 3. Jg. (1860), 166–173.

Synopse

Im Folgenden stelle ich Karl Mays Text demjenigen von Hartwig in der Buchausgabe gegenüber und gehe anschließend auf das ein, was May von Hartwigs Text um- und an anderer Stelle seiner Erzählung eingebaut hat.

Auf eines sei vorab schon hingewiesen: Während Georg Hartwig keinen Hehl daraus macht, dass er Erlebnisse Friedrich Heinrich von Kittlitz' erzählt, und mehrfach ausdrücklich darauf hinweist, nennt May nur Lütkes Namen und ignoriert konsequent von Kittlitz – zwecks Verwischen von Spuren, die zu seiner Quelle führen könnten, darf man mit einiger Sicherheit annehmen. Denn mehr als einmal schreibt er bewusst etwas, das von Kittlitz unternahm – so Hartwig mit Nennung des Namens Kittlitz –, Friedrich Lütke (Fjodor Litke) zu oder wählt eine unpersönliche *man*-Formulierung, nur um eine Erwähnung des quellenverräterischen Namens zu vermeiden.

Immerhin lässt sich Mays einleitende Erzähler-Frage an die Leser, ob ihnen Reiseberichte aus jener Region bekannt seien, die nun Schauplatz der Handlung werden wird, als dezente Andeutung verstehen, dass in der Folge Kenntnisse aus solchen vorgetragen werden – wenn auch nicht derart wörtlich.

Anfang und Ende: Karl May beginnt mit einer Paraphrase, einschließlich direkter Übernahmen, des letzten Absatzes von Hartwigs Kapitel über die Bonin-Inseln. Hier im Vergleich:

Kennt der freundliche Leser vielleicht aus Reisebeschreibungen oder auch nur aus der Karte diese liebliche Inselgruppe, welcher aus dem Seeverkehre zwischen Kalifornien und China eine bedeutende Zukunft erblühen wird?	Für die Dampfboote, die in nächster Zukunft zwischen China und Californien fahren sollen, wird Port Lloyd eine der wichtigsten Kohlenstationen sein, da es fast in gerader Linie zwischen Schanghai und den Sandwich-Inseln ungefähr ein Drittel des Weges von ersterem entfernt liegt. Eine der
Die einsame, verborgen im großen Weltmeere gelegene Wasserfee wird berührt werden von einer der großen See- und Handelsstraßen und	großen Handelsstraßen der Welt wird diesen Punkt berühren, der seit Jahrtausenden unbekannt und unbewohnt in der romantischen Abgeschiedenheit eines unbesuchten Oceanes verborgen lag, wird ihm Bevölkerung, Reichthum, Berühmtheit schenken.
von ihr Bevölkerung, Reichtum und Berühmtheit erlangen, dafür aber auch leider den poetischen Zauber ihrer einsamen Ruhe verlieren, der einen Anziehungspunkt für manchen Schiffer bildete, welcher den Wal im hohen Norden jagte und sich nach dem gesunden Grün eines festen Landes sehnte. (70)	Aber der poetische Zauber der einsiedlerischen Ruhe ist schon jetzt von ihm gewichen, und vergebens würde man sich nun in jener malerischen Bucht nach dem ungestörten Naturfrieden und der herzlichen Gastfreiheit eines deutschen Robinson's umsehen, welche vor dreißig Jahren die Weltumsegler dort so freundlich begrüßten! (Ha 544)

Danach kehrt May an den Anfang von Hartwigs Darstellung zurück und hält sich immer enger an den Wortlaut dieser Quelle, bis er bei einer Eins-zu-Eins-Übernahme landet. Einige Textpassagen überspringt er, um sie später in Dialoge zwischen dem Erzähler und Kapitän Frick Turnerstick einzubauen, auf dessen Barke ›The wind‹ der Charley genannte Erzähler den Pazifik durchschifft.

Wer den weiten Ozean durchschifft hat, welcher seine Fluten zwischen Amerika und Asien wogen läßt; wer die Beschwerlichkeiten, Anstrengungen und Entbehrungen einer solchen Reise aus eigener Erfahrung kennen gelernt hat und – ringsum nichts als Wasser schauend – sich Tag für Tag sehnte nach einem Fleckchen Grün, an welchem das müde Auge sich ausruhen und der an den bekannten Schaukelschritt der Seefahrer gewöhnte Fuß eine feste Stütze finden möchte, der wird die unendliche Freude ermessen können, welche der russische Weltumsegler Lütke mit seinen Mannen empfand, als er am 1. Mai 1828 die Bonin-Inseln erblickte, deren Aufsuchung und nähere geographische Bestimmung mit zu den Aufgaben der Expedition gehörte.

Auf seinen Fahrten durch den weiten Ocean ein ganz unerwartetes Paradies zu finden; die üppigste, noch von keinem Seefahrer beschriebene Waldinsel, von romantischen Felsengestaden umschlossen – und zwar nicht im Fluge sie zu beschauen, sondern bei längerem Verweilen das liebliche Bild recht tief in die Seele aufzunehmen – welch seltenes Glück für einen Naturfreund und Künstler!

Eine solche beneidenswerthe Gunst des Schicksals ward Herrn von Kittlitz, dem Begleiter des russischen Weltumseglers Lütke zu Theil, als er im n o r w e s t l i c h e n g r oß e n Ocean zwischen den Marianen und Japan früh Morgens am 1. Mai 1828 die Bonin's Inseln erblickte, deren Aufsuchen und nähere geographische Bestimmung mit zu den Aufgaben der Expedition gehörten. Ein schöner Mai- und Morgengruß, lieber Leser, wie uns schwerlich ein ähnlicher je wird zu Theil werden!

Er sah vier aus steilen Gebirgsmassen bestehende Gruppen, deren einzelne Inseln so nahe beieinander lagen, daß man sie von weitem schwer zu zählen vermochte. Man steuerte auf die nächste zu, die mit Ausnahme der nackten Felsen des Ufers überall schön bewaldet erschien.

Es waren vier aus steilen Gebirgsmassen bestehende Gruppen, deren einzelne Inseln so nahe bei einander lagen, daß man sie von weitem schwer zu zählen vermochte. Man steuerte auf die zunächst liegende zu, die mit Ausnahme der nackten Felsen des Ufers überall schön bewaldet erschien, und folgte der westlichen Küste in voller Arbeit sie geographisch aufzunehmen. Während die ganze Aufmerksamkeit der auf diese Weise beschäftigten Seefahrer auf die zahlreichen Berggipfel und Vorsprünge gerichtet war, zog Herrn von Kittlitz die Betrachtung des schönen Waldwuchses ganz besonders an, und so kam es, daß er eine dünne Rauchsäule, die auf einem von dahintenliegenden Höhen weit überragten Vorgebirge aus den Laubmassen emporstieg, eben noch

Da bemerkte man eine dünne Rauchsäule, die aus den Laubmassen eines nahen Vorgebirges emporstieg, welches von den dahinterliegenden Höhen weit überragt wurde.

Lütke wußte, daß diese Inseln bisher unbewohnt gewesen waren; es konnten daher nur Schiffbrüchige sein, von deren Feuer dieser Rauch abstammte. Da wurde neben dem Feuer eine kleine englische Flagge aufgehißt, und Lütke sandte ein Boot mit Lebensmitteln ab, um die jedenfalls halb Verschmachteten sofort erquicken zu können.

Den Leuten im Boote zeigte sich ein reizendes Landschaftsgemälde. Steile, wild zerklüftete Felsen, in phantastische Formen zerrissen und oft von natürlichen Tunnels durchbrochen, sprangen kühn ins Meer hinaus, und weiter hinein bedeckte eine prachtvolle Palmenwaldung die schroff aufsteigenden Höhen.

Das Boot wurde natürlich nach der Rauchsäule hingesteuert, und als es dem Ufer so nahe gekommen war, daß dessen Felswände den Leuten die Aussicht auf den Hintergrund benahmen, zeigte sich der Eingang zu einer schmalen, tiefen Bucht, ganz umschlossen von senkrechten Basaltmauern, reich an Höhlen und Riffen, von Farbe teils gelblichgrau, teils braunschwarz, doch oben und auf allen Vorsprüngen mild und heiter verziert und behangen von grünendem Strauchwerke und schönblumigen Rankengewächsen.

wahrnahm, als das Schiff schon im Begriff stand daran vorüberzusegeln.

Eine Rauchsäule! was lag denn so seltsames, unerwartetes in dieser für uns so alltäglichen Erscheinung? weßhalb richtete Lütke sein Fernrohr auf den Punkt? und weßhalb schickte er sofort ein Boot mit Lebensmitteln ab, als er eine kleine englische Flagge neben dem Feuer wehen sah? Er wußte, daß sämmtliche Inseln unbewohnt waren; es konnten daher nur Schiffbrüchige sein, die vielleicht einer schleunigen Hülfe bedurften, und trotz der beträchtlichen Entfernung und der schon vorgerückten Tageszeit sollte ihnen geholfen werden, noch ehe die Nacht sich senkte.

Kittlitz schloß sich dieser menschenfreundlichen Nachenfahrt an, gewiß einer der interessantesten, die man sich denken kann, denn eine neue Welt lag vielversprechend vor ihm, und mit jedem Ruderschlage entfaltete sich ein immer reizenderes Gemälde. Steile, wild zerrissene Felsen, in phantastischen Formen zerklüftet, und oft von natürlichen Tunnels durchbrochen, sprangen kühn in's Meer vor, und weiter hinein bedeckte die schroff ansteigenden Höhen eine prachtvolle Waldung, in der zahlreiche Palmen von zwei leicht zu unterscheidenden Arten den Ankommenden ihre Grüße zunickten.

Natürlich steuerte das Boot grade nach der Rauchsäule hin, und als es dem Ufer so nahe gekommen war, daß dessen Felswände ihm die Aussicht auf jene benahmen, zeigte sich der Eingang einer tiefen schmalen Bucht, ganz umschlossen von senkrechten Basaltmauern, reich an Höhlen und Riffen, von Farbe theils gelblich grau, theils braunschwarz, doch oben und auf allen Vorsprüngen heiter verziert und behangen mit grünem Strauchwerk und schönblumigen Rankengewächsen. Wie schade, daß diese reizende Scene uns so fern liegt! daß, um sie möglicher Weise zu sehen, wir uns entschließen müssen, Weltumsegler oder Walfischfänger zu werden!

»Natürliche Grotte
auf den Bonin-Inseln.«

Bei einer aus kolossalen, rundlichen Blöcken sehr auffallend zusammengesetzten Felsenwand krümmte sich die schmale Durchfahrt nach Norden hin, und bald darauf zeigte sich eine schmale Bucht mit sandigen Ufern, deren Hintergrund dicht mit Wald bewachsen war.

Hier warteten am Strande bereits zwei Männer in englischen Matrosenkleidern, aber sie waren barfuß. Sie hatten bei der Annäherung des Bootes die Höhe verlassen und bezeichneten durch Winke den Ort, an welchem man landen sollte. Wie staunten die Insassen des Fahrzeuges, als sie von dem älteren der beiden Männer in deutscher Sprache angeredet wurden! Ein langer, blonder Bart gab ihm ein außerordentlich stattliches und ernstes Aussehen, und er empfing die Landenden nicht mit der Miene eines Notleidenden, sondern mit der eines Mannes, der von keinem Menschen etwas zu erbitten hat. Er war ein deutscher Landsmann aus Pillau, der schon seit dreißig Jahren als Seemann das Meer unter englischer Flagge gepflügt hatte. Dieser, wie man wohl sagen darf, weit verschlagene Mann, und sein Begleiter, welcher ein junger Norwege war, hatten zur Mannschaft des Walfängers ›Williams‹ gehört, der vor zwei Jahren in dieser Bucht während eines fürchterlichen Orkanes von seinen Ankern gerissen worden und an den benachbarten Felswänden im Innern der

Bei einer aus kolossalen rundlichen Blöcken sehr auffallend zusammengesetzten Felsenwand krümmte sich die schmale Durchfahrt nach Norden hin und bald darauf erschien eine kleine Bucht mit sandigen Ufern, deren Hintergrund mit Wald bewachsen war. Hier warteten schon am Strande zwei Männer von europäischer Gestalt, gekleidet wie englische Matrosen, aber barfuß, die durch Winke den Landungsplatz bezeichneten; sie hatten bei der Annäherung des Boots die Höhe verlassen. Wie staunte Kittlitz, als der ältere dieser Männer, dessen langer blonder Bart ihm ein stattliches patriarchalisches Ansehen gab, ihn d e u t s c h anredete und sich sofort als einen Landsmann aus Pillau zu erkennen gab, der schon seit dreißig Jahren dem Seemannsberuf unter englischer Flagge oblag. Dieser, man darf wohl sagen, weit verschlagene Mann, und sein Begleiter, ein junger Norwege, gehörten zur Mannschaft des Walfängers W i l l i a m s, der etwa zwei Jahre früher in dieser selben Bucht während eines fürchterlichen Orkans von seinen Ankern gerissen worden und an den benachbarten Felswänden im Innern der Bai gescheitert war. Damals rettete sich die ganze Mannschaft an's Land, ward aber bald nachher von einem andern für das nämliche Haus fahrenden Walfänger an

»South East Bay, Peel Island.«

Bai gescheitert war. Damals rettete sich die ganze Mannschaft an das Land, ward aber bald darauf von einem für das nämliche Haus fahrenden Walfänger an Bord genommen, wobei Wittrin und Petersen (so hießen die beiden) sich die Erlaubnis erwirkten, auf dem romantischen Eilande zu bleiben und bis zur Ankunft eines andern Schiffes eine gemütliche Robinsonade in das Werk zu setzen.

Bord genommen. Nur Wittrin und Petersen (so hießen die Beiden) entschlossen sich auf dem romantischen Eilande zu bleiben und dort bis zur abermaligen Rückkehr des Schiffes ein gemüthliches Robinsonleben zu führen. Sie hatten ungefähr ein Jahr in der Einsamkeit zugebracht, als Capitän Beechey die Bonin's Inseln besuchte und für England in Besitz nahm, eine Nachricht die Lütke hier zuerst erfuhr, und die ihm nichts weniger als angenehm war, da der kleine Archipel auch für Rußland's Länderappetit recht gut gepaßt hätte.

Als im Herbste des nämlichen Jahres der erwartete Walfänger ausblieb, auch kein anderer sich sehen ließ, erwachte bei den Einsiedlern die Besorgniß, man möchte sie ganz vergessen haben, auch fürchteten sie, daß der Hafen durch die Nachricht von jenem Schiffbruch in Verruf gekommen sei, und sie nun vielleicht verurtheilt sein möchten, ihr ganzes Leben auf Bonin zuzubringen. Zwar war der Aufenthalt auf der menschenleeren Insel höchst angenehm, doch schaudert unter allen Umständen der Mensch vor einer lebenslänglichen Trennung von den Menschen – und namentlich wenn der Tod den Einen wegraffte, ein wie trauriges Loos stand dann dem Ueberlebenden bevor! Daher die Spannung, womit sie das große Schiff längs

der Küste hatten vorbeisegeln sehen, ihr
Eifer, es herbeizuwinken; die Freude mit der
sie das Boot empfingen!

Das ungefähr war der Inhalt des ersten
sehr lebhaften Gespräches der Einsiedler mit
den fremden Ankömmlingen, und die ersteren
führten die letzteren nach ihrer Wohnung, um
sie dort zu bewirten.

Das ungefähr war der Inhalt des ersten
lebhaften Gesprächs der Einsiedler mit den
Fremden, die sie nun Arm in Arm nach ihrer
Wohnung führten, um sie dort so gut als
möglich zu bewirthen.

Unter prachtvoll aufstrebenden Bäumen,
deren Kronen einander erst in beträchtlicher
Höhe berührten, während weiter unten der
auffallende Mangel an größeren Aesten einen
ziemlich freien Durchblick ermöglichte, so
daß das Ganze einer riesigen, mit herrlichen
Laubgewinden gezierten Säulenhalle glich, lag
sehr anmutig das kleine aus den Trümmern
des › Williams‹ gezimmerte Haus, vor welchem
ein artig angelegter Ziehbrunnen, aus einer
eingegrabenen Tonne bestehend, viel zu dem
wohnlichen Aussehen der kleinen Ansiedelung
beitrug.

Unter prachtvoll aufstrebenden Bäumen,
deren Kronen einander erst in beträchtlicher Höhe berührten, während weiter unten
der auffallende Mangel an größeren Aesten
einen ziemlich freien Durchblick zuließ, so
daß das Ganze einer riesigen mit herrlichen
Laubgewinden gezierten Säulenhalle glich,
lag sehr anmuthig das kleine, aus den Trümmern des »Williams« gezimmerte Haus, vor
dem ein artig angelegter Ziehbrunnen, aus
einer eingegrabenen Tonne bestehend, viel
zu dem wohnlichen Ansehen der bescheide-
nen Ansiedlung beitrug.

Die Schiffer hatten in menschenfreund-
licher Absicht Lebensmittel herbeigebracht,
um vermeintlich Notleidenden beizustehen,
doch sie waren selbst in den Schoß des Ueber-
flusses geraten, und statt mit mittelmäßigem
Schiffsproviant Hungrigen beizuspringen,
wurden sie nun mit dem delikatesten Abend-
essen bewirtet. Von den mehr oder weniger
zahmen Schweinen, welche die ländliche Scene
belebten, ward von den freundlichen Wirten
sogleich eines der fettesten geschossen; man lich-
tete den wohl versorgten Taubenschlag, und als
Zuspeise gab es mehlige Kartoffeln, erfrischen-
de Wassermelonen, welche der kleine Garten
liefern mußte,

Man hatte in menschenfreundlicher
Absicht Lebensmittel mitgebracht, um
Nothleidenden beizustehen, doch, angeneh-
me Ueberraschung! man war selbst in den
Schoos des Ueberflusses gerathen, und statt
mit mittelmäßigem Schiffsproviant Hungrigen zu helfen, sollte man nun mit dem
schmackhaftesten Abendessen bewirthet
werden. Denn von den mehr oder weniger zahmen Schweinen, welche die ländliche Scene belebten, ward sogleich von den
freundlichen Wirthen eines der fettesten
geschossen, sowie auch der wohl versorgte
Taubenschlag zu einer reichlichen Mahlzeit
gelichtet, der mehligen Kartoffeln und erfrischenden Wassermelonen nicht zu vergessen,
welche der kleine Garten zum Feste hergab.

Doch während dieses alles kocht oder
bratet und die angenehmsten Düfte verbreitet, die ein hungriger Magen sich wünschen
kann, benutzen wir die kurze Zeit, welche
die am Bergesabhange bereits steigenden
Schatten des Abends uns noch gewähren,
um einige Blicke auf die Umgebungen der
anmuthigen Robinsonskolonie zu werfen.

[Von May später in seinen Text übernommen – siehe weiter unten.]

Holundersuppe, frische Feigen und Maulbeeren, Pfannkuchen, Schildkröteneier und verschieden zubereitete Fische.

Die kleine mit den erwähnten hohen Bäumen und frisch grünendem Unterholz reich bewachsene überaus fruchtbare Fläche war in geringer Entfernung begrenzt von steilen waldbewachsenen Höhen, zwischen denen ein kleines Flüßchen oder Bächlein herabrieselte, denn erstere Benennung möchte wohl für den krystallenen Wasserfaden etwas zu anmaßend sein. Das Haus selbst lag in sehr geringer Entfernung vom Ufer des südlichen Theils der geräumigen Bai, welche Beechey, Port Lloyd genannt hat, und man sah vor der Thür desselben zwischen den Bäumen hindurch den steilen kegelförmigen Felsen, der den Haupteingang in diese Bucht bezeichnet. Breitkronige Catappen, *(Terminalia Catappa)* Feigen- und Maulbeerbäume von 14 Fuß Umfang, der tahitische Tamanu, dessen sehr dauerhaftes Holz dem brasilianischen ähnlich, und besonders die *Hernandia ovigera*, mit dickbuschigem, hellgelblichgrünem Laubwerk und feiner hellokergelben Rinde, zeichneten sich unter den höheren Gestalten des lieblichen Wäldchens aus, während im Unterholz die Pflanzenformen der heißen Zone mit denen der nördlichen gemäßigten sich malerisch vermählten, denn dort sah man zierliche Fächerpalmen (*Corypha japonica*) neben schönen Hollundern stehen, im Wuchs unserem Attich auffallend ähnlich. An Vögeln zur Belebung des Haines fehlte es keineswegs; an Tauben, Drosseln und Raben, und großen, mit prächtigem Roth bezeichneten Kernbeißern, die unter allen bekannten Arten dieser zahlreichen Familie den stärksten Schnabel haben (*Fringilla Papa Kittlitzii*).

Nun aber lud das aufgetragene Abendessen zwar zu gröberen, aber durchaus nicht zu verachtenden Genüssen ein – denn außer den bereits erwähnten schmackhaften Speisen dampften die vortrefflichsten Pfannkuchen der herbeigerufenen Gesellschaft entgegen. Sie bestanden aus den Eiern einer großen Seeschildkröte, dem feinen, wohlschmeckenden Fette dieses Thieres und gutem Weizenmehl, welches sich noch aus

Den Beschluß machte ein aromatischer Thee, welcher aus den Blättern des hier wild wachsenden Sassafras (Laurus Sassafras) *bereitet worden war. Die beiden Einsiedler hatten sich sehr an ihn gewöhnt, und auch von den Gästen wurde er als ganz köstlich befunden.*

Die Sorgfalt der Gastgeber ging sogar so weit, daß sie, weil ihr Tischgerät nicht für alle ausreichte, schnell einige Löffel improvisierten; es waren dies Muschelhälften, welche man an Stielen von Fächerpalmen befestigte. So schön weiß ein Robinsonleben den Erfindungsgeist zu wecken. Auch die innere Einrichtung der Hütte machte einen wohlthuenden Eindruck und zeugte von dem Ordnungssinn und den nicht ganz ungünstigen Verhältnissen ihrer Bewohner. Das Hausgerät, welches hauptsächlich aus Schiffskisten und den beiden Hängematten bestand, nahm sich ganz artig aus; auch bemerkte man einige vom Schiffe gerettete Bücher, die namentlich in langen Winterabenden die Abgeschiedenheit versüßt hatten.

Auch für die zur Abendlektüre so notwendige Beleuchtung war gesorgt, denn es fehlte nicht an Walrat, womit das verunglückte Schiff hauptsächlich beladen gewesen war.

den geborgenen Vorräthen des »Williams« vorfand. Ein aromatischer Thee aus den Blättern des hier häufig wachsenden Sassafras *(Laurus Sassafras)* an den sich die beiden Einsiedler sehr gewöhnt hatten, ward vorgesetzt, und auch von den Gästen köstlich befunden. Möchten doch alle Verschlagene und Schiffbrüchige es so gut treffen wie unsere Freunde Wittrin und Petersen: besseres wünsch' ich keinem, wenigstens rücksichtlich der Küche nicht!

Die Sorgfalt der guten Leute für ihre Gäste war so weit gegangen, daß sie, weil ihr Tischgeräth für alle nicht ausreichte, schnell einige Löffel aus Muschelhälften an Stielen von Fächerpalmenwedeln befestigt, improvisirten: so schön weiß ein Robinsonleben den Erfindungsgeist zu wecken! Auch die innere Einrichtung der Hütte machte einen wohlthuenden Eindruck und zeugte vom Ordnungssinn ihrer Bewohner. Das Hausgeräth, welches hauptsächlich aus Schiffskisten und den beiden Hängematten bestand, nahm sich ganz artig aus; auch bemerkte man einige von dem Schiffe gerettete Bücher, die namentlich in langen Winterabenden die Abgeschiedenheit versüßt hatten. Wie erfreulich ist doch die deutsche Bildung, die einem Jeden aus dem Volke solche Mittel, die Mußestunden durch Belehrung und Unterhaltung nützlich auszufüllen und zu erheitern, an die Hand gibt. Guter Wittrin, wärst du ein Franzose gewesen, so ist zehn gegen eins zu wetten, es hätte jener Trost dir in der Einsamkeit gefehlt!

Derselbe gute Genius, der den Einsiedlern so manches geschenkt, hatte auch für die zur Abendlectüre nothwendige Beleuchtung gesorgt, denn wahrlich an Wallrath, womit das verunglückte Schiff größtentheils beladen war, fehlte es nicht. Nach der Zertrümmerung des Wracks waren nämlich sämmtliche Fässer bald hier, bald da an's Land getrieben, und lagen mehr oder weniger zerbrochen mit ihrem alabasterweißen Inhalt überall in den dem Ufer benachbarten Wäldern umher.

Den größten Teil der nächsten Nacht brachte die heitere Gesellschaft unter den herrlichen Bäumen vor der Klause zu, der köstlichen Scene sich erfreuend und Genüsse durch alle Sinne in sich aufnehmend; denn bald gesellte sich zur Lieblichkeit des Ortes und des Klimas bei völlig heiterem Himmel der Vollmondsglanz in seiner ganzen stillen Pracht. Solche Stunden sind unvergeßlich und werfen einen Lichtschein durch das ganze Leben.

Man benützte diese magische Beleuchtung, um nach dem sandigen Ufer zu wandern, wo man eierlegende Schildkröten in Menge fand, denn es war grad die günstige Gelegenheit, die Jahreszeit, in welcher diese Tiere von einem wunderbaren Instinkte angetrieben werden, die sandigen Ufer der abgelegensten Inseln zum Eierlegen aufzusuchen. Sie verweilen dann an diesen Stellen den ganzen Sommer durch in Menge, um das Ausschlüpfen der Jungen abzuwarten und mit diesen dann im Herbste das offene Meer zu suchen.

Die Geräumigkeit der Löcher, welche diese Tiere in den Sand graben, ist staunenswert. Ein solches unterirdisches Nest nimmt eine ganz beträchtliche Menge von Eiern auf, die rasch nacheinander hineingelegt und dann sorgfältig wieder mit Sand bedeckt werden, bis der ebene Boden vollständig wieder hergestellt ist. Hierdurch werden die Eier vollkommen gegen die Angriffe der dort so häufigen und sehr lüsternen Raben geschützt, nicht aber gegen die aufwühlenden Schweine, welche nicht minder auf solch ein leckeres Mahl erpicht sind. Vor ihren Rüsseln ist kein Nest sicher, und obgleich sie erst mit dem ›Williams‹ auf das Eiland gekommen waren, drohte doch ihre Vermehrung der ganzen Schildkrötenkolonie den Untergang.

Es ist unberechenbar, welche Störungen und Umwälzung die Einführung eines neuen Tieres in der ursprünglichen Tierwelt eines

Den größten Theil der Nacht vom 1. auf den 2. Mai brachte die heitere Gesellschaft unter den herrlichen Bäumen vor der Klause zu, der köstlichen Scene sich erfreuend, und Genüsse durch alle Sinne in sich aufnehmend, denn bald gesellte sich zur Lieblichkeit des Orts und des Klimas, bei völlig heiterem Himmel der Vollmondglanz in seiner ganzen stillen Pracht. Solche Stunden sind unvergeßlich und werfen einen Lichtschein durch's ganze Leben!

Herr v. Kittlitz benutzte diese magische Beleuchtung, um in Begleitung Wittrin's nach dem sandigen Ufer zu wandern, wo er eierlegende Schildkröten in ziemlicher Menge fand, denn er war gerade zur günstigen Jahreszeit angekommen, wo diese Thiere durch einen wunderbaren Instinkt getrieben, die sandigen Ufer der abgelegensten Inseln zum Eierlegen aufsuchen. Er erfuhr von seinem Begleiter, daß sie sowohl auf dem Strande als auf den seichten Stellen in dessen unmittelbar[er] Nähe den ganzen Sommer hindurch in Menge verweilten, um das Ausschlüpfen der Jungen abzuwarten, und dann mit diesen im Herbst wieder das offene Meer suchten; einzeln aber auch dann und wann im Winter sich am Strande zeigten. Die Größe und Geräumigkeit der Löcher, welche diese Thiere in den Sand graben, ist staunenswerth. Ein solches unterirdisches Nest nimmt eine beträchtliche Menge von Eiern auf, die rasch nacheinander hineingelegt und dann sorgfältig wieder mit Sand bedeckt werden, bis der ebene Boden völlig wieder hergestellt ist. Hierdurch werden die Eier vollkommen gegen die lüster[n]en Raben geschützt, doch nicht gegen die aufwühlenden Schweine, die nicht minder auf ein solch' leckeres Mahl erpicht sind. Kein Nest ist vor ihrer Schnauze sicher und ihre Vermehrung (sie waren erst mit dem »Williams« auf die Insel gekommen) drohte der ganzen Schildkrötenkolonie den Untergang. Es ist unberechenbar, welche Störungen und Umwälzungen in der ursprünglichen Thierwelt eines Ortes die Einführung eines neuen

Ortes hervorbringen kann. So hat z. B. in Neu-Seeland der flügellose Kiwi der Uebersiedelung des europäischen Hundes nicht widerstehen können, und ebenso droht die dort eingeführte Katze dem Kakapo, einem dortigen Kuckuck, der auf niederen Zweigen zu nisten pflegt, mit dem vollständigen Untergange. Nicht allein die wilden Völkerstämme sind es, die bei der Ankunft des weißen Mannes ihr Todesurteil empfangen, auch die Haustiere, welche ihn begleiten, bringen den freien tierischen Bewohnern der Wildnis Verderben und Vernichtung.

Merkwürdig ist die Wehrlosigkeit jener großen Schildkröten, deren durchschnittliche Körperlänge wenig unter fünf Fuß beträgt, und die bei der Langsamkeit ihrer Bewegungen am Lande ihren Verfolgern sehr leicht zur Beute werden, obgleich sie im Wasser außerordentlich behend sind und schwimmend ihren Verfolgern leicht zu entgehen vermögen. Zwei Menschen müssen gewöhnlich ihre Kräfte vereinigen, um ein so schweres, im Sande fortkriechendes Tier umzuwälzen; einmal auf dem Rücken liegend, kann es sich nicht wieder umwenden, und nichts ist dann leichter, als es durch einen starken Hieb in die Kehle zu töten. Seine ganze Verteidigung besteht dann in einem kraftlosen, unbeholfenen Umherschlagen mit den flossenartigen Ruderfüßen; die scharfen Kinnladen, sein natürliches Gebiß, versteht es nicht zu gebrauchen.

Die beiden Ansiedler hatten den Platz Port Lloyd genannt,[7] und da Lütke hier alles vereinigt fand, was er brauchte, so beschloß er, einige Zeit zur Ausbesserung seines Schiffes hier zu verweilen. Währenddessen hatte er volle Zeit, sich mit der belebten Welt der romantischen Insel bekannt zu machen.

Außer den mannigfaltigen Vögeln, vom Falken des Gebirges bis zum Pelekan des Strandfelsens, beschäftigte ihn besonders die Tierwelt

Thieres hervorbringen kann! So hat, um nur ein paar Beispiele anzuführen, der flügellose Kiwi der Uebersiedelung des europäischen Hundes nach Neu-Seeland nicht widerstehen können, ebenso wenig wie der Kakapo, ein dortiger Kukuk, der auf den niederen Zweigen zu nisten pflegte, den Angriffen unserer früher unbekannten Katze. Die wilden Völkerstämme sind es nicht allein, die bei der Ankunft des weißen Mannes verwelken und hinsterben, auch seine Hausthiere bringen den freien Bewohnern der Wildniß Tod und Vernichtung.

Merkwürdig ist die Wehrlosigkeit jener großen Seeschildkröten, deren durchschnittliche Körperlänge wenig unter 5 Fuß beträgt, und die am Lande bei der Langsamkeit ihrer Bewegungen eine leichte Beute sind, obgleich sie schwimmend manchem Feinde mit großer Schnelligkeit entgehen. Zwei Menschen müssen gewöhnlich ihre Kräfte vereinen, um ein so schweres im Sande fortkriechendes Thier umzuwälzen: einmal auf dem Rücken liegend, kann es sich nicht wieder wenden und nichts ist leichter, als in solcher Lage es durch einen Hieb in die Kehle zu tödten. Seine ganze Vertheidigung besteht in einem kraftlosen, unbeholfenen Umherschlagen mit den flossenförmigen Ruderfüßen; die scharfen Kinnladen, sein natürliches Gebiß, versteht es nicht als Waffe zu benutzen. Man sollte sagen ein Emblem des deutschen Bundes!

Da Capitän Lütke einige Zeit in Port Lloyd zur Ausbesserung seines lecken Schiffes zu verweilen beschloß, denn er fand hier alles vereinigt, was ein Seefahrer in solcher Lage nur wünschen kann, hatte Kittlitz volle Zeit sich mit der belebten Schöpfung der romantischen Insel bekannt zu machen. Außer den mannigfaltigen Vögeln, vom Falken des Gebirges bis zum Pelican

---

7   Da weicht May einmal inhaltlich von seiner Vorlage ab, und schon verfälscht er, der Lehrer seiner Leser sein wollte, die Geschichte. Denn in der Textsequenz von Hartwig weiter oben (hier 295), die May später in einen Dialog zwischen Charley und Turnerstick einfließen lassen wird, stand die richtige Information, dass (der von ihm nicht erwähnte) Captain Beechey der Namensgeber war.

der unterseeischen Gefilde. Reizend waren namentlich die Uferstellen, von welchen man auf die seichten Korallenbänke hinabschauen konnte, deren weißgelber Sand durch den flüssigen Krystall des Seewassers emporschimmerte. Zwischen den einzelnen mit lebenden Polypen versehenen Korallenstämmen sah man im bunten Gemisch Seesterne, Holothurien und Seeigel von wunderbarer Größe und Schönheit sich am Boden bewegen, während das beinahe zwanzig Fuß tiefe Küstenwasser, vollkommen durchsichtig wie Glas, in allen seinen Schichten von den prachtvollsten Fischen und Doriden, deren schönes Scharlachkleid mit einem glänzend weißen Mantelsaum verbrämt war, durchkreuzt wurde.

Das fortwährende Kommen und Gehen, die ewig wechselnde Scenerie dieser submarinen, in allen Prismafarben glänzenden, metallisch schimmernden Lebensformen, das unermüdliche Auf- und Abfluten dieser sich stets neu gestaltenden Wasserwelt gab ein Schauspiel, wie es nur der Küstenbewohner der Tropen zu sehen bekommt.

Die meisten der Fische wurden als höchst schmackhaft befunden und ebenso die Krebse und Krabben der mannigfaltigsten Arten, welche nicht allein in den unterseeischen Klüften der Felsenufer sich versteckten oder auf Korallenbänken auf Raub ausgingen, sondern auch alle durch die Waldthäler rieselnden Bäche belebten.

Die Formen der Eidechsen und Schlangen fehlten dagegen gänzlich, und auch die Säugetiere waren nur widerwärtig oder unheimlich durch die Ratte und einen ziemlich großen Flatterer vertreten, welcher wegen der Aehnlichkeit der Gestalt der fliegende Bär (Pteropus ursinus) genannt wurde.

des Strandfelsens, beschäftig[t]e ihn besonders die Thierwelt der unterseeischen Gefilde. Reizend waren namentlich die Uferstellen, von welchen man auf die seichten Corallenbänke hinabschauen konnte, deren weißgelber Sand durch den flüssigen Krystall des klaren Seewassers durchschimmerte. Zwischen den einzelnen, mit lebenden Polypen versehenen Stämmen sah man in buntem Gemisch Holothurien, Seesterne und Seeigel von wunderbarer Größe und Schönheit sich langsam am Boden bewegen, während das etwa 12 bis 14 Fuß tiefe, vollkommen dur[ch]sichtige Wasser darüber in allen seinen Schichten von den prachtvollsten Fischen und Doriden vom schönsten Scharlachroth, mit glänzend weißen Mantelsaum, durchkreuzt wurde. Das fortwährende Kommen und Gehen dieser in allen Farben des Prismas glänzenden, metallisch schimmernden Lebensformen, der beständige Wechsel dieser stets neu sich gestaltenden Wasserwelt erhöhte die wunderbaren Reize des lieblichen Schauspiels, Kittlitz kam einst auf der Vogeljagd bei einer solchen Stelle vorbei, blieb trotz seiner Eile, durch den herrlichen Anblick gefesselt, stehen und ward erst als er weiter ging mit Erstaunen gewahr, daß er im Anschauen verloren, zwei volle Stunden dort verträumt habe!

Einige dieser Fische waren überaus schmackhaft, sowie auch die Krebse und Krabben der mannigfachsten Art, die nicht allein in den unterseeischen Klüften des Felsenufers sich versteckten oder auf den Corallenbänken auf Raub ausgingen, sondern auch die durch die Waldthäler rieselnden Bäche belebten.

Dagegen fehlten auf der Insel die Formen der Eidechsen und Schlangen, und auch die einheimischen Säugethiere waren nur widerwärtig oder unheimlich durch die Ratte und einen ziemlich großen Flatterer vertreten, der wegen der Aehnlichkeit der Gestalt »der fliegende Bär« (Pteropus ursinus) genannt wurde. [...]

Das Klima war ganz vortrefflich, und die beiden Einsiedler erzählten, daß sie selbst im Winter nie das Bedürfnis nach einer Fußbekleidung empfunden hätten, und die Hitze des Sommers wurde durch die frische Seeluft gemildert.

Die Natur hätte hier also alles vereinigt, um diesen Ort zu einem höchst wünschenswerten Aufenthalt für den Menschen zu machen, wenn sie ihn nicht bisweilen durch Erdbeben und furchtbare Stürme erschreckte. Die Orkane entfalten bekanntlich in den chinesischen und japanischen Meeren eine furchtbare Wut und rasen in ihrer ganzen entsetzlichen Stärke auch über die nahe liegenden Bonin-Inseln. Sogar im Innern der Bai geraten dann die Gewässer in einen so furchtbaren Aufruhr, daß sie den Anblick einer einzigen Masse weißen Schaumes darbieten.

Und findet eines der hier nicht seltenen Erdbeben statt, so wird das Land bis in seine tiefsten Grundfesten erschüttert, und die Sturmflut steigt dabei zu einer solchen Höhe, daß sie alle Flächen und Thäler weithin unter Wasser setzt. (70–78)

Das Klima der Insel wurde von den Einsiedlern als trefflich geschildert, selbst im Winter war die Kälte so wenig bedeutend, daß sie nie das Bedürfniß einer Fußbekleidung empfunden hatten; und die Hitze des Sommers ward stets durch die herrschende Seeluft gemildert.

So hätte die Natur hier alles vereinigt, um diesen Ort zu einem wünschenswerthen Aufenthalte für den Menschen zu machen, wenn sie ihn nicht bisweilen durch furchtbare Stürme und Erdbeben erschreckte. Die Orkane, die bekanntlich in den japanischen und chinesischen Meeren eine furchtbare Wuth entfalten, rasen auch bei den naheliegenden Bonin-Inseln in ihrer ganzen entsetzlichen Kraft. Sogar im Innern der Bai gerathen die Gewässer alsdann in solchen Aufruhr, daß sie den Anblick einer einzigen Masse weißen Schaumes darbieten. Bei der verhältnißmäßig geringen Ausdehnung dieses von steilen Höhen fast ringsum eingeschlossenen Beckens hätte man ein dort ankerndes Schiff für völlig sicher halten können; doch verursachte gerade hier ein Novembersturm (1826) den Schiffbruch des »Williams« und ein zweiter zertrümmerte bald nachher das Wrack. Namentlich ist der südöstliche Theil der Bai, der trotz des schmalen Einganges zu viel von der Brandung der hohen See empfängt, zum Ankerplatz ganz ung[e]eignet, während sich im nördlichen glücklicherweise ein gesicherter Hafen befindet, dem Beechey den nicht sehr poetischen Namen »*ten fathoms hole*« (Zehnklafterloch) gegeben hat!

Trotz ihrer Heftigkeit waren diese Stürme doch nicht zu vergleichen mit einem späteren, der im Januar 1827 wüthete. Er war von einem Erdbeben begleitet, das die Insel bis in ihre Grundfesten erschütterte, und dabei stieg die Sturmfluth zu einer solchen Höhe, daß sie alle Flächen und Thäler weithin unter Wasser setzte, die erste Wohnung, welche sich unsere Schiffbrüchigen erbaut hatten, vollständig verschlang, und sie selbst, die schon den Untergang der

ganzen Insel befürchteten, nöthigte auf die
Berge zu fliehen. Wittrin, der alte, erfahrene
Seemann, versicherte, nie etwas Aehnliches
erlebt zu haben!

Diese oft sich wiederholenden Stürme sind freilich nicht sehr ermuthigend
für Solche, die geneigt sein möchten, auf
diesen durch Fruchtbarkeit und Klima so
sehr begünstigten Inseln sich anzusiedeln –
und erklären vielleicht, daß sie bis auf die
neueste Zeit unbewohnt geblieben sind.
(Ha 534–542)

Ab hier fügt Hartwig Informationen an, die während jener Jahre um die Jahr-
hundertmitte vielfach in deutschen Blättern und Büchern mit wenig voneinander abweichenden Formulierungsvarianten kursierten[8] und die May in Auszügen von ihm übernimmt.

So stammen die im folgenden Abschnitt enthaltenen Bemerkungen zu den
Seeleuten Mozaro und Millichamp sowie die unmittelbar daran anschließen-
den Informationen über die zeitweisen Bewohner der Bonin-Inseln (eigent-
lich nur auf Peel Island) aus einem Bericht des Kapitäns Michael Quin,[9] den
Hartwig – das zeigen die Formulierungsübereinstimmungen – mit einiger
Sicherheit aus ›Petermanns Geographischen Mittheilungen‹ kannte.[10] Die von
May nicht übernommenen Teile, die Hartwig als erste jetzt im geschichtlichen
Rückblick anführt, gehen – auch das zeigen Formulierungsvergleiche – auf den
Orientalisten Karl Friedrich Neumann (1793–1870) zurück, der bereits 1845
anonym[11] und späterhin noch mehrmals mit ganz leichten textlichen Verände-
rungen über die Bonin-Inseln geschrieben hatte. Am nächsten steht ein anony-
mer Abdruck in der Zeitschrift ›Das Ausland‹ Hartwigs Übernahme.[12]

8   Siehe die Beispiele im Anhang (328–348).
9   Vgl. Mich[ael] Quin: Remarks on Peel Island, Bonin Groupe, [...] 9th August, 1837. In: Corre-
    spondence Relating to China. London 1840 (= The Sessional Papers Printed by Order of the House
    of Lords. Or Presented by Royal Command, in the Session 1840. Vol. VIII. Accounts and Papers),
    218–222. Danach auch abgedruckt unter dem Titel: Notes on the Bonin Islands. In: The Journal
    of the Royal Geographical Society of London, 26. Bd. (1856), 232–235.
10 Vgl. E. Behm: Das Amerikanische Polynesien und die politischen Verhältnisse in den übrigen Thei-
    len des Grossen Oceans im J. 1859. In: Mittheilungen aus Justus Perthes' Geographischer Anstalt
    über wichtige neue Erforschungen auf dem Gesammtgebiete der Geographie 1859, 173a–194b
    (189b–190a), abgedruckt im Anhang (347f.): Erwähnung von »Devonshire«, Vorname »Richard«,
    Schreibweise »Mateo«, »viele Jahre [...] Walfischfahrern in der Südsee« – »viele Walfischfahrten
    in der Südsee«.
11 Vgl. Hartmut Walravens: Karl Friedrich Neumann (1793–1870) und Karl Friedrich August Gützlaff
    (1803–1851). Zwei deutsche Chinakundige im 19. Jahrhundert. Wiesbaden 2001, 64 (Schriftenver-
    zeichnis).
12 Vgl. den Text im Anhang (336–341).

Denn lange bevor Europäer in jenen Gewässern erschienen, soll die Gruppe den benachbarten Japanen bekannt gewesen sein. In den Reichsannalen, sagt Kaempfer, wird unter 1675 von einer Expedition dreier Einwohner Nangasaki's erzählt, welche die Lage der Gruppe mathematisch bestimmten und sie gänzlich unbewohnt fanden. Nun herrschte aber seit den frühesten Jahrhunderten die Sitte auf den benachbarten, schwer zugänglichen Inseln Verbrechercolonien anzulegen, sowie heutigen Tages noch auf dem steilen, in der Richtung der Bonin's Gruppe sich hinziehenden Eiland Fatsisio. Die neuentdeckten Inseln wurden alsbald zu demselben Zwecke verwendet, doch war die Ansiedlung von keiner langen Dauer, und nach fünfzig Jahren war Bonin so menschenleer als je. Uebrigens zweifelt Beechey, daß unsere Inseln mit denen von den Japanern entdeckten übereinstimmen, und jedenfalls ist es auffallend, daß von jener früheren Colonisation keine Trümmer, kein verwildertes Hausthier übrig geblieben. Später findet man nur die Gruppe auf einer spanischen Karte mit genau angegebener Lage als *Islas del Arzobispo* (Erzbischofsinseln) verzeichnet; für die Wissenschaft wurde sie aber erst von Beechey entdeckt, wenn auch Walfänger sie schon früher besuchten.

Wittrin und Petersen verließen mit der russischen Expedition ihre Einsiedelei, und Bonin blieb auf kurze Zeit den verwilderten Schweinen und fliegenden Bären überlassen.

Nachdem Wittrin und Petersen mit der russischen Expedition ihre reizende Einsiedelei verließen (sie mögen es wohl später bereut haben), blieb Bonin nur auf kurze Zeit den verwilderten Schweinen und fliegenden Bären überlassen, denn zwei unternehmende Männer, Richard Millichamp aus Devonshire in England und Mateo Mozaro von Ragusa, die schon viele Walfischfahrten in der Südsee mitgemacht, faßten um diese Zeit den Entschluß, dort eine Niederlassung zu gründen, und segelten am 21. Mai 1830, mit zwei Amerikanern, einem Dänen und einer Anzahl Sandwich-Insulaner (fünf Männer, zehn Frauen), die sie für ihre Zwecke gewonnen hatten, von Honolulu nach den Bonin's Inseln. Die kleine Kolonie

Dann gründeten zwei unternehmende Männer, Richard Millichamp aus Devonshire in England und Mateo Mozaro aus Ragusa,

mit einem Dänen, zwei Amerikanern und einer Anzahl Sandwich-Insulanern (fünf Männern und zehn Frauen) hier eine Kolonie, welche sich bald durch Matrosen, die von ihren Schiffen ausrissen, weiter vermehrte.

vermehrte sich bald durch drei Ausreißer, und erhielt im folgenden Jahre frischen Zuwachs durch neun Matrosen, die einem englischen Walfänger entlaufen waren. Ein anderes englisches Schiff scheiterte unfern der Bonin-Inseln und 12 Mann retteten sich nach Port Lloyd, wovon vier zu bleiben sich entschlossen. Die rasch zunehmende Kolonie lief dennoch Gefahr, bald in der Blüthe erstickt zu werden, als ein englischer Walfänger, trotz aller Wide[r]rede, vierzehn meuterische Matrosen, wahre Galgenvögel, dort zurückließ, welche die Häuser in Brand steckten und allerlei Unfug trieben, bis endlich durch einen glücklichen Zufall die Hälfte der Bande umkam und die andere nach Botany-Bay, dem passendsten Aufenthalt für solches Gesindel, transportirt wurde.

Als im August 1837 die englische Kriegsbrigg R a l e i g h in Port Lloyd anlegte, bestand die Kolonie aus 42 Personen, deren Anzahl der amerikanische Commodore Perry im Jahr 1853 auf 31 vermindert fand, denn der Wandertrieb läßt solchen abenteuerlichen Naturen keine Ruhe. Sie bauten süße

Die Leute bauten süße Kartoffeln, Mais, Kürbisse, Tarowurzeln, Bananen, Ananas und eine Menge anderer Früchte so reichlich an, daß sie die hier nun oft anlegenden Schiffe vollauf damit zu versehen vermochten.

Kartoffeln, Mais, Kürbisse, Tarowurzeln, Bananen, Ananas u. s. w. so reichlich an, daß sie die ziemlich zahlreich dort eintreffenden Walfänger damit versehen, und nach Herzenslust Branntwein, leider ihren einzigen geistigen Genuß, dafür eintauschen konnten.

Auch der Tabak war von außerordentlicher Güte und erreichte oft eine Höhe von über fünf Fuß.

Ihr Tabak war von ausgezeichneter Güte und außerordentlich üppigem Wuchse, da er eine Höhe von 5 Fuß erreichte. Die zahmen Schweine, mit Mais gefüttert, wurden je nach der Größe mit 4 bis 9 Dollars bezahlt, die zahlreichen Wildschweine mit Hunden aus den Sandwich-Inseln gejagt.

Später gab die einstweilen sich selbst regierende Kolonie sich eine Konstitution. Die Regierung liegt in den Händen eines Chefs und zweier Ratsherren, welche auf zwei Jahre gewählt werden. – – (78)

Seit dem 28. August 1853 besitzt die einstweilen sich selbst regierende Kolonie eine Constitution, die nothwendig war, um dem aus dem Mangel an Obrigkeit entspringenden beständigen Hader ein Ende zu machen. Der Regierungschef und zwei Rathsherren werden auf zwei Jahre gewählt, die auferlegten Geldstrafen zum Besten der Kolonie

verwendet. Zwei Lootsen sind ausschließlich
damit beauftragt, die ankommenden Schiffe
in den Hafen zu führen. Alle neuen Anordnungen bedürfen der Zustimmung von
Zweidritteln der Ansiedler. (Ha 542–544)

Die Bonin-Inseln und die hohe Politik

Warum wählte May überhaupt die Bonin-Inseln (27° nördlicher Breite) als ersten Handlungsort seiner Erzählung, wo die Reise doch nach Kanton (23° nördlicher Breite) – und nicht etwa nach Schanghai (31° nördlicher Breite) – gehen
soll (105) und der Erzähler und seine Begleiter von der Samoa-Insel Opolu
kommen (70), so dass sie, statt nach Westen, erst weit, rund 450 km zu weit,
nach Norden segeln?

Eine Erklärung dafür könnte eben in der Tatsache vergleichsweise häufiger Berichte über die Bonin-Inseln liegen. Die Inselgruppe (beziehungsweise
der Hafen Port Lloyd auf Peel, einer der Inseln) gewann damals – was May ja
durch seinen von Hartwig übernommenen und vorgezogenen Einleitungssatz
über die Bonin-Inseln betont – geostrategische Bedeutung als Versorgungs-
stützpunkt für Schiffe auf der Route zwischen Kalifornien und China sowie –
was Hartwig (und damit auch May) nicht erwähnt – als militärischer Vor-
posten Großbritanniens oder der Vereinigten Staaten. Durch die 1876 erfolgte
Annexion der Bonin-Inseln von Seiten Japans war der letztere Aspekt zum
Entstehungs- und Veröffentlichungszeitpunkt von Mays Erzählung freilich
hinfällig geworden.

Und auch die nächste von May benutzte Quelle enthält ein Kapitel zu den
Bonin-Inseln. Doch bevor er aus diesem schöpft, macht er es wie so oft: Er
zäumt sein gestohlenes Pferd von hinten auf. Was heißt das diesmal?

Das Stichwort ›Orkan‹ ist bereits in den kopierten Teilen der Hartwig'schen
Überblicksdarstellung gefallen, und was läge näher und wäre bequemer, als
nun einen Taifun als lebensgefährliches Abenteuer zu schildern? Das macht
May. Und steuert damit eine neue Quelle für seine Erzählung an.

Vorspiel: Charley als Odysseus

Bevor Karl May sich seiner neuen Quelle zuwendet, begibt er sich in mythische Tiefen zu den Uranfängen epischen Erzählens und zu der Seefahrergestalt
schlechthin: Er lässt seinen Erzähler Charley in die Rolle des Odysseus schlüpfen.

Zwar ist Frick Turnerstick der Kapitän (wie Odysseus), doch gibt er außerhalb seines Metiers eine komische Figur ab und wird von Charley, der ihn gelegentlich auch hopsnimmt, ständig eines Besseren belehrt.

So darf er, Herr der See, jetzt sein Mehr- und Meerwissen auspacken und den Taifun ankündigen. Auf der Basis geläufiger Beschreibungen dieser Form *aëronautische[r] Belästigungen* (80) warnt er Charley vor dem Grausigen, das nun kommt und erst so harmlos aussieht. Man erblickt nur seidenartige Fäden am *freundlichen und lichten Horizont*, als habe *der Mundhauch einer Fee ihn berührt*. Doch Turnerstick mahnt: »*Aber traut nur diesem Himmel nicht; er macht ein Sirenengesicht*« (79). Damit gibt er das mythologische Stichwort. Die durch ihren unwiderstehlichen Gesang die Seeleute, die an ihrem Felsen vorbeikommen, verführenden und in den Tod ziehenden Sirenen überwindet Odysseus bekanntlich dadurch, dass er, ein Rat der Kirke, seiner Mannschaft Wachs in die Ohren stopft und sich selbst an den Mast binden lässt, um den zauberischen Gesang vernehmen zu können.

Wie reagiert Charley? Er ist *halb erschrocken und halb befriedigt, daß es [ihm] vergönnt sein sollte, diese fürchterlichste Lufterscheinung kennen zu lernen* (80). Und er kommt auf die in dieser Situation aberwitzige, obwohl im Sinne des Mythos folgerichtige Idee, sich während des Taifuns am Mast festbinden zu lassen, der brechen und über Bord gehen kann. Letztere Vorstellung kontert er mit der kühnen Aussage, dass dann auch vom ganzen Schiff nicht viel übrig bleiben würde.

Turnerstick weiß, dass er gegen den Willen Charleys nicht aufkommt, und zurrt ihn fest.

Dann werden ›Sirenen‹-Töne hörbar, *ähnlich ... einer überblasenen Baßposaune*. Als das Tosen stärker wird, gibt es keine akustische Steigerung mehr: *Im nächsten Augenblick wäre selbst der Schuß eines Kruppschen Belagerungsgeschützes nicht zu hören gewesen* (82). Und doch hört Charley kakophonische Sirenenklänge*: Das brüllte und heulte, ... das gurgelte und schäumte, das gellte und pfiff, das ächzte und stöhnte, das knarrte und prasselte rund um mich her, über mir, unter mir* (82f.). Kurz darauf spricht er vom *entsetzliche[n] Chaos des uns umtobenden Stimmengewirres* (83), das sich aber auch auf die Schiffsmannschaft beziehen kann.

Das heißt, Karl May spielt hier mit einigem intertextuellen Raffinement für ein paar Augenblicke die homerische Episode nach.

Der Taifun

Welches Werk ist nun die Quelle, aus der May im Folgenden schöpft, das heißt Text sowohl wörtlich übernimmt als auch umformuliert? Es sind die Reiseerinnerungen des sächsischen Malers und Schriftstellers Wilhelm Heine (1827–1885), geboren in Dresden, gestorben in Kötzschenbroda,[13] der unter anderem die Expedition nach Ostasien unter Commodore Matthew Calbraith Perry (1794–1858) während der Jahre 1853 bis 1855 mitmachte, worüber er in seiner ›Reise um die Erde nach Japan‹ (1856) in zunächst zwei Bänden berichtete, denen ein dritter (›Die Expedition in die Seen von China, Japan und Ochotsk‹) 1859 folgte.

Die von May benutzte Taifun-Schilderung findet sich bei Heine in der Textmasse wohlversteckt gegen Ende seiner Reiserekapitulation, im XXIX. Kapitel des zweiten Bandes seiner Erinnerungen, das den bezeichnenden Titel »Homeward-bound!« trägt. Ich gebe sie hier zunächst im ursprünglichen Zusammenhang wieder, damit transparenter wird, worauf Mays Augenmerk beim Herausbrechen von Übernahmewürdigem liegt, und auch, damit man einen Eindruck von Heines Erzählstil bekommt. Die detaillierte Gegenüberstellung May – Heine folgt danach.

> Am 1. Oktober, Nachmittags 2 Uhr, lichteten wir die Anker, und ich sagte Japan aller Wahrscheinlichkeit nach für immer Lebewohl. Die Fahrt ging im Anfang, trotz der Gegenwinde, ziemlich gut von Statten, allein schon nach einigen Tagen ward das Wetter immer stürmischer, und am 7. hatten wir den schwersten Sturm, den ich noch auf allen meinen Seefahrten erlebt habe.
>
> Die Seetüchtigkeit unserer Fregatte wurde hart auf die Probe gestellt. Um 7 Uhr Morgens war die Heftigkeit des Sturmes schon auf Nr. 10, (wir haben nämlich eine Scala von 12 Graden, um die Stärke des Windes im Logbuch anzumerken); später blieben wir lange auf Nr. 11, und den größten Theil des Nachmittags sogar auf Nr. 12. Nie in meinem Leben werde ich den furchtbaren Aufruhr der Elemente vergessen, dessen Zeuge ich hier war. Wir lagen bei, mit dem Bugspriet gegen den Wind; die Topgallantmasten und Raaen waren schon am frühen Morgen heruntergenommen worden, und mit Ausnahme eines Sturm-top-segels am Spenker, um dem Steuer etwas mehr zu Hülfe zu kommen, zeigten wir kein Stückchen Leinwand. Um auf dem Verdeck fortzukommen, mußte man sich am stehenden Tauwerk hingreifen, und die vier Mann am

13 Wo May wenige Jahre nach Heines Tod vom Herbst 1888 bis zum Frühjahr 1890 wohnte (Villa »Idylle«, Schützenstraße 6, heute Wilhelm-Eichler-Straße 8). – Zu Heine siehe besonders Andrea Hirner: Wilhelm Heine. Ein weltreisender Maler zwischen Dresden, Japan und Amerika. Radebeul 2009.

Steuer hatten alle Mühe sich an den Radspeichen festzuklammern, um nicht weggeblasen zu werden. Die See ging so schwer, daß sie oft 15 bis 20 Fuß über die Radhäuser reichte. Von Minute zu Minute brach sich eine See und überfluthete das ganze Vorcastell; Schaum und salziges Seewasser machten uns halb blind; auf dem schlüpfrigen Verdeck tanzten Hühnerställe, Spiren und Reserveraaen, die zum guten Theil losgebrochen waren, einen wilden Cottillon durcheinander, und als einmal eine besonders schwere See sich über uns brach und das Deck auf einen Winkel von fast 35° gegen den Horizont brachte, ging ein Drittel der vorderen Bollwerke an der Starbordseite davon, und eines der hundertzwanzigpfündigen Geschütze, ziemlich 7 Tonnen an Gewicht, wurde von seiner Bettung gehoben und, nach dem Larbord überrollend, schlug es schwer auf das Deck nieder, alles zermalmend was in seine verderbliche Nähe kam. Um 4 Uhr hatten wir noch einen anderen Theil des Bollwerks verloren; zwei Boote auf der Larbordseite wurden in Stücke zerschellt und weggespült, und zwei andere erwarteten wir jeden Augenblick ihnen folgen zu sehen; das Larbordradhaus, mit der Capitainsküche, der Stube des Barbiers und den Abtritten, boten in ihren Ruinen einen kläglichen Anblick dar.

Nichts destoweniger bewährte sich unser wackeres Schiff seines ausgezeichneten Rufes als eines der tüchtigsten in der amerikanischen Navy würdig; trotzdem die Radkästen bei jeder neuen See unter Wasser waren, ging die Maschine doch immer ruhig und gleichmäßig fort und arbeitete sich abwechselnd auf die Spitze eines Wasserberges, um dann wieder mit Blitzesschnelle in den Kessel voll kochenden Schaumes hinabzuschießen.

In solchen Augenblicken wird sich der Mensch sowohl seiner persönlichen Ohnmacht, als auch zugleich der Macht des menschlichen Geistes bewußt, der sich die tobenden Elemente unterthänig zu machen weiß. Allein in den fürchterlichen Aufruhr geworfen, sind alle Anstrengungen des armen Erdenwurmes vergeblich; ein Spiel der Wellen, sinkt selbst der verwegenste Schwimmer in sein wässriges Grab, keine Spur zeigt mehr die Stelle eines letzten Verzweiflungskampfes um sein Leben, und selbst ein Todesschrei verhallt ungehört in dem wilden Geheul des Sturmes. In einem guten Schiffe aber blickt der erfahrene Seemann mit Ruhe auf das ihn umringende Verderben; von Zeit zu Zeit ertönt ein scharfes, klares Commando durch die Seetrompete, und eine Handvoll braver Topgasten oder Vorcastellmänner werfen sich auf irgend einen bedrohten Punkt und suchen Schaden zuvorzukommen, oder Gegenstände, welche losgerissen worden sind, wieder fest zu machen.

Gegen Sonnenuntergang ließ endlich der Sturm etwas nach, und am nächsten Morgen schien eine freundliche, lauwarme Sonne auf die allgemeine Verwüstung. Das Schiff gewährte einen traurigen Anblick und glich einer unserer eleganten Ballschönen nach einer wild durchtanzten Nacht, mit zerzausten Haaren und chiffonierter Toilette; statt der sonst üblichen Ordnung und Nettigkeit war überall nur ein Chaos der wunderlichsten Gegenstände zu sehen. Taue, die sonst zierlich und wie mit dem Zirkel abgemessen aufgerollt waren, lagen wirr umher; dazwischen Ruder, Reservesegel, zerbrochene Hühnerställe, verbogenes Eisenwerk und hunderterlei andere Dinge in verworrenen Haufen, während die Mannschaft, müde und erschöpft von der Anstrengung, dennoch wacker ans Werk ging, um wieder einige Ordnung herzustellen.

Kaum aber hatten wir Zeit gehabt, nur ein wenig Athem zu schöpfen, als Boreas seinen Grimm auch schon wieder aufs Neue losließ, und gegen Abend kam ein zweiter Sturm so schnell herauf, daß er uns nicht einmal Zeit ließ nur die nöthigsten Vorbereitungen zu beendigen, wodurch wir das Maintopgallantsegel und den Vortopgallantmast einbüßten. Glücklicherweise dauerte der Puff nicht lange, und obschon wir fortan widrige Winde behielten, waren wir dennoch im Stande unsere Schäden größtentheils wieder auszubessern.[14]

Kehren wir zum *Kiang-lu* zurück. Turnerstick hatte eingangs, als er über die Vorzeichen des Taifuns sprach, bemerkt: »*Es wird der elfte oder zwölfte sein, den ich in diesen Gewässern erlebe*« (80). Vor dem Hintergrund der folgenden Übereinstimmungen erkennen wir hierin eine subtil-kecke Verwandlung der Windstärken, die Heine zu Anfang des eben zitierten Teils nannte, in eine quantitative Angabe.

Nachdem Charley-Odysseus nun also am Mast festgebunden ist, beginnt die Mannschaft mit ihren Vorbereitungen, um das Schiff bestmöglich gegen den aufziehenden Taifun zu schützen.

Unterdessen herrschte eine fieberhafte Geschäftigkeit am Deck. Die Gallantmasten und Raaen wurden heruntergenommen und alles Bewegliche so viel wie möglich befestigt oder durch die Luke in den Raum geschafft. Jedes Stück Leinwand wurde gerefft, und nur oben am Spenker blieb ein Sturmtopsegel, um dem Steuer so viel wie möglich zu Hilfe zu kommen. Auch an die Radspeichen des Steuers

Wir lagen bei, mit dem Bugspriet gegen den Wind; die Topgallantmasten und Raaen waren schon am frühen Morgen heruntergenommen worden, und mit Ausnahme eines Sturm-top-segels am Spenker, um dem Steuer etwas mehr zu Hülfe zu kommen, zeigten wir kein Stückchen Leinwand. Um auf dem Verdeck fortzukommen, mußte man sich am stehenden Tauwerk hingreifen, und die vier

14 Wilhelm Heine: Reise um die Erde nach Japan an Bord der Expeditions-Escadre unter Commodore M. C. Perry in den Jahren 1853, 1854 und 1855, unternommen im Auftrage der Regierung der Vereinigten Staaten. 2 Bde. Leipzig o. J. 2. Bd., 118–120. Weitere Zitatnachweise mit Kürzel »He« im Text. – Lieblang und Kosciuszko, wie Anm. 4, 129, verweisen mit richtigen Seitenzahlen irrtümlich auf Wilhelm Heine: Japan und seine Bewohner. Geschichtliche Rückblicke und ethnographische Schilderungen von Land und Leuten. Leipzig 1860, als Quelle für Mays Taifun-Schilderung.

wurden Taue befestigt, für den Fall, daß bloße Armeskraft nicht zulänglich sei, das von den Wogen ergriffene Ruder zu regieren. Schließlich wurde jede in den Raum führende Luke oder Oeffnung so fest als möglich luftdicht verschlossen, daß das Wasser keinen Zutritt finden konnte. (81)

Mann am Steuer hatten alle Mühe sich an den Radspeichen festzuklammern, um nicht weggeblasen zu werden. (He II, 118)

Die Ausmalungen der Wind- und Wassergewalten, die nun folgen, werden unterbrochen von kurzen Übernahmen aus Wilhelm Heines Text.

»Aufgepaßt, Boys, er [der Taifun] *kommt!« ließ sich die laute Stimme des Kapitäns vernehmen. »Steht nicht frei, sondern nehmt das stehende Tau in die Hand!«* (82)

Der Kapitän hielt sich an einem der laufenden Taue und hatte die Seetrompete ergriffen. Nur ihr scharfer schneidig-schriller Ton vermochte es, das entsetzliche Chaos des uns umtobenden Stimmengewirres zu durchdringen. Seine Kommandos wurden verstanden und trotz der herkulischen Anstrengung, welche dabei erforderlich war, schnell vollzogen. Eine Handvoll braver Topgasten oder Vorkastellmänner warf sich immer auf einen der bedrohten Punkte, und man muß in solchen Augenblicken diese starken, todesmutigen Leute gesehen haben, um zu begreifen, welchen Wert ein jeder einzige von ihnen besitzt.

Drei Männer standen am Steuer und vermochten trotz aller ihrer Anstrengung nicht, dasselbe zu regieren; sie mußten die Taue zu Hilfe nehmen.

Die Wogen gingen so schwer, daß sie unter ihrer Wucht das Schiff zu zermalmen drohten; von Minute zu Minute brach eine hohe See über uns her ... (83)

Um auf dem Verdeck fortzukommen, mußte man sich am stehenden Tauwerk hingreifen [...]. (He II, 118)

In einem guten Schiffe aber blickt der erfahrene Seemann mit Ruhe auf das ihn umringende Verderben; von Zeit zu Zeit ertönt ein scharfes, klares Commando durch die Seetrompete,
und eine Handvoll braver Topgasten oder Vorcastellmänner werfen sich auf irgend einen bedrohten Punkt und suchen Schaden zuvorzukommen, oder Gegenstände, welche losgerissen worden sind, wieder fest zu machen. (He II, 119f.)

[...] die vier Mann am Steuer hatten alle Mühe sich an den Radspeichen festzuklammern [...].

Von Minute zu Minute brach sich eine See und überflutete das ganze Vorcastell [...]. (He II, 118)

Ein vergleichsweise vager Bezug entsteht zwischen beiden Texten, wenn May schreibt: *jetzt aber durchbebte mich die ganze Erkenntnis menschlicher Schwäche, die uns zu den Füßen des Allmächtigen in den Staub darniederwirft* (83f.). Das könnte Heines Satz respondieren: »In solchen Augenblicken wird sich der Mensch sowohl seiner persönlichen Ohnmacht, als auch zugleich der Macht des menschlichen Geistes bewußt, der sich die tobenden Elemente unterthänig zu machen weiß.«

»Der Dampfer ›Mississippi‹
im Teifun.«

*»Sturm?« sagt Turnerstick. »Pah!
Wollt Ihr einen Bären mit einer
Spitzmaus vergleichen? ... zwi-
schen einem regelrechten Sturme
und dem Teifun ist ganz derselbe
Unterschied, wie zwischen der
Maus und dem Bären.«* (80) –
Vgl. George Catlins Ölgemälde
›Portraits of Grizzly Bear and
Mouse, Life Size‹ im Smithso-
nian American Art Museum,
Washington, D.C. [16]

May fährt nach einer Bibel-Reminiszenz (Sturm auf dem See Genezareth) und dem Zitat eines eigenen Gedichts fort: *Eine Regeling um den Bord herum gab es bereits nicht mehr, sie war zerschmettert worden von denjenigen Gegenstän-den, welche der wütende Sturm von ihren Plätzen gelöst und in das Meer gewor-fen hatte* (84). Das scheint eine Zusammenfassung von Heines Schilderung der Zerstörungen an Bord und dessen, was über Bord gegangen ist, zu sein. [15]

Bei May entwickelt der Taifun nach einer kurzen Pause, gewissermaßen Atem holend, doppelte Kraft. Auch die Anregung hierzu dürfte in Heines Bericht liegen: »Kaum aber hatten wir Zeit gehabt, nur ein wenig Athem zu schöpfen, als Boreas seinen Grimm auch schon wieder aufs Neue losließ, und gegen Abend kam ein zweiter Sturm so schnell herauf, daß er uns nicht einmal Zeit ließ nur die nöthigsten Vorbereitungen zu beendigen [...].«

Auch ein einzelner Begriff wie *Starbord* (85) für ›Steuerbord‹ ist sicher Heine entnommen, der das englische ›starboard‹ so wiedergibt.

Abenteuerideen, Anspielungen, Formulierungsvorlagen

Nach dem Sturm ist Turnersticks Schiff nicht mehr seetüchtig, und sie müssen Port Lloyd ansteuern.

Karl May plündert – Ansgar Pöllmann war der erste, der dies in hinrei-chenden Ansätzen nachwies [16] – nun den ersten Band von Heines ›Reise um die Erde nach Japan‹. [17] Hier, nach der Taifun-Schilderung, setzt er ein, und zwar

15   Digitalisat: americanart.si.edu/images/1985/1985.66.603_1a.jpg
16   Vgl. Ansgar Pöllmann: Ein Abenteurer und sein Werk. Untersuchungen und Feststellungen. In: Über den Wassern. 3. Jg. (1910), Heft 4, 125–129 (125 f.).
17   Vgl. Heine: Reise um die Erde, wie Anm. 14, 1. Bd., 115–117 und 195–202.

zunächst mit der ersten Etappe der allmählichen Entwicklung einer Idee aus dem XIV. Kapitel (»Die Bonin-Eilande«), gefolgt von Text-Expropriationen. Aus den Unterüberschriften des XIV. Kapitels pickt sich May »Eine Jagdpartie auf Stapleton-Island« als Idee und Anregung und baut sie langsam in Dialogform auf und aus. Dabei steigert er sich zu gewohntem absurdem Ulk. Turnerstick (deutsch: ›Drechslerstock‹) packt die Jagdlust, und er will wissen, welche Tierarten auf den Bonin-Inseln vorkommen, denen man nachstellen kann. Was ihm dabei vorschwebt, ist eine – wenn man so will: der Bedeutung seines Familiennamens irgendwie entsprechende – *Knüppeljagd* (90) auf Pinguine oder Seehunde, die es auf den Bonin-Inseln natürlich nicht gibt.

Gelegenheit aber, bei der Reprise dieses Dialogs auf Peel Island (ich greife etwas vor) eine bisher von Hartwig her noch nicht übernommene Textsequenz über den bereits von May genannten *Pteropus ursinus*, den fliegenden Bären, in den Dialog einzubauen, nachdem die tatsächlich jagdbaren Tiere aufgezählt sind: » *Schweine, Ziegen, Schildkröten, Wasservögel und fliegende Bären* « (90).

» Alle Wetter! Ist das richtig? Habe all' mein Lebtag noch nichts davon gehört, daß die Bären auch in der Luft herumflattern! Oder ist diese Art von Viehzeug vielleicht ein ganz anderes Geschöpf als dasjenige, welches man sonst einen Bären zu nennen pflegt? Kenne nur den Eisbären, den grauen, braunen und schwarzen Bären, den Waschbären und die Sorte von Bären, die man anbindet oder einem andern aufheftet. Heraus, Charley; Ihr seid ja der Naturforscher unsrer berühmten ›The wind‹-*Expedition!«*

» Pteropus ursinus,« antwortete ich mit einer höchst wichtigen Miene.

» Perotus purgilus! Was ist das für eine Rede? Sprecht doch, wie Euch der Schnabel gewachsen ist!«

» Well, so will ich sagen ›Fledermaus‹, wenn Ihr es besser versteht.«

» Fledermaus? Hm, komische Mode, eine Fledermaus zu einem Bären zu machen! Wie groß ist denn dieses Riesentier?«

» Acht bis neun Zoll lang und mit ausgebreiteten Flughäuten etwa drei Fuß breit. Es lebt vorzugsweise auf den Fächerpalmen und ist einer von denjenigen wenigen Flatterern, welche bei Nacht schlafen und während der hellen Mittagsstunden ihrer Nahrung nachgehen.«

[…] und einen ziemlich großen Flatterer vertreten, der wegen der Aehnlichkeit der Gestalt »der fliegende Bär« (*Pteropus ursinus*) genannt wurde. Dieses Thier, welches bei einer Körperlänge von 8–9 Zoll mit ausgebreiteten Flügeln etwa 3 Fuß in die Breite maß, lebte vorzugsweise auf den Fächerpalmen, wo es sich fledermausartig, mit dem Kopfe nach unten gekehrt, anhing und mit pfeifendem Geschrei paarweis und zu dreien umherflog. Doch nicht, wie unsere Fledermaus, zog es zu dieser Bewegung die Abenddämmerung dem hellen Tage vor, sondern flog am lebhaftesten im vollen Lichte der Mittagsstunde umher. Im Magen wurden stets nur Vegetabilien, namentlich Trümmer von Früchten gefunden. (Ha 541)

» Ist auch meine Art und Weise, gehöre also
auch mit zu den Peroques purgatus, *oder wie*
Ihr die Sippe vorhin genannt habt. Mag ihnen
also nichts zu leide thun, und werde mich
mehr an die andern halten, Ziegen, Schweine
und Schildkröten.« (90f.)

Nicht übersehen dürfen wir die sehr versteckte Anspielung auf den Naturforscher, den May durch Hartwig kennenlernte, nämlich den Ornithologen von Kittlitz der berühmten Lütke-Expedition, dessen Kenntnisse Hartwig mitteilte und dessen Name May so hartnäckig verschweigt und seinen Erzähler Charley dafür in dessen Rolle schlüpfen lässt: *» Charley; Ihr seid ja der Naturforscher unsrer berühmten ›*The wind*‹-Expedition!«*

Dass solche Anspielungstechnik hier kein Zufall ist, kann man einer späteren Stelle entnehmen, als Turnerstick und Charley auf der Ziegenjagd sind und Turnerstick mit dem (ihm erklärten) Henrystutzen nicht zurecht kommt und das Gewehr voller Entrüstung als *Henry- oder Harry- oder Parrystutzen* (104) bezeichnet, worin man – in der letzten Anlautänderung, die durch *Harry* statt *Henry* sozusagen strategisch vorbereitet wird – eine Anspielung auf Commodore Perry (gelegentlich auch »Parry«) und die von ihm geleitete 1853er Expedition beziehungsweise auf die Benennung der nördlichsten Bonin-Inseln als »Parry's Group« durch Captain Beechey im Jahr 1827 erkennen kann.[18]

Aber lassen wir erst Turnersticks Schiff die Bonin-Inseln erreichen – mittels Wilhelm Heines Ausführungen:

Gegen Abend sahen wir Peel-Island, die südlichste der drei größten Bonin-Inseln, auf welcher auch der Haupthafen liegt, vor uns auftauchen, und eine halbe Stunde später gingen wir in Port Lloyd vor Anker. (89)	Auf dieser sehr guten und correkten Karte [von Sir Edward Belchers] ward der Haupthafen der größten Insel Port-Lloyd bezeichnet und die drei größeren Inseln Peel-Island, Buckland-Island und Stapleton-Island benannt. Die erstere ist die südlichste, die letztere die nördlichste der Gruppe […]. (He 1, 196)

18 Vgl. z. B. Francis L. Hawks: Narrative of the Expedition of an American Squadron to the China Seas and Japan, performed in the years 1862, 1854, and 1854, under the command of Commodore M. C. Perry, United States Navy […]. Washington 1856, 197: »The Bonin Islands, lying in the Japanese sea, extend in a direction nearly north and south, between latitudes of 26° 30′ and 27° 45′ north, the centre line of the group being in longitude about 142° 15′ east. The islands were visited by Captain Beechey in 1827, and, with the proverbial modesty and justice of English surveyors, named by him, as if they had been then first observed. The northern cluster he called Parry's Group; the middle cluster, consisting of three larger islands, respectively Peel, Buckland, and Stapleton; and the southern cluster was named by him Bailey's […].«

Nach einer weiteren (kürzeren) Bemerkung zum Wetterphänomen Taifun folgt
die Schilderung des Vor-Anker-Gehens, bei der man beim Stichwort ›Union-
Jack‹ zunächst meinen kann, Karl May habe die Vereinigten Staaten mit Groß-
britannien verwechselt:

> *Der anderswo beim Landen üblichen Formalitäten bedurfte es nicht. Wir
> hielten so weit wie möglich an das Land und ließen dann die Anker fal-
> len. Ein anderes Schiff gab es nicht, und so zogen wir nur den Unions-Jack
> [* Eine kleine, blaue Flagge mit den Sternen der Vereinigten Staaten. Wenn
> das Schiff in Parade in den Hafen läuft, muß auch die große Flagge auf-
> gezogen werden.] auf und gaben einen Schuß ab, um unsere Ankunft und
> Nationalität zu melden.* (89)

Tatsächlich übernimmt May hier eine Stelle aus dem VII. Kapitel des ersten
Bandes von Wilhelm Heines Ostasien-Reiseerinnerungen. Man ist in den
Hafen von Hong-Kong eingelaufen, und es …

> ward der größte Theil des folgenden Tages mit den gewöhnlichen offizi-
> ellen Visiten und Ceremonien hingebracht. Unser Schiff war in Parade,
> d. h. mit der großen Flagge und dem Union-jack [* Union-jack, eine
> kleine blaue Flagge mit den Sternen der Vereinigten Staaten, gewöhn-
> lich am Bugsprit angebracht.] […]. (He I, 95)

Die Erläuterung ist in seemännischer Terminologie völlig korrekt, denn als
›Union jack‹ wird sowohl die britische als auch die US-amerikanische Bugflag-
ge, die Gösch, bezeichnet.

Kapitän Turnerstick geht mit dem Erzähler an Land, und sie werden von
den *Ansiedlern* – so die Bezeichnung auch bei Heine (I, 195, 200, 201) – herzlich
aufgenommen und verköstigt. Bei dieser Gelegenheit erfolgt die oben bereits
angeführte Dialog-Reprise zum Thema jagdbarer Tiere auf den Bonin-Inseln –
mit einigen Weiterungen: etwa dass Turnerstick bekennt, kein Bergsteiger zu
sein, und daher vorzieht, zunächst auf Schildkrötenjagd zu gehen, um anschließend in den Genuss einer, wie er meint, »*echten Mock-Turtle-Suppe*« (91) zu
kommen – May lässt keinen Kalauer aus.

Charley berichtigt Turnerstick, der etwas resigniert schelmisch unter noch-
maligem Aufgreifen der Naturforscher-Anspielung bekennt: »Well, *Charley,*
ich gebe Euch das Zeugnis, daß Ihr ein sehr gelehrter Natur- und Suppenforscher
seid.« (92)

Quellenmischung

Im Anschluss daran führt May Angaben von Heine und Hartwig zusammen.
Er beginnt mit Heine. May schreibt – es geht um die Schildkröten – : *Rasch*
erklärte sich einer der Ansiedler, ein früherer Bewohner der Marquesas-Inseln,
bereit, uns an einen Ort zu führen, wo wir vielleicht eines der Tiere finden könn-
ten. (92) Dass *ein früherer Bewohner der Marquesas-Inseln* als Führer fungiert,
hat May Heines Bericht entnommen, allerdings aus einer Schilderung eine Seite zuvor, wo es sich um die Erkundung des Inselinneren dreht:

> Wir stießen indeß bald auf eine kultivierte Landstrecke, auf welcher
> süße Kartoffeln, Kürbisse, Tabak und Zuckerrohr wuchsen, und sahen
> endlich zwei aus Palmenblättern gebaute Hütten vor uns. Um die abwe-
> senden Bewohner herbeizulocken, feuerten wir unsere Flinten ab, und
> nachdem wir durch einen langen gellenden Ruf Antwort erhalten,
> zeigte sich ein kupferfarbiger Indianer, dessen halbes Gesicht hellblau
> tättowirt war. Er und sein Genosse, den wir bald darauf etwas weiter
> hinab am Flusse, der hier bereits tief genug war, um ein Canon [recte:
> Canoe] tragen zu können, beschäftigt fanden eine Schildkröte zu zerle-
> gen, in deren Ueberreste sich ein halbes Dutzend magere Hunde theil-
> ten, waren Eingeborene von Nukahiva in den Marquesasinseln und des
> Einen Name, der sich endlich entschloß, uns als Führer zu begleiten,
> war Judge – zu deutsch Richter. (He 1, 199)

Bei der ersten Erwähnung der beiden Einsiedler fügte Heine eine Wertung seines Natureindrucks an, aus der May für seine nun folgende Beschreibung der
Flora, die er Hartwig entnimmt, ein Stichwort, ›paradiesisch‹, aufgreift und
weitere Kleinigkeiten in anderer Reihenfolge als Heine anführt:

Der Mond schien hell,	Wir benutzten die helle Mondscheinnacht, um einige Seeschildkröten zu fangen […]. (He 1, 202)
der Abend war wirklich paradiesisch zu nen-nen, und so folgten wir ihm auf einem Wege,	Ich fühlte mich wie mit Zaubermacht von dem paradiesischen Bilde angezogen […]. (He 1, 198)
der durch einen prächtigen Palmenwald nach einer kleinen, einsam gelegenen Bucht führte. (92)	das dichte Blätterdach der Wipfel üppiger Palmen (He 1, 199)

Nun kehrt May kurz zu Hartwigs Schilderung der Begegnung mit den Überle-
benden der ›Williams‹ und der damit verknüpften Naturbeschreibung zurück,
die ich oben bereits im Originalzusammenhang angeführt habe. Danach baut
er wieder Bemerkungen von Heine ein.

Im Zuge der Hartwig-Übernahme unterlaufen dem Nicht-Botaniker May, auch bedingt durch die Zeichensetzung seiner Vorlage, im kennerischen Erläutern Missverständnisse, indem er erstens, vermutlich vom Hartwig'schen »Unterholz« angeregt, alle genannten Bäume zu Gebüsch macht, weil er überliest, dass der tahitische Tamanu (Calophyllum inophyllum, ›Indischer Lorbeer‹, Hartholz, mahagoniartig) wie auch die anderen genannten Gewächse zu den »höheren Gestalten« des Waldes gehört. Und zweitens, indem er den Tamanu – durch falschen Bezug – fälschlicherweise zu einem Maulbeerbaum macht.

Hier gab es ein Gebüsch von tahitischen Tamanus [* Maulbeerbäume, welche auf Tahiti oft einen Umfang von 14 Fuß bekommen.], Catappen und Feigenbäumen,

Die kleine mit den erwähnten hohen Bäumen und frisch grünendem Unterholz reich bewachsene überaus fruchtbare Fläche war in geringer Entfernung begrenzt von steilen waldbewachsenen Höhen [...]. Breitkronige Catappen, (*Terminalia Catappa*) Feigen- und Maulbeerbäume von 14 Fuß Umfang, der tahitische Tamanu, dessen sehr dauerhaftes Holz dem brasilianischen ähnlich [...]. (Ha 1, 538)

vor welchem ein breiter, weißglänzender Sandstreifen langsam nach der Küste abfiel. Gleich als wir unter den Maulbeeren hervortraten, bemerkten wir zwei der Tiere, welche langsam vom Wasser her herbeigekrochen kamen. Wir hatten uns jeder mit einem Stocke versehen und wendeten sie um, so daß sie auf den Rücken zu liegen kamen und sich also nun vollständig in unserer Gewalt befanden. Dies war allerdings keine sehr leichte Arbeit, denn das größere Tier mochte wohl über dreihundert Pfund und das kleinere nicht viel weniger wiegen. (92)

Wir benutzten die helle Mondscheinnacht, um einige Seeschildkröten zu fangen, die bei steigender Fluth oft ans Land kommen, um ihre Eier in den Sand zu legen, und binnen kurzer Zeit hatten wir deren auch 3 Stück auf den Rücken gelegt; die stärkste konnte wohl an 300 Pfd. wiegen und machte uns gewaltig viel zu schaffen, da wir sie halb im Wasser erwischten. Es bedurfte der vereinigten Stärke von allen sechs Mann, um sie vollends ans Land zu ziehen und auf den Rücken zu legen. (He 1, 202)

Turnerstick hat eine Art Mitleid mit den Tieren, die man bis zum nächsten Morgen auf dem Rücken liegen lassen will. Er würde sie sofort töten, hätte er nur ein Werkzeug dazu. Ein Messer vielleicht? *Der Ansiedler zog das seinige hervor, und mit zwei kräftigen Streichen hatte er den Schildkröten die Köpfe abgetrennt. (93)* Dies radikalisiert die Bemerkung bei Hartwig: »einmal auf dem Rücken liegend, kann es [= das Thier] sich nicht wieder wenden und nichts ist leichter, als in solcher Lage es durch einen Hieb in die Kehle zu tödten.« (Ha 540)

Eine der beiden Schildkröten trägt auf ihrem Panzer eine Bronzeplatte mit einer japanischen Inschrift, die ihr langes Leben andeutet. Turnerstick verzweifelt vor der Inschrift:

> »*Aber wer soll das Zeug lesen! Das ist weder englisch noch sonst etwas. Charley, beißt Ihr Euch einmal die Zähne aus!*«
>
> *Die Platte war von jener Bronze gefertigt, welche nie vom Wasser angegriffen wird und deren Fabrikation nur die Chinesen und Japanesen verstehen. Ich versuchte, die Inschrift zu lesen. Sie bestand aus zwei japanischen Namen, welche untereinander standen.*
>
> »*Sen-to und Tsifourisima.*«
>
> »*Was ist das, Charley?*«
>
> »*Tsifourisima ist eine Insel, welche zu dem eigentlichen Japan gehört. Zuweilen wird auch die ganze, siebenundsiebenzig Inseln und Inselchen zählende Oki-Gruppe so genannt.*«
>
> »*Horribel, wer so viel Zeit hat, sich solche Dinge zu merken!*«
>
> »*Sen-to ist der hundertundzwanzigste Dairi von Japan; er regierte von 1780 bis 1817, wenn ich mich nicht irre.*« (94)

Natürlich irrt Charley nicht. Sein Autor hat diese Dinge, hihihi, zwei Auflistungen in einem weiteren Werk von Wilhelm Heine entnommen, ›Japan und seine Bewohner‹ (Leipzig 1860),[19] und gibt sie als Auswendiggewusstes seines Helden aus:

Fünfte Periode.

Von Minamotono Ye Yasou, Gründer der herrschenden Dynastie der Siogouns, bis auf die Neuzeit.

(Von 1603 n. Chr. bis auf die Neuzeit.)

Dairis.		Siogouns.	
1612.	109. Go Midsounowo.	1603.	32. Mynamotono Ye Yasou.
1630.	110. Mei Syô ou Myô Syô.	1605.	33. Fide Tada.
1644.	111. Go Kwô Myô.	1623.	34. Jye Mitfou.
1655.	112. Go Sai.	1650.	35. Jye Tfouna.
1664.	113. Rei Gen.	1681.	36. Tfouna Yofi.
1687.	114. Fifafi Yama ou Tô San.	1709.	37. Jye Nobou.
1710.	115. Rakano Mikado.	1713.	38. Jye Tfougou.
1736.	116. Saköura Matfi.	1716.	39. Yofi Moune.
1747.	117. Mono Sono.	1745.	40. Jye Sige (ou Sigue).
1763.	118. Go Saköura Matfi.	1762.	41. Jye Farou.
1771.	119. Go Momo Sono.	1787.	42. Jye Nari (9.).
1780.	120. Sen To (7.).		
1817.	121. (ou 123.?) Kou Syô.		

Tabellarische Uebersicht der Inseln des japanischen Reichs.

Namen der Inseln.	Quadratmeilen 15 auf 1 Grad.	Zahl der Inseln und Inselchen.
Japan (das eigentliche).		
Nipon	4,031.6969.	.
Hatfibfjooftma	2.1329.	1188.
Doftma	1.8438.	
Sado	20.6874.	4.
Oki, Niftnoftma, Naganoftma, Tftfou= riftma	6.4874.	77.
Rioufiou	688.3954.	
Amaffa	10.2717.	
Groupe Gotoo	11.9504.	

Das stehen gebliebene »ou« (›oder‹) vor der Nummer »123« sowie die Schreibung ⟨ou⟩ in »Tsifourisima« und »Groupe« weisen auf eine französische Her-

---

19 Heine: Japan und seine Bewohner, wie Anm. 14, 373 (»Chronologische Uebersicht der Herrscher Japans«) und 376 (»Tabellarische Uebersicht der Inseln des japanischen Reichs«); Nachweise bei Lieblang und Kosciuszko, wie Anm. 4, 323 (Sen-to), sowie ebd., Bd. 2.2, 257 (Tsifourisima). Charley hätte auf der Schildkröte die Zeichen »仙洞« (sentō) und »知夫里島« (Chiburijima) vorgefunden.

kunft der von Heine gegebenen Übersichten, aus denen May das ›Wissen‹ seines Helden schöpfte.

Spürt man die Quellen von Heines Listen auf, muss man feststellen, dass das, was May seinen Charley sagen lässt, falsche Schlussfolgerungen aus den benutzten Listenzeilen enthält.

›Sen-to‹ ist kein Eigenname, sondern die Verkürzung eines Titels und bezeichnet einen Tenno, der abgedankt hat, so die Erklärung in Heinrich Julius Klaproths (1783–1835), des bedeutenden Forschungsreisenden und Orientalisten, auf Französisch erschienener Ausgabe der Annalen der Herrscher Japans:

> SEN TO GO SIO (Sian toung yu so) n'est pas un nom, mais le titre qu'on donne à chaque Daïri qui abdique et se retire des affaires. Il signifie Place impériale de la caverne des Immortels. Ce Daïri, qui est le père de celui qui règne à présent, s'appelait avant son avénement au trône Tomo fito (Kian jin).[20]

May hatte das Pech, für seine Idee mit der Bronzeplatte auf dem Schildkrötenrücken an eine Besonderheit innerhalb der Namensliste zu geraten, die als solche nicht gekennzeichnet war. Von wirklicher Sprach- und Sachkenntnis unseres geschätzten Autors kann wieder einmal keine Rede sein.[21]

Die Aussage, *Tsifourisima* stehe manchmal für die gesamte Oki-Gruppe, hat May wohl aus der Reihung »Oki, Nisinosima, Naganosima, Tsifourisima« geschlossen. Die Insel-Tabelle findet sich in Dubois de Jancignys Werk über Japan, Indochina und Ceylon.[22] In der Wiedergabe bei Malte-Bruns ›Géographie universelle‹ folgt unmittelbar nach der Nennung von Oki der bestimmende Zusatz »comprenant:«, bevor die drei weiteren Inseln in je einer neuen Zeile

---

20 Nipon O Daï Itsi Ran ou Annales des Empereurs du Japon, traduites par M. Isaac Titsingh […]. Hrsg. von J[ulius] Klaproth. Paris/London 1834, 420 (in Klammern die chinesische Aussprache der Begriffe). Heine: Japan und seine Bewohner, wie Anm. 14, 382, führt das Werk in seinem Quellenverzeichnis an. – In der Tat bedeutet japanisch sentō wörtlich ›Grotte eines Einsiedlers‹; gosho bezeichnet den Wohnort eines Kaisers oder hohen Adligen. Der Palast dieses Namens in der Hauptstadt Kyoto fiel der Feuersbrunst des Jahres 1854 zum Opfer.

21 Abgesehen davon, dass während der Regierung eines Kaisers niemand den Namen der klösterlichen Residenz auf eine Platte hätte gravieren können, in die er sich nach seiner Abdankung zurückziehen sollte, diente zur Datumsangabe in Japan auch nicht der (tabuisierte) Eigenname des Tenno, sondern die Bezeichnung einer vom Hof ausgerufenen Ära (Regierungsdevise). Die von 1780 (laut Klaproth: 1781) bis 1817 währende Regierungszeit Tomohitos, der heute offiziell als 119. Kaiser (Kōkaku-Tennō) gezählt wird, umfasst vier solcher Abschnitte unterschiedlicher Länge. Man hätte also beispielsweise das Jahr 1800 u.Z. nicht als das 21. Jahr seiner Regierung, sondern als das 12. Jahr der 1789 ausgerufenen Ära Kansei identifiziert.

22 Vgl. [Adolphe Philibert] Dubois de Jancigny: Japon, Indo-Chine, […] Ceylan. Paris 1850 (L'Univers, ou histoire et description de tous les peuples, de leurs religions, mœurs, coutumes, etc.), 5. Heine: Japan und seine Bewohner, wie Anm. 14, 383, führt das Werk in seinem Quellenverzeichnis an.

»Der Strand von
Peel Island
(Boninsima-Gruppe).«

folgen.[23] Das macht die Sache eindeutig: Die Oki-Gruppe umfasst die drei anderen genannten. Ebenso formuliert die ›Encyklopädie der Erd-, Völker- und Staatenkunde‹: »Oki mit Nisinosima, Naganosima, Tsifurisima«.[24]

Nach der Erwähnung von ›Sen-to‹ meint Turnerstick: »*Und was hat dieser Kerl mit meiner Mock – – wollte sagen, mit meiner Turtle-Suppe zu thun?*« Charley belehrt ihn:

> »*Die Schildkröten haben ein sehr langes Leben, dessen Dauer man oft dadurch zu erforschen gesucht hat, daß man einer gefangenen ein gewisses Zeichen giebt und sie dann wieder frei läßt. Sie scheinen ganz merkwürdig genaue und regelmäßige Wanderungen vorzunehmen und stets einen und denselben Ort wieder zu besuchen. Diese Turtle hier ist jedenfalls einmal auf Tsifourisima gefangen und, um eine Zeitangabe zu gewinnen, mit dem Namen des damals regierenden Dairi versehen worden. Wie alt sie ist, könnt Ihr Euch also wenigstens annähernd ausrechnen.*« (94f.)

May scheint hier zwei Dinge zu vermengen. Durch in Gefangenschaft lebende Schildkröten wusste man bereits hinlänglich genau über die hohe Lebenserwartung dieser Tiere Bescheid.[25] Dazu brauchte man die Markierungen nicht mehr, die – zumindest von westlichen Seeleuten – in die hornigen Panzer der Schildkröten eingebrannt (und nicht in Form von Metallplatten aufgeschla-

23 Géographie universelle de Malte-Brun. Hrsg. von E[ugène] Cortambert. Bd. 3. Paris 1856, 364 (»Tableau des îles de l'Empire Japonais (d'après de M. Ed. Fraissinet)«).
24 Encyklopädie der Erd-, Völker- und Staatenkunde, eine geographisch-statistische Darstellung […]. Bearbeitet von Wilhelm Hoffmann. Leipzig 1854–1862, 1134a.
25 Vgl. z.B.: »Schildkröten haben in der Gefangenschaft hundert Jahre, nach einzelnen Angaben sogar über hundert Jahre gelebt […].« (Brehm's Illustrirtes Thierleben. Für Volk und Schule bearbeitet von Friedrich Schödler. 3. Bd. (Niedere Thiere). Hildburghausen 1872, XII.)

gen) wurden. Mit den Wanderungen der Tiere war es freilich eine andere Sache. Diese großräumigen Bewegungen wurden durch Kennzeichnungen der Schildkröten erst zweifelsfrei nachweisbar. Oft erzählt wurde folgende Begebenheit:

> Das merkwürdigste Beispiel vom Zurückfinden in die alte Heimat ist [...] von einer Schildkröte zu berichten, welche von der Insel Ascension [im Südatlantik] mitgenommen im Kanal bei England ins Meer geworfen wurde, weil sie dem Tode nahe schien. Zwei Jahre darauf wurde sie wieder auf Ascension gefangen, man erkannte sie an den auf der Schale eingebrannten Zeichen.[26]

Nachdem Turnerstick sich ebenso ausgiebig wie hilflos über die Bezeichnung *Dairi* lustig gemacht (*Dairio oder Domino*; *Diarius*, 95) und *Tsifourisima* zum Adjektiv *tschifirigimilikisch* (ebd.) verballhornt hat, bittet sich Charley die Bronzeplatte als Andenken aus. Ende des Episödchens.

Mit Wilhelm Heine auf Ziegenjagd

Am Tag darauf entschließen sich Turnerstick und der Erzähler zur Ziegenjagd. Dieser weist darauf hin, dass Stapleton Island besser als Peel Island dafür geeignet sei:

> »*Ich bin dabei, schlage aber vor, nicht hier, sondern drüben auf Stapleton-Island zu jagen.*«
> »*Warum?*«
> »*Ich ließ mir gestern abend sagen, daß dort mehr und besseres Wild zu finden ist.*« (96)

Das sagte May seine Quelle Heine – zumindest insofern, als Heine schildert, wie er mit einigen anderen auf Stapleton-Island Ziegen jagen war. Er handelt dies knapper als May ab, der stärker ins Fabulieren kommt und dabei das eigentliche Abenteuer der *Kiang-lu*-Erzählung vorbereitet.

Er leitet dies ein mit einem Hinweis auf die Herkunft seiner Kenntnisse: *Ich hatte einmal gelesen ...*

> *Ich hatte einmal gelesen, daß dieses Stapleton-Island sehr felsig sei, und wußte aus meinen Alpenwanderungen, welche Dienste bei Besteigung*

---

26 E. Schnellen: Ueber das Seelenleben der Thiere. In: Blätter für literarische Unterhaltung. Nr. 51 vom 21.12.1865, 806a–810b (808b). – Ausführlich wird diese Geschichte von der Schildkröte, die übrigens nur drei Beine hatte und daher von den Matrosen ›Lord Nelson‹ genannt wurde, z.B. wiedergegeben in: Carl Cornelius: Die Zug- und Wander-Thiere aller Thierklassen. In populärwissenschaftlichen Darstellungen und Schilderungen. Berlin 1865, 146f. (Zuerst auf Deutsch in: [Froriesp] Notizen aus dem Gebiete der Natur- und Heilkunde. Nr. 991 (September 1835), Sp. 6–8.)

steiler Höhen ein Strick und ein Bergstock zu leisten vermögen. Mein Lasso
war auf alle Fälle besser als jeder Strick; ich suchte ihn hervor, fand auch
eine Bambusstange, die ich mit Hilfe des Schiffsschmiedes schnell in einen
Bergstock verwandelte – oben ward ein alter Eisenhaken angenagelt und
unten ein Stift eingeschlagen. Master Frick sah mich erstaunt an, als ich mit
dieser seltsamen Ausrüstung erschien. (96)

Der Bergstock wird Charley dem Kapitän bei der Kletter- und Jagdpartie über-
legener als sowieso schon machen – und das Lasso wird das entscheidende
Hilfsmittel sein zum Start ins große Abenteuer jenseits der Bonin-Inseln.

Aber bevor es soweit ist, geht es erst mal zur ›Ziegeninsel‹:

Ich stieg voran in die Jolle, und er folgte mir. Am andern Tage erhielt ich nebst einem
Dann ergriffen wir die Ruder. Wir hat- anderen Offizier eine Einladung von zwei
ten allerdings eine Strecke von vier Stunden Offizieren der Saratoga zu einer Jagdpar-
zurückzulegen, doch war die See ruhig und der tie auf Stapleton-Island. Zwei der ältesten
Wind günstig. Wir passierten mehrere pittoresk Ansiedler brachten uns in ihrem Canoe
geformte Felsen westlich von Peel- und Buck- dahin. Sobald wir aus Port-Lloyd waren,
land-Island, hielten immer gerade nach Nord nahmen wir unsern Cours in nördlicher
Richtung. Wir passirten mehre Felsengrup-
pen westlich von Peel- und Buckland-Island,
die mit den wunderschön gezackten Formen
von Stapleton-Island herrliche Ansichten
geben und alle Augenblicke wie in einem
Kaleidoscope abwechselten, um einem noch
schöneren Bilde Platz zu machen. Die ganze
8 Miles lange Fahrt von Port-Loyd bis Stapleton bildet fast einen fortlaufenden Cyclus der
und erreichten Stapleton-Island bei einer schönsten Landschaftsmotive. Wir landeten
Bucht, welche sich tief in steil emporstreben- in einer kleinen Bay und begannen sofort die
de Felsen hineinzog. Der Kapitän lachte mit steilen Felswände zu erklettern, denn als wir
dem ganzen Gesicht, deutete nach oben und an der Insel hinfuhren,
meinte:

»Schaut, Charley, auf jeden Schuß wenig-
stens zwei!«

Wirklich sah ich die Spitzen und Vor- sahen wir die Spitzen und Zacken der Felsen
sprünge der Berge förmlich mit wilden Ziegen im wahren Sinne des Wortes mit wilden Zie-
bedeckt. Das mußte eine höchst ergiebige Jagd gen bedeckt. (He I, 200f.)
geben. Wir stiegen aus und zogen die Jolle so
weit an den Strand herauf, daß sie von der
Flut, welche übrigens dort nur drei Fuß hoch
zu steigen pflegt, nicht erreicht werden konn-
te. Dann ging es vorwärts, immer die steilen
Höhen hinan. (97)

Ein unscheinbares Stichwort gebiert ein ganzes großes Abenteuer

Aus dem, was bei Heine nun folgt, zieht May, so hat es jedenfalls den Anschein, gleich mehrere Anregungen, darunter – hier unter 2 – eine für den weiteren Verlauf der Erzählung entscheidende.

1. Heine zeichnet sich als glücklos-ungeschickten Jäger, dem die Puste ausgeht. Das überträgt May auf Turnerstick und schlägt durch teilweise absurde Übertreibung komisch-groteske Funken aus der Vorgabe. Turnerstick schnauft wie eine Lokomotive vor Anstrengung (*Eben wollte ich vortreten, als ich etwas heftig ächzen und schnauben hörte. Es kam förmlich wie eine Lokomotive ange-pufft* [99]) und traut sich nicht zu schießen, weil er meint, seinen Freund Charley dabei treffen zu können, der die Ziegen auf ihn zutreibt. Heine dagegen drückt ab und trifft »volle 6 Zoll über dem Kopfe des Bockes« – Turnerstick schiebt die Schuld an seinem Versagen Charley in die Schuhe, indem er laut-stark verkündet, dass die Kugel ebenfalls gewisslich über die Ziege fliegen werde: »*Ich will bloß die Ziegen treffen, aber die Kugel will partout zu Euch hinüber, fliegt über die Ziegen hinweg und Euch in den Kopf*« (104).

2. Einer der Begleiter Heines ist bei der Jagd erfolgreich. Die Beute wird vor Ort, am Strand von Stapleton-Island zubereitet. Vom dazu nötigen Feuer heißt es: »Wir unterhielten das Feuer von den Trümmern einer Dschunke, die hier wahrscheinlich Schiffbruch gelitten hatte.« In diesem Satz liegt die Anregung für das nächste *Kiang-lu*-Abenteuer: die Auffindung und Rettung des jungen Chinesen Kong-ni, der als Einziger den Schiffbruch einer Dschunke überlebt hat, die in jenem Taifun untergegangen ist, den Turnersticks ›The wind‹ beschädigt überstanden hat.

3. Aus dem bei Heine unmittelbar anschließenden Satz (»Aus dem Umstande daß sie [= die Dschunke] aus Kiri-Holz gebaut und mit kupfernen Nägeln beschlagen war, schloß ich, daß sie japanisch sei, denn die Chinesen benutzen zu ihren Fahrzeugen weder diese Holzart noch kupferne Nägel.«) entnimmt May zwei Details: zum einen das Kiri-Holz [27] – Charley schickt Turnerstick während der Ziegenjagd und vor der Entdeckung Kong-nis unter einen ganz bestimmten Baum (»*stellt Euch dort unter jenen Kiri-Holzbaum*«, 102) –, zum anderen, gemäß seiner vielfach und in mancherlei Variationen geübten Praxis der Umkehrung vorgefundenen fremden Textmaterials, die Idee von der gescheiterten Dschunke, die nun keine japanische mehr ist, sondern eine chinesische.

27 Das heißt: Holz des Kiri-Baums (Paulownia imperialis, ›Blauglockenbaum‹, ›Japanischer Kaiserbaum‹). Da May vom *Kiri-Holzbaum* in Anlehnung an die bei Heine gefundene Bezeichnung »Kiri-Holz« spricht, dürfte klar sein, dass er sich nicht weiter über die Natur des Kiri informiert hat.

»Stapleton Island.«
(Ziegenjagd)

Zum besseren Verständnis füge ich hier Heines gegenüber May gerafft wirkende (weil auch nicht durch Dialoge aufgelockerte) Jagdschilderung an, wobei
eine Abfolgeumkehrung deutlich wird, nämlich hinsichtlich der bei May früher erfolgten Seeschildkrötenjagd.

Wir kletterten rüstig aufwärts, jeder auf seinem eigenen Pfade; ich hatte
den linken Flügel, und kaum auf der Höhe angelangt, sah ich ungefähr
100 Schritte auf der anderen abwärts einen Trupp von 25–30 Ziegen,
darunter zwei prächtige feiste Böcke. Augenblicklich war die Büchse
an den Backen, allein unschlüssig schwankte ich zwischen den beiden
capitalen Thieren; theils durch das schnelle und anstrengende Klettern,
theils durch meine Begier, die gute Beute zu erlangen, hatte ich mir aber
das sogenannte Bockfieber zugezogen, ich mußte mich einen Augenblick niedersetzen. Doch wollte der Anfall nicht vorübergehen, da
jedoch ein rascher Entschluß gefaßt werden mußte, nahm ich die Büchse wieder auf, feuerte und – traf den Felsen volle 6 Zoll über dem Kopfe
des Bockes. Unmuthig setzte ich mich wieder nieder; ich kam mir vor
wie ein Schuljunge, der seine Lection vergessen hat und die Ziegen mek-
kerten mich ganz höhnisch aus, als sie ruhig davon gingen. Einer der
Ansiedler war auf dem rechten Flügel glücklicher; eine fette Gais, die er
schoß, verschaffte uns ein leckeres Abendbrod; als sie auf den Kohlen
briet, mit Zwiebeln gespickt, wässerte uns der Mund danach, und nach
einem erfrischenden Bade in der See lagerten wir uns auf den glatten
Kieseln der Küste und ließen uns den saftigen Braten, nebst einer Tasse
aromatischen Thee's trefflich munden. Wir unterhielten das Feuer von
den Trümmern einer Dschunke, die hier wahrscheinlich Schiffbruch
gelitten hatte. Aus dem Umstande daß sie aus Kiri-Holz gebaut und
mit kupfernen Nägeln beschlagen war, schloß ich, daß sie japanisch sei,

denn die Chinesen benutzen zu ihren Fahrzeugen weder diese Holzart noch kupferne Nägel. Es war dies auch um so wahrscheinlicher, da wir uns hier kaum noch etwa 300 Miles von Jeddo befanden.[28]

Wir benutzten die helle Mondscheinnacht, um einige Seeschildkröten zu fangen, die bei steigender Fluth oft ans Land kommen, um ihre Eier in den Sand zu legen, und binnen kurzer Zeit hatten wir deren auch 3 Stück auf den Rücken gelegt; die stärkste konnte wohl an 300 Pfd. wiegen und machte uns gewaltig viel zu schaffen, da wir sie halb im Wasser erwischten. Es bedurfte der vereinigten Stärke von allen sechs Mann, um sie vollends ans Land zu ziehen und auf den Rücken zu legen. (He 1, 201f.)

Zum Abschluss:
Die Steilwand und Kong-nis Rettung mit Darwins Hilfe

Charley verfolgt eine verwundete Ziege, findet und erlegt sie durch eine Kugel. Er befindet sich am Rand einer senkrecht zum Meer hin abfallenden Steilwand. Da hört er von weit unten einen Ruf. Es ist der verletzte junge Chinese, der sich aus seiner Lage nicht befreien kann.

> *Ich legte mich nieder, bog den Kopf über den scharfen Rand des Felsens hinaus und blickte hinab. Ganz wie ich vermutet hatte, fiel die Felsenwand beinahe senkrecht zur Tiefe und bildete einen kleinen Halbkessel, welcher in seinem Hinterteile höchsten dreißig Fuß breit war, nach vorn, wo er von den Wogen der See bespült wurde …* (105f.)

Wie sich herausstellt, gibt es in der Wand doch *einen schmalen Vorsprung* (107), auf den man sich abseilen kann, und auch noch weiter unten ist ein Absatz vorhanden. Woher hatte May diese Idee von der gestuften Steilwand?

Es gibt eine Spur. Zwar liegt sie versteckt, doch bei genauerer Durchsicht von Heines Expeditionsberichten findet man sie. Im Zuge der Schilderung einer Jagd auf wilde Schweine, die auf Peel Island stattfand, fällt der Satz: »Nach vielem Auf- und Niederklettern und unsäglicher Mühe erreichten wir eine von hohen Felsen eingeschlossene Bay am südöstlichen Ende der Insel.« (200) Das klingt für unseren Zusammenhang überhaupt nicht auffällig. Nun gibt es aber in einem anderen Werk von Heine über seine Fahrt, die ihn unter anderem zu den Bonin-Inseln führte, einen Anhang mit Dokumenten. Darunter befinden sich drei Berichte von anderen Mitgliedern der Expedition zum

---

28 Edo, d.h. Tokio, ist tatsächlich über 600 Meilen, fast 1000 km, entfernt.

Aufenthalt auf den Bonin-Inseln. Derjenige von Bayard Taylor schildert dieses Jagdabenteuer auf Peel wesentlich ausführlicher als Heine selbst.[29]

> Nach Verlauf einer halben Stunde hatten wir den Kamm überschritten und begannen auf der andern Seite hinabzusteigen. Durch eine Oeffnung in dem Buschwerk erhaschte ich einen flüchtigen Schimmer des Meeres und kletterte auf einen Baum, um einen freieren Ueberblick zu gewinnen. So entdeckte ich, daß wir uns am Rande eines sehr steilen Hügelkammes von ungefähr fünfzehnhundert Fuß Höhe befanden, welcher auf eine kleine, nach Südost geöffnete Bai hinabsah. Ueber das südliche Vorgebirge der Bai hinaus wurde das Meer wiederum sichtbar, sowie ein wenig mehr rechts in der Entfernung die Gruppe der Baily-Inseln. Die Gebirge fielen so steil zum Wasser ab, daß jeder Zugang unmöglich war, ausgenommen nahe an der Spitze der Bai, wo zwei steile Hohlwege, oder vielmehr Abgründe, an ihrer Vereinigung einen Fleck sandigen Ufers gewahren ließen.
>
> Der Otaheitier [Judge] gab vor, den Weg zu wissen, und begann an unserer Spitze langsam den steilen Abhang hinabzukriechen, bis ein plötzliches helles Licht durch das Laubwerk strahlte, und wir uns am Rande eines Abgrundes erblickten, dessen Tiefe wir nicht augenblicklich zu schätzen vermochten; ich bemerkte später, daß sie nahe an zweihundert Fuß betragen haben muß. Das Gebirge senkte sich hier so steil von einem Abgrund zum andern, daß wir über der unermeßlichen Tiefe, welche zwischen uns und der See lag, in der Luft zu schweben schienen. Der Führer hatte uns offenbar zu weit nach rechts gebracht, und es war daher nöthig, eine Strecke wieder zurückzugehen, um den Abgrund zu vermeiden. Wir klammerten uns an das starke Gras, welches längs des Abgrundes wuchs, und schlichen auf diese Weise gegen vierhundert Schritt lang über eine Stelle weg, wo die geringste Unvorsichtigkeit uns Hals über Kopf in eine Tiefe von mehreren hundert Fuß stürzen konnte. […]

29   Bayard Taylor (1825–1878) war ein bekannter US-amerikanischer Literat, der zahlreiche Reisen in die verschiedensten Weltgegenden von Lappland bis China, von Island bis ins Innere Afrikas, von Russland bis Ägypten, von Norwegen bis Indien unternahm, ganz Mitteleuropa kannte, das er als junger Mann zu Fuß erwanderte, und darüber eine Vielzahl von Reiseberichten veröffentlichte. Außerdem übersetzte er Goethes ›Faust‹ kongenial ins Englische, gab Esaias Tegnérs ›Frithiof's Saga‹ heraus, verfasste Lyrik, Theaterstücke und Romane, schrieb eine Geschichte Deutschlands sowie Essays, die zur Verbreitung deutscher Literatur in den USA beitrugen. Seine diplomatische Karriere führte ihn nach China, Russland und Deutschland, wo er (in Berlin) überraschend verstarb. In zweiter Ehe war er mit der Tochter des renommierten deutschen Astronomen Peter Andreas Hansen (1795–1874) verheiratet, des langjährigen Leiters der Weltgeltung besitzenden Sternwarte in Gotha. Marie Hansen-Taylor (1829–1925) übersetzte eine Reihe von Werken ihres Mannes ins Deutsche. Nach seinem Tod erschienen in Deutschland, England und den USA diverse Werkausgaben.

Als wir endlich an einen Punkt gelangten, wo der Abgrund aufhörte, begannen wir in einem Winkel von ungefähr sechszig Grad hinabzusteigen. Der Erdboden war so schlüpfrig, die Schlinggewächse und die hornartigen Blätter der Palmen hingen so tief herab, daß man auf die beste Weise vorwärts kam, wenn man sich platt auf den Rücken legte und sich bergab gleiten ließ, bis man von einem undurchdringlichen Dickicht aufgehalten wurde. Mit unsäglicher Mühe und Anstrengung gelangten wir endlich an die Kluft, wo unsere schlimmste Arbeit eigentlich erst begann. Die Schlucht senkte sich in felsigen Abstufungen von zehn bis zu vierzig und fünfzig Fuß in senkrechter Richtung; auf Händen und Füßen kletterten wir dort hinab und vertrauten unsere gesunden Knochen, wo nicht gar unser Leben sehr häufig dem schwanken Zweige eines Baumes, oder der Haltbarkeit einer Wurzel an. Wie von der Höhe eines Thurmes blickten wir auf den Strand hinab, der zu unsern Füßen lag, und den man mit einem einzigen Sprunge erreichen zu können meinte, während die Entfernung in Wahrheit noch eine sehr beträchtliche war. Immer weiter und weiter kletterten wir in die Tiefe der Kluft hinab, in der beständigen Furcht eine unzugängliche Wand zu erreichen, bis wir endlich bei der Vereinigung dieser Kluft mit einer andern auf einen abgehauenen Baumstumpf stießen und das Donnern der Brandung in geringer Entfernung vernahmen. Als ich emporsah und mir die steile Wand betrachtete, von welcher wir herabgeklettert waren, konnte ich es kaum für möglich halten.

Die Führer nannten diese Stelle »Südost-Bai«. Sie berichteten, daß Walfischfänger sehr oft nach Holz und Wasser hierherkämen, was uns auch den Stumpf eines Baumes, der mit einer schweren Axt glatt umgehauen worden, sowie einige Liebesäpfelpflanzen, welche wir in einem verwilderten Zustande längs dem Flußufer gefunden, erklärte. Die Frucht jener Pflanze war ziemlich von der Größe einer Kirsche und konnte frisch und schmackhaft genannt werden. Die Bai war nicht über eine Viertelmeile tief und ausgenommen die Stelle, wo wir uns befanden, rings von senkrechten Felswänden eingeschlossen. Da es gerade Mittag war, und wir das äußerste Ziel unserer Wanderung erreicht hatten, gewährte ich einen Aufenthalt von zwei Stunden, um für Alle Zeit zum Baden, Ausruhen und Essen zu gewinnen. Die Führer erklärten uns nun, daß es keinen anderen Rückweg gäbe, als durch die nämliche Schlucht, in der wir herabgeklettert waren. Wir Alle bebten vor diesem Gedanken zurück, hatten jedoch keine andere Wahl. In der Nachmittagshitze, die durch kein Lüftchen gemildert wurde, klommen wir die steilen Felswände wieder hinauf.[30]

30 Bayard Taylor: Bericht über die Erforschung der Peel-Insel. In: Wilhelm Heine: Die Expedition in die Seen von China, Japan und Ochotsk unter Commando von Commodore Collin Ringgold

Es sprechen nicht gerade schwache Indizien für die Annahme, May habe den Bericht Taylors gelesen und verwertet. Auch bei May beträgt die Höhe der Felsenwand zweihundert Fuß: *Die ganze Höhe des Felsens mochte vielleicht zweihundert Fuß betragen* (108). Auch die weiteren orographischen Kennzeichen gleichen sich, und May scheint nur die Inseln ausgetauscht zu haben.

Wie geht das Abenteuer weiter?

Turnerstick kommt hinzu, und Charley unterbreitet ihm seinen Rettungsplan. Wie zuvor auf den Kiri-Baum weist er nun wieder auf einen Baum, an dem er sein Lasso befestigen will, um einen tiefer gelegenen schmalen Absatz in der Steilwand zu erreichen, von dem aus es weiter nach unten geht, bis er von einem weiteren Absatz aus Kong-ni das (von Turnerstick oben losgelöste) Lasso hinunterlassen kann, der es sich umbindet, um emporgezogen zu werden. Der Erzähler zu Turnerstick:

> *» Seht dort den Feyé [* Bergbanane.] am Rande stehen! Von da aus lasse ich mich auf den schmalen Vorsprung, den Ihr unter ihm seht, hinab, und ist Eure Aufgabe, den Lasso, welchen ich bei meiner Rückkehr werfen werde, aufzufangen und an den Stamm zu binden.«* (107f.)

Diese Erwähnung der Bergbanane zeigt, wie zumindest punktuell genau Karl May Georg Hartwigs Kompilation durchgesehen hat, denn genannt wird sie weit vor der Betrachtung der Bonin-Inseln, nämlich im 14. Kapitel, das Tahiti behandelt: »An jeder Seite der Schlucht standen große Gruppen des F e y é oder der Bergbanane mit reifen Früchten beladen. Viele dieser Pflanzen hatten eine Höhe von 20 bis 25 Fuß und einen Umfang von 3 bis 4, obgleich der ganze Stamm nur das Produkt eines einzigen Sommers war.« (Ha 158) Übernommen hat Hartwig dies aus Aufzeichnungen Charles Darwins vom November 1835.[31]

So schlüpft sogar noch am Ende des Stapleton-Abenteuers der große Naturforscher (den man weniger, ›mocking‹, mit der ›mock turtle soup‹ in Verbindung bringt als mit der ›primordial soup‹) sehr versteckt durch die Hintertür

---

     und Commodore John Rodgers, im Auftrage der Regierung der Vereinigten Staaten unternommen in den Jahren 1853 bis 1856, unter Zuziehung der officiellen Autoritäten und Quellen. Gera 1867, 1. Bd., 281–292 (287–290).

31 Vgl. Charles Darwin: Narrative of the Surveying Voyages of his Majesty's Ships Adventure and Beagle, between the Years 1826 and 1836, Describing their Examination of the Southern Shores of South America and the Beagle's Circumnavigation of the Globe. 3 Bde. London 1839, 3. Bd., 488: »On each side of the ravine there were great beds of the Feyé, or mountainbanana, covered with ripe fruit. Many of these plants were from twenty to twenty-five feet high, and from three to four in circumference. By the aid of strips of bark for twine, the stems of bamboos for rafters, and the large leaf of the banana for a thatch, the Tahitians in a few minutes built an excellent house; and with the withered leaves made a soft bed.«

mit einem ›Informationsmolekül‹ in den intertextuellen Untergrund von Mays Erzählung.

Kong-nis Verwundung heilt, ebenso Kapitän Turnersticks verwundetes Schiff, und auf geht's nach China zu den nächsten gefahrvollen Verwicklungen.

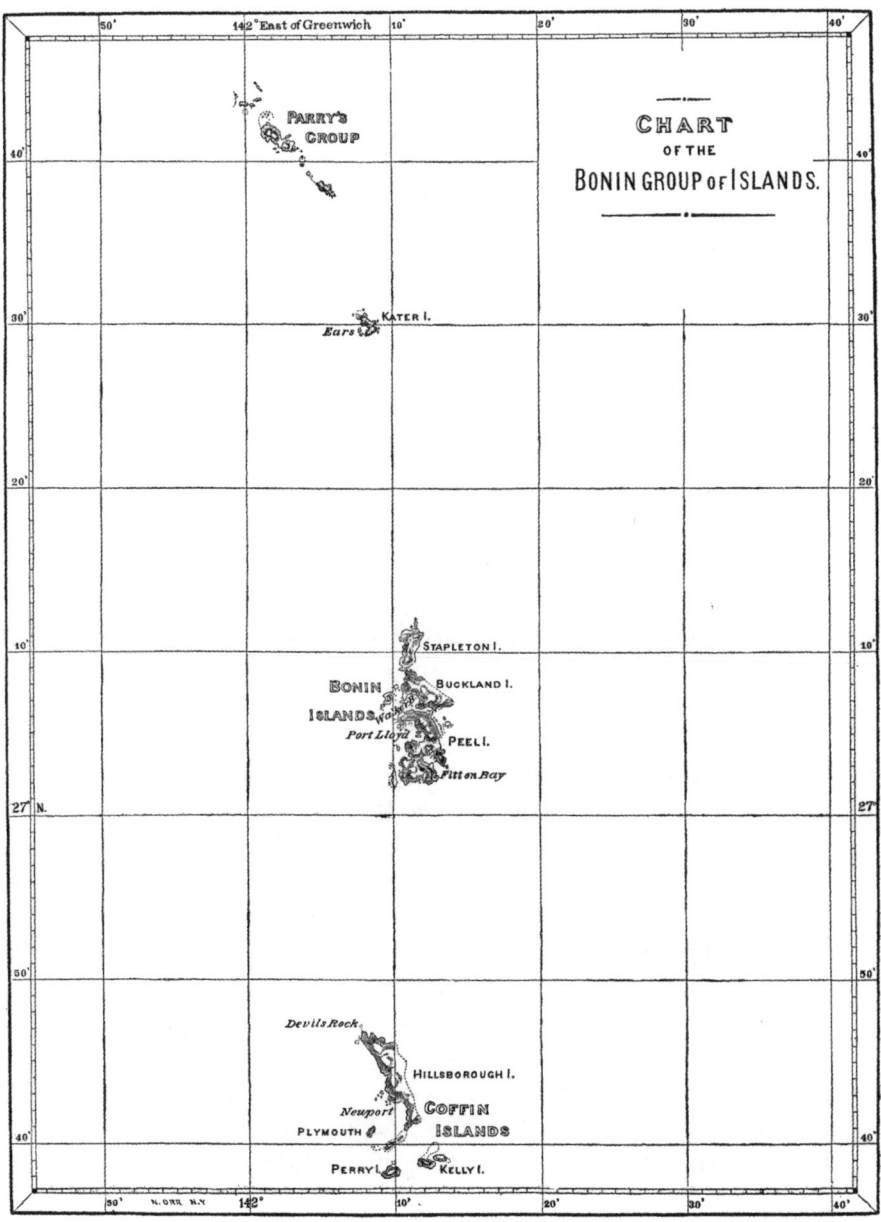

Anhang

Beilage zur Allgemeinen Zeitung, München, Nr. 39 vom 8.2.1845, 305a–307a
(ohne Anmerkungen):

Die Ansiedelung auf der Boningruppe,
ein englischer Vorposten gegen Japan.

In keinem Zweige der Wissenschaft werden mehr Thatsachen und
Wahrnehmungen vergessen als in der Länder- und Völkerkunde. Es
sind der Reisen und erdkundlichen Schriften zu viele; wer könnte wohl
sie alle lesen und, sobald das Bedürfniß eintritt, die in tausend Werken zerstreuten Notizen gegenwärtig haben? Deßhalb geschieht es häufig daß Manches als eine neue Entdeckung gepriesen wird, was schon
vor Jahrhunderten von diesem oder jenem Seefahrer beobachtet, was
schon von diesem und jenem Reisenden untersucht wurde. Am meisten
jedoch ist dieß der Fall bei den zahlreichen Inseln und Inselgruppen
im stillen Ocean, welche in den zwei ersten Jahrhunderten nach der
Umschiffung Afrika's verhältnißmäßig nur geringe Aufmerksamkeit
erregt haben. Wir wissen daß die Spanier, auf ihren Fahrten von Acapulco nach den Philippinen, viele dieser Inseln entdeckten und ihnen,
wie die Karte zeigt die Lord Anson am Bord einer Galleone gefunden
hat, besondere Namen beilegten; sie hielten es aber, da hier kein Gold
und Silber zu gewinnen war, nicht der Mühe werth diese Länder in
Besitz zu nehmen und Ansiedler dahin zu senden. Ebenso einsichtslos
verfuhren die Holländer – eine unbegreifliche Verblendung bei diesem
sonst so betriebsamen kaufmännischen Volke. Gleichwie viele andere
Inseln der Südsee war auch die Gruppe der Bonininseln diesen beiden Völkern, den Spaniern und Holländern, schon sehr früh bekannt
geworden; die erstern nannten sie bald Islas del Arzobispo, bald auch
bei andern Namen; die andern Woest Eiland, was bloß eine Uebersetzung der japanischen Benennung B o n i n oder M o n i n S i m a ,
d. h. m e n s c h e n l e e r e oder u n b e w o h n t e Inseln, zu seyn scheint.[32]
Aber schon lange bevor die Europäer in diesen Gewässern erschienen,
bezeichneten sie die Unterthanen der Dairi mit dem Namen des ersten
japanischen Entdeckers Ogasa Yara.[33] Von Idsu aus segelten die Japaner
mehrmals dahin, und suchten hier Ansiedelungen zu gründen. So wird
in den Jahrbüchern des östlichen Reiches (1675) eine Expedition dreier
Einwohner Nangasaki's erwähnt, wovon bereits Kämpfer gehört hatte,
welche die Lage der Gruppe mathematisch bestimmt, eine Karte davon
aufgenommen und eine ausführliche Beschreibung aller der Inseln und
Klippen – es sind dieß neunundachtzig an der Zahl – durch den Druck

32 Japanisch bu-nin ›keine Menschen‹ + shima ›Insel‹.
33 Richtig Ogasawara, bis heute der offizielle japanische Name der Inselgruppe.

veröffentlicht hat. Sie fanden die Inseln unbewohnt, und nannten sie deßhalb Bonin Sima – ein Name der ihnen geblieben ist, und im Lauf der Zeit den frühern ganz verdrängte. Es hatten die Japaner seit den frühesten Jahrhunderten ihrer Geschichte die Sitte auf den benachbarten schwerzugänglichen Inseln Verbrechercolonien anzulegen, so auf dem steilen Eiland Fatsisio, welches sich in der Richtung der Boningruppe hinzieht, und daher seinen Namen Fatsisio gasima, d. h. die 80 Ellen hohe Insel, erhalten hat.[34] Die neuentdeckte Gruppe ward nun ebenfalls, wie uns die Japaner erzählen, alsbald zu demselben Zweck verwendet. Diebe und Mörder wurden in Menge dahin gebracht, und zum Anbau des Landes gezwungen. Die unfreiwilligen Ansiedler befanden sich bald sehr gut in diesen fruchtbaren Eilanden; sie errichteten eine Menge Pflanzungen, und bildeten mehrere Gemeinden; daher wohl die Anzeige der Dörfer auf den japanischen Karten dieser Inseln aus der zweiten Hälfte des 17ten Jahrhunderts.

Die japanische Colonisation war aber, wir wissen nicht warum, von keiner langen Dauer; bereits fünfzig bis sechzig Jahre später sind diese Inseln ebenso menschenleer wie zur Zeit ihrer ersten Entdeckung. Vielleicht daß die Gebieter Japans bloß durch ihr unerhörtes Absperrungssystem zu dem Entschluß gebracht wurden diese etwas ferne Besitzung aufzugeben; denn mehrere der Inseln erfreuen sich eines lieblichen gesunden Klima's und eines mit allen Südfrüchten gesegneten Bodens. Zehn Inseln der Gruppe ragen aber durch Größe und Fruchtbarkeit besonders hervor; die andern scheinen, wenn man jetzt schon über sie urtheilen darf, zum großen Theil steile Felsenriffe und werthlose Eilande. Auf jenen findet man einen anmuthigen Wechsel zwischen Hoch- und Tiefländern, zwischen Bergen und Thälern, durch welche dann eine Menge klarer Bäche langsam zum Meer zieht. Die Berge selbst sind ringsum mit Bäumen bewachsen, unter welchen sich die Kohl- oder Fächerpalmen auszeichnen. In den vielen sandigen Buchten sind die grünen Schildkröten zuweilen so häufig, daß sie dem Ufer ihre Farbe mittheilen. Die See liefert, wie allenthalben in diesen Gegenden der Erde, eine unerschöpfliche Menge verschiedener Fische, worunter die Wallfische eine große Anzahl europäischer Fahrzeuge anziehen. An den Klippen und in den Schluchten findet man Krappen und Muscheln, auf den Küsten Schnepfen, Regenpfeifer, wilde Tauben und anderes Geflügel in Masse. Capitän Beechey besuchte (1827) die Gruppe, nannte sie bei ihrem spanischen Namen Islas del Arzobispo, und bezweifelte – von dem gewöhnlichen Mißtrauen behaftet, das die Europäer gegen die Nachrichten der asiatischen Völker hegen – ihre Identität mit den Bonininseln. Vergleicht man aber die Beschreibung der Lage

---

34 Japanisch hachi-jō ga shima ›8-jō-Insel‹; 1 jō entspricht 3.03 m, also nicht annähernd zehn Ellen.

und Beschaffenheit der wüsten Inseln mit der Darstellung der Gruppe des Erzbischofs, so wird jeder Unbefangene alsbald einsehen daß beide, Japaner und Europäer, von einem und demselben Lande sprechen. Man vergesse nicht daß die Europäer bis jetzt nur einige Inseln der zahlreichen Gruppe besucht haben und genauer kennen; der Widerspruch zwischen den Angaben der Japaner und den Beobachtungen der westlichen Seefahrer wird sich dadurch sehr leicht erklären lassen. Auch mögen wohl die Japaner die Grademessung nicht genau verstanden, oder in ihre Meilenangabe der Entfernung von Fatsisio nach Bonin sich ein Fehler eingeschlichen haben.

Auf einer der Inseln, welche Beechey nach dem Namen des Ministers Peel taufte, waren kurz vorher zwei englische Matrosen aus einem gestrandeten Wallfischfänger freiwillig zurückgeblieben. Nur der eine war ein geborner Engländer, der andere stammte aus Ragusa, und hieß Matteo Mozaro. Die englischen Seefahrer berichten daß die Boningruppe aus drei Abtheilungen, aus einer nördlichen, mittlern und südlichen bestehe, und sich von 26° SO bis 27° 44′ 35″ nördlicher Breite, vielleicht auch noch weiter erstrecke. Die Peelsinsel, wo die beiden Matrosen sich niedergelassen hatten, gehört zur mittlern Gruppe; ihr Hafen, nach einem Bischof von Oxford Lloyd genannt, liegt 27° 5′ 35″ nördlicher Br. Und 142° 4′ (?) 30″ östlicher L. von Greenwich, ist sehr geräumig und sicher. Beechey nahm von der ganzen Gruppe Besitz, und ließ zum ewigen Andenken auf Peel eine Kupferplatte zurück mit folgender Inschrift: »Seiner brittischen Majestät Schiff Blossom, Capitän F. W. Beechey, hat im Namen und zu Gunsten Seiner brittischen Majestät Georgs IV von dieser Inselgruppe feierlichst Besitz genommen am 14 Junius 1327.« Man wundert sich daß Hr. Berghaus am Ende des vorigen Jahres hievon noch keine Kunde hatte. Freilich ist dieß nicht das einzige Verwunderliche welches uns die Länder- und Völkerkunde des betriebsamen Mannes, namentlich aber der letzte Band, darbietet.

Die beiden Matrosen gingen bald nach der Abfahrt des Capitäns, in einem andern Schiffe, nach den Sandwichsinseln, und gewannen für ihren Plan sich auf der Boningruppe anzusiedeln zwei Amerikaner, einen Dänen und eine Anzahl Unterthanen Tamehameha's III, fünf Männer und zehn Weiber. Im Ganzen zwanzig Köpfe stark, verließen sie am 21 Mai 1830 Hawaii oder Omeihi, bekanntlich die größte Insel der Sandwichsgruppe, wo bereits seit mehreren Jahren eine Zeitung unter dem Namen der hawaiische Zuschauer erscheint. Der englische Consul, Hr. Richard Charlton, versah die Ansiedler mit einer Unionsflagge, und stellte ihnen ein Zeugniß aus, daß sie Männer von Verdienst wären, indem sie auf eigene Kosten und Gefahr die Expedition zur Anlegung einer Colonie auf den Bonininseln ausgerüstet hätten.

Das Häuflein der beiden Anführer vermehrte sich noch durch die Mannschaft des Schooners, welcher sie an den Bestimmungsort brachte; es desertirten nämlich drei Mann, ein Amerikaner und zwei Sandwichsinsulaner zu ihnen, so daß jetzt ihre Anzahl sich auf dreiundzwanzig Personen belief. Im Jahr 1831 bekamen sie einen neuen Zuwachs durch neun Matrosen, welche englischen Wallfischfängern entlaufen waren. Im Jahr 1833 scheiterte in der Nähe der Insel das zum Wallfischfang ausgerüstete englische Fahrzeug Amelie Wilson; von der Bemannung desselben retteten sich zwölf Mann auf die Insel, und von dieser entschlossen sich später vier hier zu bleiben. Die jugendlich aufblühende Colonie lief aber bald Gefahr in ihrem Keim erstickt zu werden. Es ließ nämlich ein englischer Wallfischfänger, trotz der Protestation der Ansiedler, vierzehn seiner meuterischen Matrosen auf der Peelinsel zurück, welche sich mit anderem schlechten Gesindel verbanden um die Ansiedelungen zu vernichten und die Häuser in Brand zu stecken. Zum Glück der Boningruppe fand bald darauf die Hälfte dieser Ruchlosen durch einen Zufall ihren Tod, und von den übriggebliebenen wurden die allerschlimmsten nach Sidney in Neusüdwales deportirt.

Die junge Niederlassung erhielt auch später von Zeit zu Zeit durch einzelne Matrosen einen Zuwachs, welche aus den hier landenden Schiffen desertirten; doch war dieß nicht für die Dauer, da letztere gewöhnlich nach einem längeren oder kürzeren Aufenthalt die Insel immer wieder verließen. Als im August 1837 das Schiff Raleigh im Hafen Lloyd, dem Hauptort der Peelinsel, anlegte, bestand die Bevölkerung im Ganzen aus 42 Personen, wovon bei weitem die größere Anzahl Sandwichsinsulaner. Im Mai des Jahres 1838 war der Zeitraum zu Ende, für dessen Dauer die Bewohner der Sandwichsinseln sich den beiden Begründern der Niederlassung Mozaro und Millichamp als Arbeiter verdungen hatten. Seit dem Tag wo die dem Müßiggang ergebenen Autochthonen der Südsee wieder ihre eigenen Herren sind, haben sie nur wenig oder gar nichts gearbeitet, obgleich die Arbeit in dem äußerst fruchtbaren Boden nicht anstrengend ist und großen Gewinn darbietet. Mozaro und Millichamp sind der Meinung daß noch dreißig Familien, jede drei Köpfe stark, in dem Hafen Lloyd allein ein bequemes und gutes Unterkommen finden können, wenn sie ein angemessenes Capital besitzen, um sich von den anlandenden Schiffen mit Kleidungsstücken und Gerätschaften zu versehen. Sehr fühlbar ist allenthalben auf der Gruppe der Mangel einer von der Regierung eingesetzten und mit Macht bekleideten Obrigkeit; denn es herrscht unter den Ansiedlern beständiger Hader und Uneinigkeit; bald will Jeder die Verproviantirung der ankommenden Wallfischfänger an sich reißen, bald erheben sich Streitigkeiten zwischen den Bewohnern der Peelinsel und den

Schiffsmannschaften, die hier anlegen. Dieß ist die Ursache daß Schiffe welche eine gute Mannschaft führen, nicht gern nach Lloyd segeln; denn sie fürchten ihre Leute möchten zur Desertion verleitet werden. Hingegen lassen diejenigen Fahrzeuge welche schlechte Matrosen an Bord haben, sie nicht selten hier zurück, und gefährden dadurch die Ruhe der Ansiedelung, die Sicherheit des Lebens und des Eigenthums der Bevölkerung. »Die Ansiedler baten mich, sagt Hr. Mich. Q u i n, dem wir den ausführlichen Bericht über die Colonisation der Peelinsel verdanken, einige ihrer kleinen Streitigkeiten zu schlichten; da ich aber mit keiner öffentlichen Gewalt bekleidet war, so konnte ich sie nur zur Einigkeit ermahnen.« Dieser Nachtheile ungeachtet scheint sich die neue Niederlassung immer mehr zu heben; sie wird auch von dem englischen Consul auf den Sandwichsinseln und mittelbar auch von der britischen Regierung sehr unterstützt. Sobald England sich entschließen sollte hier eine Behörde einzusetzen, die Ruhe und Ordnung aufrecht erhält, so wird, wie man uns versichert, der halbe Handel aus den von den Missionären schlecht berathenen Sandwichsinseln nach Lloyds Hafen verpflanzt werden.

Schon jetzt baut man auf der Peelinsel süße Potaten, Laro, indianisches Korn, Zwiebel, Yams, Kürbisse, Wassermelonen und Zuckerrohr in bedeutender Menge; auch Tabakspflanzungen hat man versucht, und dieß mit solchem Erfolg daß die Colonisten fürchteten es möchten dadurch alle andern Erzeugnisse vernachlässigt werden, dann daß man nicht Hände genug habe die Blätter zu sammeln und zuzubereiten. Der gewonnene Tabak soll von ausgezeichneter Qualität seyn. Auch einige Citronenbäume gibt es hier, die man aus Samen gezogen hat; sie geben guten Ertrag, werden aber, weil sie wenig einbringen, nicht sehr beachtet. Die Schweinezucht wird stark betrieben; man erhält von den anlandenden Schiffen, je nach der Größe, 4 bis 9 Dollars für das Stück. Als Futter bedient man sich des indianischen Korns. Auch Wildschweine gibt es auf Peel in bedeutender Menge; man jagt dieselben mit Hunden von den Sandwichsinseln, die so gut abgerichtet sind daß sie unter Leitung ihres Herrn die Fährte des Thieres auffinden, und selbst das stärkste zu Boden bringen. Geflügel ist in Ueberfluß vorhanden. Die Colonisten gingen anfangs mit dem von der Ferne gebrachten sparsam um, damit es sich vermehre; jetzt ist es aber verwildert, und thut den Saatfeldern vielen Schaden. Auf der Südspitze der Insel, welche bei hoher See völlig von dem übrigen Land abgeschnitten ist, gibt es wilde Ziegen in großer Anzahl; zahme finden sich keine, ein paar ausgenommen, die der Raleigh hier zurückgelassen hat. Von wilden gefährlichen Thieren weiß man hier nichts; Schlangen gibt es keine, ebensowenig Ratten, dagegen viele Mäuse. An der Küste sind die Haifische sehr zahlreich;

sie sind klein und schwach; da wo das Wasser seicht ist, machen selbst die Hunde auf sie Jagd und ziehen was sie fangen können ins Trockene hinaus auf die Sandbänke.

Wiewohl an Bauholz kein Mangel ist, so würde es doch, wenn mehr Leute sich hier ansiedelten, kaum für ihren Bedarf ausreichen; zu Masten taugt es nicht. Besonders häufig kommt eine Holzgattung vor die man Tumana nennt, zu Brettern und Dielen verschneidet und Möbel daraus verfertigt. Das Holz des Maulbeerbaums wird wegen seiner Härte zu Pfosten und Stützen der Thüren verwendet. Auch etwas Sandelholz findet sich auf der Insel, doch nur in so geringer Anzahl daß es nicht des Erwähnens werth ist. Hr. Mozaro hat binnen drei Monaten mit acht Mann nur dreißig Peculs davon sammeln können. Von einer ehemaligen Bevölkerung dieser Insel haben die gegenwärtigen Ansiedler, so wenig als Hr. Quin, welcher sie nach allen Richtungen durchsuchte, nicht die geringste Spur auffinden können.

Es ist wohl keinem Zweifel unterworfen daß diese neue allen unsern Geographen bis jetzt entgangene Besitzung Großbritanniens bloß ein vorgerückter Posten ist gegen Japan. Man glaubt zwar nicht daß die englische Regierung feindliche Absichten gegen dieß Inselreich hegt; sie wird aber am Ende durch das Getriebe ihrer Kaufherren und Speculanten, wie dieß bei China der Fall war, auch zu einem Zuge gegen Japan gezwungen werden. Bereits haben sich englische Wallfischjäger ungestraft mehrere Räubereien auf den japanischen Küsten zu Schulden kommen lassen. Ihr Glück wird ohne Zweifel in den nächsten Jahren die zum Theil verwilderten Mannschaften dieser Fahrzeuge zur Nachahmung reizen. Es mag sich dann treffen daß einige englische Schiffe oder Boote von den Japanern genommen und deren Mannschaft, wie dieß Sitte ist im Lande, als Räuber einem schmach- und qualvollen Tode preisgegeben werden. Nun zwingt das Geschrei der Kaufleute die brittische Regierung zur Ausrüstung einiger Kriegsschiffe, um Genugthuung von den Japanern zu verlangen. Sobald diese Forderung, was sicherlich geschieht, mit Schmach zurückgewiesen ist, bleibt keine andere Wahl als Japan wie China zu behandeln oder zu mißhandeln. Einige Monate reichen hin auch dieses letzte verschlossene Reich dem Handel aller Völker der Erde zu eröffnen, die seit zwei Jahrhunderten eingesperrte Bevölkerung von vierundzwanzig Millionen der Weltbewegung zurückzugeben und den zersetzenden Einflüssen der europäischen Cultur bloßzustellen.

✦

Karl Friedrich Neumann: [Rezension zu W. Spalding: Japan Expedition. Japan and around the world. London 1856.] In: Gelehrte Anzeigen der k. bayerischen Akademie der Wissenschaften. III, Nr. 18 vom 18., Nr. 19 vom 20. und Nr. 20 vom 23. 6. 1856, Sp. 142–159 (Sp. 148–151, ohne Anmerkungen):

Auf ihren wiederholten Fahrten von Acapulco nach den Philippinen haben die Spanier im stillen Ocean viele Inseln entdeckt, und ihnen, wie ihre Karten zeigen, allerlei willkürliche Namen gegeben. Sie hielten es aber, weil sich keine edlen Metalle zeigten, und die Armuth der Eingebornen keine Handelschaft gestattete, nicht der Mühe werth, Grund und Boden in Besitz zu nehmen. Ebenso verfuhren die Holländer – eine arge Verblendung bei diesem sonst so betriebsamen kaufmännischen Volke. Die Boningruppe wurde von den Spaniern bald des Erzbischofs Inseln, bald bei andern Namen bezeichnet; die Holländer hießen sie Wüste-Inseln, was bloß eine Uebersetzung ist der japanischen Benennung Bonin oder Monin Sima, d. h. menschenleere oder unbewohnte Inseln. Lange bevor Europäer in jenen Gewässern erschienen, ist die Gruppe den benachbarten Japanen bekannt geworden, welche sie Anfangs beim Namen des ersten japanischen Entdeckers Ogasa Wara hießen. Von Idsu aus segelten die Japanen mehrmals dahin und suchten Ansiedlungen zu gründen. In den Reichsannalen wird (1675) von einer Expedition dreier Einwohner Nagasaki's erzählt, wovon auch Kämpfer hörte, welche die Lage der Gruppe mathematisch bestimmt, sie in einer Karte verzeichnet und eine ausführliche Beschreibung aller der Eilande und Klippen – es sind deren neun und achtzig – durch den Druck veröffentlicht haben. Man fand sie sämmtlich unbewohnt und gab ihnen deßhalb jenen Namen Bonin. Seit den frühesten Jahrhunderten herrschte zu Japan die Sitte, auf den benachbarten schwer zugänglichen Inseln Verbrechercolonien anzulegen. Auch die Bonin wurden zu demselben Zwecke verwendet. Diebe und Mörder wurden in Menge dahin gebracht und zum Anbau des Landes gezwungen. Die unfreiwilligen Ansiedler befanden sich bald sehr gut auf jenen fruchtbaren Inseln; sie errichteten Plantagen und bildeten mehrere Gemeinden. Daher die Angabe von Dörfern auf den japanischen Karten aus der zweiten Hälfte des siebzehnten Jahrhunderts. Die Ansiedlungen hatten jedoch, man weiß nicht weshalb, keinen Bestand. Fünfzig Jahre später sind die Bonin eben so menschenleer wie zur Zeit ihrer ersten Entdeckung. Vielleicht daß Japan durch die Absperrung zum Entschlusse gebracht wurde, diese etwas ferne Besitzung aufzugeben.

Mehre Inseln erfreuen sich eines lieblichen gesunden Klima's, eines mit allen Südfrüchten gesegneten Bodens. Zehn ragen durch Größe und Fruchtbarkeit besonders hervor. Man findet hier den anmuthigsten Wechsel von Hoch- und Tiefländern, von Bergen und Thälern, eine

Menge klarer, langsam zum Meere ziehender Bäche. Die Berge selbst sind ringsum bis hoch hinauf zum Gipfel mit Bäumen umwachsen, unter welchen sich die Kohl- oder Fächerpalmen auszeichnen. Längs der vielen sandreichen Buchen werden grüne Schildkröten nicht selten so häufig gefunden, daß sie die Ufer ringsum in ihre grüne Pracht kleiden. Die See liefert, wie gemeinhin in jenen Gegenden, eine unerschöpfliche Menge verschiedener Fische: Barben, Hechte und Rochen, früher auch Wallfische in großer Zahl. An den Klippen und in den Schluchten hängen Krappen und Muscheln; auf den Küsten sieht man Schnepfen, Regenpfeifer, wilde Tauben und anderes Geflügel in Menge.

Der Hafen auf der Westseite der Peelsinsel, nach einem Bischof von Oxford Lloyd, geheißen, kann ganze Flotten fassen und ihnen gegen Wind und Wetter sichern Aufenthalt gewähren. Beechey nahm von der Gruppe im Namen Englands Besitz und ließ zum Andenken auf Peel eine Kupferplatte zurück, folgender Inschrift: »Seiner britischen Majestät Schiff Blossom Kapitän F. W. Beechey hat zu Gunsten Seiner britischen Majestät Georg iv. von dieser Inselgruppe feierlichst Besitz genommen am 14. Juli 1827«. Man scheint aber von Seite der Regierung die Besitzergreifung nicht genehmigt zu haben. Die Bonin sind nirgendwo als englische Colonie aufgeführt. Nicht einmal ihr Name findet sich im Werke des Carl Grey (1853) über seine Colonialverwaltung während der Verwaltung des Lord John Russel.

Die englischen Seefahrer bringen die Bonin, welche sämmtlich vulkanischen Ursprungs sind, unter drei Abtheilungen: die nördliche, Perrys Gruppe, die mittlere, Peel, Buckland und Stapleton, und die südliche Gruppe, Baily geheißen. Commodore Perry, welcher auf seiner weiteren Fahrt von den Liéukiéu nach Japan, im Lloydhafen vor Anker ging, (Juni 1853), ließ die Gruppe nach allen Richtungen hin genau untersuchen und erwarb von den Ansiedlern eine Landesstrecke zur Kohlenstation. Hier könnten die in nächster Zukunft von Kalifornien nach Ostasien regelmäßig ziehenden Dampfer frische Feuerung einnehmen. Die Amerikaner suchten sich die Bevölkerung in manigfacher Weise zu verpflichten. Man ließ auf Stapleton einige Schanghai-Schafe und Ziegen zurück, in der Sandbucht auf Peel Ochsen und Kühe aussetzen und nach und nach alle Inseln der Gruppe, welche mehre tausend Seelen ernähren können, hiemit versehen. Eine zahlreiche Bevölkerung wird nicht ausbleiben. Bilden doch die Bonin eine wichtige Station längs der großen Wasserstraße von Kalifornien über Hawai nach Japan, nach den andern zahlreichen Inselgruppen und Küstenländern im stillen Ocean.

Die am Ende der zwanziger Jahre auf Bonin gegründete Niederlassung erhielt von Zeit zu Zeit durch einzelne aus den anlandenden Schiffen entlaufene Matrosen frischen Zuzug – freilich nur auf kurze

Dauer. Die Flüchtigen haben nach längerem oder kürzerem Aufenthalt die Inseln wieder verlassen. Als (August 1837) das Schiff Raleigh im Hafen Lloyd anlangte, bestanden die Einwohner aus zwei und vierzig Personen, wovon die größte Anzahl Sandwichsinsulaner. Mai 1838 gieng der Zeitraum zu Ende, wo sich diese Leute den beiden Begründern der Niederlassung, Mozaro und Milichanep, als Arbeiter verdungen hatten. Vom Tage, wo jene dem Müßiggang ergebenen Autochthonen der Südsee wieder ihre eigenen Herrn wurden, haben sie wenig oder gar nichts gethan, obgleich die Arbeit in dem äußerst fruchtbaren Boden nicht anstrengend ist und großen Gewinn darbietet. Deshalb sind auch diese und andere Arbeitsscheuen von der Natur verurtheilt, zu Grunde zu gehen, – und sie gehen zu Grunde. Nach dreißig bis vierzig Jahren wird kaum ein Eingeborner mehr auf der Hawaigruppe vorhanden sein.

✦

Das Ausland. Eine Wochenschrift für Kunde des geistigen und sittlichen Lebens der Völker. 30. Jg. (1857), Nr. 39, 921b–923b (ohne Anmerkungen):

Die Bonin-Inseln, ein Vorposten gegen Japan.

In keinem Zweige der Wissenschaft werden mehr Thatsachen und Wahrnehmungen vergessen als in der Länder- und Völkerkunde. Es sind der Reisen und erdkundlichen Schriften zu viele; wer könnte wohl sie alle lesen und, sobald das Bedürfniß eintritt, die in tausend Werken zerstreuten Notizen gegenwärtig haben? Deßhalb geschieht es so häufig, daß manches als eine neue Entdeckung gepriesen wild, was schon vor Jahrhunderten von diesem oder jenem Seefahrer beobachtet, was schon von diesem oder jenem Reisenden untersucht wurde. Am meisten jedoch ist dieß der Fall bei den zahlreichen Inseln und Inselgruppen im stillen Ocean, welche in den zwei ersten Jahrhunderten nach der Umschiffung Afrika's verhältnißmäßig nur geringe Aufmerksamkeit erregten. Auf ihren wiederholten Fahrten von Acapulco nach den Philippinen haben die Spanier im stillen Ocean viele dieser Inseln entdeckt, und ihnen, wie ihre Karten zeigen, allerlei willkürliche Namen geschöpft; sie hielten es aber, weil sich keine edlen Metalle zeigten und die Armuth der Eingebornen keine Handelschaft gestattete, nicht der Mühe Werth den Grund und Boden in Besitz zu nehmen. Eben so verfuhren die Holländer – eine arge Verblendung bei diesem sonst so betriebsamen, kaufmännischen Volk. Die früh gefundene Bonin-Gruppe ward von den Spaniern bald unter dem Namen der Erzbischofs-Inseln – Islas del Arzobispo – bald anders bezeichnet; die Holländer hießen sie Wüste Inseln – Woest Eiland – was bloß eine Uebersetzung ist der japanischen Benennung Bonin oder Monin Sima,

d. h. menschenleere oder unbewohnte Inseln. Lange bevor Europäer in jenen Gewässern erschienen, ist die Gruppe den benachbarten Japanen bekannt geworden; die Unterthanen der Dairi nannten sie anfangs beim Namen des ersten japanischen Entdeckers, Ogasa Wara. Von Idsu aus segelten sie mehrmals dahin und suchten Ansiedlungen zu gründen. In den Reichsannalen wird unter dem Jahre 1675 von einer Expedition dreier Einwohner Nangasaki's erzählt, wovon auch Kämpfer hörte, welche die Lage der Gruppe mathematisch bestimmten, eine Karte davon aufnahmen und eine ausführliche Beschreibung aller der Inseln und Klippen – es sind 89 – durch den Druck veröffentlicht haben. Sie fanden sie alle unbewohnt, und gaben ihnen deßhalb den Namen Bonin Sima, welcher im Zeitverlaufe den frühern vollkommen verdrängte. Nun herrschte, seil den frühesten Jahrhunderten seiner Geschichte, in Japan die Sitte auf den benachbarten, schwer zugänglichen Inseln Verbrechercolonien anzulegen, so wie heutigen Tags noch auf dem steilen, in der Richtung der Bonin-Gruppe sich hinziehenden Eiland Fatschio. Die Bonin wurden alsbald zu demselben Zweck verwendet. Diebe und Mörder hat man in Menge dahin gebracht und zum Anbau des Landes gezwungen. Die unfreiwilligen Ansiedler befinden sich bald sehr wohl auf jenen fruchtbaren Inseln; sie errichten Plantagen und bilden mehrere Gemeinden. Daher die Dörfer-Bezeichnung der japanischen Karten aus der zweiten Hälfte des siebzehnten Jahrhunderts. Die japanische Colonisation war aber, man weiß nicht weßhalb, von keiner langen Dauer. Fünfzig Jahre später sind die Inseln eben so menschenleer wie zur Zeit ihrer ersten Entdeckung. Vielleicht daß Japan durch die unerhörte Absperrung zum Entschluß gebracht wurde, diese etwas ferne Besitzung aufzugeben.

Mehrere der Inseln erfreuen sich eines lieblichen, gesunden Klima's, eines mit allen Südfrüchten gesegneten Bodens. Zehn ragen an Größe und Fruchtbarkeit besonders hervor; die andern erscheinen, wie wir sie jetzt aus der Beschreibung der amerikanisch-japanischen Expedition kennen, als steile Felsenriffe und werthlose Eilande. Auf jenen findet man den anmuthigen Wechsel von Hoch- und Tiefländern, von Bergen und Thälern, wo eine Menge klarer Bäche langsam zum Meere zieht. Die Berge selbst sind ringsum bis hoch hinauf zum Gipfel mit Bäumen bewachsen, unter welchen sich die Kohl- oder Fächerpalmen auszeichnen. Längs der vielen sandreichen Buchten werden grüne Schildkröten nicht selten so häufig gefunden, daß sie die Ufer ringsum in grüne Pracht kleiden. Die See liefert, wie gemeinhin in jenen Gegenden, eine unerschöpfliche Menge verschiedener Fische, Barben, Hechte, Hornfische und Rochen, dann Wallfische in großer Zahl. An Klippen und in den Schluchten hangen Krappen und Muscheln; auf den Küsten sieht man Schnepfen, Regenpfeifer, wilde Tauben und anderes Geflügel in Masse.

Capitän Beechey besuchte (1827) die Gruppe, und nannte sie bei ihrem spanischen Namen, Erzbischofs-Inseln. Beechey, vom gewöhnlichen Mißtrauen der Europäer gegen die Nachrichten ostasiatischer Völker ergriffen, bezweifelt ihre Identität mit den Bonin-Inseln. Vergleicht man aber ihre Lage, ihre Beschaffenheit und die verschiedenen Betreibungen, so wird der Unbefangene alsbald erkennen daß die Japanen und Europäer von denselben Inseln sprechen. Die westlichen Seefahrer hatten, bis auf Commodore Perry, nur wenige Inseln der zahlreichen Gruppe besucht und dargestellt, woraus sich einiger Widerspruch zwischen den japanischen Angaben und den Beobachtungen dieser Seefahrer leicht erklären ließ. Auch mögen die Japanen die Gradmessung nicht genau verstanden, oder mag in ihrer Entfernungsangabe von Fatschio nach Bonin ein Fehler sich eingeschlichen haben.

Die englischen Seefahrer bringen die Bonin, welche sämmtlich vulcanischen Ursprungs sind, unter drei Abtheilungen: eine nördliche, Parry's Gruppe, eine mittlere, die Inseln Peel, Buckland und Stapleton, und eine südliche, Baily geheißen, die sich im ganzen von 26° 50′ bis 27° 44′ 35″ nördlicher Breite, vielleicht auch noch weiter hinauf erstrekken. Auf einer von Beechey nach dem Namen des berühmten Staatsmannes genannten Insel Peel waren kurz vorher zwei englische Matrosen eines gestrandeten Wallfischjägers freiwillig zurückgeblieben. Nur der eine war Engländer von Geburt, der andere stammte aus Ragusa und hieß Matteo Mozaro. Ihr Hafen auf der Westseite der Peelsinsel, nach einem Bischof von Oxford Lloyd geheißen, kann ganze Flotten fassen und ihnen gegen Wind und Wetter sichern Aufenthalt gewähren. Beechey nahm von der Gruppe im Namen Englands Besitz und ließ zum ewigen Andenken auf Peel eine Kupferplatte zurück folgender Inschrift: »Seiner brittischen Majestät Schiff Blossom, Capitän F. W. Beechey, hat zu Gunsten Seiner brittischen Majestät Georg IV von dieser Inselgruppe feierlichst Besitz genommen am 14. Junius 1827.« Man scheint aber von Seiten der Regierung diese Besitzergreifung nicht genehmigt zu haben. Die Bonin sind nirgendwo als englische Colonie aufgeführt. Nicht einmal ihr Name findet sich in dem Werke des Earl Grey (1853) über seine Colonialverwaltung während der Verwaltung des Lord John Russell.

Die beiden Matrosen giengen bald nach Beechey's Abfahrt in einem Wallfischjäger zu den Sandwichsinseln und gewannen dort zwei Amerikaner, einen Dänen und einige Unterthanen Tamehameha III, fünf Männer und zehn Frauen. Sie haben, im ganzen zwanzig Köpfe stark, am 21 Mai 1830 Hawai verlassen und steuerten frohen Muthes nach der neuen Heimath. Der englische Consul, Herr Richard Charlton, gab ihnen eine Unionsflagge mit dem Zeugnis, daß sie verdienstvolle Männer wären, welche das Abenteuer der Ansiedelung auf Bonin mit eigenen Mitteln ausgerüstet hätten.

Das Häuflein der beiden Anführer vermehrte sich noch durch einen Theil der Mannschaft des Schooners, welcher sie an den Bestimmungsort brachte. Drei Mann, ein Amerikaner und zwei Sandwichsinsulaner desertirten, so daß die Kolonie jetzt 23 Personen zählte. Im folgenden Jahre bekam sie frischen Zuwachs durch neun Matrosen, welche englischen Wallfischjägern entlaufen waren. Ein englischer Wallfischjäger scheiterte (1833) unfern der Bonin, nur 12 Mann retteten sich auf Peel, wovon vier sich zum Bleiben entschlossen. Die herrlich aufblühende Colonie lief jedoch während der nächsten Zeit Gefahr in ihrer Jugendfrische vernichtet zu werden. Ein englischer Wallfischfänger ließ nämlich, trotz der Widerrede von Seiten der Ansiedler, vierzehn meuterische Matrosen in der Gruppe zurück, welche mit anderem ankommenden schlechten Gesindel sich verbanden und allen Gegnern Tod und Verderben drohten. Sie steckten Häuser der Ansiedler in Brand und verführten allen erdenklichen Unfug. Die Hälfte dieser Ruchlosen fand, zum Glück der Bonin, durch einen Zufall ihren Tod, und die andern wurden nach Neu-Süd-Wales transportirt.

Die junge Niederlassung erhielt nun von Zeit zu Zeit durch einzelne entlaufene Matrosen frischen Zuzug, jedoch nur auf kurze Dauer. Die Flüchtigen haben gewöhnlich, nach längerem oder kürzerem Aufenthalt, die Inseln wieder verlassen. Als im August 1837 das Schiff Raleigh im Hafen Lloyd anlegte, bestand die Bevölkerung aus 42 Personen, wovon die größere Anzahl Sandwichsinsulaner. Im Mai 1838 gieng der Zeitraum zu Ende, für welchen sich diese Leute den beiden Begründern Mozaro und Millichamp als Arbeiter verdungen hatten. Vom Tag, wo die dem Müßiggang ergebenen Autochthonen der Südsee wieder ihre eignen Herren wurden, haben sie wenig oder gar nichts gethan, obgleich die Arbeit in dem äußerst fruchtbaren Boden nicht anstrengt und großen Gewinn darbietet. Alle diese und andere Arbeitsscheue sind von der Natur verurtheilt zu Grunde zu gehen, und gehen auch zu Grunde. Die Bevölkerung der Hawaigruppe war 1850, von den vier- bis fünfmalhunderttausend zu Cooks Zeiten, auf 80,000 herabgesunken. Im Jahre 1852 sind 2,898 mehr gestorben als geboren worden, so daß, wenn die Sterblichkeit in diesem Masse fortschreitet, 1950 kaum mehr ein Eingeborner vorhanden sein wird. Im Lloydhafen allein konnten schon zu der Zeit (1838) 30–40 Familien ein bequemes und gutes Unterkommen finden, wenn mit angemessenem Capital ausgerüstet, um sich von den anlandenden Schiffen Kleidungsstücke und Gerätschaften zu kaufen. Nach dem Berichte des Commodore Perry an seine Regierung waren (1853) auf der ganzen Peelinsel bloß 150 Acker Landes angebaut, aus Mangel an Arbeitskräften. Der Boden sey vortrefflich, ähnlich dem Madeira's und der kanarischen Inseln – diese liegen unter derselben Breite – und eigne sich vortrefflich zur Anpflanzung von Wein, Weizen und andern werthvollen Erzeugnissen. Zucker und Tabak gewinnen die Ansiedler jetzt schon mehr als sie für den eigenen Bedarf brauchen.

Sehr fühlbar war früher und ist wahrscheinlich noch jetzt der Mangel einer mit Macht bekleideten Obrigkeit. Herrscht doch unter den Ansiedlern beständiger Hader und Uneinigkeit. Bald will dieser, bald will jener die Verproviantirung der Wallfischfänger an sich reißen, um allein den Vortheil zu ernten; bald entstehen Streitigkeiten zwischen den Bewohnern der Peelinsel und den fremden Schiffsmannschaften, und kein Richter, keine executive Gewalt ist vorhanden. Zügellosigkeit ist die Plage der Bonin. Dieß ist die Ursache daß Schiffe mit guter Mannschaft nicht gerne nach Lloyd kommen, fürchtend, ihre Leute möchten zu allerlei Unfug und endlich zur Desertion verleitet werden. Fahrzeuge mit schlechter Mannschaft lassen den Auswurf hier zurück und gefährden so die Sicherheit des Lebens und Eigenthums der Bevölkerung. Die Ansiedler baten mich, erzählt Herr Mich. Quin, dem wir den ausführlichen Bericht über Colonisation der Peelinsel verdanken, einige ihrer Streitigkeiten zu schlichten; da ich aber mit keiner öffentlichen Gewalt bekleidet war, so konnte ich die Leute nur zur Einigkeit ermahnen. Aller dieser Nachtheile ungeachtet hat sich die neue Niederlassung immer mehr gehoben, sie erhielt vom englischen Consul auf der Sandwichsinsel manche Forderung [sic], mittelbar auch von der brittischen Regierung. Würde man sich entschließen hier eine Behörde zu ernennen, die Gesetze erließe und Ordnung erhielte, so würde sich, wie von verschiedenen Seiten versichert wird, ein großer Theil des Handelsverkehrs in der Südsee nach der Boningruppe ziehen. Während der vier Tage, wo die amerikanische Expedition nach Japan im Hafen Lloyd vor Anker lag (Junius 1853), verkehrten drei Wallfischfahrer, zwei amerikanische und ein englischer, mittelst ihrer Boote mit den Ansiedlern, tauschten viele Vorräthe ein, wofür die Boninleute am liebsten geistige Getränke nahmen.

Man baut auf der Peel-Insel süße Bataten, Taro, indianisches Korn, Zwiebel, Yams, Kürbisse, Wassermelonen und Zuckerrohr in bedeutender Menge. Auch Tabakspflanzungen hat man versucht, uud zwar mit solchem Erfolg daß die Insassen fürchteten, dadurch möchten andere Erzeugnisse allzusehr vernachlässigt werden, oder es könnte an Händen fehlen die Blätter zu sammeln und zuzubereiten. Der Tabak ist von ausgezeichneter Güte. Auch einige Citronenbäume gibt es dort, aus Samen gezogen; sie geben guten Ertrag, sind aber, weil sie wenig einbringen, nicht sehr beachtet. Die Schweinezucht wird stark betrieben; man erhält von den hier anlegenden Schiffern, je nach Größe, 4 bis 9 Dollars für das Stück; als Futter bedient man sich des indianischen Korns. Auch Wildschweine gibt es auf Peel in bedeutender Menge; man macht Jagd auf sie mit Hunden aus Hawai, die so kräftig und gut abgerichtet sind, daß sie unter Leitung ihres Herrn die Fährte des Thieres auffinden und selbst das stärkste zu Boden bringen. Geflügel ist im Ueberfluß vorhanden. Die Colonisten giengen anfangs mit den, von ferne gebrachten sparsam um, damit es sich vermehre; jetzt ist's verwildert und bringt den Saatfeldern großen Schaden. Auf der Südspitze der Insel, welche bei hoher See vom übrigen Lande völlig abgeschnitten ist, findet man wilde Ziegen in großer Anzahl. Von gefährlichem Wild weiß man hier nichts; Schlangen gibt es keine, wohl aber Ratten und viele Mäuse. Die zahlreichen Haifische an der Küste sind klein und schwach; wo das Wasser seicht ist, machen selbst die Hunde auf sie Jagd, und ziehen was sie fangen können ins Trockene hinaus auf die Sandbänke.

Wiewohl an Bauholz kein Mangel ist, so würde es doch, wenn mehrere Leute sich ansiedelten, für den Bedarf kaum ausreichen. Zu Masten taugt es nicht. Besonders häufig kommt eine Holzgattung vor, Tumana genannt, welche man zu Brettern und Dielen schneidet und Möbel daraus verfertigt. Der Maulbeerbaum wird der Härte wegen zu Pfosten und Thürstutzen verwendet. Auch etwas Sandelholz findet sich auf Peel, doch nur in sehr geringem Maße. Mozaro konnte binnen drei Monaten mit acht Mann nur 30 bis 40 Zentner davon sammeln. Von der ehemaligen japanischen Bevölkerung haben die gegenwärtigen Ansiedler, so wenig wie Hr. Quin, welcher die Gruppe nach allen Richtungen durchsuchte, nicht die geringste Spur auffinden können. Die von Commodore Perry der amerikanisch japanischen Expedition ausgesandten Officiere, um in Begleitung unseres Landsmannes Wilhelm Heine die Inseln zu durchforschen und zu beschreiben, sind nicht glücklicher gewesen. Perry erwarb in der Nähe des Lloyd eine größere Landesstrekke zur Kohlenstation, wo die in nächster Zukunft von Westamerika nach Ostasien regelmäßig ziehenden Dampfer landen und frische Feuerung einnehmen können. Die Amerikaner suchen sich die Bonin-Leute in mancherlei Weise zu verpflichten. Man ließ auf Stapleton einige Schanghai-Schafe und Ziegen zurück, und an der Sandbucht auf Peel zwei Ochsen und zwei Kühe aussetzen, um nach und nach alle Inseln der Gruppe mir jenen nützlichen Thieren zu bevölkern. Bilden doch die Bonin eine äußerst wichtige Station längs der großen Wasserstraße von Californien über Hawai nach Japan und den andern zahlreichen Inseln und Küstenländern im stillen Ocean.

✦

Zeitschrift für allgemeine Erdkunde. N. F. 2. Bd. (1857), 368–370:

Die Bonin-Inseln.

Da wir auf die Wichtigkeit der Bonin-Inseln als einer für den Dampf-schifffahrts-Verkehrs [sic] zwischen den gegenüberliegenden Küsten des Stillen Oceans unentbehrlichen Station und als eines erwünschten Zufluchtsortes für die zahlreichen in diesen Gewässern kreuzenden Wal-fischfahrer bereits früher (Bd. 1, S. 395 ff.) aufmerksam gemacht haben, beschränken wir uns hier auf einige geographische Angaben über diese romantische Felseninseln, welche – so unscheinbar sie an und für sich sind, doch in Folge ihrer Lage auf einem von Jahr zu Jahr besuch-teren und überaus wichtigen Handelswege, der durch einen inselarmen Theil des Oceans führt, einer hohen Bedeutung für den Weltverkehr entgegengehen.

Sie liegen zwischen 26° 30′ und 27° 45′ N. Br. und ungefähr unter 142° 15′ O. L. v. Gr. und zerfallen in drei Gruppen: die Parry-Gruppe ist die nördlichste, die eigentlichen Bonin-Inseln bilden die mittlere, während die südlichste von dem verstorbenen Admiral Beechey den Namen Bailey-Gruppe erhalten hat, von Commodore Perry aber in Coffin-Islands umgetauft werden ist, da Coffin den kleinen Archipel vor Beechey gesehen und benannt hat.

Der Name Bonin-Inseln stammt aus dem japanesischen Buna-Sima, d. h. unbewohnte Inseln; japanesische Schiffer, die schon im 16. Jahr-hundert, dann 1675 hierher verschlagen wurden, fanden die Felseninseln unbevölkert. Erst im Jahre 1830 erhielten sie von den Sandwich-Inseln aus eine Colonie.

Die eigentliche Bonin-Gruppe besteht aus drei größeren Eilanden, Stapleton-, Buckland- und Peel-Island (von Norden nach Süden auf-gezählt) und mehreren kleineren. Auf Peel-Island liegt unter 27° 5′ 35″ N. Br. und 142° 16′ 30″ O. L. v. Gr. der einzige Hafen, Port Lloyd, der leicht zugänglich ist und bei 18 bis 22 Faden Tiefe sichern Ankergrund hat.

Sämmtliche Gruppen sind hohe Felseninseln, die durch vulkanische Kräfte über das Meeresniveau gehoben sind. Trapp, Basalt in Säulen-form und Lagen von Lava bilden die Hauptmassen des Gebirges; in der nördlichen Hälfte von Peel-Island hat man auch erloschene Krater und eine Schwefelquelle entdeckt. Alles ist wild zerrissen, die Felsen in groteske Formen zerklüftet, wunderlich gestaltete Vorgebirge, oft von natürlichen Tunnels durchbrochen, springen kühn in das Meer vor.

Wo der verwitterte Trapp eine fruchtbare Erdschicht gebildet hat, namentlich in den Schluchten und am Fuße der Berge, entwickelt sich die tropische Vegetation mit aller Ueppigkeit. Bei Port Lloyd erstreckt sich vom Meeresufer bis zu den Hügeln ein ziemlich ebenes Terrain mit einer 5 bis 6 Fuß tiefen Schicht schwarzer, überaus fruchtbarer Gartenerde; der Abhang des Gebirges und die von klaren Strömen durchbrausten Thäler sind mit den dichtesten Palmenwäldern bedeckt; man findet hier sechs Arten von Palmen, von denen die Fächerpalme die häufigste ist, ferner eine Buchenart von beträchtlicher Größe, Maulbeerbäume mit Stämmen, die einen Umfang von 14 Fuß erreichen, Buchsbäume, Lorbeern, Orangen, Wachholder, Heidelbeeren – Alles von den üppigsten Schlingpflanzen und wildem Wein durchwachsen und umrankt, so daß man auf dem feuchten Boden, den nie ein Sonnenstrahl trifft, sich kaum durch das Dickicht des Urwaldes einen Weg bahnen kann. Anlegende Schiffe werden sich hier also reichlich mit Holz versehen können, und es ist nur zu wünschen, daß sie es bereits gefällt und trocken vorfinden. Gutes Bauholz ist verhältnißmäßig spärlich; das beste liefert die Jamana, die ein dem brasilianischen Rothholz ähnliches und sehr dauerhaftes Holz besitzt, und der wilde Maulbeerbaum.

Leider ist diese Waldeinsamkeit arm an animalischem Leben. Außer Raben finden sich nur noch verwilderte Schweine und Ziegen, die letztern namentlich auf Stapleton-Island, wo sie vor Zeiten ausgesetzt sind und sich unglaublich vermehrt haben; die Expedition, welche Perry zur Erforschung der Südhälfte von Peel-Island abgesandt hatte, tödtete einen jungen Bären. Besonders auffallend war der Mangel an Vögeln: Krähen und Tauben waren die größesten; um die Klippen kreisen Möven und schöngefiederte Sturmvögel. Reicher bevölkert ist das Meer, doch auch mehr an Individuen als an Arten; an der Küste werden große Schildkröten gefangen und in den Bächen wohlschmeckende Krebse.

Der Anbau ist zur Zeit noch gering, da die Bevölkerung nur aus 31 Seelen besteht, und auch nur einer begrenzten Ausdehnung fähig, weil sich nur an der Küste, in einigen breitern Thälern und am Ausgange der zahlreichen Schluchten ein geeigneter Ackerboden vorfindet. Dieser ist aber so fruchtbar, daß nach Perry's Ansicht das kleine, nur 6 Miles lange Peel-Island eine Bevölkerung von 2000 Seelen ernähren könnte. Unter den gegenwärtigen Bewohnern befinden sich nur vier Amerikaner, eben so viel Engländer und ein Portugiese; die übrigen sind Kanackas von den Sandwich-Inseln, oder auf Peel-Island geborene Kinder. Die Amerikaner und Europäer haben sich in ihrer Häuslichkeit möglichst nach den Sitten ihrer Heimath einzurichten gesucht; die Kanackas leben zerstreut an den zum Anbau geeigneten Plätzen in Hütten, die mit Palmblättern gedeckt sind.

Diese Colonisten bauen süße Kartoffeln, indianisches Korn, Kürbisse, Zwiebeln, Taro, Wassermelonen, Bananen und Ananas so reichlich, daß sie mit diesen Producten die zuweilen hier landenden Walfischfahrer versehen und von ihnen geistige Getränke, Oel, Fett u. dgl.

eintauschen können; für den eignen Bedarf gewinnen sie auch Taback,
der außerordentlich üppig bis zur Höhe von 5 Fuß aufschießt, und Zuk-
kerrohr. Da das Klima sehr milde ist und dem der canarischen Inseln
entspricht, doch ohne die Dürre der letztern, so würden hier auch Wein,
Weizen, Yams vorzüglich gedeihen. Das angebaute Land umfaßt jetzt
im Ganzen noch nicht mehr als 150 Acres; neue Colonisten finden hier
also noch immer fruchtbaren Boden genug, und der wachsende Ver-
kehr verspricht ihnen einen leichten Absatz der Bodenerzeugnisse. Der
Viehstand beschränkte sich auf Schweine, Ziegen und Schafe; Hunde
und Katzen sind reichlich vorhanden. Wir haben schon früher mitge-
theilt, daß Commodore Perry den Colonisten verschiedene Sämereien
überließ, und mehrere Hausthiere auf den Inseln aussetzte. Er versprach
auch, bessere Ackergeräthschaften nach Port Lloyd zu schicken und
ermuthigte die Colonisten zu ausgedehnterem Anbau des Landes.

Die letztern haben sich bereits eine Constitution gegeben, und einen
Magistrat, der aus einem Chef und zwei Rathsherren besteht, vorläufig
auf die Dauer von zwei Jahren an ihre Spitze gestellt. Die Verfassungs-
urkunde enthält die Hauptgrundzüge eines geordneten Gemeinwesens:
Klagen und Zwistigkeiten, über die sich die streitenden Parteien nicht
vergleichen können, sollen dem Magistrat zur Entscheidung vorgelegt
werden; dieser hat das Recht, Strafen zu verhängen, die aber nur in
Geldbußen bestehen dürfen, und das Eigenthum der Zahlungspflichti-
gen, bis zum Betrage ihrer Schuld, mit Beschlag zu belegen und zu verkaufen. Wer eine zu der Mannschaft eines einlaufenden Schiffes gehö-
rige Person zur Desertion verlockt oder an der Küste verbirgt, zahlt eine
Buße bis zu 100 Dollars. Sämmtliche Geldbußen werden zum Besten
der Colonie verwendet und von dem Magistrat alljährlich darüber
Rechnung gelegt. Es werden zwei Piloten ernannt, die ausschließlich das
Recht haben, ankommende Schiffe in den Hafen zu führen. Für neue
Anordnungen oder Abänderung der bestehenden hat der Magistrat die
Initiative; er bedarf aber hierzu der Zustimmung von zwei Dritteln der
Colonisten. – Die Urkunde ist vom 28. August 1853 datirt und von acht
Colonisten unterzeichnet.

◆

Karl Friedrich Neumann: Das Reich Japan und seine Stellung in der west-
östlichen Weltbewegung. In: Historisches Taschenbuch. 3. Folge, 9. Jg. (1858),
1–206 (80–84, ohne Anmerkungen):

Die Boningruppe wurde von den Spaniern bald des Erzbischofs Inseln,
bald mit andern Namen bezeichnet; die Holländer hießen sie Wüste-
inseln, was blos eine Uebersetzung der japanischen Benennung Bonin

oder Monin Sima ist, d. h. menschenleere oder unbewohnte Inseln. Lange bevor Europäer in jenen Gewässern erschienen, ist die Gruppe den benachbarten Japanen bekannt geworden, welche sie anfangs beim Namen des ersten japanischen Entdeckers Ogasa Wara hießen. Von Idsu aus segelten die Japanen mehrmals dahin und suchten Ansiedelungen zu gründen. In den Reichsannalen wird (1675) von einer Expedition dreier Einwohner Nagasakis erzählt, wovon auch Kämpfer hörte, welche die Lage der Gruppe mathematisch bestimmt, sie in einer Karte verzeichnet und eine ausführliche Beschreibung aller der Eilande und Klippen – es sind deren 89 – durch den Druck veröffentlicht hat. Man fand sie sämmtlich unbewohnt und gab ihnen deshalb jenen Namen Bonin. Seit den frühesten Jahrhunderten herrschte zu Japan die Sitte, auf den benachbarten, schwer zugänglichen Inseln Verbrechercolonien anzulegen. Auch die Bonin wurden zu demselben Zweck verwendet. Diebe und Mörder hat man in Menge dahin gebracht und zum Anbau des Landes gezwungen. Die unfreiwilligen Ansiedler befanden sich bald sehr gut auf jenen fruchtbaren Inseln; sie errichteten Plantagen und bildeten mehre Gemeinden. Daher die Angabe von Dörfern auf den japanischen Karten aus der zweiten Hälfte des 17. Jahrhunderts. Die Ansiedelungen hatten jedoch, man weiß nicht weshalb, keinen Bestand. Funfzig Jahre später sind die Bonin ebenso menschenleer wie zur Zeit ihrer ersten Entdeckung. Vielleicht daß Japan durch die Absperrung zum Entschlusse gebracht wurde, diese etwas ferne Besitzung aufzugeben.

Mehre Inseln der Gruppe erfreuen sich eines lieblichen gesunden Klimas, eines mit allen Südfrüchten gesegneten Bodens. Zehn ragen durch Größe und Fruchtbarkeit besonders hervor. Man findet hier den anmuthigsten Wechsel von Hoch- und Tiefländern, von Bergen und Thälern, eine Menge klarer langsam zum Meere ziehender Bäche. Die Berge sind ringsum bis hoch hinaus zum Gipfel mit Bäumen umwachsen, unter welchen sich die Kohl- oder Fächerpalmen auszeichnen[.] Längs der vielen sandreichen Buchten werden grüne Schildkröten nicht selten so häufig gefunden, daß sie die Ufer ringsum in ihre grüne Pracht kleiden. Die See liefert, wie gemeinhin in jenen Gegenden, eine unerschöpfliche Menge verschiedener Fische: Barben, Hechte und Rochen, früher auch Walfische in großer Zahl. An den Klippen und in den Schluchten hängen Krappen und Muscheln; auf den Küsten sieht man Schnepfen, Regenpfeifer, wilde Tauben und anderes Geflügel in Menge.

Der Hafen auf der Westseite der Peelsinsel, nach einem Bischof von Oxford Lloyd geheißen, kann ganze Flotten fassen und ihnen gegen Wind und Wetter sichern Aufenthalt gewähren. Beechey nahm von der Gruppe im Namen Englands Besitz und ließ zum Andenken auf Peel

eine Kupferplatte zurück, mit folgender Inschrift: »Seiner britischen
Majestät Schiff Blossom, Capitän F. W. Beechey, hat zu Gunsten Seiner
britischen Majestät Georg IV. von dieser Inselgruppe feierlichst Besitz
genommen am 14. Juli 1827.« Man scheint aber damals von Seiten der
Regierung die Besitzergreifung nicht genehmigt zu haben. Die Bonin
sind nirgendwo als englische Colonie aufgeführt, ihre jetzigen Bewohner erkennen keine Oberherrlichkeit Großbritanniens. Auch nicht einmal ihr Name findet sich im Werke des Earl Grey über seine Colonialverwaltung während der Verwaltung des Lord John Russell. Erst später
als man fürchtete, die Amerikaner möchten sich dieser wichtigen Inseln
bemächtigen, suchten sie in London ihre frühern Ansprüche geltend zu
machen.

Die englischen Seefahrer bringen die Bonin, welche sämmtlich vulkanischen Ursprungs sind, unter drei Abtheilungen: die nördliche, Per-
rygruppe, die mittlere, Peel, Buckland und Stapleton, und die südliche,
Baily geheißen. Commodore Perry, welcher auf seiner weitern Fahrt,
von den Liéukiéu nach Japan, im Lloydhafen vor Anker ging (Juni 1853),
ließ die Bonin nach allen Richtungen genau untersuchen und erwarb
von den Ansiedlern eine Landesstrecke zur Kohlenstation. Hier könnten die in nächster Zukunft von Californien nach Ostasien regelmäßig
ziehenden Dampfer frische Feuerung einnehmen. Die Amerikaner suchten sich die Bevölkerung in mannichfacher Weise zu verpflichten. Sie
ließen auf Stapleton einige Schanghaischafe zurück, in der Sandbucht
auf Peel Ochsen und Kühe aussetzen, um nach und nach alle Inseln
der Gruppe, welche mehre tausend Seelen ernähren können, hiermit
zu versehen. Eine zahlreiche Bevölkerung wird nicht ausbleiben. Bilden
doch die Bonin eine wichtige Station längs der großen Wasserstraße von
Californien über Hawai nach Japan, sowie nach den andern zahlreichen
Inselgruppen und Küstenländern im Stillen Ocean.

Die am Ende der zwanziger Jahre auf Bonin gegründete Niederlassung erhielt von Zeit zu Zeit durch einzelne aus den anlandenden Schiffen entlaufenen Matrosen frischen Zuzug, – freilich nur auf kurze Dauer. Die Flüchtigen haben nach längerm oder kürzerm Aufenthalt die
Inseln wieder verlassen. Als (August 1837) das Schiff Raleigh im Hafen
Lloyd anlangte, bestanden die Einwohner aus 42 Personen, wovon die
größte Anzahl Sandwichsinsulaner. Mit Mai 1838 ging der Zeitraum zu
Ende, wo sich diese Leute den beiden Begründern der Niederlassung,
Mazanno und Milichanep, als Arbeiter verdungen hatten. Vom Tage,
wo jene dem Müßiggang ergebenen Autochthonen der Südsee wieder
ihre eigenen Herren wurden, haben sie wenig oder gar nichts gethan,
obgleich die Arbeit in dem äußerst fruchtbaren Boden nicht anstrengend ist und großen Gewinn darbietet. Deshalb sind auch diese und

andere Arbeitsscheue von der Natur verurtheilt, zugrunde zu gehen, – und sie gehen zugrunde. Nach 30–40 Jahren wird kaum ein Eingeborener mehr auf der Hawaigruppe vorhanden sein.

♦

E. Behm: Das Amerikanische Polynesien und die politischen Verhältnisse in den übrigen Theilen des Grossen Oceans im J. 1859. In: Mittheilungen aus Justus Perthes' Geographischer Anstalt über wichtige neue Erforschungen auf dem Gesammtgebiete der Geographie 1859, 173a–194b (189b–190a, ohne Anmerkungen):

Bonin-Inseln. – Nach dem Besuch des Commodore Perry auf der Peel-Insel im Jahre 1853, wo er von den Ansiedlern zu Port Lloyd einen Platz zur Anlage eines Kohlendepots kaufte, wurde lebhaft über die Ansprüche diskutirt, welche England und die Vereinigten Staaten auf den Besitz des kleinen Archipels zu haben glauben, und so viel uns bekannt, ist es zu einer eigentlichen Verständigung auch bis jetzt nicht gekommen. Von einem unparteiischen Standpunkte aus kann man aber wohl kaum zweifelhaft sein, dass wenigstens die Peel-Insel, die grösste und einzige bewohnte der ganzen Gruppe, rechtmässig der Englischen Krone zugehört. Die Vereinigten Staaten gründen ihre Ansprüche darauf, dass einer ihrer Walfischfahrer, »Coffin«, im Jahre 1823 an der südlichsten, von Beechey Bailey-Inseln genannten, Gruppe gelandet ist und zuerst die Position derselben bekannt gemacht hat und dass die ersten Ansiedler auf der Peel-Insel zum Theil Bürger der Vereinigten Staaten waren. Dagegen ist es aber eine bekannte Thatsache, dass Beechey die mittlere Gruppe, zu welcher die Peel-Insel gehört, entdeckt, von dem ganzen Archipel formell Besitz genommen und die folgende, auf eine Kupferplatte gravirte und noch gut erhaltene, Inschrift zurückgelassen hat: »H.B.M. ship ›Blossom‹, Captain F. W. Beechey, took possession of this group of islands, in the name and on the behalf of His Britannic Majesty, George IV., 14th June 1827.« Die ersten Ansiedler waren Richard Millichamp aus Devonshire in England und Mateo Mozaro von Ragusa, der viele Jahre in Diensten des Herrn Bennett von Rotherhithe bei London, Besitzers von Walfischfahrern in der Südsee, gestanden und auch auf dem Englischen Kriegsschiff »La Morne Fortunée« in West-Indien gedient hatte. Sie segelten am 21. Mai 1830 von Oahu ab mit zwei Amerikanern, einem Dänen und einer Anzahl Sandwich-Insulaner, nämlich 5 Männern und 10 Frauen, und mit Unterstützung des Britischen Konsuls für die Sandwich-Inseln, Richard Charlton, der ihnen einen Englischen Union-jack (Gösch, d. i. das Wappen oder der Haupttheil der Flagge) mitgab. Kapitän Quin von dem Englischen Schiff

»Raleigh«, welcher Port Lloyd im August 1837 besuchte, liess einen neuen Union-jack zurück, da der alte abgenutzt war. Faktisch ist die Ansiedelung vollkommen unabhängig und sie hat sich in neuerer Zeit (28. August 1853) selbst eine Konstitution gegeben, aber es geht doch aus den angeführten Daten hervor, dass England das meiste Recht auf den Besitz der Peel-Insel hat, wogegen den Vereinigten Staaten gegründete Ansprüche auf die südlichste Gruppe nicht abzusprechen sind, welcher Perry den Namen Coffin-Inseln gegeben hat. Die Sache ist nicht ohne Bedeutung, da Port Lloyd eine vortreffliche Station auf der Route von den Sandwich-Inseln nach den Chinesischen Häfen und für die zahlreichen Pottfischfänger abgiebt, welche alljährlich die umliegenden Gewässer besuchen.

Der Garten des Sse-ma-kuang

Zum Thema ›Übernahmen aus Vorlagen‹ anhand eines Beispiels aus *Der Kiang-lu*

Als Charley, der Erzähler der Geschichte *Der Kiang-lu*, mit seinem Gefährten Frick Turnerstick beim Vater des von ihm geretteten jungen Mannes Kong-ni weilt, zeigt ihm jener seinen kunstvoll angelegten Garten und gibt ihm ein Buch des chinesischen Gelehrten und Politikers Sse-ma-kuang (Sīmǎ Guāng, 1019–1086) zu lesen, in dem auch eine Beschreibung von dessen Garten enthalten ist, nach der Ming-tsu, Kong-nis Vater, den seinen gestaltet hat. Um Ming-tsus Garten zu verstehen, soll der Erzähler Sse-ma-kuangs Schilderung in sich aufnehmen.

> *Ich setzte mich an eine Lampe und schlug das Buch auf. Die Stelle war bald gefunden, und ich las. Sie erregte mein lebhaftes Interesse, einesteils wegen des warmen Stiles, in welchem sie geschrieben war, und anderenteils auch infolge der Anschauungen, die sie von einem chinesischen Staatsmanne offenbarte und welche mit dem Bilde, das wir uns gewöhnlich von einem Chinesen zu machen pflegen, wenig harmonierte. In meiner Nähe stand ein Tisch mit Reispapier, Tusche und Pinsel. Ich nahm von dem Papiere, griff zum Bleistift und übersetzte den Text zum Andenken an den Aufenthalt bei einem chinesischen Grafen.*[1]

Es folgt die von Charley quasi aus dem Handgelenk selbstgefertigte Übersetzung des Sse-ma-kuang-Textes, die May jedoch ungekürzt aus einer deutschen Übertragung von Évariste Régis Hucs (1813–1860) ›L'Empire Chinois‹ (1854) übernommen hat. Diese Quelle Mays wurde bereits 1910 ausfindig gemacht; Ansgar Pöllmann (1871–1933) führte damals ein paar vergleichende Proben an und kritisierte Mays Verfahren.[2]

---

1 GR XI, 280.
2 Vgl. Kritische Spaziergänge. XV. Ein Abenteurer und sein Werk. Untersuchungen und Feststellungen von P. Ansgar Pöllmann, O.S.B. v. »Auf fremden Pfaden.« In: Über den Wassern. 3. Jg. (1910), 242–244. Neuere Untersuchungen zu Karl May und seinen in China spielenden Erzählungen gingen nicht mehr genauer auf die Gartenschilderung Sse-ma-kuangs ein.

Übernahmen noch und noch

Das Thema lautet hier mehrfach in unterschiedlichen Hinsichten, sowohl offensichtlich als auch dem Leserauge (zumindest zunächst) verborgen, ›Übernahme‹, und zwar innerfiktional wie außerhalb der Fiktion.

Innerhalb von Mays Geschichte übernimmt Ming-tsu Sse-ma-kuangs Gartenschilderung, um seinen eigenen Garten nach diesem Vorbild anzulegen. Und der Erzähler übernimmt Sse-ma-kuangs chinesische Beschreibung, indem er sie auf Deutsch wiedergibt.

Der Autor May seinerseits übernimmt nicht nur eine bereits existierende deutsche Übersetzung aus dem Französischen, die naturgemäß eine Übernahme aus der Ursprungssprache, dem Chinesischen, ist – er übernimmt auch die Abfolge in Hucs Bericht, worin ebenfalls erst ein beeindruckend kunstvoll angelegter Garten erwähnt wird, bevor Sse-ma-kuangs Bemerkungen über seinen Landschaftsgarten zitiert werden.[3] Diese wiederum hat Huc aus dem zweiten Band der ›Mémoires concernant les Chinois‹ von 1777 übernommen, worin der Jesuitenpater Pierre-Martial Cibot (1727–1780), ein seit 1760 in China lebender Missionar, Sse-ma-kuangs Aufzeichnung mitteilt,[4] was jedoch aus der von May benutzten deutschen Ausgabe von Évariste Hucs ›L'Empire Chinois‹[5] nicht hervorgeht, da sie den entsprechenden Hin- und Nachweis aus der französischen Ausgabe nicht mit übernommen hat. Allerdings erschien nur ein Jahr nach der Andree'schen Bearbeitung unter dem Titel ›Das Chinesische Reich‹ eine zweite (anonyme) Übersetzung, die auch die Fußnoten des in Frankreich vielfach aufgelegten Werkes bietet.[6]

---

3   Vgl. Huc und Gabet: Wanderungen durch das Chinesische Reich, in deutscher Bearbeitung hrsg. von Karl Andree. Leipzig 1855 (= Hausbibliothek für Länder- und Völkerkunde 8), 76: »In dem prächtigen Garten hinter dem Hause [= dem Gemeindepalast von Kien-tscheu] hatte der sinnreiche Fleiß der Chinesen sich selbst überboten, um die Natur wiederzugeben. Wir Europäer nennen dergleichen Anlagen sehr uneigentlich englische Anlagen. In einem kleinen chinesischen Gedichte: ›Der Garten des Sse ma kuang.‹ schildert dieser berühmte Staatsmann und Geschichtschreiber die Wunder und Reize seines Landaufenthaltes.«

4   Le Jardin de Sée-ma-kouang, Poëme. In: Mémoires concernant l'Histoire, les Sciences, les Arts, les Mœurs, les Usages, &c. des Chinois: Par les Missionaires de Pékin. Tome second. Paris 1777, 643–650 (die Übertragung von Sse-ma-kuangs Gartenbeschreibung 645–650). – Vgl. dazu auch Hartmut Walravens: Noch einmal Karl May und China. In: M-KMG 124 (2000), 29–32, bes. 31 (Hinweis auf die ›Mémoires concernant les Chinois‹).

5   Huc: L'Empire Chinois, faisant suite à l'ouvrage intitulé Souvenirs d'un Voyage dans la Tartarie et le Thibet. 2 vol. Paris 1854. – Der Text Sse-ma-kuangs findet sich im fünften Kapitel des ersten Bandes auf den Seiten 187–193. Zu den kurzen Zitaten daraus, die ich im Folgenden ergänzend zum Vergleich mit der deutschen Übersetzung bringe, erspare ich mir, von wenigen Ausnahmen abgesehen, die Angabe der Seitenzahlen.

6   Vgl. Huc: Das Chinesische Reich. Deutsche Ausgabe. Erster Theil. Leipzig 1856.

Die im Titel der französischen Übertragung von Sse-ma-kouangs Liebes-
erklärung an seinen Garten genannte Gattungsbezeichnung »Poëme« (siehe
Anm. 4) – der kein Gedicht, sondern Prosa folgt[7] – übernahm nicht nur Huc
(»un petit poëme chinois«).[8] Sie führte schon früher dazu, dass die französische
Schriftstellerin Anne-Marie Fiquet du Boccage (1710–1802) 1786 ebenfalls in
den ›Mémoires concernant les Chinois‹ in der Tat eine ins Lyrische gewendete Fassung von Sse-ma-kuangs Bemerkungen über seinen Garten abdrucken
ließ.[9]

Darauf, dass Cibots Wiedergabe von Sse-ma-kuangs Beschreibung seiner
gartenbaulichen Leistung, die bis ins 20. Jahrhundert als Grundlage der Ein-
schätzung von Sse-ma-kuangs Gartenarchitektur galt und immer wieder in
dieser Form übernommen wurde,[10] zahlreiche Ausschmückungen und gravie-
rende Veränderungen gegenüber dem chinesischen Original enthält, weise ich
am Schluss dieser Untersuchung hin.

Sse-ma-kuangs Wirkung in Deutschland

Die Chinoiserie-Mode im Europa des 18. Jahrhunderts brachte es mit sich,
dass man sich auch und gerade für die chinesische Gartenkunst interessierte. Umsetzungen in Form sogenannter englisch-chinesischer Gärten waren
die Folge. Dabei berief man sich ab der Jahrhundertwende verstärkt auf das
in den ›Mémoires concernant les Chinois‹ wiedergegebene ›Gedicht‹ Sse-ma-
kuangs, das bisherige Vorstellungen, vermittelt etwa durch Sir William Chambers (1723–1796; ›Designs of Chinese buildings, furniture, dresses, machines,
and utensils […] To which is annexed, a description of their temples, houses,
gardens, &c.‹, London 1757, und ›Dissertation on Oriental Gardening‹, London 1772), präzisierte und bestärkte.

In Deutschland sorgte Friedrich Justin Bertuch (1747–1822), das für Gartenkunst enthusiasmierte Multitalent aus Weimar, im ersten Jahrgang seines
›Allgemeinen teutschen Garten-Magazins‹ von 1804 dafür, dass der Name Sse-
ma-kuangs (hier »Seeh-Ma-Kouang« geschrieben) bekannt wurde, nachdem
Bertuch bereits 1792 im Weimaraner Gelehrten-Verein, der Freitagsgesellschaft,

---

7   Bei dem chinesischen Urtext handelt es sich um eine ›Aufzeichnung‹ (ji). Vgl. Günther Debon:
    Bertuch und der Garten des Sse-ma Guang. In: ders.: China zu Gast in Weimar. Heidelberg 1994,
    79–87 (85), mit Anmerkungen auf 274–277.
8   Huc: L'Empire Chinois, wie Anm. 5, 1. Bd., 187.
9   Vgl. Le Jardin du Sage Sée-ma-kouang. Imité du Chinois. In: Mémoires concernant l'Histoire, les
    Sciences, les Arts, les Mœurs, les Usages, &c. des Chinois: Par les Missionaires de Pékin. Tome
    onzième. Paris 1786, XII–XVII.
10 Vgl. z. B. Marie Luise Gothein: Geschichte der Gartenkunst. 2 Bde. Berlin 1914, 2. Bd., 327–330.

darüber vorgetragen hatte.[11] Bertuch eröffnete sein ›Allgemeines teutsches Garten-Magazin‹ nach einem allgemeinen Garten-Kalender mit der Rubrik ›Landschafts-Gartenkunst‹ und diese wiederum mit dem ersten seiner ›Briefe an einen Freund über die Anlage Englischer Gärten‹, der sich der Geschichte der Landschafts-Gartenkunst widmete und dabei als frühes Zeugnis aus China Sse-ma-kuangs Gartenschilderung in der Fassung der ›Mémoires concernant les Chinois‹ von 1777 besonders hervorhob.[12] Eine Übersetzung dieser Fassung durch Bertuch folgte dann in der nächsten Lieferung des Magazins.[13]

Im Vorgriff auf die folgende May-Huc-Synopse und die anschließende Diskussion der sprachlichen Veränderungen, die May gegenüber seiner Vorlage vorgenommen hat, gebe ich hier Bertuchs anschaulichere goethezeitliche Übertragung als weitere Vergleichsmöglichkeit wieder:

Der Garten des Seeh-Ma-Kouang.

[*Wir liefern hier das im 1. Hefte unsers G.M. versprochene schöne Chinesische Gedicht des Seeh-Ma-Kouang, nach Pat. Cibot im 11. Bande der *Mémoires concern. les Chinois.* D.H.]

»Mögen Andere Palläste bauen, ihre Unruhe und Kummer darin einzusperren, oder ihren Stolz auszubreiten; ich habe mir eine liebliche Einöde bereitet, um darin meine müßigen Stunden froh zuzubringen und traulich mit meinen Freunden zu kosen. Funfzig Morgen Landes waren mir dazu genug. In der Mitte steht ein großer Saal, worein ich 5000 Bände sammlete, die Weisheit um Rath zu fragen, und mich mit der Vorwelt zu unterhalten.

»Gegen Mittag liegt ein Salon mitten im Wasser, welches mir ein kleiner Fluß, der von den Hügeln gegen Abend herabfällt, schenkt; er bildet einen großen Wasserspiegel, der sich wie die Klaue eines Leoparden in fünf Arme theilt, auf welchen unzählige Schwäne schwimmen und an den Ufern spielen. Am Rande des einen Arms, welcher in kleinen Cascaden herabfällt, steigt ein jäher Fels empor, dessen Spitze sich wie ein Elephanten-Rüssel krümmt, und hoch in der Luft eine offne Laube trägt, um darin die frische Morgenluft zu athmen und zu sehen, wie die Morgenröthe die Sonne mit Rubinen krönt, wenn sie aus ihrem Fluthen-Bette emporsteigt.

»Der zweite Arm theilt sich, einige Schritte weiter hin, in zwei kleine Bäche, welche um eine doppelte Terrasse, die einen mit Rosen und Granatbüschen umzäunten Balcon trägt, herumschleichen.«

11　Vgl. zu Letzterem Debon, wie Anm. 7, 83f. (Erinnerung Karl August Böttigers).
12　[Friedrich Justin] Bertuch: Briefe an einen Freund über die Anlage Englischer Gärten. Erster Brief. In: Allgemeines teutsches Garten-Magazin. 1. Jg. (1804), 1. Stück, 12a–16b, bes. 15a.
13　Vgl. ebd., 2. Stück, 55a–68b (»Der Garten des Seeh-Ma-Kouang«).

»Der westliche Arm beugt sich gegen Norden, um einen einsamen Bogengang und macht ihn zu einer kleinen Insel, deren Ufer mit weißem Sande, Muscheln, und buntfarbigen Kieseln bedeckt sind. Ein Theil der Insel ist mit immergrünen Bäumen bepflanzt, und auf dem andern steht eine zierliche Fischerhütte von Rohr und Schilf gebaut.

»Die beyden andern Arme meines Sees suchen und fliehen sich wechselsweise auf dem Abhange einer bunten Wiese, deren Blumen sie tränken und stäts erhalten. Oft treten sie aus ihren Ufern heraus, und bilden kleine Wasserbecken mit zarten Rasen eingefaßt; endlich verlassen sie die Wiese, drängen sich in engen Kanälen zusammen und stürzen rauschend über wilde Felsenstücke in silbernem Schaume herab, und fliehen aus ihrem Gefängnisse davon.

»Meinem großen Saale gegen Norden liegen hie und da kleine Kabinete zerstreut auf Hügeln, die über die andern hervorragen wie eine Mutter über ihre Kinder. Andere hängen an steilen Ufern, oder sind in den kleinen Thälern zwischen den Hügeln versteckt und nur halb sichtbar. Die ganze Gegend umher ist mit dichten Bambus-Gebüschen, welche der heiße Sonnenstrahl nie durchdringt, beschattet, durch welche sich krumme Sandwege bilden.

»Gegen Osten zu öffnet sich eine kleine Pläne, in viereckte und ovale Beete abgetheilt, welche ein alter Cedernhain vor dem kalten Hauche des Nordwinds beschützt. Hier grünen tausend wohlriechende Pflanzen, heilsame Kräuter, prächtige Blumen und blühende Stauden; hier hausen Frühling und Zephir ewig als in ihrer lieblichen Heimath. Ein Wäldchen von Granat-[,] Citron- und Orangebäumen immer mit Blumen und Früchten beladen verschließt dem Auge den Horizont, und scheidet diesen Platz von dem mittägigen Theile des Gartens. In der Mitte steht eine blühende Laube auf einem einsamen Hügel, um welchen sich ein Schneckengang verschiedenemale herum windet, der zur Laube führt. Die Seiten des Ganges sind mit Rasen tapeziert, in welchem sich hie und da weiche Sitze darbieten, und den Wanderer einladen in ihnen auszuruhen, und den Blumengarten von allen Seiten zu betrachten.

»Gegen Abend führt ein Gang von langhaarigen Trauerweiden an den Rand eines großen Bachs, der nicht weit davon über einen Felsen, mit Epheu und buntblätterigen wilden Kräutern bedeckt, hoch herab fällt. Der ganze Platz umher zeigt nichts als eine wilde und schroffe Felsenwand, die sich kühn wie ein rohes Amphitheater erhebt. Wenn man mühsam auf ihren Felsentreppen hinabgestiegen ist, findet man eine tiefe Grotte, die sich nach und nach erweitert, einen regellosen Salon bildet, und sich oben über unserm Haupte kühn wie ein Dom wölbt. Sie empfängt ihr Licht durch eine weite Oeffnung in ihrer Wölbung, durch

welche lange Zweige von blühendem Geißblatt und wildem Wein herein hängen. Diese kühle Grotte ist meine sichere Zuflucht bei brennen-
der Hitze der Hundstage. Hie und da liegen Felsenstücke oder in ihre
Wände gehauene Bänke, und dienen mir zum Sitze und Lager. Aus der
gespaltenen Felsenwand rieselt eine klare Quelle hervor in ein ausgehau-
enes Steinbecken, aus welchem sie in silbernen Faden herabläuft, in den
kleinen Rinnen des Fußbodens fortschleicht und sich endlich in einem
kristallhellen Bad sammlet. Dies Bad liegt zur Seite in einer Felsen-
nische, und fließt endlich in einen großen Weiher jenseits der Grotte ab.

»Zwischen den Weiher und der schroffen Felsenwand die ihn umfaßt,
schlingt sich mühsam ein schmaler Fußsteig durch Klippen und Felsen-
spitzen hin, und zeigt dem lauschenden Spaziergänger ein ganzes Volk
bunter Kaninchen, welche die Felsen bewohnen, und den unzählichen
Fischen im Weiher oft eben so viel Furcht einjagen als ihnen der kommende Wanderer macht.

»O wie schön, wie lieblich ist nicht diese Einöde! Der große Wasserspiegel des Weihers der sich hier zeigt, ist mit kleinen grünen Rohr-
Inseln besäet. Auf den größten davon stehen luftige Vogelhäuser mit
bunten Vögeln; und man wandert von Insel zu Insel, entweder auf
ungeheuren Schrittsteinen, welche aus dem Wasser hervorragen, oder
auf kleinen steinernen und hölzernen Brücken, die bald als ein Zickzack, bald als ein gerader Steg, je nachdem es Platz und Umstände erfor-
dern, allenthalben vertheilt sind, die kleinen Inseln zusammenhängen
und einen angenehmen Spaziergang mitten durch den Weiher bilden.
Wenn die Nenufars [*Die Sinesische Seeblume mit großer rother Blüthe. A. T. Gart. Mag. Jahrg. 1804. 2. St.] blühen, welche zu beiden Seiten am Ufer des Weihers gepflanzt sind, so scheint er mit Purpur und
Scharlach gesäumt, so wie der Horizont des südlichen Meeres, wenn die
Sonne Abends seine Fluthen küßt.

»Man muß entweder auf diesem Wege zurück kehren um die zauberische Einöde zu verlassen, oder über die steile Felsenkette, die sie
rundum einschließt, mühsam klimmen; denn die Natur hat diese Felsenwand nur für den Abfluß des Weihers an einer Stelle durchbohrt, in
welchem Schlund sich das Wasser mit hohlen Geräusche stürzt. Alte
Fichten die mit zerbrochenen Stämmen über diese Höhle herab hängen,
verbergen sie beinahe ganz dem Auge.

»Will man aber nicht umkehren, sondern den hohen Felsenwall
übersteigen, so führt ein schmaler und steiler Pfad mit Picke und Mei-
ßel gehauen, davon man noch die Spuren sieht, von Klippe zu Klippe
hinauf zum Ausruhen in einer ganz einfachen Laube, wo sich aber die
prächtigste Aussicht über eine ungeheure Pläne öffnet, durch welche
der Kiang, zwischen Dörfern und schönen Reisfeldern mächtig dahin

strömt. Unzählige Barken mit bunten Wimpeln, welche diesen Strom bedecken; hie und da in den Feldern zerstreute Arbeiter, und eine Menge Reisende auf der Heerstraße, beleben diese zauberische Landschaft. Das trunkene Auge ruht endlich auf den Azurnen Gebirgen im fernen Horizonte und sammlet Kräfte zum neuen Genusse.

»Wenn ich mitten unter den Büchern in meinem großen Saale des Schreibens und Arbeitens müde bin, werfe ich mich in eine Barke, die ich mir selbst rudere, und suche Freude und Genuß in meinem Garten. Zuweilen steuere ich nach der Fischerinsel, setze einen großen Strohhut gegen die brennenden Sonnenstrahlen auf, angle zu meinem Vergnügen die im Wasser spielenden Fische, und studiere, wenn sie am Köder der Angel anbeißen, die Gefahren unserer Leidenschaften. Ein andermal glimme ich mit Köcher auf dem Rücken und Bogen in der Hand, auf die Felsen, lausche verrätherisch hinter einer Klippe auf die Kaninchen, und schieße sie mit Pfeilen vor ihren Höhlen. Ach! sie sind klüger als wir Menschen, denn sie fürchten und fliehen die Gefahr, und kein's läßt sich mehr sehen, sobald sie mich nur erblicken. Ein andermal wandle ich durch meinen Baumgarten und sammle Arznei-Kräuter für meine Gesundheit.

»Gefällt mir eine Blume, so breche ich sie, und weide mich an ihrem Geruche; oder durstet eine andere, so tränke ich sie und ihre Nachbarn. Wie oft hat mir nicht eine schöne reife Frucht den Apetit wieder gegeben, den mir der Anblick künstlicher Speisen geraubt hatte! Meine Granatäpfel und meine Pfirschen sind zwar darum nicht besser, weil ich sie mit eigner Hand breche, aber mir schmecken sie drum doch lieblicher, weil ich sie selbst brechen kann; und meine Freunde, wenn ich ihnen welche davon schicke, haben immer Freude darüber. Sehe ich ein junges Bambus-Stämmchen, das ich wachsen lassen will; so schneidle ich es aus, oder flechte seine Zweige in einander, um mir den Weg frei zu machen. Das Ufer des Wassers, oder das Moos im Haine, oder eine Felsenspitze, alles gewährt mir einen Sitz, wo ich will; ich gehe in ein Kabinet und sehe meine Schwäne ihre Jagd auf die Fische machen; und kaum bin ich da, so vergesse ich vielleicht, warum ich herkam, nehme meine Kien [*Ein musikalisches Instrument der Sineser.] und locke die Vögel rund umher herbei.

»Zuweilen verläßt mich noch der letzte Sonnenstrahl in stiller Betrachtung über die zärtliche Unruh und Sorge einer Mutterschwalbe für ihre Jungen, oder über die Listen eines Raubvogels seine Beute zu erhaschen. Schon ist der Mond aufgegangen und ich sitze noch da; mein Vergnügen vermehrt sich; das Murmeln der Wasserfälle, das sanfte Säuseln der Abendwinde in den Blättern, und die Schönheit des klaren Himmels erhöhen mein Gefühl und lösen meinen Geist in süße

Schwärmerei auf. Die ganze Natur spricht dann laut zu meiner Seele, ich höre sie und verirre mich in ihrem Anschaun; und oft ist die
Nacht schon weit auf ihrer Bahn fortgeschritten, wenn ich erst wieder
zur Schwelle meiner Hausthür zurück komme. Wenn der Schlaf mich
flieht, oder Träume mich aufwecken, so gehe ich der Morgenröthe entgegen, und sehe vom Gipfel eines Hügels wie die Perlen und Rubinen
der Sonne auf ihrer Bahn voraus streut.

»Zuweilen besuchen mich auch meine Freunde in meiner Einsamkeit, und kommen mir entweder ihre Werke vorzulesen, oder die meinigen zu hören. Sie gesellen sich dann zu meinen Vergnügungen. Weisheit würzt unser mäßiges Mahl, und der Wein macht es fröhlich; und
während der Hof die Wollust einladet, Verläumdungen nährt, Fesseln
schmiedet, und der Tugend Fallen stellt, rufen wir die Weisheit an, und
weihen ihr unser Herz. Meine Augen sind immer auf sie gerichtet, aber
ach! Ihre Strahlen erleuchten mich nur durch tausend Wolken. O wenn
sie sich einmal zerstreueten, wäre es auch durch ein Gewitter, so sollte
diese liebe Einöde für mich ein Tempel der Freuden seyn! Aber ach,
was sage ich Darf ich dies hoffen? Als Vater, als Gatte, als Bürger, als
Gelehrter, habe ich tausend Pflichten, und mein Leben ist nicht mein.

»Lebe wohl geliebter Garten! Lebe wohl! Die Liebe zu den Meinigen
und meinem Vaterlande ruft mich in die Stadt zurück. Erhalte mir alle
deine Freuden, um bald wieder, wenn ich zu dir fliehe, meinen neuen
Kummer zu zerstreuen, und meine Tugend aus einer tödtenden Hand
zu retten.«

Bertuch.

Damit war Sse-ma-kuang mit seiner Gartenschilderung im deutschsprachigen
Fachdiskurs fest verankert. Lehrbücher zur Gartenkunst, sofern sie historische
Rückblicke enthielten, kamen ohne ihn zu erwähnen nicht aus.[14] Auch kein
Geringerer als Alexander von Humboldt (1769–1859) wies in seinem wirkungs-
mächtigen fünfbändigen ›Entwurf einer physischen Weltbeschreibung‹, dem
›Kosmos‹ (1845–1858), im fünften Kapitel des zweiten Bandes, ausgehend von
den ›Mémoires concernant les Chinois‹ von 1777, auf Sse-ma-kuangs Aufzeich-
nung hin, immer noch in der Annahme, es handle sich um ein Gedicht:

Wenn ich der, leider! zu langsam unter uns verschwindenden Abnei-
gung gegen die chinesische Litteratur nicht nachgebe und bei den
Natur-Ansichten eines Zeitgenossen Friedrichs des Großen nur zu lange
verweilt bin, so ist es hier um so mehr meine Pflicht sieben und ein halbes Jahrhundert weiter hinaufzusteigen und an das Gartengedicht

---

14 Vgl. beispielsweise Lehrbuch der schönen Gartenkunst. Mit besonderer Rücksicht auf die prak-
tische Ausführung von Gärten, Parkanlagen u. s. w. Bearbeitet von G[ustav] Meyer. Berlin 1860,
Sp. 36f. mit ausführlichem Zitat aus Cibots Fassung.

des See-ma-kuang, eines berühmten Staatsmannes, zu erinnern. Die
Anlagen, welche das Gedicht beschreibt, sind freilich theilweise voller
Baulichkeiten, nach Art der alten italischen Villen; aber der Minister
besingt auch eine Einsiedelei, die zwischen Felsen liegt und von hohen
Tannen umgeben ist. Er lobt die freie Aussicht auf den breiten, viel-
beschifften Strom Kiang; er fürchtet selbst die Freunde nicht, wenn
sie kommen, ihm ihre Gedichte vorzulesen, weil sie auch die seinigen
anhören. [*_Mémoires concernant les Chinois_ T. II. _p._ 643–650.]
See-ma-kuang schrieb um das Jahr 1086: als in Deutschland die Poesie,
in den Händen einer rohen Geistlichkeit, nicht einmal in der vaterländischen Sprache auftrat.[15]

Von solchen Tradierungen wusste Karl May nichts, denn ersichtlich beschränkte sich seine Kenntnis auf das, was er unmittelbar zwecks sofortiger Übernahme vor Augen hatte – ohne Wissen um größere kulturhistorische Zusammenhänge, sofern sie eben nicht den paratliegenden Vorlagen zu entnehmen waren.

Gegenüberstellungen

Stellt man die deutsche Huc-Übersetzung von 1856 neben die von 1855 und
vergleicht beide mit Karl Mays ›Übersetzung‹ von Sse-ma-kuangs Ausführungen, wird man unschwer erkennen, dass die beiden Übertragungen desselben
Textes aus dem Französischen in der Wortwahl insgesamt weiter auseinander-
liegen als Mays leicht kaschierte Übernahme aus Andrees Bearbeitung, obwohl
es anfänglich anders auszusehen scheint. Umseitig folgt die Synopse aller drei
Varianten.

Sīmǎ Guāng (zeitgenössisches Rollbild).

15   Alexander von Humboldt: Kosmos. Entwurf einer physischen Weltbeschreibung. Zweiter Band.
     Stuttgart / Augsburg 1847, 102 (Anmerkung auf 134).

GR XI, 280–286:

»Andere Menschen mögen Paläste bauen, in denen sie ihre Sorgen einschließen oder ihren Eitelkeiten fröhnen; ich aber habe mir eine liebliche Einsamkeit geschaffen, um meine Mußezeit angenehm zu verbringen und meine Freunde bei mir zu sehen.

»Dazu habe ich nicht mehr als zwanzig Morgen Landes gebraucht.

»In der Mitte desselben liegt ein sehr großer Saal, in welchem ich fünftausend Bücher verwahre, um mit der Weisheit reden und mit den alten Gelehrten verkehren zu können. Gegen Mittag liegt, umgeben von Wasser, ein kleinerer Saal, ummurmelt von einem Bache, der von den westlichen Hügeln herabspringt. Er bildet ein tiefes Bassin, aus welchem fünf Wasser fließen, auf denen unzählige Schwäne segeln.

»Am Ufer des ersten Baches, welcher schäumende Kaskaden bildet, liegt ein steiler Fels mit einem Gipfel, welcher gekrümmt ist wie der Rüssel eines Elefanten und einem scheinbar in der Luft schwebenden Kabinette zur Stütze dient. Dieses ist unverschlossen, damit man die frische Luft einatmen und die Edelsteine sehen könne, mit welchen die Morgenröte die emporsteigende Sonne krönt.

Huc und Gabet, wie Anm. 3, 76–80:

»Mögen Andere Paläste bauen, um in denselben ihren Kummer einzuschließen oder ihre Eitelkeit zu entfalten. Ich habe mir eine Einsamkeit geschaffen, um meine Mußezeit angenehm zu verleben, und mich mit meinen Freunden zu unterhalten. Dazu haben zwanzig Morgen Landes genügt. In der Mitte liegt ein großer Saal; in demselben habe ich fünf tausend Bände aufgestellt, damit ich die Weisheit befragen und mit dem Alterthum verkehren könne. Nach der Mittagsseite liegt ein kleinerer Saal, umgeben von Wasser, das ein von den Hügeln im Westen herabplätschernder Bach bringt. Es bildet ein tiefes Becken, aus welchem fünf Arme abzweigen, wie die Pranken eines Leoparden; auf ihnen spielen unzählige Schwäne. –

Am Ufer der ersten Abzweigung, die rauschende Kaskaden bildet, erhebt sich ein steiler Fels. Sein Gipfel ist gekrümmt wie der Rüssel eines Elephanten, und stützt ein gleichsam in der Luft schwebendes Cabinet. Dieses ist offen, damit man die frische Luft einathmen und die Rubinen sehen kann, mit welchen die aufgehende Sonne von der Morgenröthe gekrönt wird. –

Huc, wie Anm. 6, 111–114:

»Mögen andere, sagt Sse-ma-kuang […], Paläste bauen, um ihren Kummer darin zu verschliessen und ihre Eitelkeit zu zeigen! Ich habe mir eine Einsiedelei geschaffen, um meine Musse zu geniessen und mit meinen Freunden zu plaudern. Zwanzig Morgen Landes haben hingereicht für meinen Plan. In der Mitte ist ein grosser Saal, in welchem ich fünftausend Bände vereinigt habe, um die Weisheit zu erforschen und mit dem Alterthume zu verkehren. An der Mittagseite findet man einen Salon rings von Wasser umgeben, welches ein Bächlein zuführt, das von den westlichen Hügeln herabkommt. Dieses Wasser bildet ein tiefes Bassin, aus welchem es in fünf Armen wie Leopardenklauen sich weiter verbreitet, auf ihm schwimmen und spielen unzählige Schwäne von allen Seiten.

»Am Ufer des ersten Armes, welcher über mehrere Wasserfälle hinabstürzt, erhebt sich ein steiler Felsen, dessen wie ein Elephantenrüssel gebogener und gleichsam schwebender Gipfel ein offenes Cabinet trägt, in dem man frische Luft einathmet und die Rubinen betrachten kann, mit denen die Morgenröthe die aufgehende Sonne schmückt.

»*Der zweite Bach teilt sich nach wenigen Schritten in zwei Kanäle, welche sich um eine Galerie winden, die mit einer doppelten Terrasse eingefaßt ist, die von Blumen duftet und Rosen- und Granatbäume als Pfeiler hat.*

»*Der dritte Bach schlägt einen Bogen um einen einsamen Portikus herum und bildet dort eine niedliche Insel, deren Ufer mit Sand, Muscheln und glänzenden Kieselsteinen verziert sind. Ein Teil dieser Insel ist mit immergrünen Bäumen bepflanzt, und auf dem andern steht eine Hütte von Rotang* [* *Rotang ist unser spanisches Rohr.*], *wie sie unsere Fischer haben.*

»*Die beiden letzten Bäche scheinen einander zu suchen und dennoch zu fliehen. Sie plätschern am Rande einer blumenreichen Wiese dahin, welcher sie Labung spenden. Zuweilen treten sie aus ihrem Bette und bilden kleine Weiher, welche von grünendem Rasen umschlossen werden. Dann verlassen sie die Wiese, bilden schmale Rinnen, brechen sich durch ein Labyrinth*

Die zweite Abzweigung theilt sich wenige Schritte von da in zwei Canäle, die sich um eine Galerie schlängeln. Diese ist mit einer Doppelterrasse eingefaßt, die, voller Blumengewinde, statt der Pfeiler Rosen- und Granatbäume hat. Die westliche Abtheilung zieht im Bogen nördlich um einen alleinstehenden Porticus herum und bildet dort eine kleine Insel, deren Ufer mit Sand, Muscheln und verschiedenfarbigen Kieselsteinen bedeckt sind; ein Theil ist mit immergrünen Bäumen bepflanzt, in einem andern steht eine Rohrhütte, wie die Fischer sie haben.

Die beiden anderen Abzweigungen scheinen einander aufzusuchen und doch zu fliehen; sie murmeln am Abhang einer blumigen Wiese dahin, welcher die Erfrischung spenden. An manchen Stellen treten sie aus ihrem Bett, und bilden kleine, von grünem Rasen umschlossene Teiche. Dann verlassen sie die Wiese, ergießen sich in schmale

»Der zweite Arm theilt sich nach einigen Schritten in zwei Kanäle, welche sich um eine Gallerie schlängeln, an die eine doppelte Blumenterrasse stösst, über welcher Rosen- und Granatenbäume einen Balcon bilden. Der westliche Arm windet sich im Bogen nach der Nordseite einer einzeln stehenden Halle zu, wo er eine kleine Insel bildet; die Ufer dieser Insel sind mit Sand, Muscheln und Kieseln in allen Farben bedeckt; ein Theil ist mit ewig grünen Bäumen bepflanzt, den andern schmückt eine Hütte aus Stroh und Rohr, wie die der Fischer.

»Die beiden andern Arme scheinen sich gegenseitig zu suchen und zu fliehen, indem sie dem Abhange einer Wiese in glänzendster Farbenpracht folgen, deren Frische sie immer neu beleben; manchmal verlassen sie ihr Bett und bilden kleine Wasserflächen, welche rings von zartem Rasen umgeben sind; dann verlassen sie die Wiese ganz und verlieren

Der ›Garten der einsamen Freude‹.

von Felsen, welche ihnen den Weg streitig machen. Dann entfliehen sie, tief rauschend oder silberne Wellen bildend, in engen Windungen durch den Ausgang.

» Nördlich von dem Bücher-saale liegen mehrere einzel-ne kleine Häuser teils auf Hügeln, von denen einer über den andern blickt wie die Mutter über ihre Kin-der, teils sich an Bergabhän-ge anlehnend. Mehrere von ihnen blicken auch versteckt aus kleinen Thalschluchten hervor.

» Ueberall spendet Bam-busgebüsch kühlen Schatten, und kein Sonnenstrahl fällt auf die mit Sand bestreuten Wege.

» Nach Sonnenaufgang hin breitet sich eine kleine Ebene aus, welche teils in viereckige und teils in länglich run-de Beete geteilt ist und durch einen uralten Cedernwald vor dem kalten Nordwind geschützt wird. Die Beete tra-gen wohlriechende Kräuter, Arzneipflanzen, Blumen und Gesträuche.

» An diesem herrlichen Orte giebt es steten Früh-ling; ein Wäldchen von Gra-natbäumen, Citronen und Orangen, welche ohne Unter-laß Blumen und Früchte tra-gen, zieht sich bis hin zum Horizonte. Inmitten des Pla-

Rinnen, brechen und ver-lieren sich in einem Laby-rinthe von Felsen, welche ihnen den Durchgang strei-tig machen. Dort rauschen sie tief, und entfliehen als Schaum oder in silbernen Wellen durch die Windun-gen, welche ihnen einen Ausgang ermöglichen. –

Im Norden des großen Saa-les liegen mehrere kleine Häuser zerstreut, theils auf Hügeln, deren einer über dem andern ragt, wie die Mutter über ihre Kinder, theils an Bergabhänge ange-lehnt. Manche stehen auch in kleinen Thalschluchten und sind nur zur Hälfte sichtbar.

Ueberall spendet Bambus-gebüsch kühlen Schatten, und auf die sandigen Pfade fällt kein Sonnenstrahl.

Nach Osten hin breitet eine kleine Ebene sich aus; sie ist in viereckige und länglich runde Beete getheilt; ein alter Cedernwald schützt sie vor dem kalten Nordwinde. In allen Beeten stehen wohl-riechende Kräuter, Arze-neipflanzen, Blumen und Gesträuche.

An diesem herrlichen Orte wohnt steter Frühling; ein Wäldchen von Granatbäu-men, Citronen und Oran-gen, die unablässig Blumen und Früchte tragen, schließt den Horizont. In der Mit-te erhebt sich ein grünes

sich in enge Canäle, stürzen abwärts und brechen sich an einem Labyrinth von Felsen, die ihnen den Durchgang streitig machen; sie don-nern laut und fliehen schäu-mend in silbernen Wogen, gezwungen durch krumme Windungen ihren Weg zu suchen.

» Im Norden des grossen Saales sind mehrere ohne besonderen Plan gebau-te Häuschen, die einen auf Hügeln, die über einander emporragen wie eine Mut-ter über ihre Kinder, andere sind am Abhange eines Hü-gels angebaut, andere wieder in den kleinen Schluchten, welche die Hügel bilden, und nur zur Hälfte sichtbar. Die ganze Umgebung ist von dichten Bambuswäld-chen beschattet, und von Sandwegen durchschnitten, welche nie ein Sonnenstrahl erreicht.

» An der Ostseite breitet sich eine kleine Ebene mit viereckigen und ovalen Ra-batten aus, die ein Gehölz uralter Cedern vor der Kälte des Nordwinds schützt. Al-le diese Rabatten sind voll wohlriechender Pflanzen, Arzneikräuter, Blumen und Sträucher.

Es herrscht an diesem rei-zenden Orte ein ewiger Frühling. Ein Wäldchen voll Granaten-, Citronen- und Orangenbäume, die immer Blüthen und Früch-te tragen, begränzt den Ho-rizont. In der Mitte befin-

nes steht ein grünes Kabinett, zu welchem man, wie in den Windungen einer Muschel, allmählich emporsteigt. An den Seiten zieht sich Rasen hin, welcher an mehreren Stellen Bänke bildet. Sie bieten Erholung und den Genuß der schönsten Aussicht.

»Nach Sonnenuntergang führt eine Allee von Hängeweiden in das Gestade eines breiten Wassers, das sich in einiger Entfernung über einen Felsen hinabstürzt, welcher mit Epheu und wildem Grün überzogen ist. Rundum sieht man schroffes, wirr durcheinander geworfenes Gestein, welches sich in einfacher, natürlicher Weise amphitheatralisch übereinander baut.

»Tief unten liegt eine Grotte, welche nach und nach weiter wird und dann einen ausgewölbten Saal von unregelmäßiger Gestalt bildet und das Licht durch eine breite, mit Geißblatt und wilden Reben umsäumte Oeffnung erhält. Hier findet man erquickenden Schutz gegen die drückende Sonnenwärme. Einzelne Felsblöcke und Bänke, welche in den Stein gehauen sind, dienen als Sitze. Aus einer der Wände springt ein Quell hervor in die Höhlung eines großen Steines, fließt in silbernen Fäden aus derselben ab, windet sich durch zahlreiche Spalten und sammelt sich in einem Bassin, welches zum Baden einladet. Dann

Cabinet, zu welchem man in mehreren Windungen, wie in den Windungen einer Muschel, allmälig zum Gipfel hinansteigt. Die Seiten sind mit Rasen belegt, der an vielen Stellen Bänke bildet. Sie laden zur Ruhe ein, und zum Genießen der schönen Aussicht. –

Im Westen führt ein Baumgang von Hängeweiden an das Ufer eines breiten Baches, der einige Schritte von da über einen mit Epheu und wilden Pflanzen überzogenen Felsen hinabstürzt. Ringsum fällt der Blick auf schroffes, wirr durch einander geworfenes Gestein, das in schmuckloser ländlicher Art sich amphitheatralisch über einander thürmt. Unten liegt eine tiefe Grotte, die sich allmälig erweitert, und dann einen unregelmäßigen rund überwölbten Saal bildet. Durch eine breite, mit Geisblatt und wilden Reben umsäumte Oeffnung fällt Licht hinein. In diesem Gewölbe findet man Zuflucht gegen die drükkende Sommerwärme. Als Sitze dienen einzelne Felsblöcke, und Bänke, die in das Gestein gehauen worden sind. Aus einer der Wände springt ein Quell hervor, füllt die Höhlung eines großen Steins, fließt in Silberfäden aus demselben ab, schlängelt sich durch viele Spalten, und sammelt sich in einem Becken, das zum

det sich eine Laube, zu der man allmählig auf einem schneckenförmig gewundenen Wege emporsteigt, der immer enger und enger nach dem Gipfel zu wird, wo die Laube steht. Längs des Abhanges ist grünender Rasen, der in Zwischenräumen zum Sitzen einladet und die herrlichste Aussicht über die Blumenbeete gewährt.

»Im Westen führt eine Hängeweiden-Allee längs eines Flusses hin, der in der Entfernung von einigen Schritten von einem von Epheu und wilden Gewächsen aller Farben bedeckten Felsen in die Tiefe stürzt. Ringsum starren in bizarrer Anordnung spitzige Felsen empor, welche sich amphitheatralisch erheben und einen wilden Anblick gewähren. Unten befindet sich eine tiefe Grotte, welche sich nach und nach erweitert und eine Art unregelmässigen Saal mit kuppelförmiger Wölbung bildet. Das Licht fällt durch eine ziemlich grosse Oeffnung hinein, um welche sich Geissblatt und wilder Wein schlingen. Dieser Saal ist ein Zufluchtsort gegen die brennende Hundstagshitze. Einzelne Felsstücke und längs der dicken Wand ausgehöhlte Estraden ersetzen die Stühle. Eine kleine Quelle, die an einer Seite entspringt, erfüllt die Höhlung eines grossen Steines, aus dem das Wasser in feinen Strahlen auf den Fussboden

verliert es sich unter einem Gewölbe, macht dort eine Wendung und fließt dann einem Teiche zu, der sich am Fuße der Grotten befindet. Zwischen ihm und dem Felsengewirr führt ein schmaler Pfad dahin. Dort giebt es wilde Kaninchen, und im Teiche spielen Fische.

Baden einladet. Es verliert sich unter einem Gewölbe, macht in demselben eine Windung, und eilt dann einem Teiche am Fuße der Grotten zu. Zwischen ihm und den wild durch einander geworfenen Felsen, welche ihn einschließen, führt nur ein schmaler Pfad. Dort hausen Kaninchen; im Teiche spielen Fische. –

herabfällt, wo es in Ritzen und Spalten sich fortschlängelt und endlich in einem Bade-Bassin vereinigt. Dieses Bassin dehnt sich unter einem Gewölbe aus und ergiesst sich durch eine Krümmung in einen Teich ganz am Ende der Grotte. Dieser Teich lässt nur einen engen Fusssteig zwischen unförmlichen und ohne Ordnung gehäuften Felsen, welche ihn rings umgeben. Ein ganzes Kaninchenvolk bewohnt ihn, und schreckt die zahllosen Fische im Teiche, wie es selbst vor dem Tritte des Menschen scheu zurückweicht.

»Ist diese Einöde nicht bezaubernd? Der Teich ist mit kleinen, rohrbewachsenen Inseln übersäet, auf denen verschiedene Arten von Vögeln wohnen. Man gelangt sehr leicht von einer Insel zur andern, indem man über Steine schreitet oder über kleine Brücken geht, welche ganz nach Zufall und dem gegebenen Raume im Zickzack oder in gerader Linie verteilt sind.

Wie bezaubernd ist diese Einöde! Der Teich ist mit kleinen rohrbewachsenen Inseln übersäet, auf welchen verschiedene Arten von Vögeln gehalten werden. Man gelangt mit Leichtigkeit von einem Eilande zum andern, theils über Steine hinweg, theils über kleine Brücken, die wie der Zufall es eben wollte, vertheilt sind, in Bogenspannung, oder im Zickzack oder in gerader Linie, je nach dem Raum. Wenn die Wasserlilien in Blüthe stehen, dann bilden sie einen Kranz von Purpur und Scharlach, wie der Horizont am südlichen Meere, wenn die Sonne dorthin kommt.

»Wie reizend ist diese Einsiedelei! Die weite Wasserfläche, die sich den Blicken zeigt, ist ganz mit Rohrinselchen übersäet. Die grössten sind mit allen Arten Vögeln bevölkert. Man gelangt bequem von einer zur andern über grosse Kiesel, die aus dem Wasser hervorragen, und über steinerne und hölzerne Brückchen, die ohne Symmetrie vertheilt sind, bald bogenförmig, bald im Zickzack, bald in gerader Linie, je nachdem es der Raum erlaubte. Wenn der Nenuphar am Ufer des Teiches in Blüthe steht, so scheint dieser mit Purpur und Scharlach bekränzt zu sein, wie der Horizont der südlichen Meere, wenn ihn die Sonne bescheint.

»Wenn die Wasserlilien blühen, bilden sie einen Kranz von Purpur und Scharlach, wie der Horizont am mittägigen Meere, wenn ihn die Sonne beleuchtet.

»Um aus dieser Einöde zu gelangen, muß man denselben Pfad öfters betreten

Um aus dieser Einöde hinauszugelangen, muß man mehrmals auf denselben

»Um aus dieser Einsiedelei wieder herauszukommen, muss man denselben

oder die Kante steiler Felsen überschreiten, welche ihn von allen Seiten umgeben. Man steigt von diesem Steinwalle vermittelst einer steilen Treppe hinab, die in das Gestein gehauen werden mußte, in welchem man noch die Spuren der spitzigen Hacken bemerkt. Dort steht ein sehr einfaches Häuschen, welches genug geschmückt ist durch die Aussicht über eine weite Ebene, in der sich der Fluß durch Dörfer und Reisplantagen windet. Das Auge folgt mit Lust den zahlreichen Schiffen auf dem großen Strome; die Landschaft wird belebt durch die vielen Reisenden auf den Straßen und die auf den Feldern arbeitenden Menschen, und der Blick fühlt sich erquickt, wenn er an den blauen Bergen haftet, welche den Horizont bilden.

»Wenn ich in meiner Bibliothek genug gedacht und geschrieben habe, steige ich in einen Kahn, welchen ich selber rudere, und genieße das Vergnügen, welches mir mein Garten bietet. Oft lege ich, während ein breiter Strohhut mich vor den Sonnenstrahlen schützt, bei der Fischerinsel an. Ich locke die Fische, welche im Wasser spielen, und denke an die Leidenschaften der Menschen, wenn ich bemerke, daß ein Fisch vergeblich nach dem Köder schießt.

»Oder ich nehme den Bogen in die Hand, hänge den Köcher über die Schulter,

Pfad zurückkommen, oder den Saum steiler Felsen überschreiten, welcher ihn von allen Seiten umgiebt. Man steigt von diesem Felsenwall herab, vermittelst einer steilen Treppe, die aus dem Gestein gehauen werden mußte; man sieht noch die Spuren der spitzigen Hacken. Das Ruhehaus dort ist ganz einfach, es hat Schmuck genug an der Aussicht über eine weite Ebene, in welcher sich der Kiang durch Dörfer und Reisfelder schlängelt. Mit Vergnügen verfolgt der Blick die unzähligen Schiffe auf dem großen Strome; die vielen Reisenden auf den Straßen, die im Felde zerstreut arbeitenden Menschen, beleben die Landschaft, und das Auge fühlt sich erfrischt, wenn es an den blauen Bergen haftet, die den Horizont begrenzen. Wenn ich in meinem Büchersaale genug gedacht und geschrieben habe, steige ich in einen Nachen, den ich selber rudere, und genieße das Vergnügen welches mein Garten mir darbietet. Manchmal lege ich bei der Fischerinsel an; ein breiter Strohhut schützt mich vor den Sonnenstrahlen. Ich ködere die Fische die im Wasser spielen, und denke an die Leidenschaften der Menschen, wenn ich sehe, wie ein Fisch vergeblich nach dem Köder hascht. Oder ich nehme den Bogen in die Hand, den Köcher über die Schulter, klimme

Weg zurücknehmen, oder die steile Felsenkette erklimmen, welche sie rings umgibt. Man gelangt auf diesen Felsenwall auf einer engen und steilen Treppe, die man mit der Hacke ausgehauen hat, deren Schläge man noch sieht. Das Gemach, welches man da findet, ist ganz einfach, aber es gewährt die Aussicht auf eine weite Ebene, in welcher der Kiang zwischen Dörfern und Reisfeldern sich hinschlängelt. Die unzähligen Barken, mit denen dieser grosse Fluss bedeckt ist, die auf den Feldern hie und da zerstreuten Arbeiter, die Reisenden auf den Strassen beleben die reizende Landschaft, und die azurblauen Berge am Horizonte geben dem Auge Ruhe und Erholung.

»Wenn ich vom Arbeiten und Schreiben unter den Büchern meines grossen Saales ermüdet bin, steige ich in eine Barke, die ich selbst führe, und suche Erholung in meinem Garten. Manchmal lande ich an der Fischinsel, und durch einen grossen Strohhut gegen die Sonnenhitze geschützt, ergötze ich mich daran, die Fische zu locken, die im Wasser spielen, und studire an ihren närrischen Streichen unsere Leidenschaften.

Dann wieder, den Köcher auf der Schulter und einen Bogen in der Hand, klettere steige die Felsen hinan, spähe nach den Kaninchen und durchbohre sie mit dem Pfeile, sobald sie aus ihrem Baue kommen. Doch sie sind besonnener als wir; sie fürchten die Gefahr und suchen sie zu vermeiden, denn keines von ihnen erscheint, wenn ich von ihnen bemerkt worden bin.

»In dem Garten pflücke ich heilsame Pflanzen, die ich aufbewahre. Ich nehme eine Lieblingsblume und freue mich herzlich über ihren Duft. Wenn eine Blüte Wasser braucht, so begieße ich sie, und das kommt auch ihren Nachbarinnen zu gute. Wenn ich meine satt gereiften Früchte erblickte, so habe ich oft die Lust zum Essen wieder erhalten, welche ich beim Anblick des Fleisches verloren hatte.

»Meine Granaten und Pfirsiche gefallen auch meinen Freunden, wenn ich ihnen welche schenke. Ich beschneide einen jungen Bambus, welcher stehen bleiben und wachsen soll, oder biege seine Zweige zusammen, damit sie den Weg nicht versperren. Es ist mir gleich, ob ich mich am Ufer des Wassers befinde, ob tief im Gehölze oder auf einer Felsenspitze; sie sind alle gut zum Ruhen.

»Ich betrete ein Häuschen, um zu beobachten, wie der Storch den Fischen nachstellt. Bald aber habe ich vergessen, weshalb ich gekommen bin, denn ich habe die Gei-

die Felsen hinan, spähe nach Kaninchen und durchbohre sie mit dem Pfeil, sobald sie ihren Bau verlassen. Aber sie sind klüger als wir, die fürchten die Gefahr und fliehen vor ihr; denn keins erscheint, wenn die Thiere mich einmal erblickt haben!

In dem Garten pflücke ich heilkräftige Pflanzen, um sie aufzubewahren. Ich nehme eine Blume die mir besonders gefällt und erfreue mich an ihrem Duft; bedarf eine des Wassers, dann begieße ich sie, und das kommt auch ihren Nachbarn zu Gute. Der Anblick wohlgereifter Früchte hat mir oftmals die Lust zum Essen wiedergegeben, die ich beim Anblicke von Fleisch verloren hatte.

Meine Granatbäume und Pfirsiche gefallen auch meinen Freunden, wenn ich ihnen davon schicke. Einen jungen Bambus der stehen bleiben und wachsen soll, beschneide ich, oder biege seine Zweige und verschlinge sie mit anderen, damit sie den Weg nicht versperren. Mir ist es einerlei, ob ich mich am Ufer des Wassers, oder tief im Gehölze, oder auf einer Felsenspitze niederlasse; alle sind mir gleich recht zum Ruhen.

Ich trete in ein kleines Haus, um zu beobachten, wie der Storch den Fischen nachstellt. Aber bald vergesse ich, weshalb ich eigentlich kam, denn ich nehme mein Kiü

ich hoch auf die Felsen, von da belausche ich die Kaninchen, welche hervorkommen, und durchbohre sie mit meinen Pfeilen am Eingange ihrer Höhlen. Ach! weiser als wir, fürchten sie die Gefahr und fliehen sie; sähen sie mich kommen, so würde keines sich zeigen. Gehe ich zwischen den Blumenbeeten, so sammle ich die Heilkräuter, und bewahre sie auf. Gefällt mir eine Blume, so nehme ich sie und ergötze mich an ihrem Geruch; dürstet eine, so begiesse ich sie, und die ihr zunächst stehenden geniessen mit ihr. Wie oft haben mir reife Früchte die Esslust von neuem geschafft, welche mir beim Anblick der Gerichte vergangen war.

Die Granaten und Pfirsichen sind nicht besser, wenn ich sie mit eigener Hand pflücke, aber ich finde sie schmackhafter, und meine Freunde sind entzückt, wenn ich sie ihnen schicke. Sehe ich einen jungen Bambus, den ich wachsen lassen will, so beschneide ich ihn, oder beuge seine Aeste und verschlinge sie, um den Weg frei zu halten. Am Rande des Wassers, im Dunkel eines Gehölzes, auf der Spitze eines Felsen, überall sitze ich gern. Ich trete in ein Zimmer, um zu beobachten, wie ein Storch mit den Fischen kämpft, aber bin ich eingetreten, so habe ich es schon vergessen, und ergreife mei-

ge ergriffen und bewege die Vögel, mit einzustimmen.

» Oft überrascht mich der scheidende Sonnenstrahl, wenn ich noch eine Schwalbe beobachte, welche in zärtlicher Fürsorge für ihre Kinder umherflattert; dazu sehe ich, welche Listen der Raubvogel aufbietet, um seine Beute zu erlangen. Der Mond ging bereits auf, und ich sitze noch immer da; das ist ein Genuß mehr. Wenn der Bach murmelt, wenn die vom Winde bewegten Zweige rauschen, versinke ich beim Anblick des Firmamentes in süße Träume. Die ganze Natur redet mit meiner Seele; das Gefühl besiegt mich, und erst die Zeit der Mitternacht bringt mich zu meiner Wohnung zurück.

» Zuweilen kommen Freunde, um meine Einsamkeit zu unterbrechen. Sie lesen mir ihre Arbeiten vor oder hören die meinigen an. Sie beteiligen sich an meinen Erholungen. Unser frugales Mahl wird erheitert vom Weine und gewürzt von der Philosophie. Am Hofe werden die Leidenschaften erregt; man verleumdet dort einander, schmiedet Waffen und legt Schlingen. Wir dagegen verkehren mit der Weisheit und weihen ihr unsere Herzen. Mein Auge ist ihr immer zugewandt, leider aber werden ihre Strahlen durch zu vieles Gewölk getrübt.

(eine Art Geige) und reize die Vögel zum Gesang.

Zuweilen überrascht mich der scheidende Strahl der Sonne, wenn ich noch eine Schwalbe beobachte, die in zärtlicher Besorgniß für ihre Jungen umherflattert; ich sehe welche Listen der Raubvogel aufbietet, um seine Beute zu erhaschen. Längst ging der Mond auf, und ich sitze immer noch da; das ist eine Wonne mehr. Beim Gemurmel des Baches, beim Rauschen des vom Winde bewegten Gezweiges, beim Anblick des herrlichen Himmels versinke ich in süße Träumerei; die ganze Natur spricht zu meiner Seele, das Gefühl überwältigt mich, und erst um Mitternacht lange ich wieder vor meiner Thürschwelle an. –
Manchmal kommen Freunde und unterbrechen meine Einsamkeit; sie lesen mir ihre Arbeiten vor, oder hören die meinigen an. Sie nehmen Theil an meinen Ergötzungen. Unser einfaches Mahl wird erheitert durch Wein, gewürzt von Philosophie. Am Hofe werden die Lüste aufgestachelt; man verleumdet dort gern, schmiedet Waffen und stellt Fallen. Wir dagegen rufen die Weisheit an und weihen ihr unsere Herzen. Ihr ist immer mein Blick zugewendet, aber ach, ihre Strahlen dringen nur durch vieles Gewölk getrübt zu mir.

nen Kin [*Eine Art chinesischer Flöte.] und fordere rings die Vögel heraus.

» Die letzten Strahlen der Sonne überraschen mich oft, wenn ich schweigend die zarte Unruhe einer Schwalbe um ihre Jungen und die List betrachte, die ein Weihe anwendet, um seine Beute zu erhaschen. Der Mond ist schon aufgegangen, ich sitze immer noch, das ist ein neues Vergnügen. Das Murmeln des Wassers, das Rauschen der Blätter, die der Wind bewegt, die Schönheit des Himmels versenkt mich in süsse Träumerei; die ganze Natur spricht zu meiner Seele, meine ganze Aufmerksamkeit ist davon erfüllt, und die Nacht ist schon halb vorüber, wenn ich kaum die Schwelle meiner Thür erreicht habe.

» Meine Freunde unterbrechen oft die Einsamkeit, sie lesen mir ihre Werke vor und hören die meinigen an, ich lasse sie theilnehmen an meinen Freuden. Der Wein erheitert unser einfaches Mahl, Philosophie würzt es, und während der Hof sich in Ueppigkeit gefällt, der Verleumdung sein Ohr leiht, Ketten schmiedet und Netze stellt, wenden wir uns an die Weisheit und eröffnen ihr unser Herz. Meine Augen sind immer auf sie gerichtet, aber ach! Ihre Strahlen treffen mich erst durch tausendfaches Gewölk; möge sich dieses Gewölk zertheilen und wäre

»*Wenn ein Sturm diese Wolken verjagt, dann wird die Einsamkeit für mich ein Tempel des Glückes werden. Doch, was rede ich! Ich habe ja als Vater, Gatte, Unterthan und Mann der Wissenschaft tausend Pflichten, und mein Leben ist nicht mein alleiniges Eigentum. Lebe wohl, lieber Garten, lebe wohl! Die Liebe zu den Meinen und zum Vaterlande ruft mich nach der Stadt zurück. Deine Reize mögen dir treu bleiben, um mir die Sorgen zu verscheuchen und meine Tugend zu bewahren!*« –

Wenn ein Sturm diese Wolken verjagt, dann wird diese Einsamkeit für mich ein Tempel des Vergnügens sein. Doch was sage ich? Als Vater, Gatte, Bürger und Mann der Wissenschaft habe ich tausend Pflichten; mein Leben gehört nicht mir an. Lebe wohl, theurer Garten, lebe wohl! Die Liebe zu meiner Familie und zu meinem Vaterlande ruft mich nach der Stadt zurück. Bewahre alle deine Reize, um mir den Kummer zu verscheuchen, und meine Tugend zu bewahren.«

es durch einen Sturm, diese Einsamkeit wird dann für mich der Tempel der Freude sein. Doch was sage ich? Als Vater, Gatte, Bürger, Gelehrter verpflichte ich mich tausendfach, mein Leben gehört nicht mir. Lebe wohl, mein Garten, lebe wohl! Die Liebe zu den Meinen und zum Vaterlande ruft mich in die Stadt zurück; hüte alle deine Annehmlichkeit, um mir bald neuen Kummer zu verjagen und meine Tugend vor seinen Angriffen zu retten.« [* Mémoires concernant les Chinois, Th. 11, S. 645.]

Karl Mays Bearbeitung seiner Quelle

May baute den ersten zitierten Satz geringfügig um (*Andere Menschen mögen* statt »Mögen Andere«; im französischen Original[16] »Que d'autres«), ersetzte »Kummer« durch *Sorgen* (Orig. »chagrins«, ›Kummer, Leid‹), »ihre Eitelkeit entfalten / zeigen« durch *ihren Eitelkeiten fröhnen* (Orig. »étaler leur vanité«, ›ihre Eitelkeit entfalten‹), fügte ein steigernd wirkendes Adjektiv hinzu (*liebliche Einsamkeit* statt »Einsamkeit«), veränderte erneut die Wortwahl (statt »meine Mußezeit angenehm zu verleben« setzt er *meine Mußezeit angenehm zu verbringen*; Orig. »amuser mes loisirs«) und tat dies auch am Ende des Satzes, indem er, der keine Kenntnis des französischen Textes besaß, eine semantische Veränderung, stärker als diejenigen zuvor, vornahm (*meine Freunde bei mir zu sehen* statt »mich mit meinen Freunden zu unterhalten«; Orig. »causer avec mes amis«).

Solche Formen der Abweichung von der Vorlage wiederholen sich bis zum Zitatende, neue kommen hinzu. Daher beschränke ich mich im Folgenden auf die Diskussion ausgewählter Beispiele. So schrieb May anstatt »fünf tausend Bände« (»cinq mille volumes«), die Sse-ma-kuangs Bibliothek umfasse, *fünftausend Bücher*, was in der Vorstellung der Leser einen falschen Eindruck

---

16 Damit ist hier und im Folgenden (abgekürzt: Orig.) sowohl Hucs Zitat aus den ›Mémoires concernant les Chinois‹, das die Dichtung von Sse-ma-kuang wiedergibt, als auch der Text in den ›Mémoires‹ selbst gemeint. Huc gleicht nur die Schreibweisen an die zu seiner Zeit geltenden Konventionen an (Akzentsetzungen, Endungs-t [»arpens« > »arpents«], einfacher statt doppelter Konsonant [»sallon« > »salon«] u. Ä.).

erwecken kann, denn Bücher in unserem Sinn sind es nicht, sondern bekanntlich Rollen. Faszikel, könnte man auch sagen. Dann tauschte May ein Abstraktum gegen ein Konkretum im Plural aus (statt »mit dem Alterthum« *mit den alten Gelehrten*) und ließ einen Vergleich weg (»wie die Pranken eines Leoparden«), nachdem er die metaphorischen »Arme« für Wasserläufe durch den Plural *fünf Wasser* ersetzt hatte. Eher daneben ging eine Veränderung wie die, dass unzählige Schwäne auf den Armen des Baches *segeln* anstatt »spielen« (»jouer«). Auch die Verringerung der Anschaulichkeit durch das Ersetzen eines Spezifikums durch einen Allgemeinbegriff (statt »Rubine« *Edelsteine* in Verbindung mit *Morgenröte*) dient nicht der Verbesserung des Textes.[17]

Von jenem Absatz an, der mit *Der zweite Bach teilt sich nach wenigen Schritten* beginnt, geht die Schwere der Eingriffe Mays in den expropriierten Text zurück. Sie sind auch in semantischer Hinsicht im Großen und Ganzen weniger gravierend. Ob ein Ausruf (»Wie bezaubernd ist diese Einöde!«; Orig. »Que cette solitude est charmante!«) in eine rhetorische Frage umgewandelt wird (*Ist diese Einöde nicht bezaubernd?*), ändert nichts am Kern der Aussage. Nur einmal bedingt eine Umstellung innerhalb eines Satzes eine erwähnenswerte semantische Veränderung (statt »Unten liegt eine tiefe Grotte« *Tief unten liegt eine Grotte*; Orig. »au bas, on trouve une grotte profonde«). Die Arbeit am übernommenen Fremden nimmt, das ist bei May nichts Ungewöhnliches, je länger das Abschreiben währt, umso stärker ab. Eine gewisse Tendenz zum mechanisch wirkenden ›redaktionellen‹ Austausch ungefähr gleichbedeutender Wörter, darunter auch ›Verfremdwortung‹ (statt »einfaches Mahl« *frugales Mahl*; Orig. »frugals repas«), hält aber an.[18]

Insgesamt bemerkt man innerhalb der Strategie, Ausdrücke zu steigern (zum Beispiel »ein großer Saal« > *ein sehr großer Saal*; »alter Cedernwald« > *uralte[r] Cedernwald*; »Genießen der schönen Aussicht« > *Genuß der schönsten Aussicht*; in politischer Hinsicht: »Bürger« > *Unterthan*; Orig. »Citoyen«), an ein paar Stellen die Absicht, den Text zu ›versüßen‹, sei es durch Hinzufügung einer Eigenschaft (*liebliche Einsamkeit*) oder Ändern in Richtung eines emotiven Mehr (»kleine Insel« > *niedliche Insel*; »erfreue mich an« > *freue mich herzlich über*) oder sprachliche Steigerung des sinnlichen Eindrucks (»mit einer Doppelterrasse [...] voller Blumengewinde« [frz. Orig. »festons«, ›Blumengewinde‹] > *mit einer doppelten Terrasse [...], die von Blumen duftet*;[19] »findet

---

17 Dies hatte schon Ansgar Pöllmann bemängelt; vgl. Pöllmann, wie Anm. 2.
18 Vgl. ebd., 244: Mays »Sucht, jedes bedeutende Wort durch ein Synonymon zu ersetzen«.
19 Pöllmann empfand Mays Wendung als »weniger scharf« als die der Huc-Übersetzung; vgl. ebd., 243.

man Zuflucht gegen die drückende Sommerwärme« > *findet man erquickenden Schutz gegen die drückende Sonnenwärme*).

Aber auch Reduktionen in der Ausdrucksstärke kommen gelegentlich vor, etwa wenn es heißt: »Am Hofe werden die Lüste aufgestachelt« (Orig. »volupté«), was May zum keuscher-allgemeiner wirkenden *Am Hofe werden die Leidenschaften erregt* machte (ähnlich »eine Wonne mehr« > *ein Genuß mehr*; im Gegensatz dazu: »Mit Vergnügen verfolgt der Blick« > *Das Auge folgt mit Lust*). Oder der differenzierende Ausdruck »verschiedenfarbige Kieselsteine« wird gemindert durch die einen anderen Eindruck vermittelnde Wendung von nur *glänzenden Kieselsteinen.*

Trotz Karl Mays bekanntem und auch hier spürbarem Talent für stilistische Glättungen bei seinen Übernahmen kommt es hin und wieder vor, dass seine punktuellen kaschierenden Änderungen die sprachliche Qualität eher verschlechtern als verbessern. Es scheint, als ob May manchmal Wort-für-Wort-Ersetzungen vorgenommen habe, ohne genauer auf das Gemeinte und den Kontext zu achten und überlegter abzuwägen. So heißt es von Sse-ma-kuangs Freunden: »Sie nehmen Theil an meinen Ergötzungen«, im Original »Je les associe à mes amusemen(t)s«, also ›an meinen Vergnügungen‹, ›an meinem Zeitvertreib‹; Bertuch: »Sie gesellen sich dann zu meinen Vergnügungen.« May machte daraus: *Sie beteiligen sich an meinen Erholungen.* »Ergötzungen« > *Erholungen*? Hier erscheint klar der Singular ›Erholung‹ geboten. Oder wenn von einem offenen Kabinett die Rede ist (»un cabinet ouvert«, Bertuch: »offne Laube«; ›Kabinett‹ verstanden als gartengestalterisches Element; Synonyme (hier ebenfalls verwendet): »sal(l)on«, »Salon«, »salle«, »Saal«), macht May – Ersetzen durch synonyme Negation – ein *unverschlossen[es]* daraus, was ungeschickt wirkt, da es eine unzutreffende Assoziation (›verschließbar‹) wecken kann. Einmal bringt auch die Kleinigkeit, einem Begriff den bestimmten Artikel hinzuzufügen, statt ihn wie in der Vorlage wegzulassen, eine Verringerung der sprachlichen Qualität mit sich. Im Deutschen spricht man von ›Philosophie‹ und nicht von ›der Philosophie‹, wenn es heißt, dass ein Mahl mit Freunden *gewürzt von der Philosophie* sei (Mays Quelle: »gewürzt von Philosophie«; im Französischen dagegen: »la philosophie les [= nos frugals repas] assaisonne«; Bertuch besser statt ›Philosophie‹: »Weisheit«).

Verlassen wir damit die Sicht auf die Details und blicken wir lieber auf das Beschriebene, das zeitlos Schöne im Wort.

Der Garten des ›Antiquierten Greises‹ – letzter Besuch

Der chinesische Staatsmann Sse-ma-kuang, der ›Antiquierte Greis‹,[20] wie er sich selbst nannte, hatte sich aus der Tagespolitik zurückgezogen und lebte seinem Streben nach Einheit mit dem, was alles miteinander verbindet, als er seinen meisterhaft angelegten Garten (dú lè yuán, ›Garten der einsamen Freude‹) beschrieb, welcher in der Stadt Luoyang gelegen war, einer der alten Hauptstädte Chinas in der östlichen Mitte des Landes, in der heutigen Provinz Henan.[21]

Wie bringt man heutzutage Sse-ma-kuangs Aufzeichnung ins Deutsche? Pointiert gesagt: ganz anders als im 18. oder 19. Jahrhundert. Denn heute ist bei uns der chinesische Urtext bekannt. Von diesem gab der Sinologe Günther Debon (1921–2005) folgende Version, die zeigt, wie erheblich Cibots Zusätze waren:

> Meister Mong sagte: »Sich einsam der Freude freuen, ist nicht so gut wie mit andern der Freude sich freuen. Mit wenigen der Freude sich freuen, ist nicht so gut wie mit vielen der Freude sich freuen.« Das ist die Freude der Könige, Fürsten und großen Männer, ist nichts, was die Armen und Geringen erreichen könnten.
>
> Meister Kung sagte: »Einfache Speisen als Mahl und Wasser als Trank; den gebogenen Arm als Kopfstütze beim Schlafen: auch darin liegt Freude.« Und: »Meister Yän hatte nur ein Körbchen Reis und eine Kürbisschale Wasser, doch tat das seiner Freude keinen Abbruch.« Das ist die Freude der Heiligen und Weisen, ist nichts, was die Toren erreichen könnten.
>
> Wohl!
>
>> Die Meise wohnt im tiefen Wald –
>> Ein einziger Zweig ist ihr Begehr.
>> Der Maulwurf trinkt im großen Strom,
>> Bis eben voll der Bauch, nicht mehr.
>
> Dieses nun ist es, woran ich als Antiquierter Greis mich freue. –
>
> Im vierten Jahr der Ära »Glänzender Friede« (1071) siedelte der Antiquierte Greis sich in Lo [Luoyang] an. Im sechsten Jahr kaufte er ein Feld von zwanzig Ackermaß (mu) im Norden des »Honorigenquartiers« und erschloß es zu einem Garten.

---

20 Vgl. Debon, wie Anm. 7, 256 u. ö.

21 Als Beispiel für neuere Forschungsansätze vgl. Eva Langer: Die zwei Gärten des Sima Guang: Chinesische Gelehrtengärten zur Zeit der Song-Dynastie. In: Und folge nun dem, was mein Herz begehrt. Festschrift für Ulrich Unger zum 70. Geburtstag. Hrsg. von Reinhard Emmerich und Hans Stumpfeldt. Hamburg 2002 (= Hamburger Sinologische Schriften 8), Bd. 1, 273–282.

In der Mitte ließ er eine Halle für seine Sammlung von fünftausend Faszikeln errichten und nannte sie die »Halle des Bücherstudiums«.

Im Süden der Halle gibt es ein Gemach. Ein Wasser wird nördlich unter dem Traufdach entlanggeführt. Den Mittelpunkt bildet ein Fischteich, an allen Seiten drei Fuß tief. Das gelegentlich überlaufende Wasser bildet fünf Rinnsale, die sich in den Fischteich ergießen. Sie sehen aus wie eine Tigertatze. Von dem Teich geht ein Abfluß über Stufen nach Norden und endet als Wasserfall unterhalb eines Gartenhauses. Seine Gestalt gleicht einem Elefantenrüssel. Von hier teilt er sich in zwei Gräben, die das Gartenhaus rings umfangen. Wieder vereint, gehen sie in nordwestlicher Richtung hinaus. Ich nannte [den Ort] »Veranda der spielenden Wasser«.

Im Norden der Halle breitet ein weiterer Fischteich sich aus. Dann gibt es eine Insel. Auf der Insel habe ich Bambus gepflanzt. Der Umfang beträgt nur wenige Klafter; die Form gleicht einem fast geschlossenen Jadering. Die dünnen Spitzen habe ich zusammengebunden wie zu einer Fischerhütte und nannte sie die »Klause des Anglers«.

Die ›Klause des Anglers‹.

Im Norden des Fischteiches gibt es einen Bungalow von sechs Säulen Länge. Ich habe Wand und Dach verstärken lassen zum Schutz gegen die sengende Sonne. Eine Tür öffnet sich nach Osten. An der Süd- und Nordseite reihen sich Geländer und Sparrenfenster, um die kühlende Herbstbrise einzufangen. Davor und dahinter ist eine Menge Bambus gepflanzt: ein Ort der Erfrischung während der Sommerhitze. Ich nannte ihn das »Studio der Bambusanpflanzung«. Im Osten des Teiches ließ ich das Land in einhundertzwanzig Beeten urbar machen für die verschiedensten Arten von Heilkräutern. Ihre Namen wurden jeweils kenntlich gemacht. Im Norden der Beete ließ ich [wiederum] Bambus pflanzen auf einem Grund von einem Klafter Durchmesser. Seine Form gleicht einem Brettspiel. Die Spitzen ließ ich beugen und ineinander verschränken, so daß sie ein Gemach bilden. Auch davor ließ ich Bambus in Form eines schmalen Wandelganges setzen, ganz von wuchernden Heilkräutern bedeckt. Ringsherum ließ ich Bäume setzen. Heilkräuter bilden eine Hecke. Mit einer Anspielung [auf Han Kang] nannte ich [dieses Areal] das »Gärtchen des Heilkräuterpflückens«.

Im Süden dieses Gärtchens sind sechs Rankgitter aufgestellt für Buschpäonien (schao-yao) und Baumpäonien (mu-dan) sowie für alle möglichen anderen Blumen, jeweils zwei Stände. Wenn ich immer nur zwei Exemplare gepflanzt habe, so, um den Namen und die Gestalt kennenzulernen, es ging mir nicht um die Menge. Im Norden der Rankgitter steht ein Pavillon. Ich nannte ihn den »Pavillon zum Begießen der Blumen«.

Die Stadt Lo ist nicht weit von den Bergen entfernt, aber das Dschungel des Waldes ist so dicht, daß ich immer Schwierigkeiten hatte und sie nicht sehen konnte. So habe ich mitten im Garten eine Terrasse aufführen und darauf ein Gemach errichten lassen, von dem ich in der Ferne die Senke des Zehntausendfachen Friedens, den Deichselberg und noch den Berg des Mächtigen Hauses sehen kann. Ich nannte den Platz die »Bergschau-Terrasse«.

Den ganzen Tag sitzt der Antiquierte Greis in seiner Halle und studiert die Bücher. In den höheren Sphären nimmt er die Heiligen zum Lehrer, in den niederen Sphären nimmt er die Weisen zum Freund. Er geht den Quellen der Menschlichkeit und Rechtlichkeit nach und erforscht die Zusammenhänge von Riten und Musik. Die Prinzipien der Dinge und Wesen, angefangen bei dem, was noch ohne Gestalt war, bis hin zu dem, was jenseits des Weltalls liegt, all das führe ich mir vor Augen. Der Kummer nur, daß ich in meinem Studium noch nicht weit genug vorgedrungen bin. Indes, was könnte ich von anderen erbitten, was dürfte ich von der Welt da draußen erwarten?

Ist der Geist ermüdet, der Körper erschöpft, dann greife ich zur Angel, um einen Fisch zu fangen; oder ich raffe den Ärmel und pflücke mir Heilkräuter, oder ich grabe einen Kanal und wässere die Blumen, oder ich schwinge die Axt und behaue den Bambus. [Dann] spüle ich die Hitze von mir, wasche die Hände und lasse von einer Anhöhe die Blicke wandern. Ich schweife in Freiheit, hierhin und dorthin, wie es mir gerade gefällt.

Der helle Mond erscheint zu seiner Zeit; der frische Wind kommt ganz von selbst. Ich gehe, wohin mich keiner zieht, ich verweile, wo nichts mich aufhält. Ohr und Auge, Lunge und Eingeweide, mit allen bin ich in Frieden. Für mich allein dahinschreitend, im Unendlichen mich bewegend, nehme ich nichts mehr zwischen Himmel und Erde wahr. Welche Freude ließe sich damit vergleichen? Und so nannte ich [meinen Besitz] den »Garten der einsamen Freude«.

Jemand könnte dem Antiquierten Greis vorwerfen: »Ich habe gelernt: ›Woran der Edle sich freut, daran muß er die andern teilnehmen lassen.‹ Jetzt sucht Ihr, Meister, Genügen in Euch selbst und denkt nicht an die Mitmenschen. Wäre das angängig?«

Der Antiquierte Greis würde dies zu seiner Entschuldigung vorbringen: »Wie könnte sich ein greiser Tor mit einem Edlen vergleichen? Er fürchtet, daß die eigene Freude schon unzureichend ist, wie dürfte er die andern damit bedenken? Außerdem: woran der Greis sich freut, ist dürftig und dörflich, sind lauter Dinge, die die heutige Welt verwirft. Selbst wenn er sie den andern überlassen wollte, würden die sie nicht annehmen. Wie dürfte er jene dazu zwingen? Gewiß, wenn es Leute gibt, die bereit wären, mit ihm diese Freude zu teilen, dann würde er sie ihnen mit einer doppelten Verbeugung entbieten. Wie wagte er, sie für sich allein zu beanspruchen?«[22]

22 Debon, wie Anm. 7, 256–258 (ohne die Anmerkungen auf 302f.).

Veröffentlichungen des Verfassers zu Karl May
1982 – 2017

Die Anordnung der Titel innerhalb eines Jahres erfolgt chronologisch, und zwar mit folgender Systematik: Zuerst werden unselbständig erschienene Veröffentlichungen in der Reihenfolge Zeitungs-, Zeitschriften- und Buchbeiträge aufgeführt, sodann selbständig erschienene in der Reihenfolge Editionen, Monographien (gegebenenfalls mit den darin enthaltenen Einzelbeiträgen). Redaktionstätigkeiten bei Büchern und Periodika folgen separat. Redaktionstitel sind mit Asterisken markiert.

1982

1   Trester aus Deidesheim. Die Inschrift der Karl-May-Gedenktafel vor der ehemaligen »Villa Seyler« näher betrachtet. – In: M-KMG 54, 38–39.

1983

2   Ob's da in der »alten Schmetterhand« zuckt? Was auf der steinernen »Karl-May-Gedächtnistafel« in Deidesheim so alles steht – und was nicht. – In: Die Rheinpfalz 24 vom 29.1.

1985

3   Aus den »Erzählungen der tausendundein Nächte«. Karl Mays Anverwandlung einer Motivkombination in *Scepter und Hammer*: Enthaupten und Vergiften. – In: M-KMG 63, 3–7.

4   Fauler Zauber. Zum Beitrag von Christoph F. Lorenz »Die ›Rettung‹ des Herrn Hermann Cardauns« (M-KMG 63, 41–46). – In: M-KMG 64, 40–47.

5   Germanistisches Elend. Wider die Pseudo-Wissenschaftlichkeit. Mit den ›Opfern‹ Arno Schmidt, Kurd Laßwitz und Karl May. – Frankfurt am Main, 125 Seiten.

6   Ein Schmetterling entpuppt sich als Made. Ein Fall aus der Karl-May-Forschung. Ebd., 83–116.

1986

7   Mit dem Finger auf der Landkarte. Etwas über Namen bei Karl May. –
     In: M-KMG 68, 18–22.
     Auch in: 139, 4–11.

8   Wie das Leben der Literatur nachspielt. Ein historisches Kuriosum zur
     Treskow-Figur Karl Mays. – In: M-KMG 69, 42–45.

9   Falscher Schwan. – In: M-KMG 70, 42.

1987

10   Karl May auf dem Kalender. – In: M-KMG 72, 11.

11   Martin Lowsky: ›Karl May‹. [Rezension.] – In: M-KMG 73, 44.

12   Karl Mays literarische Wirkung. Ein Rundgang mit 10 Stationen. – In:
     Karl May. Hrsg. von Heinz Ludwig Arnold. München (= Text + Kritik
     Sonderband), 244–268.

13   *Die Liebe des Ulanen.* – In: Karl-May-Handbuch. Hrsg. von Gert Ueding
     in Zusammenarbeit mit Reinhard Tschapke. Stuttgart, 389–396.

14   [mit Hansotto Hatzig] Karl Mays Spuren in der Literatur. Erste Samm-
     lung. – Hamburg (= S-KMG 70), 98 Seiten.

15   Nachbemerkung. – Ebd., 97–98.

16   [mit Hansotto Hatzig] Karl Mays Spuren in der Literatur. Zweite Samm-
     lung. – Hamburg (= S-KMG 73), 98 Seiten.

17   Nachbemerkung. – Ebd., 97–98.

1988

18   [mit Hansotto Hatzig] Karl Mays Spuren in der Literatur. Dritte Samm-
     lung. – Hamburg (= S-KMG 78), 101 Seiten.

19   Nachbemerkung. – Ebd., 99–101.

1989

20   *Grenos Erben. Karl-May-Ausgabe wird fortgeführt. – In: Mannheimer
     Morgen 235 vom 11.10., 36.
     Auch in: KMG-N 82 (1989), 4.

21   Rodensteiner redivivus oder Die Wissensprobe. Artistisches Erzählen in
     Karl Mays *Waldröschen.* – In: M-KMG 82, 17–20.

22   Gottesurteil – Gottesgericht: Ein Winter-Märchen aus Grimms ›Deut-
     schem Wörterbuch‹. – In: M-KMG 82, 48–51.

1990

23   Tod, Auferstehung und Rückkehr zum Ursprung. Eine schamanistische Grundlage für Karl Mays *Geisterschmiede* nebst einigen Bemerkungen darüber hinaus. – In: M-KMG 86, 35–41.

24   [mit Hansotto Hatzig] Karl Mays Spuren in der Literatur. Vierte Sammlung. – Hamburg (= S-KMG 85), 95 Seiten.

25   Nachbemerkung. – Ebd., 94–95.

1991

26   *Tafelmusik mit Mißtönen. An Gedenkinschriften rundum im Lande gibt es mancherlei auszusetzen. – In: Mannheimer Morgen 1 vom 2.1., 40.

1992

27   Karl May in Arno Schmidts Bibliothek. – In: M-KMG 91, 62.

28   *Erfahrungen im Gebrauch des ›Großen Karl May Figurenlexikons‹. [Rezension von: Großes Karl May Figurenlexikon. Hrsg. von Bernhard Kosciuszko. Paderborn 1991.] – In: M-KMG 92, 54–58.

29   Zu einzelnen Textstellen von Arno Schmidts ›Gadir oder Erkenne dich selbst‹. Kommentare und Interpretationen, unter besonderer Berücksichtigung von May, Mereschkowskij, Piranesi und Schmidts Biographie. – In: Bargfelder Bote. Materialien zum Werk Arno Schmidts. Lieferung 168–169, 20–31.

30   Artistisches Erzählen bei Karl May: *Felsenburg* einst und jetzt. Der erste Teil der *Satan und Ischariot*-Trilogie vor dem Hintergrund des ersten Teils der ›Wunderlichen Fata‹ von Johann Gottfried Schnabel – und ein Seitenblick auf Ernst Willkomms ›Die Europamüden‹. – In: Jb-KMG 1992, 238–276.

1993

31   Die Antwort steht im ›Pierer‹. Ergänzungen zu einem Beitrag von Joachim Biermann über Richard von Warwick in M-KMG Nr. 92 [recte: 94]. – In: M-KMG 95, 24–26.

32   Zwischen Mainz und Mannheim: May, Manet, Max und Mexiko. – In: M-KMG 95, 44.

33   Anmerkung zu nebenstehendem Text. [Zur Bedeutung von ›Roumi‹.] – In: M-KMG 95, 50.

34   Aus immer wieder gegebenem Anlaß. – In: M-KMG 96, 60.

35   René Schickele: Mit Karl May begann es. Ein Hinweis und zwei Umschweife. – In: M-KMG 97, 42–44.

36   Georg Groddeck zieht vor Karl May und seiner Art von Literatur den Hut. – In: M-KMG 97, 44–47.

37   Tafelmusik mit Mißtönen. Über vergeigte Gedenkinschriften. Mozart – Gaudy – Arno Schmidt – Karl May. – In: Der Haide-Anzeiger. Mitteilungen zu Arno Schmidt 32, 12–13.

38   Kurze Präzisierung zum »›Silberglanz‹-Textfragment« in Karl Mays *Die Liebe des Ulanen*. – In: M-KMG 98, 16.

39   Hermann Broch und Kasimir Edschmid über Literatur – und mittendrin Karl May. – In: M-KMG 98, 43.

40   Mynona und May. – In: M-KMG 98, 44–45.

41   Schlag nach im ›Pierer‹ – erneut. Zu einer Stelle in Mays *Waldröschen*. – In: M-KMG 98, 46–47.

42   [Anonym] Zitat: Kurt Hiller: Was ist Neusozialismus? – In: M-KMG 98, 47.

43   [Anonym] Nochmals zu Georg Groddeck und Karl May. – In: M-KMG 98, 48.

44   [mit Hansotto Hatzig] Karl Mays Spuren in der Literatur. Fünfte Sammlung. – Hamburg (= S-KMG 98), 102 Seiten.

45   Zur Einführung [in Ausschnitte aus Hans Wollschlägers ›Herzgewächse oder Der Fall Adams‹]. – Ebd., 22.

46   Erläuterungen [zu Ausschnitten aus Hans Wollschlägers ›Herzgewächse oder Der Fall Adams‹]. – Ebd., 36.

47   Nachbemerkung. – Ebd., 98–99.

1994

48   *Durchs wilde Theologistan. Hermann Wohlgschaft erlöst Karl May. [Rezension von: Hermann Wohlgschaft: Große Karl May Biographie. Leben und Werk. Paderborn 1994.] – In: Frankfurter Allgemeine. Zeitung für Deutschland 230 vom 4. 10., L 20.
Auch in: KMG-N 102 (1994), 31–33.
Auch in: F. A. Z. Buchkritik '95 (September 1994 bis August 1995) [CD-ROM 1995].

49   *Der Ehri* und der ›Pierer‹. Zu Karl Mays Praxis der Lexikonbenutzung. – In: M-KMG 99, 39–48.

50 »*Herrjemersch nee!*« Kurze Klärungen zu den linguistischen Untersuchungen, Saxonismen im Werk Karl Mays betreffend. – In: M-KMG 99, 49–53.

51 Babieça, Befour, Bhowannie. – In: M-KMG 100, 28–33.

52 George Grosz gibt geliehene Karl-May-Bände zurück. – In: M-KMG 100, 48.

53 Leo Perutz und der Erzählergeist Karl Mays. Aus der Sicht von Kurt Tucholsky und Carl von Ossietzky. – In: M-KMG 101, 13–14.

54 Warum bringt Karl May Richard von Warwick in *Der beiden Quitzows letzte Fahrten* aufs Tapet? Hinweis auf Edward Bulwer-Lyttons ›The Last of the Barons‹. – In: M-KMG 101, 15–16.

55 Name und Wort bei Karl May. Nochmals: Spanisches, Sächsisches – und Weiterführendes. – In: M-KMG 101, 59–61.

56 Von Befour nach Sitara – in Begleitung der Wilden Jagd. Über ein mythisches Muster, die Wissensprobe als artistisches Prinzip bei Karl May sowie etwas über sein Lesen, Denken und Schreiben. Ein Fantasiestück in philologischer Manier. – In: Jb-KMG 1994, 104–142.
Auszug in: Traumreisen im Kopf. Über geographische Schauplätze bei imaginären Reisen in der Abenteuerliteratur Karl Mays. Hrsg. von Herbert Wagner. Kassel 1996 (= Urbs et Regio Bd. 66 / Kasseler Schriften zur Geographie und Planung), 148–149.

57 Was schmiedst du, Schmidt? Persuasive Strategien zu Beginn des ersten Teils von Arno Schmidts ›Sitara und der Weg dorthin‹, zu ihrem sowie zum Hintergrund von Karl Mays *Geisterschmiede*- und Sitara-Schilderungen. – In: Jahrbuch der Gesellschaft der Arno-Schmidt-Leser 1994 / Zettelkasten 13. Aufsätze und Arbeiten zum Werk Arno Schmidts. Hrsg. von Rolf Lettner-Zimsäckerl [Anagramm der Redakteure]. – Frankfurt am Main / Wiesenbach, 133–177.

58 Brockengespenst, Brockenwirt und Freiligrath. – In: M-KMG 102, 36.

59 Über den Krokodilen. Ein Motiv bei Hergé und Karl May. – In: M-KMG 102, 39–41.

60 Zwei Rezensionen. [Rezension von: Aiga Klotz: Kinder- und Jugendliteratur in Deutschland 1840–1950. Gesamtverzeichnis der Veröffentlichungen in deutscher Sprache. Stuttgart / Weimar 1994; Uwe Kahl: Karl-May-Bibliographie 1913–1945 (aus: Lexikon der der Reise- und Abenteuerliteratur). Meitingen 1993; Karl May: *Ein wohlgemeintes Wort*. Frühe Texte aus dem ›Neuen deutschen Reichsboten‹ 1872–1886. Hrsg. von Peter Richter und Jürgen Wehnert. Lütjenburg 1994.] – In: M-KMG 102, 52–54.

61   Reisen in Lothringen und im Rheinisch-Pfälzischen. Drei Hörspiel-Divertimenti um Karl May. Hamburg (= S-KMG 100), 60 Seiten.

62   Vorwort. – Ebd., 3–4.

63   Karl Mays naher Westen. Abenteuer zwischen Hunsrück und Lothringen. – Ebd., 5–19.

64   »Wenn man auf der Karte von Mainz aus eine grade Linie bis nach Kreuznach zieht ...« Karl May am Rhein, in der Pfalz – und ein bißchen drumherum. – Ebd., 20–41.

65   Deutsches Sittengemälde von amerikanischer Hand. James Fenimore Cooper in der Rheinpfalz – wie es dazu kam und was daraus wurde. Mit ein paar Andeutungen zum Verhältnis May – Cooper. – Ebd., 42–60.

1995

66   *Trapper ohne Nachtruhe. Mogelpackung: Ein angeblich verschollener Roman von Karl May. [Rezension von: Karl May: Winnetou und der Scout. Ein verschollener Roman erstmals als Buch veröffentlicht. Hrsg. von S. C. Augustin und Walter Hansen. München 1995.] – In: Frankfurter Allgemeine. Zeitung für Deutschland 73 vom 27. 3., 36.
      Auch in: F.A.Z. Buchkritik '95 (September 1994 bis August 1995) [CD-ROM 1995].

67   »Ich bin vollständig in Karl May ersoffen«. – In: M-KMG 103, 16.

68   Der Boer van het Roer und der ›Pierer‹. Karl May fährt mit dem Finger die Lexikonzeilen entlang, schreibt ab und imaginiert sich eins. – In: M-KMG 103, 28–36.

69   Der Heiduckenczakan. Ein weiteres Kapitel aus der Geschichte »Was finde ich nicht alles in meinem ›Pierer‹?« – In: M-KMG 103, 39–40.

70   Karl Mays Islamkenntnisse – aus dem ›Pierer‹. Am Beispiel des Beginns von Durch die Wüste. (Und etwas über lexikographiehistorischen Wissenstransfer). – In: M-KMG 104, 34–39.

71   Eins, zwei, drei: Welch eine Ueberraschung! Das war ja das Vater unser! Ein artistischer Trick Karl Mays: Nachschlagen und erzählen. Vom Beten und Zählen in fremden Zungen. – In: die horen. Zeitschrift für Literatur, Kunst und Kritik 178 (40. Jg.), 45–52.

72   Wenn man auf der Karte von Mainz aus eine grade Linie bis nach Kreuznach zieht ... Karl May am Rhein, in der Pfalz – und ein bißchen drumherum. – In: Griffel. Magazin für Literatur und Kritik 1, 77–95.

73   Anmerkung der Redaktion. – In: M-KMG 105, 44.

74　Panorama, Zauberland und Freiligrath. Anspielung, Zitat und Geist der Epoche zu Beginn von Karl Mays letztem *Old Surehand*-Kapitel. – In: Jb-KMG 1995, 241–251.

75　Anmerkung der Redaktion. – In: M-KMG 106, 44.

76　[Faksimile-Edition] Winnetous erstes Auftreten. – In: M-KMG 106, 56–57.

77　Reisen und Lektüren. Adiaphoristische Addenda zu Arno Schmidt und Paul Elbogen via Karl May, Kurd Laßwitz und Adalbert Stifter. Nebst einer Lockung für Sir Galahad durch sie selbst. – In: Bargfelder Bote. Materialien zum Werk Arno Schmidts. Lieferung 201–203, 16–24.

1996

78　*»Alles ist wichtig«-Sammelsurium aus dem Fundus eines Fans. Dokumentation zur May-Rezeption in Ostdeutschland. [Rezension von: Christian Heermann: Old Shatterhand ritt nicht im Auftrag der Arbeiterklasse. Warum war Karl May in SBZ und DDR ›verboten‹? Dessau 1995.] – In: Sächsische Zeitung vom 13. / 14. 1., 21.
Auch in: KMG-N 108 (1996), 56.

79　*Auf dem kamelbeinigen Pferd. Ein Fall von Zweitverwertung: Karl Mays ›Tödliches Feuer‹. [Rezension von: Karl May: Tödliches Feuer. Hrsg., bearbeitet und kommentiert von S. C. Augustin und Walter Hansen. München 1996.] – In: Frankfurter Allgemeine. Zeitung für Deutschland 283 vom 4. 12., 42.

80　Kirchheim unter Teck an 11 Uhr 44 abends. [Rezension von: Martin Lowsky: »… nach dem einsamen Orte geflohen …« Karl May zu Besuch in Kirchheim unter Teck. Marbach am Neckar 1995 (= Spuren 32).] – In: M-KMG 107, 31.

81　Der Ich-Erzähler als Bücherprotz. Karl Mays Motiv der Berufung auf gelehrte Bücher. Mit Hilfe des ›Buchs der Bücher‹, dem Lexikon. – In: M-KMG 107, 42–43.

82　[Rezension von: Martin Lowsky: »… nach dem einsamen Orte geflohen …« Karl May zu Besuch in Kirchheim unter Teck. Marbach am Neckar 1995 (= Spuren 32).] – In: Der Rabe. Magazin für jede Art von Literatur. Nr. 45 (Der Werbe-Rabe), 223.

83　Ankunft und Abschied, rasch und endgültig. Notiz zu den letzten Lebenstagen von Karl Mays Verleger Heinrich Gotthold Münchmeyer in Davos. – In: M-KMG 109, 27–28.

84   Um es kurz zu machen. (Zu KMG-Nachrichten 108, 56 und 57). – In: KMG-N 109, 55.

85   Um es etwas weniger kurz zu machen. (Zu Christian Heermanns Äußerungen in diesem Heft). – In: KMG-N 109, 55–56.

1997

86   Vom Starstechen oder Die Wonne des Aufzählens. Eine Kleinigkeit zur Quellensituation von Karl Mays Lieferungsroman *Das Waldröschen*. – In: M-KMG III, 19.

87   *Der Kiang-lu* und der ›Pierer‹. ›Chinoiserien‹ aus dem Lexikon. Zu Karl Mays Quellenbenutzung. – In: Jb-KMG 1997, 102–116.

1998

88   Tod und Erinnern. Karl-May-Lektüre-Reminiszenzen und ihre Funktion im Roman ›Das große Verlangen‹ des Niederländers Marcel Möring. – In: M-KMG 115, 25–29.

89   Karl Mays Verwendung von Erzähltopoi (I): Was machen die Gestalten jetzt? Der präsentische Epilog und seine Varianten als Erzählschluß. Mit Beispielen von Dickens, Raabe und Spindler. – In: M-KMG 117, 41–44.

90   Karl Mays Verwendung von Erzähltopoi (II): Das Wirtshaus am Wasser und die resolute Wirtin. Ein Auftakttopos. Mit einer Nebenbei-Bemerkung zu Walter Scott und einem Beispiel aus Charles Dickens' ›Unser gemeinsamer Freund‹. – In: M-KMG 118, 37–42.

1999

91   Für Hansotto Hatzig. Leiser Zuspruch zum Achtzigsten. – In: M-KMG 122, 2.

92   »... und eine Geschichte ist besser, als alles was man sehen kann«. Frühe Blindheit: Literatur und Lebensbeschreibung. Zur Selbststilisierung Karl Mays anhand von August Lafontaines Roman ›Tinchen, oder die Männerprobe‹. – In: M-KMG 122, 20–25.

93   Karl May: *Winnetou*. Reiseerzählung. – In: Reclams Romanlexikon. Hrsg. von Frank Rainer Max und Christine Ruhrberg. Bd. 2: Von der Romantik bis zum Naturalismus. Stuttgart, 504–506.
      Auch in: Reclams Romanlexikon. Deutschsprachige erzählende Literatur vom Mittelalter bis zur Gegenwart. Hrsg. von Frank Rainer Max und Christine Ruhrberg. Stuttgart 2000, 753–754.

94   Karl May: *Im Reiche des silbernen Löwen*. Reiseerzählung. – In: Reclams
      Romanlexikon. Hrsg. von Frank Rainer Max und Christine Ruhrberg.
      Bd. 2: Von der Romantik bis zum Naturalismus. Stuttgart, 506–507.
      Auch in: Reclams Romanlexikon. Deutschsprachige erzählende Litera-
      tur vom Mittelalter bis zur Gegenwart. Hrsg. von Frank Rainer Max
      und Christine Ruhrberg. Stuttgart 2000, 754–755.

95   Karl May: **Ardistan und Dschinnistan**. – In: Reclams Romanlexikon.
      Hrsg. von Frank Rainer Max und Christine Ruhrberg. Bd. 2: Von der
      Romantik bis zum Naturalismus. Stuttgart, 507–509.
      Auch in: Reclams Romanlexikon. Deutschsprachige erzählende Litera-
      tur vom Mittelalter bis zur Gegenwart. Hrsg. von Frank Rainer Max
      und Christine Ruhrberg. Stuttgart 2000, 755.

96   Zum Geleit. – In: Wilhelm Brauneder: Die »Leben-Werk-Assoziationen«.
      Eine Kritik insbesondere anhand von Ralf Harders Buch ›Karl May und
      seine Münchmeyer-Romane‹. Mit einem Geleitwort von Rudi Schwei-
      kert. Hamburg 1999 (= S-KMG 121), V–VIII.

2000

97   Sich einen Namen wählen (1): Forster und Sternau. Untersuchungen zu
      Karl Mays Figurennamen. – In: M-KMG 124, 23–28.

98   May oder Abteyl? Wie Arno Schmidt ›Zettel's Traum‹ korrigierte und
      sich dabei selbst aushebelte. – In: Schauerfeld. Mitteilungen der Gesell-
      schaft der Arno-Schmidt-Leser. 13. Jg., 2. Heft, 12–13.

99   Sich einen Namen wählen (2): Mutter Smolly und Mutter Merveille.
      Untersuchungen zu Karl Mays Figurennamen. – In: M-KMG 125, 14–21.

100   Die Vexierhufeisen. Aufklärung und Aberglaube im Werk Karl Mays
      anhand eines Beispiels aus *Der Sohn des Bärenjägers*. – In: M-KMG 126,
      17–20.

101   Babylon aus dem Lexikon. Eine quellenkundliche Analyse der Babylon-
      Erwähnungen Karl Mays von den *Geographischen Predigten* bis zu *Im
      Reiche des silbernen Löwen*. – In: Jb-KMG 2000, 232–251.

2001

102   Sich einen Namen wählen (3): Cortejo. Untersuchungen zu Karl Mays
      Figurennamen. – In: M-KMG 129, 23–26.

103   »… der Druckfehler vom ‹Stunk› ist unbezahlbar«. Zu einem kleinen
      Triumph Arno Schmidts über Karl May in ›Sitara und der Weg dort-

hin‹, der keiner ist. – In: Schauerfeld. Mitteilungen der Gesellschaft der Arno-Schmidt-Leser. 14. Jg., 2. / 3. Heft, 28–29.

104   Auf zwei Planeten. Pfade durch Karl Mays phantastisches Erzähllaby-rinth, Seitengänge eingeschlossen – vornehmlich zu Eugène Sue, Alf-red Kubin, Kurd Laßwitz und Arno Schmidt. – In: Traumreich und Nachtseite 2. Die deutschsprachige Phantastik zwischen Décadence und Faschismus. Hrsg. von Thomas Le Blanc und Bettina Twrsnick. – Tagungsband 1996. Wetzlar (= Schriftenreihe und Materialien der Phan-tastischen Bibliothek Wetzlar Bd. 21), 55–80.

105   *Maskulinum oder Femininum?* Die kleinen Helden und ihr ›weiblicher Aspekt‹. Zu Karl Mays Figurenzeichnung ›komischer Abnormer‹: Von Männern und Masken. Ein Überblick. – In: Rollenspiele – Karl May in Linz. Hrsg. von Markus Kreuzwieser. Linz (= Literatur im StifterHaus Bd. 14), 53–64.

106   Clairon und ihre Masken. Ein nicht nur literarisches Spiel um Cross-Dressing und Geschlechtsrollentausch bei Karl May. – In: Rollenspiele – Karl May in Linz. Hrsg. von Markus Kreuzwieser. Linz (= Literatur im StifterHaus Bd. 14), 65–77.

107   *Die Liebe des Ulanen.* – In: Karl-May-Handbuch. Hrsg. von Gert Ueding in Zusammenarbeit mit Klaus Rettner. Würzburg, 319–325. Aktualisierung von 13.

2002

108   Der kleine Cohn. Zum zeitgenössischen (antijüdischen) Hintergrund einer Erregung Karl Mays. – In: M-KMG 131, 19–23.

109   Lavater und Goethe als ›Verkehrte Toasts‹. Das Bild von den Kämpfern Rücken an Rücken bei Goethe und Karl May. – In: M-KMG 133, 36–37.

110   Gegen Verharmlosung – für Aufklärung. Einige Klarstellungen, Gabrie-le Wolffs ›Der kleine Cohn – Variationen zu einem Thema‹ betreffend. – In: M-KMG 134, 56–59.

111   Registrieren, redigieren, mitteilen und darstellen. Andenken an Hans-otto Hatzig. – In: Jb-KMG 2002, 9–13.

112   Das gewandelte Lexikon. Zu Karl Mays und Arno Schmidts produkti-vem Umgang mit Nachschlagewerken. Wiesenbach (= Aus dem poeti-schen Mischkrug Bd. 2), 272 Seiten.

113   Vorwort. – Ebd., 9–12.

114   Lexikalische Kreuz- und Querzüge. Weiteres zur Quellensituation von Karl Mays Südafrika-Erzählung. – Ebd., 77–94.

115   Der Gipsverband und sein Erfinder. Diesmal aus dem »Brockhaus«. –
      Ebd., 167–170.

116   Elmsfeuer und Meteorerscheinung. Ein paar Brocken aus dem ›Brock-
      haus‹ in Karl Mays *Der Geist der Llano estakata* im Spannungsfeld von
      Rationalität und Aberglaube. – Ebd., 171–176.

117   *Die größte Delikatesse* – eine Frucht aus dem Lexikon. Der Zibetbaum in
      Karl Mays *Ardistan und Dschinnistan*. – Ebd., 177–179.

118   Ein lexikalischer »Brotkorb«. Die Narasfrüchte und das biblische Man-
      nabrot in Karl Mays *Ardistan und Dschinnistan*. – Ebd., 181–184.

2003

119   Das Irische System. Erläuterungen zu Karl Mays frühem Fragment *Offe-
      ne Briefe eines Gefangenen*. – In: M-KMG 135, 41–43.

120   Biribi und Pharao in Karl Mays *Liebe des Ulanen*. – In: KMG-N 135, 49.

121   Gouging und Milling. Karl May als Boxexperte. – In: M-KMG 136,
      18–19.

122   Ergänzungen und Berichtigungen zum Sonderheft Nr. 126/127 (›Reise
      in ein anderes Land‹). – In: M-KMG 136, 56.

123   Erfundenes zu Erlebtem gewandelt. Der Reiseschriftsteller Richard Katz
      über Karl May. – In: M-KMG 138, 56–63.

124   Reise in ein anderes Land. Hansotto Hatzig – frühe Geschichten,
      Gedichte, Darstellungen und Porträts. Zur Erinnerung hrsg. von Rudi
      Schweikert. Hamburg (= S-KMG 126/127), 168 Seiten.

125   Vorwort. – Ebd., 5–7.

126   Verzeichnis der Veröffentlichungen von Hansotto Hatzig. – Ebd.,
      146–168.

2004

127   Die Grünge(k)nüfften. – In: M-KMG 139, 28–29.

128   *Wir befanden uns in einer berühmten Gegend*. Karl Mays *In den Schluchten
      des Balkan* und Arno Schmidts ›Orpheus‹. Entsprechungen – Umkeh-
      rungen. – In: Bargfelder Bote. Materialien zum Werk Arno Schmidts.
      Lieferung 271–272, 17–23.

129   Der Hieb an die Schläfe. Zur Geschichte eines kleinen literarischen Ver-
      satzstücks. – In: M-KMG 140, 32–35.

130   Der Travellers' Club und der unermeßlich reiche reisende Engländer.
      Karl Mays Aufnahme eines ›Reise-Motivs‹ – mit mehr als nur einem Sei-
      tenblick auf Jules Verne. – In: M-KMG 142, 2–7.

131 Münchhausen aus Mühlhausen. Die Reise durch ein ›Wurmloch‹ im Text von Karl Mays *Der Sohn des Bärenjägers*. Hin zum Hofrat Beireis und dem Charlatan-Topos. – In: Jb-KMG 2004, 139–156.

2005

132 »*Mein Freund, der Frühling*«. Zu einer Gedicht-Anspielung Karl Mays im vierten Band von *Im Reiche des silbernen Löwen*. – In: M-KMG 143, 3–5.

133 Eine wilde Mischung: Karl May bepflanzt Ardistan. Botanisches – Lexikalisches – Panoramatisches. – In: Karl-May-Welten [1]. Hrsg. von Michael Petzel und Jürgen Wehnert. Bamberg / Radebeul, 95–108.

134 Gloomy Water. Karl Mays *Ölprinz* in Arno Schmidts Erzählung ›Die Wasserstraße‹. Mit einer Seitenbemerkung zu Dimitrij Mereschkowskij. – In: Jahrbuch der Gesellschaft der Arno-Schmidt-Leser 2005 / Zettelkasten 24. Aufsätze und Arbeiten zum Werk Arno Schmidts. Hrsg. von Guido Erol Öztanil. Wiesenbach, 273–278.

135 Historische ›Schatten‹. Quellen und Anregungen zu einer Grundidee von Karl Mays *Im Reiche des silbernen Löwen*. – In: Jb-KMG 2005, 293–303.

2006

136 »Konnte man Karl May trauen?« Eine kurze May-Reminiszenz in Wolfgang Koeppens Roman ›Tauben im Gras‹. – In: M-KMG 147, 41–43.

137 Wildwest-Währung bei Karl May? Orientierungshilfe bei Jules Verne! Von Biber- und anderen Fellen. – In: M-KMG 149, 19–25.

138 ›Boudeuse‹ trifft ›Swallow‹. Über einige Schiffe in den Erzählwelten Karl Mays. Mit Querverweisen zu Jules Verne. – In: Karl-May-Welten II. Hrsg. von Michael Petzel und Jürgen Wehnert. Bamberg / Radebeul, 67–79.

139 »*Ihr kennt meinen Namen, Sir?*« Studien zur Namengebung bei Karl May. Hamburg (= S-KMG 134), 112 Seiten.

140 Vorwort. – Ebd., 2–3.

141 Mit dem Finger auf der Landkarte. Über den Zusammenhang von Ortsnamen und Figurennamen bei Karl May. – Ebd., 4–11.
Nachdruck von 7.

142 Forster und Sternau. – Ebd., 12–19.
Nachdruck von 97.

143 Staudigel, Seidelmann, Wallner – alles Theater. – Ebd., 20–22.

2007

164 »Er lebte ganz in der Welt Karl Mays«. Albrecht Joseph, ein Freund Carl Zuckmayers, erinnert sich. – In: M-KMG 152, 55–56.

165 Liebendes Umfangen. Hans Wollschläger 17. März 1935 – 19. Mai 2007. – In: M-KMG 153, 1–4.
Auch in: Anderrede vom Weltgebäude herab. Hans Wollschläger zum Gedächtnis. [Ohne Herausgeber.] Göttingen, 33–37.

166 Sich einen Namen wählen (4): Marah Durimeh. Untersuchungen zu Karl Mays Figurennamen. – In: M-KMG 153, 27–28.

167 Der Panther in der Höhle. Ein Motiv bei Balzac und May unter Berücksichtigung von Goethes ›Novelle‹ und Kellers ›Pankraz, der Schmoller‹. – In: Jb-KMG 2007, 21–33.

168 ›Pierer‹-Naschereien. Übernahmen aus dem Lexikon in Karl Mays *Durch die Wüste*, *Durchs Wilde Kurdistan* und *Von Bagdad nach Stambul*. Hamburg (= S-KMG 137), 105 Seiten.

169 Vorwort. – Ebd., 4–6.

170 Nachspiel als Vorspiel: ›Pierer‹ gegen ›Brockhaus‹ und ›Meyer‹. Karl May berichtigt ein Lexikon. – Ebd., 7–11.

171 Das Religionsgespräch am Beginn von *Durch die Wüste*. Mit Bemerkungen zum lexikographiehistorischen Informationstransfer. – Ebd., 12–26. Nachdruck von 70.

172 Abrahim-Mamur, der »*Besitzer von vielen Beuteln*«. – Ebd., 27–28.

173 Die Fellatah. – Ebd., 29–30.

174 Der Todesengel. – Ebd., 31–32.

175 Ein falscher Derwisch singt. – Ebd., 33–36.

176 Nachgeschlagene Fechtkunst. Kara Ben Nemsi überwindet den ›Vater des Säbels‹. – Ebd., 36–39.

177 Adam und Eva, Dschidda und Ceylon. – Ebd., 40–41.

178 Die Hadhesi. – Ebd., 41–42.

179 Reste- und Mehrfachverwertung. Bröckchen aus dem Islam- und dem Mekka-Artikel des ›Pierer‹. – Ebd., 42–46.

180 Die Spur des Makam. – Ebd., 47–48.

181 Fünf Stichwörter – eine Stadtschilderung. Karl May läßt Kara Ben Nemsi Maskat besuchen. – Ebd., 49–50.

182 Der Säbel des Propheten. – Ebd., 50–51.

183 Drei Herrschernamen und einiges drumherum. – Ebd., 51–53.

184 Die Erzengel im Islam. – Ebd., 54–55.

185 »Hohes Rätsel« mit einfacher ›Pierer‹-Lösung. – Ebd., 55–58.

186 Ifras angefangene Geschichte, die bis ins *Reich des silbernen Löwen* führt. – Ebd., 58–67.

187 Die Belladonna-Vergiftung. – Ebd., 68–72.

188 Das Dscheridwerfen und das ›Weben der Kreativität‹. – Ebd., 73–77.

189 Die Kennzeichen des nestorianischen Glaubens. – Ebd., 77–81.

190 Zur Geschichte Arabiens. Die »historische Einleitung« zu *Von Bagdad nach Stambul* vor lexikalischem Hintergrund. – Ebd., 81–90.

191 Exakte Beschreibung dank Konversationslexikon: Die Aleppobeule. – Ebd., 91–93.

192 Das »*Schwert Persiens*«. – Ebd., 94–96.

193 Hassan Ardschir-Mirza: Name, Kleidung, Rang. – Ebd., 96–98.

194 Die Ihlats. – Ebd., 98–99.

195 Monatsnamen. – Ebd., 99–100.

196 Vorwurf als Nachspiel: *Oder besitzt die ›Frankfurter‹ nicht einmal ein Lexikon?* Karl May pocht auf die Wahrheit aus dem Konversationslexikon. – Ebd., 101–104.

2008

197 Ein Floh im Text. Karl May tut gebildet: ein Zitat des *alten, guten Fischart*, der tatsächlich aber Ulrich Boner ist. – In: M-KMG 156, 43–46.

198 Sich einen Namen wählen (5): Wallerstein. Untersuchungen zu Karl Mays Figurennamen. – In: M-KMG 157, 47–48.

199 Friedrich Bodenstedts ›Tausend und Ein Tag im Orient‹ – eine Quelle für Karl Mays *Brodnik*-Erzählung. – In: M-KMG 158, 2–9.

200 »Wo das Gespenst brockt, nehst & silberschlackt«. Zu einer Stelle in Arno Schmidts ›Die Abenteuer der Sylvesternacht‹ unter besonderer Berücksichtigung von Karl Mays *Der Geist der Llano estakata*, um in den Nebelbildern von ›Zettel's Traum‹ und bei Schmidts Poetologie zu landen. – In: Jahrbuch der Gesellschaft der Arno-Schmidt-Leser 2006 / Zettelkasten 25. Aufsätze und Arbeiten zum Werk Arno Schmidts. Hrsg. von Frank Legl. Wiesenbach, 47–58.

2009

201 Karl May schlägt erzählerische Funken aus statistischem Material zur Türkei. – In: M-KMG 160, 8–24.

202 *Das Waldröschen* unter fremdem Kapitän. ›Växlande Öden‹ (1903) – eine schwedische Kurzfassung von Karl Mays Kolportageroman. – In: M-KMG 162, 50–59.

203 Von Männern und Masken. Zu Karl Mays Figurenzeichnung ›komischer Abnormer‹. Ein Überblick. – In: literaturkritik.de. Rezensionsforum für Literatur und für Kulturwissenschaften 8 (11. Jg.) [Schwerpunkt: Karl May], 30–40.
Wiederabdruck von 105. Auch im Internet auf literaturkritik.de.

204 Der Erzähler als Redakteur und Kompilator. Bemerkungen zur Intertextualität bei Karl May. – In: Karl May. Werk – Rezeption – Aktualität. Hrsg. von Dieter Vorsteher und Helmut Schmiedt. Würzburg, 29–54.

205 Mekka, Damaskus, Baalbek. Schilderungen Karl Mays und ihre Quellen. Hamburg (= S-KMG 140), 112 Seiten.

206 Vorwort. – Ebd., 3–4.

207 *Da lag sie, die Heilige, die Verbotene!* Karl Mays Mekka-Schilderung in *Durch die Wüste* und Johann Ludwig Burckhardts ›Reisen in Arabien‹. – Ebd., 5–23.

208 Von Damaskus nach Baalbek. Quellen für zwei Reisestationen in Karl Mays *Von Bagdad nach Stambul*. – Ebd., 24–83.

209 Dozorcas Lebensgeschichte. Quellen und Anregungen für eine Figurenerzählung in Karl Mays *Im Reiche des silbernen Löwen I*. – Ebd., 84–111.

2010

210 *Es war im Jahre 1782 in Berlin gedruckt.* Identifikation eines in *Mein Leben und Streben* erwähnten Buches aus Karl Mays Jugendzeit und ein Blick dahinter auf Johann Gottlieb Naumann. – In: M-KMG 165, 2–11.

211 Sich einen Namen wählen (6): Winnetou. Auch zu Figurenbenennungsstrategien Karl Mays. Mit einem Anhang zu Winnetous Aussehen. – In: M-KMG 166, 2–15.

212 Der Keilschriftentzifferer Kara Ben Nemsi. Karl May bedient sich bei Georg Friedrich Grotefend und Franz Kaulen. Weiteres zu Mays Vorlagen für seine Babylon-Schilderungen. – In: Jb-KMG 2010, 73–93.

213 Schutzengel – Karl Mays literarische Ausbeutung einer religiösen Mode-Erscheinung und eines Motivs aus der Erbauungsliteratur. Kitsch, Klischee und kleine Kunst in diversen Stadien. – In: »Und wer bist du, der mich betrachtet?« Populäre Kultur und Literatur als ästhetische Phänomene. Festschrift für Helmut Schmiedt. Hrsg. von Helga Arend. Bielefeld, 375–390.

2011

214 Viel lernen – viel leiden. Über einen Sinnspruch in Karl Mays *Mein Leben und Streben*. – In: M-KMG 167, 14–15.

215 Wunder in der Wüste. Old Shatterhand als Regenmacher. – In: M-KMG 168, 4–8.

216 Professor Büchele oder Karl May? Wer *Die Helden des Dampfes* schrieb (I). – In: M-KMG 170, 12–29.

2012

217 Professor Büchele oder Karl May? Wer *Die Helden des Dampfes* schrieb (II). – In: M-KMG 171, 41–50.

218 Karl May im kroatischen ›Kranz‹. Eine Übersetzung der Erzählung *Robert Surcouf* aus dem Jahr 1885. – In: M-KMG 172, 49–52.

219 *Das fünfundzwanzigschüssige Wunder. Einige Bemerkungen zu Karl Mays *Zaubergewehr*. – In: Karl May & Co. Das Karl-May-Magazin. Nr. 129, 94–97.

220 [Umfrage zur historisch-kritischen Ausgabe der Werke Karl Mays]. – In: Karl May & Co. Das Karl-May-Magazin. Nr. 130, 21.

221 Der Auftakt von Karl Mays Erzählung *Der Kutb* und seine Quellen. – In: M-KMG 174, 25–34.

2013

222 *Ich gelangte glücklich in die Stadt*. Kara Ben Nemsis Mekka-Besuch und A. W. Grubes ›Geographische Charakterbilder‹. Mit einem Anhang zum Grube-Eintrag im *Repertorium C. May*. – In: Karl-May-Welten IV. Hrsg. von Michael Petzel und Jürgen Wehnert. Bamberg / Radebeul, 68–76.

223 Adsy, Jamir und Khudyr. Historische Personen im letzten Kapitel des zweiten Bandes von Karl Mays *Im Reiche des silbernen Löwen*. – Ebd., 77–87.

224 Aus Slatin Paschas ›Feuer und Schwert im Sudan‹. Karl Mays Quelle für seine Bemerkungen zum Mahdi aus dem Jahr 1896. – In: M-KMG 175, 23–28.

225 Der Nil, sein Wasser, die Flöße und die Krüge. Ein Beitrag zum Quellen-Puzzle von Karl Mays erstem *Mahdi*-Band und zu seiner kurzen Erzählung *Die beiden Kulledschi*. – In: M-KMG 176, 27–39.

226 Kombinierte Marter. Burnet – Uhde – May: Zum Quellen-Hintergrund einer Szene in *Winnetou III*. – In: M-KMG 178, 30–34.

227   Karl Mays Erzählung *Robert Surcouf.* Quellen und Kontexte. Radebeul (= S-KMG 148), 161 Seiten.

2014

228   Sich einen Namen wählen (7): Zarba. – In: M-KMG 179, 31–33.

229   Auf dem Senfpfad. Zu Karl Mays Variante des Dummenschwanks von den zwei ›Senfindianern‹. – In: M-KMG 180, 50–55.

230   Die Sahara der Vereinigten Staaten. Karl Mays Schilderungen des Llano Estacado im Vergleich mit zeitgenössischen Berichten. – In: M-KMG 182, 8–16.

231   Bibel, Wunderland und Schiller. Anspielung und Zitat zu Beginn von Karl Mays Erzählung um Winnetous Tod. Mit einem Blick auf den *Sohn des Bärenjägers.* – In: Jb-KMG 2014, 145–152.

2015

232   Der Massenmörder Thomas. Zu einer Anspielung in Karl Mays *Die Liebe des Ulanen.* – In: M-KMG 186, 40–43.

233   [mit Florian Schleburg] Die Rose von Schiras. Was Karl May mit Hafis verband. – In: Jb-KMG 2015, 257–290.

2016

234   Karl Mays Figuren des ›Dritten Geschlechts‹ – Überblick und Analyse. Eine Einführung in die Welt des Transgender bei Karl May. – In: Jb-KMG 2016, 329–372.

2017

235   *Ein früher Botschafter des Weltfriedens. Auch die Region hat den berühmten Schöpfer von Winnetou verehrt – dafür setzte er ihm im vierbändigen Werk *Im Reich des silbernen Löwen* ein kleines Denkmal. [Fortsetzung:] *Ferne Helden, jugendliche Sehnsüchte. – In: Mannheimer Morgen 46 vom 24. 2., 3.
       Auch in: Presseschau zum 175. Geburtstag Karl Mays am 25. Februar 2017. Hrsg. von Johannes Zeilinger. Radebeul (= S-KMG 158), 48–51.

236   *»Da fand ich das Wort Befour«.* Zur Herkunft der Namensform ›Befour‹ für Karl Mays frühen Sehnsuchtsort und einiges zu ihrem Kontext. – In: Jb-KMG 2017 (im Druck).

237 Auf dem Weg nach Sitara. Arno Schmidt, Hans Wollschläger, und im Hintergrund der Dritte. – In: Abenteuer zwischen Wirtschaftswunder und Rebellion. Karl May in den 60er Jahren. Hrsg. von Johannes Zeilinger und Florian Schleburg. Husum, 87–103.

✦

1982–1999

[Mitredaktion] M-KMG, 14. Jg., Heft 53, bis M-KMG, 31. Jg., Heft 120.

1995

[Redaktion] Hansotto Hatzig: Karl May: *Das schönste Wort der Welt ist Liebe.* Hamburg (= S-KMG 103), 32 Seiten.
[Redaktion] Peter Krauskopf und Thomas Range: Karl May. Die Jagdgründe der Phantasie. Foto-Inszenierungen. Hamburg (= S-KMG 106), 54 Seiten. [Zugleich Ausstellungskatalog.]

1996

[Redaktionelle Betreuung] Hedwig Pauler: Deutscher Herzen Liederkranz. Lieder und Gedichte im Werk Karl Mays. Ebermannstadt/Ubstadt (= Materialien zur Karl-May-Forschung Bd. 18), 267 Seiten.

1999

[Redaktionelle Betreuung] Wilhelm Brauneder: Die »Leben-Werk-Assoziationen«. Eine Kritik insbesondere anhand von Ralf Harders Buch ›Karl May und seine Münchmeyer-Romane‹. Mit einem Geleitwort von Rudi Schweikert. Hamburg (= S-KMG 121), v–viii.

2002–2004

[Textredaktion] Karl-May-Klassiker in illustrierten Ausgaben. Hrsg. von Siegfried Augustin und Heinrich Pleticha. Augsburg (42 Bände).

Siglenverzeichnis

Primärtexte

GR   Karl May's gesammelte Reiseromane [ab Band XVIII: Reiseerzählungen]. Freiburg 1892ff. (Reprint hrsg. von Roland Schmid. Bamberg 1982–1984.) Zitiert mit Band und Seite.

HKA   Karl Mays Werke. Historisch-kritische Ausgabe. Hrsg. von Hermann Wiedenroth und Hans Wollschläger, ab 1999 von Hermann Wiedenroth, ab 2008 von der Karl-May-Gesellschaft. Nördlingen 1987ff., Zürich 1990ff., Bargfeld 1994ff., Bamberg / Radebeul 2008ff. Zitiert mit Abteilung, Band und Seite.

Sekundärliteratur

Jb-KMG Jahrbuch der Karl-May-Gesellschaft. Hamburg 1970ff., Husum 1982ff. Zitiert mit Jahr und Seite.

KMG-N   KMG-Nachrichten. Zitiert mit Nummer, Jahr und Seite.

M-KMG Mitteilungen der Karl-May-Gesellschaft. Zitiert mit Nummer, Jahr und Seite.

S-KMG   Sonderheft der Karl-May-Gesellschaft. Zitiert mit Nummer, Jahr und Seite.

Quelle

Pi$_4$ Pierer's Universal-Lexikon der Vergangenheit und Gegenwart oder Neuestes encyclopädisches Wörterbuch der Wissenschaften, Künste und Gewerbe. Vierte Auflage. Altenburg 1857–1865. Zitiert mit Band und Seite.

Kurze Fuß- und Endnoten innerhalb von Zitaten werden unabhängig von den Konventionen der Vorlage durch [* …] wiedergegeben.

Alle angegebenen Internetlinks wurden im Juli 2017 zuletzt überprüft.

Abbildungsnachweise

öden. Öfversättning från femte engelska upplagan. Stockholm 1848, nach 124. (babel.hathitrust.org/cgi/pt?id=mdp.69015000002515)

82   »Catlin zu Gast bei einem Indianerhäuptling.« Aus: Catlin, wie oben, nach 72.

113 »Karte von Ober-Californien«. Frontispiz zu: J. Tyrwhitt Brooks: Vier Monate unter den Goldfindern in Ober-Kalifornien. Tagebuch einer Reise von San Francisco nach den Golddistrikten. Aus dem Englischen von Friedrich Gerstäcker. Leipzig 1849. (books.google. de/books?id=NG1CAAAAcAAJ)

127 »Indianer-Rache.« Frontispiz zu: W. F. A. Zimmermann: Californien und das Goldfieber. Reisen in dem wilden Westen Nord-Amerika's, Leben und Sitten der Goldgräber, Mormonen und Indianer. Berlin 1863.

141 »Tlakahuepankuexkotzin.« Aus: W. Vollmer: Vollständiges Wörterbuch der Mythologie aller Nationen [...]. In Einem Bande mit einem englischen Stahlstich und 129 Tafeln. Stuttgart 1836, Tafel CVII 2.

142 »Teokalli.« Aus: W. Vollmer, wie oben, Tafel CVI.

175 *Die Reiter stiegen ab ...* Illustration von Konrad Weigand zu *Der Sohn des Bärenjägers* aus: Der Gute Kamerad. 1. Jg. (1887), Nr. 6, 81. (Joachim Biermann, Lingen)

192 »A terrible moment. – The marabout and the conjuror.« Titelillustration von Frank Beard (1842–1905) zu: Life and adventures of Robert Houdin, the celebrated French conjuror, written by himself and translated from the French, with numerous engravings from designs by Frank Beard. New York o. J.

220 »Jezzar Pacha Condemning a Criminal« (»Drawn & Engraved by W. Stack after F. B. Spilsbury«) aus F. B. Spilsbury: Picturesque scenery in the Holy Land and Syria, delineated during the campaigns of 1799 and 1800. London 1823, vor 11. (Universitätsbibliothek Tübingen, Signatur Fo xx 108.4)

229 Namenszug von Louis Damoiseau aus: Biographisch-literarisches Lexicon der Thierärzte aller Zeiten und Länder [...]. Gesammelt von G. W. Schrader. Vervollständigt und hrsg. von Eduard Hering. Stuttgart 1863, 95.

237 Fußnote aus: Alphonse de Lamartine: Souvenirs, Impressions, Pensées et Paysages pendant un Voyage en Orient (1832–1833), ou Notes d'un Voyageur. 4. Bd. Paris 1835, 99.

238 Anstreichung Karl Mays in: Atlas zur Kunde fremder Welttheile. Hrsg. »in Verbindung mit Mehren« von August Lewald. Erster Band. Leipzig/Stuttgart 1836, 273. (Hans Grunert, Karl-May-Museum, Radebeul)

274 Illustration von Peter Schnorr aus: Karl Mays Illustrierte Reiseerzählungen Bd. 4: *In den Schluchten des Balkan*. Freiburg 1908, 312.

257 Tanzende Derwische. Jean Baptiste Vanmour (1671–1737). Rijksmuseum Amsterdam. (upload.wikimedia.org/wikipedia/commons/a/a8/Dansende_derwisjen_Rijksmuseum_SK-A-4081.jpeg)

266 »Die Moschee Selim's II. in Adrianopel«. Aus: Amand von Schweiger-Lerchenfeld: Der Orient. Wien/Pest/Leipzig 1882, 153.

280 *»Jawohl!« seufzte der Dicke* … Illustration von Konrad Weigand zu 口廾 *oder Kong-Kheou, das Ehrenwort* aus: Der Gute Kamerad. 3. Jg. (1888/89), Nr. 8, 116.

292 »Natürliche Grotte auf den Bonin-Inseln.« Aus: Die Nippon-Fahrer oder das wiedererschlossene Japan. Bearbeitet von Friedrich Steger und Hermann Wagner. Leipzig 1861, 105.

293 »South East Bay, Peel Island.« Aus: Francis L. Hawks: Narrative of the Expedition of an American Squadron to the China Seas and Japan Performed in the Years 1852, 1853, and 1854, under the Command of Commodore M. C. Perry, United States Navy, by Order of the Government of the United States […]. Washington 1856, 208.

310 »Der Dampfer ›Mississippi‹ im Teifun.« Aus: Die Nippon-Fahrer, wie oben, 83.

318 »Peel Island, Boninsima Group. Sea-Shore.« Aus: F. H. von Kittlitz: Twenty-Four Views of the Vegetation of the Coasts and Islands of the Pacific with Explanatory Descriptions […]. Translated from the German and edited by Berthold Seemann. London 1861, Plate xiv.

322 »Stapleton Island.« Aus: Hawks, wie oben, 210.

327 »Chart of the Bonin Group of Islands.« Aus: Hawks, wie oben, nach 196.

348 »Port Lloyd and Bonin Islands.« Aus: Hawks, wie oben, 214.

357 Sīmǎ Guāng (zeitgenössisches Rollbild). Nationales Palastmuseum, Taipeh. (commons.wikimedia.org/wiki/File:Sima_Guang_of_Song.jpg)

359 Der ›Garten der einsamen Freude‹. Qiú Yīng (1494?–1552). (art.iyishu.com/9290537513.html)

370 Die ›Klause des Anglers‹. »Garden for Self-Enjoyment«. Ming-Dynastie. (Image courtesy of the Indianapolis Museum of Art.)

Wir danken allen genannten Personen und Institutionen, sowie der Universitätsbibliothek Regensburg, für die freundliche Unterstützung.

Materialien zum Werk Karl Mays
Hrsg. von der Karl-May-Gesellschaft

Band 5

Jürgen Hillesheim,
Ulrich Scheinhammer-Schmid

**Im Kampf für einen
‚Vielgeschmähten'**

Die ‚Augsburger Postzeitung' und Karl May –
Eine Dokumentation

413 Seiten, broschiert
ISBN 978-3-941629-01-1

Band 6

Hans-Joachim Jürgens

**Ästhetische Bildung,
literarisches
Schreiben und
Neue Medien**

Zum didaktischen Potential von
Karl Mays Erzählungen für die Jugend

391 Seiten, broschiert
ISBN 978-3-941629-11-0

 HANSA VERLAG · www.verlagsgruppe.de